2026

육사 | 해사 | 공사 | 국군간호사관

사관학교 기출문제

국어·영어·수학

3 개년 총정리

2025~2023

2026

사관
학교
기출문제

3
총·정·리
2025~2023학년도
개년

인쇄일 2025년 3월 1일 7판 1쇄 인쇄
발행일 2025년 3월 5일 7판 1쇄 발행
등 록 제17-269호
판 권 시스컴2025

발행처 시스컴 출판사
발행인 송인식
지은이 사관학교입시연구회

ISBN 979-11-6941-656-6 13350
정 가 21,000원

주소 서울시 금천구 가산디지털1로 225, 514호(가산포휴) **| 홈페이지** www.nadoogong.com
E-mail siscombooks@naver.com **| 전화** 02)866-9311 **| Fax** 02)866-9312

발간 이후 발견된 정오사항은 나두공 홈페이지 도서정오표에서 알려드립니다.(나두공 홈페이지 → 자격증 → 도서정오표)

머리말

육군사관학교, 해군사관학교, 공군사관학교, 국군간호사관학교의 4개의 특수대학은 군 장교 양성을 위한 4년제 군사학교로, 졸업 후 군의 간부로서의 장래를 보장받을 수 있습니다. 즉, 졸업과 동시에 취업이 보장된다는 상당히 매력적인 점으로 인해 매년 높은 경쟁률을 보여 오고 있습니다. 사관학교는 이처럼 경쟁률이 높은데다 남녀 모집인원이 정해져 있고 체력시험을 치러야 하는 등 전형 방법이 일반 대학과 다르기 때문에 상당한 준비가 필요합니다. 따라서 미리 자신이 원하는 대학의 모집요강을 숙지하고 각 대학에 맞는 입시전략을 세워야 합니다.

그렇다면 사관학교 입시에서 무엇이 가장 중요할까요?

당연한 말이지만 바로 1차 필기시험입니다. 왜냐하면 1차 시험에서 일정 배수 안에 들어야 2차 시험에 응시할 수 있는 기회가 주어지기 때문입니다. 각 사관학교는 같은 날 1차 시험을 치르기 때문에 복수지원이 불가능하다는 점 역시 잊지 말아야 합니다. 1차 시험을 잘 보기 위해서는 무엇보다도 기출문제를 꼼꼼히 파악하고 풀어보는 것이 중요합니다. 그래야 실제 시험에서 긴장하지 않고 실수를 최소화할 수 있기 때문입니다.

이에 본서는 사관학교 입시에 필수적인 과년도 최신 기출문제를 실어 연도별로 기출문제를 풀어볼 수 있도록 구성하여 연도별 출제 경향을 알 수 있도록 하였고, 책 속의 책 – 정답 및 해설에서 알기 쉽고 자세하게 풀이하였습니다.

본서는 여러분의 합격을 응원합니다!

사관학교 입학 전형

육군사관학교

※모집요강은 2025학년도에 기반한 것으로, 추후 변경될 수 있으니 반드시 육군사관학교 홈페이지에서 확인하시기 바랍니다.

▌모집 정원 : 330명(모집 정원 내 여자 44명 포함)

– 남자 : 인문계열 45%(129명), 자연계열 55%(159명)

– 여자 : 인문계열 60%(26명), 자연계열 40%(18명)

▌지원 자격

– 2004년 1월 2일부터 2008년 1월 1일 사이에 출생한 대한민국 국적을 가진 신체 건강하고 사상이 건전한 미혼 남녀

– 고등학교 졸업자, 2025년 2월 졸업예정자 또는 교육부 장관이 이와 동등 이상의 학력이 있다고 인정한 자(2024년 9월 4일 이전 검정고시 합격자)

– 「군 인사법」 제10조 2항에 의한 결격사유에 해당되지 않는 자

– 대한민국 국적과 외국 국적을 함께 가지고 있지 않은 자

– 법령에 의하여 형사처분을 받지 않은 자(재판계류 중인 자는 판결결과에 따라 합격을 취소될 수 있음)

– 재외국민자녀 : 부모와 함께 동반하여 외국에서 수학한 대한민국 단일국적자 중 수학능력 및 리더십이 우수한 지원자에게 입학의 기회 부여(7개국 언어 지원자 중 5명 이내 선발, 적격자 없을 시 미선발)

▌선발방법 및 전형기준

구 분	1차 시험	2차 시험	종합선발
전형기준	■국어/영어/수학 – 공통수학 : 수학Ⅰ, 수학Ⅱ – 인문계열 : (선택) 확률과 통계, 미적분, 기하 중 택1 – 자연계열 : (선택) 미적분, 기하 중 택1	■면접 ■체력검정 ■신체검사	■1차 시험(50점) ■2차 시험(250점) ■고등학교 내신(100점) ■대학수학능력시험(600점)
비고	※모집정원 기준 남자 5배수, 여자 8배수 계열별/성별 구분하여 선발 ※대학수학능력시험과 유사한 형식으로 과목별 30문항(단, 영어는 듣기평가 없음)	※사전 AI면접 실시 후 면접분야에서 참고자료로 활용(면접시험의 구성은 당해연도 2차 시험 계획 또는 코로나19 상황에 따라 일부 변경될 수 있음) ※한국사능력검정시험 가산점(우선선발 및 특별전형 합격자 선발 시에만 적용)	※성별, 계열별 총점 순에 의해 선발

해군사관학교

※모집요강은 2025학년도에 기반한 것으로, 추후 변경될 수 있으니 반드시 해군사관학교 홈페이지에서 확인하시기 바랍니다.

▌ 모집 정원 : 170명(모집 정원 내에서 여생도 26명)
– 남자 : 인문계열 65명, 자연계열 79명
– 여자 : 인문계열 13명, 자연계열 13명

▌ 지원 자격
– 2004년 1월 2일부터 2008년 1월 1일 사이에 출생하여 대한민국 국적을 가진 미혼 남녀
– 고등학교 졸업자, 2025년 2월 졸업예정자 또는 교육부 장관이 이와 동등 이상의 학력이 있다고 인정한 자(2024년 9월 5일 이전 검정고시 합격자)
– 「군 인사법」 제10조 1항의 임용자격이 있는 자
– 「군 인사법」 제10조 2항에 의한 결격사유에 해당되지 않는 자
– 재외국민자녀 : 외국에서 고교 1년을 포함하여 연속 3년 이상 수학한 자로서 고교졸업자 또는 졸업 예정자(부모와 별도로 자녀 단독으로 유학한 경우는 지원할 수 없음)

▌ 선발방법 및 전형기준

구 분	1차 시험	2차 시험	종합선발
전형 기준	■ 국어/영어/수학 　– 공통수학 : 수학Ⅰ, 수학Ⅱ 　– 인문계열 : (선택) 확률과 통계, 미 　　적분, 기하 중 택1 　– 자연계열 : (선택) 미적분, 기하 중 　　택1	■ 신체검사 ■ 체력검사 ■ 대면면접 ■ AI면접	■ 2차 시험 성적(300점) ■ 학생부 성적(50점) ■ 대학수학능력시험(650점)
비고	※남자는 모집 정원의 4배수, 여자는 　8배수를 남·여 및 문·이과 구분 　선발 ※국어 30문항, 영어 30문항(듣기평 　가 없음), 수학 30문항	※체력분야 가산점 최대 3점 ※사전 AI면접 실시 후 면접분야에서 　참고자료로 활용	※대학수학능력시험 선택과목 시 　계열별로 해당하는 과목 선택하 　여 응시 필요. 계열별 해당하지 　않는 과목을 응시하는 경우 선발 　대상에서 제외

공군사관학교

※모집요강은 2025학년도에 기반한 것으로, 추후 변경될 수 있으므로 반드시 공군사관학교 홈페이지에서 확인하시기 바랍니다.

▎모집 정원 : 235명(남자 199명, 여자 36명 내외)

– 남자 : 인문계열 60명 내외, 자연계열 139명 내외
– 여자 : 인문계열 16명 내외, 자연계열 20명 내외

▎지원 자격

– 대한민국 국적을 가진 미혼 남 · 여로서 신체가 건강하고, 사관생도로서 적합한 사상과 가치관을 가진 자
– 2004년 1월 2일부터 2008년 1월 1일까지 출생한 자
– 고등학교 졸업자 및 2025년 2월 졸업예정자 또는 법령에 의하여 이와 동등한 학력이 있다고 인정된 자
– 「군 인사법」 제10조 2항의 규정에 의한 결격사유에 해당되지 않는 자

　※단, 복수국적자는 지원 가능하나, 가입학 등록일 전까지 외국 국적을 포기하여야만 입학 가능함

– 법령에 의하여 형사처벌을 받지 아니한 자(기소유예 포함)

　※재판계류 중인 자는 판결결과에 따라 합격이 취소될 수 있음

▎선발방법 및 전형기준

구 분	1차 시험	2차 시험	종합선발
전형 기준	■ 국어/영어/수학 　– 공통수학 : 수학 I , 수학 II 　– 인문계열 : (선택) 확률과 통계, 미적분, 기하 중 택1 　– 자연계열 : (선택) 미적분, 기하 중 택1	■ 신체검사(당일 합/불 판정) ■ 체력검정(150점) ■ 면접(330점)	■ 1차 시험 성적(400점) ■ 2차 시험 성적(480점) ■ 학생부 성적(100점) ■ 한국사능력검정시험(20점)
비고	※과목별 원점수 60점 미만이면서 표준점수 하위 40% 미만인 자는 불합격 　– 남자 : 인문계열 4배수, 자연계열 6배수 　– 여자 : 인문계열 8배수, 자연계열 10배수	※개인별 1박 2일 소요 ※사전 AI면접 실시 후 면접분야에서 참고자료로 활용	※한국사능력검정시험 　가산점 부여방식 : 중급 이상(제47회 이후 : 심화 이상) 　취득점수×0.1+10

▌특별전형

재외국민자녀전형

– 선발인원 : 2명 이내 선발
– 지원 자격(다음 각 호를 모두 만족할 경우 자격 충족)
  1. 외국에서 고교 1년을 포함하여 연속 3년 이상 수학한 자(부·모와 별도로 자녀만 단독으로 해외 유학한 경우 재외국민자녀에서 제외)
  2. 주재국 고교성적 평균 B 이상인 자
  3. 각 외국어별 어학능력시험 최저기준 이상인 자

독립유공자 (외)손/자·녀, 국가유공자 자녀전형

– 선발인원 : 총 3명 이내(유공자별 최대 2명)
– 지원 자격 : 「독립유공자예우에 관한 법률」 제4조 제1호 및 제2호에 해당되는 순국선열과 애국지사의 독립유공자 (외)손/자·녀, 「국가유공자 등 예우 및 지원에 관한 법률」 제4조에 해당되는 국가유공자의 자녀
– 종합성적 기준 지원분야 모집정원 1.5배수 이내 해당자에 대해 심의를 거쳐 선발

고른기회전형

– 농·어촌 학생
  1. 선발인원 : 5명 이내(남자 4명, 여자 1명 / 고교별 최대 2명)
  2. 지원 자격 : 「지방자치법」 제3조에 의한 읍·면 지역 또는 「도서·벽지 교육진흥법」 제2조에 따른 도서·벽지 지역 소재 중·고등학교에서 전 교육과정을 이수하고 지원자와 부·모 모두가 중학교 입학 시부터 고등학교 졸업 시까지 6년 동안 읍·면 또는 도서·벽지 지역에 거주한 자 또는 지원자 본인이 초등학교 입학 시부터 고등학교 졸업 시까지 읍·면 지역 또는 도서·벽지 지역에 거주한 자
– 기초생활 수급자·차상위 계층
  1. 선발인원 : 5명 이내(남자 4명, 여자 1명)
  2. 지원자격 : 「국민기초생활보장법」 제2조제2호에 따른 수급자 또는 「국민기초생활보장법」 제2조 제10호에 따른 차상위 계층

국군간호사관학교

※모집요강은 2025학년도에 기반한 것으로, 추후 변경될 수 있으므로 반드시 국군간호사관학교 홈페이지에서 확인하시기 바랍니다.

▌모집 정원 : 90명(남자 14명, 여자 76명)

- 남자 : 인문계열 6명, 자연계열 8명
- 여자 : 인문계열 31명, 자연계열 45명

▌지원 자격

- 2004년 1월 2일부터 2008년 1월 1일 사이에 출생한 대한민국 국적을 가진 미혼 남녀로서 신체 건강하고 사관생도로서 적합한 가치관을 가진 사람
- 고등학교 졸업자 또는 2025년 2월 졸업예정자와 이와 동등 이상의 학력이 있다고 교육부 장관이 인정한 사람
- 「군 인사법」 제10조 2항에 의한 결격사유에 해당되지 않는 자
- 국군간호사관학교 생도신체검사 예규에서 정하는 기준에 적합한 자

▌선발방법 및 전형기준

구 분	1차 시험	2차 시험	종합선발
전형 기준	■ 국어(듣기 제외) ■ 영어(듣기 제외) ■ 수학 　- 공통수학 : 수학Ⅰ, 수학Ⅱ 　- 인문계열 : (선택) 확률과 통계, 　　미적분, 기하 중 택1 　- 자연계열 : (선택) 미적분, 기하 　　중 택1	■ 인성검사 ■ 신체검사 ■ 체력검정 ■ 면접	■ 대학수학능력시험(700점) ■ 학생부(100점) 　- 교과(90점), 비교과(10점) ■ 2차 시험(200점) 　- 면접시험(150점), 체력검정(50점) ■ 한국사능력검정시험(가산점 α)
비고	※대학수학능력시험과 유사 ※모집 정원 기준 　- 남자 인문 4배수, 자연 8배수 　- 여자 4배수	※사전 AI면접 실시 후 면접분야에서 　참고자료로 활용	※학생부 반영 방법 : 교과성적(90 점), 비교과 성적(10점 : 결석일수 × 0.3점 감점) ※동점자 발생 시 선발 우선 순위 : 면접 〉 체력검정 〉 학생부 〉 수능 성적순

 모집 요강은 추후 변동될 수 있으므로 반드시 사관학교 홈페이지에서 확인하시기 바랍니다.

사관학교 Q&A

Q1 육군사관학교 2차 시험의 면접은 어떤 분야가 실시되나요?

2차 시험의 면접은 AI역량검사, 구술면접, 학교생활, 자기소개, 외적자세, 심리검사, 종합판정 등 총 7개 분야가 실시됩니다. 또한 사전 AI 면접을 실시하여 일부 면접 분야에서 참고자료로 활용됩니다. 면접시험의 구성은 당해연도 2차 시험 계획에 따라 일부 변경될 수 있습니다.

Q2 수시 제한에 해군사관학교도 포함이 되나요?

해군사관학교는 특별법에 의해 설치된 대학으로서, 대학(산업대학 및 교육대학/전문대학 포함)과 특별법에 의해 설치된 대학(전문대학 포함)/각종 학교 간에는 복수지원과 이중등록 금지원칙을 적용하지 않는다는 원칙에 따라 수시 제한과 관계없이 지원 가능합니다.

Q3 공군사관학교 지원 시 동아리활동에 대한 가산점이 있나요?

학교생활기록부 성적반영은 교과과목인 국어, 영어, 수학, 사회(인문)/과학(자연)에 대해서만 반영하며 비교과 과목(봉사활동, 독서활동, 동아리활동, 수상경력 등)은 점수에 직접 반영하지 않지만 면접 시 참고자료로 활용될 수 있습니다.

Q4 국군간호사관학교 입학하고 싶은데, 내신등급이 높아야 합격 가능성이 높은가요?

종합 선발 기준은 2차 시험 200점, 학생부 100점, 대학수학능력시험 700점을 총 합산한 최종성적 순으로 선발하기 때문에 비중이 높은 수능성적이 높을 경우 가능성이 있을 것으로 예상됩니다.

사관학교 졸업 후 진로

육군사관학교

육군사관학교 졸업생들은 졸업과 동시에 문학사, 이학사, 공학사 및 군사학사의 2개 학위를 취득하며 육군 소위로 임관합니다. 임관 후에는 계급별 군사교육을 수료하고, 야전부대에서 각급제대 지휘관 및 참모직책을 수행하며 주요 정책부서에서 군사전문가로 활동하기도 합니다. 본인 희망에 따라 국내·외 대학원에서 석·박사과정 위탁교육을 받을 수 있습니다. 졸업 후 의무복무기간은 10년이며, 본인 희망에 따라 5년차에 전역할 수 있습니다.

공군사관학교

공군사관학교 졸업과 동시에 공군 장교로 임관하며, 항공작전 및 기타 지원 분야에서 업무를 수행하게 됩니다.

- 항공작전분야 : 전투기, 수송기, 헬리콥터 조종과 항공작전 및 전략개발을 담당하는 분야입니다. 비행훈련은 4학년 2학기부터 실시되며, 비행교육입문과정, 기본과정 및 고등과정을 수료하면 정식 조종사가 됩니다.
- 지원분야 : 공중근무를 직·간접적으로 지원하는 임무를 수행하는 분야로, 조종, 항공통제, 방공포병, 기상, 정보통신, 군수, 시설, 재정, 인사행정, 정훈, 교육, 정보, 헌병, 법무, 군종, 의무 분야 등이 있습니다.
- 자기계발을 위한 전문교육 : 임무수행에 필요한 체계적인 군사 전문교육 기회를 제공받습니다.
- 석사 및 박사과정 교육 : 해당 분야 전문성 증진을 위해 국비로 국내·외 유명 대학에서 석사 및 박사과정 교육기회를 제공합니다. 대다수의 졸업생은 석사 이상의 학위를 취득한 후 공군의 다양한 전문분야에서 국가안보를 위해 헌신하고 있습니다.
- 사회의 다양한 분야로 진출 : 비행훈련을 마치는 조종사는 정부 공인 민간 항공기 조종사 면허증을 받으며, 전역 후 민간 항공에 취업할 수 있어 현재 많은 공사 출신 조종사들이 활동하고 있습니다. 지원분야에 근무하는 장교는 사관학교의 수준 높은 교육과 전문성을 토대로 사회 각 분야로 활발히 진출하고 있습니다.

해군사관학교

해군사관학교 졸업 후 진로는 다음과 같이 다양하게 선택할 수 있습니다.

– 해군 장교(소위)로 임관하여 대양해군 시대의 주역으로 진출

– 해병대 장교 등 자신의 적성에 맞는 다양한 병과 선택 가능

– 졸업 후 국내 · 외 대학원에서 석 · 박사 학위 취득 가능(국비 지원)

– 선택한 병과에 따라 항해사, 기관사 및 항공기 조종사 등의 면허취득 가능

– 국내 · 외의 다양한 유학 및 연수 기회 부여

– 졸업 후 5년째 되는 해에 전역(사회진출) 기회 부여

– 20년 이상 근속 후 퇴직(전역) 시 평생 연금 혜택 부여

국군간호사관학교

국군간호사관학교 생도들은 4년간 교육 후 「간호사 국가고시」를 거쳐 간호사 면허증을 취득하게 되며, 졸업과 동시에 간호학사 학위를 수여받고, 영예로운 육 · 해 · 공군 간호장교 소위로 임관하여 전국의 국군병원에서 간호전문인으로서 그 능력을 발휘하며 경험을 쌓게 됩니다. 군 병원 임상에서 간호전문인으로서 직책을 수행하는 것 이외에도 군의 교육기관, 정책부서 등에도 그 능력을 발휘하고 있으며 임관 후에도 국비로 석 · 박사 학위를 취득하여 국간사 교수 등으로 성장할 수 있도록 지원하고, 또한 국 · 내외에서 간호분야별(수술, 중환자, 응급, 마취, 인공신장, 정신) 주특기 교육을 받아 적성에 맞는 간호영역에서 근무할 수 있으며, 이러한 교육과 경험은 퇴역 후 사회 진출 시에도 귀중한 자산이 되어 민간의 각 기관에서 환영받게 됩니다. 또한 해외에 파견되어 세계평화유지를 위한 국군의료지원단(PKO)의 일원으로 국위선양에 기여할 수 있습니다.

졸업 후 6년간의 의무복무기간을 마치고 사회로 진출할 수 있으며 복무연장근무(임관 후 평균 10년), 또는 장기근무자의 경우 영관장교 이상의 진출 기회가 주어집니다. 퇴역한 후 사회로 진출한 동문 중에는 민간병원, 간호정책 기관, 대학교수, 각급 학교 보건교사, 기타 보건관련기관 등 다양한 직종에서 그 능력을 발휘하며, 여성지도자로서 각계각층에서 자리매김하고 있습니다.

이 책의 구성과 특징

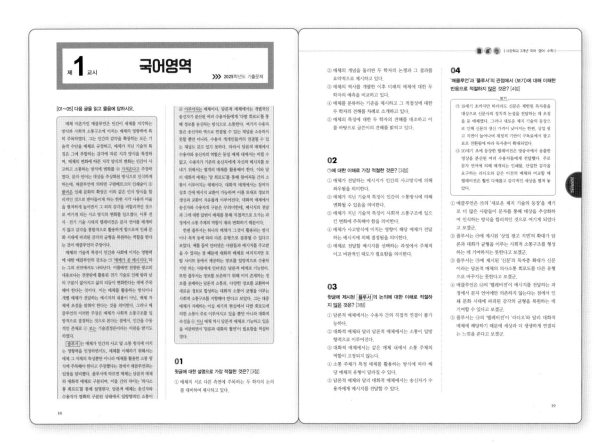

3개년 기출문제

사관학교 1차 시험 국어영역, 영어영역, 수학영역 세 과목의 기출문제를 2025학년도부터 2023학년도까지 연도별로 정리하여
수록함으로써 연도별 기출 경향과 출제 방향을 파악할 수 있도록 구성하였습니다.

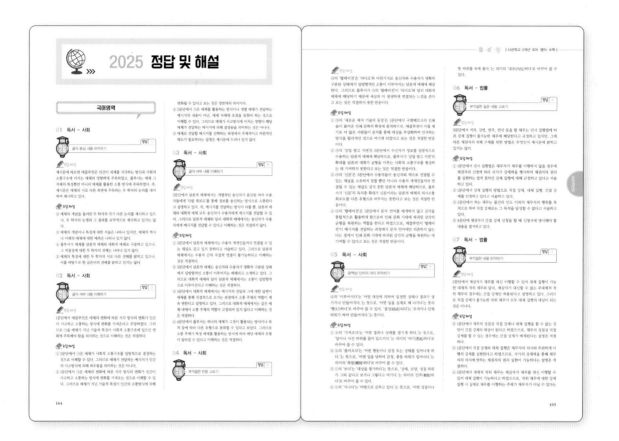

정답 및 해설

- **핵심주제** : 문항마다 핵심 주제를 제시하여 문제의 출제 의도를 보다 쉽게 간파하도록 하였습니다.

- **정답해설** : 각 문항별로 자세하고 알기 쉽게 풀이하여 수험생들이 쉽게 이해할 수 있도록 구성하였습니다.

- **오답해설** : 정답을 아는 것에서 나아가 오답이 오답인 이유를 명백히 이해할 수 있도록 오답에 대한 해설도 함께 수록하였습니다.

- **핵심노트** : 문제와 관련된 내용을 핵심노트로 정리하여 배경지식을 넓힐 수 있도록 구성하였습니다.

목차

[기출문제]

[정답 및 해설]

사관학교 스터디 플랜

날 짜	연 도	과 목	내 용	학습시간
Day 1~3	2025학년도	• 국어영역 기출문제 • 영어영역 기출문제 • 수학영역 기출문제		
Day 4~6	2024학년도	• 국어영역 기출문제 • 영어영역 기출문제 • 수학영역 기출문제		
Day 7~9	2023학년도	• 국어영역 기출문제 • 영어영역 기출문제 • 수학영역 기출문제		

2025학년도
기출문제

제1교시　국어영역

제2교시　영어영역

제3교시　수학영역

국어영역

[01~05] 다음 글을 읽고 물음에 답하시오.

매체 이론가인 매클루언은 인간이 세계를 지각하는 방식과 사회적 소통구조에 미치는 매체의 영향력에 특히 주목하였다. 그는 인간의 감각을 확장하는 모든 기술적 수단을 매체로 규정하고, 매체가 지닌 기술적 특징은 그에 부합하는 감각에 따른 지각 방식을 특정하며, 매체의 변화에 따른 지각 방식의 변화는 인간이 사고하고 소통하는 방식에 변화를 ⓐ 가져온다고 주장하였다. 문자 언어는 대상을 추상화된 방식으로 인식하게 하는데, 매클루언에 의하면 구텐베르크의 인쇄술이 ⓑ 불러온 인쇄 문화의 확장은 이와 같은 인식 방식을 합리적인 것으로 받아들이게 하는 한편 시각 사용의 비율을 현저하게 높이면서 그 외의 감각을 비합리적인 것으로 여기게 되는 사고 방식의 변화를 일으켰다. 이후 전자·전기 기술 시대의 텔레비전은 문자 언어를 매개하지 않고 감각을 통합적으로 활용하게 함으로써 인쇄 문화 시대에 파괴된 감각의 균형을 복원하는 역할을 한다는 것이 매클루언의 주장이다.

매체의 기술적 특징이 인간과 사회에 미치는 영향력에 대한 매클루언의 강조는 ㉠'매체가 곧 메시지다.'라는 그의 선언에서도 나타난다. 이를테면 전광판 광고의 내용보다는 전광판에 활용된 전기 기술로 인해 밤과 낮의 구분이 없어지고 삶의 리듬이 변화한다는 데에 주목해야 한다는 것이다. 이는 매체를 활용하는 방식이나 개별 매체가 전달하는 메시지의 내용이 아닌, 매체 자체에 초점을 맞춰야 한다는 것을 의미한다. 그러나 매클루언의 이러한 주장은 매체가 사회적 소통구조를 일방적으로 결정하는 것으로 본다는 점에서, 인간을 수동적인 존재로 ⓒ 보는 기술결정론이라는 비판을 받기도 하였다.

│플루서│는 매체가 인간의 사고 및 소통 방식에 미치는 영향력을 인정하면서도, 매체를 이해하기 위해서는 매체 그 자체의 특성뿐만 아니라 매체를 활용한 소통 방식에 주목해야 한다고 주장했다는 점에서 매클루언과 입장을 달리했다. 플루서에 따르면 매체는 담론적 매체와 대화적 매체로 구분되며, 이들 간의 차이는 '의사소통 회로도'를 통해 설명된다. 담론적 매체는 송신자와 수용자가 명확히 구분된 상태에서 일방향적인 소통이 ⓓ 이루어지는 매체이다. 담론적 매체에서는 개별적인 송신자가 분산된 여러 수용자들에게 '다발 회로도'를 통해 정보를 송신하는 방식으로 소통한다. 여기서 수용자들은 송신자와 역으로 연결될 수 있는 채널을 소유하지 못할 뿐만 아니라, 수용자 개개인들끼리 연결될 수 있는 채널도 갖고 있지 못하다. 따라서 담론적 매체에서 수용자와 송신자의 역할은 동일 매체 내에서는 바뀔 수 없고, 수용자가 기존의 송신자에게 자신의 메시지를 보내기 위해서는 별개의 매체를 활용해야 한다. 이와 달리 대화적 매체는 '망 회로도'를 통해 참여자들 간의 소통이 이루어지는 매체이다. 대화적 매체에서는 참여자 상호 간에 메시지 교환이 가능하며 이를 토대로 정보의 생산과 교환이 자유롭게 이루어진다. 대화적 매체에서 송신자와 수용자의 구분은 무의미한데, 메시지의 전달과 그에 대한 답변이 매체를 통해 직접적으로 오가는 과정에서 소통 주체의 역할이 계속 변화하기 때문이다.

한편 플루서는 하나의 매체가 그것이 활용되는 방식이나 목적 등에 따라 다른 유형으로 분류될 수 있다고 보았다. 예를 들어 인터넷은 사람들과 메시지를 주고받을 수 있다는 점 때문에 대화적 매체로 여겨지지만 포털 사이트 등에서 제공하는 정보를 일방적으로 수용하기만 하는 사람에게 인터넷은 담론적 매체로 기능한다. 또한 플루서는 정보를 보존하기 위해 이미 존재하는 정보를 분배하는 담론적 소통과, 다양한 정보를 교환하여 새로운 정보로 합성하는 대화적 소통이 균형을 이루는 사회적 소통구조를 지향해야 한다고 보았다. 그는 대중 매체가 지배하는 이십 세기의 현실에서 다발 회로도에 의한 소통이 주로 이루어지고 있을 뿐만 아니라 대화적 속성을 ⓔ 지닌 매체 역시 담론적 매체로 기능하고 있음을 비판하면서 '담론과 대화의 협연'이 필요함을 역설하였다.

01

윗글에 대한 설명으로 가장 적절한 것은? [3점]

① 매체의 서로 다른 측면에 주목하는 두 학자의 논의를 대비하여 제시하고 있다.

② 매체의 개념을 둘러싼 두 학자의 논쟁과 그 결과를 요약적으로 제시하고 있다.

③ 매체의 역사를 개괄한 이후 미래의 매체에 대한 두 학자의 예측을 비교하고 있다.

④ 매체를 분류하는 기준을 제시하고 그 적절성에 대한 두 학자의 견해를 차례로 소개하고 있다.

⑤ 매체의 특징에 대한 두 학자의 견해를 대조하고 이를 바탕으로 글쓴이의 견해를 밝히고 있다.

02

㉠에 대한 이해로 가장 적절한 것은? [3점]

① 매체가 전달하는 메시지가 인간의 사고방식에 의해 좌우됨을 의미한다.

② 매체가 지닌 기술적 특징이 인간의 소통방식에 의해 변화될 수 있음을 의미한다.

③ 매체가 지닌 기술적 특징이 사회적 소통구조에 일으킨 변화에 주목해야 함을 의미한다.

④ 매체가 사고방식에 미치는 영향이 해당 매체가 전달하는 메시지에 의해 결정됨을 의미한다.

⑤ 매체로 전달할 메시지를 선택하는 과정에서 주체적이고 비판적인 태도가 필요함을 의미한다.

03

윗글에 제시된 플루서 의 논의에 대한 이해로 적절하지 않은 것은? [3점]

① 담론적 매체에서는 수용자 간의 직접적 연결이 불가능하다.

② 대화적 매체와 달리 담론적 매체에서는 소통이 일방향적으로 이루어진다.

③ 대화적 매체에서는 같은 매체 내에서 소통 주체의 역할이 고정되지 않는다.

④ 소통 주체가 특정 매체를 활용하는 방식에 따라 해당 매체의 유형이 달라질 수 있다.

⑤ 담론적 매체와 달리 대화적 매체에서는 송신자가 수용자에게 메시지를 전달할 수 있다.

04

'매클루언'과 '플루서'의 관점에서 〈보기〉에 대해 이해한 반응으로 적절하지 않은 것은? [4점]

〈보기〉

㉮ 19세기 초까지만 하더라도 신문은 제한된 독자층을 대상으로 신문사의 정치적 논설을 전달하는 데 초점을 둔 매체였다. 그러나 새로운 제지 기술의 등장으로 인해 신문의 생산 가격이 낮아지는 한편, 상업 광고 지면이 늘어나며 재정적 기반이 구독료에서 광고료로 전환됨에 따라 독자층이 확대되었다.

㉯ 20세기 초에 등장한 텔레비전은 방송국에서 송출한 영상을 분산된 여러 수용자들에게 전달했다. 주로 문자 언어에 의해 매개되는 인쇄물, 단일한 감각을 요구하는 라디오와 같은 이전의 매체와 비교할 때 텔레비전은 훨씬 다채롭고 감각적인 세상을 펼쳐 놓았다.

① 매클루언은 ㉮의 '새로운 제지 기술의 등장'을 계기로 더 많은 사람들이 문자를 통해 대상을 추상화하여 인식하는 방식을 합리적인 것으로 여기게 되었다고 보겠군.

② 플루서는 ㉮에 제시된 '상업 광고 지면'의 확대가 담론과 대화가 균형을 이루는 사회적 소통구조를 형성하는 데 기여하지는 못한다고 보겠군.

③ 플루서는 ㉮에 제시된 '신문'의 독자층 확대가 신문이라는 담론적 매체의 의사소통 회로도를 다른 유형으로 바꾸지는 못한다고 보겠군.

④ 매클루언은 ㉯의 '텔레비전'이 메시지를 전달하는 과정에서 문자 언어에만 의존하지 않는다는 점에서 인쇄 문화 시대에 파괴된 감각의 균형을 복원하는 데 기여할 수 있다고 보겠군.

⑤ 플루서는 ㉯의 '텔레비전'이 '라디오'와 달리 대화적 매체에 해당하기 때문에 세상과 더 생생하게 연결되는 느낌을 준다고 보겠군.

05

문맥상 ⓐ~ⓔ와 바꾸어 쓰기에 적절하지 <u>않은</u> 것은?

[3점]

① ⓐ : 야기(惹起)한다고
② ⓑ : 촉발(觸發)한
③ ⓒ : 간주(看做)하는
④ ⓓ : 결성(結成)되는
⑤ ⓔ : 내포(內包)한

[06~10] 다음 글을 읽고 물음에 답하시오.

민사 집행법은 채무자가 채무를 이행하지 않을 경우에 채권자의 신청에 따라 국가가 강제력을 행사하여 채권자의 권리를 실현하는 법적 절차인 강제 집행 에 대해 규정하고 있으며, 그 집행 방법으로 직접 강제, 대체 집행, 간접 강제를 인정하고 있다. 직접 강제는 국가 기관이 유형력을 행사하여 채무자의 의사와 상관없이 채무의 내용을 실현하는 것을 말하며, 대체 집행은 채권자 또는 제삼자가 채무자를 대신하여 채무의 내용을 실현하게 하고 그 비용을 채무자로부터 추심*하는 것이다. 그리고 간접 강제는 채무 불이행에 대하여 채무자에게 채권자에 대한 배상금의 지급 또는 구금 등의 제재를 예고하여 심리적 압박을 가함으로써 채무자가 스스로 채무를 이행하도록 하는 것이다. 민사 집행법 제261조 제1항은 채무의 성질이 간접 강제를 할 수 있는 경우에 간접 강제를 명하는 결정을 한다는 규정을 제시하고 있다. 직접 강제와 대체 집행은 채무자의 의사와 무관하게 이행의 강제를 실현하는 반면, 간접 강제는 채무자에게 심리적 압박을 주어 집행을 강제하는 것이므로 채무자의 자유의사, 즉 자신의 채무를 이행하지 않겠다는 의사에 따른 선택권을 부당히 제한할 우려가 있게 된다는 것이다. 따라서 채무의 성질상 직접 강제나 대체 집행을 할 수 없는 것만이 간접 강제의 대상이 된다.

채무는 주는 채무와 하는 채무로 구분할 수 있는데, 물건의 인도를 목적으로 하는 주는 채무에 대한 강제 집행은 원칙적으로 직접 강제에 의한다. 집행관이 직접 채무자로부터 빼앗아 채권자에게 인도함으로써 ㉠ <u>특정 물건을 인도하는</u> 채무가 이행되는 것이다. 하는 채무는 물건의 인도 이외의 채무자의 행위를 목적으로 하여 직

접 강제로는 그 목적을 달성할 수 없으므로 채무의 성질에 대체성이 있는 경우에는 대체 집행을, 대체성이 없는 경우에는 간접 강제를 적용하게 된다. 하는 채무는 불법 건축물 철거와 같이 일정한 적극적인 행위를 해야 하는 작위 채무와 관망을 방해할 건축을 하지 않는 것과 같이 소극적으로 일정한 행위를 하지 않을 것을 내용으로 하는 부작위 채무로 나뉜다. 작위 채무는 다시 대체적 작위 채무와 부대체적 작위 채무로 구분되는데, 제삼자가 채무를 대신 이행할 수 있어 대체 집행이 가능한 대체적 작위 채무와 달리, 제삼자가 대신할 수 없는 부대체적 작위 채무의 경우에는 간접 강제만 허용된다. 또한 채무의 성질상 채무자만이 채무를 이행할 수 있어 대체성이 없는 부작위 채무는 간접 강제에 의하는 것이 원칙이다.

간접 강제의 대상이 되는 부대체적 작위 채무의 예로는 채무자만이 게시 장소의 일부 또는 전부를 알고 있는 포스터 등을 제거할 채무와 같이 사실상 채무자가 아니면 할 수 없는 채무, ㉡ <u>어음 등에 서명할 채무</u>와 같이 채무자 자신이 하지 않으면 효과가 생기지 않는 채무 등이 있다. 부작위 채무의 예로는 통행 방해 금지 채무, 출입 금지 채무 등이 있으며, 이러한 부작위 채무를 위반한 경우가 간접 강제의 대상이 된다. ㉰ <u>그러나 부작위 채무의 위반 결과 남아 있는 유체물의 제거, 장래에 위반 행위를 반복하는 것을 막기 위한 물적 설비의 설치 등은 대체 집행에 의한다.</u> 일조 방해 금지 채무에 위반하여 설치된 차폐물의 제거, 출입 금지 채무의 위반을 방지하기 위한 담을 설치하는 것 등이 그 예이며, 이는 부작위 채무 자체에 대한 강제 집행이 아니다. 한편 ㉱ <u>저작, 강연, 연주, 연극 등을 할 채무</u>와 같이 채무의 이행에 채무자 고유의 예술적 또는 학문적 기능을 필요로 하는 채무의 경우는 채무자에게 심리적 강제를 가하면 채무의 본래 취지에 적합한 채무자의 행위가 실현되지 않으므로 간접 강제는 허용되지 않는다. 따라서 이러한 채무는 민사 집행법에 따른 강제 집행이 불가능한 채무에 해당한다.

간접 강제 결정은 채권자의 신청이 있어야 가능하며, 신청서에는 채무자가 해야 할 작위 혹은 부작위 채무의 내용을 구체적으로 명시해야 한다. 이때 채무자가 채무를 이행해야 할 상당한 기간과 기간 내 이행하지 않을 시 채권자에게 지급해야 할 배상금을 명시하고 그 근거가 될 수 있는 자료를 첨부하여 법원의 판단에 참고가 될 수 있도록 한다. 단, 법원의 판단은 채권자가 신청한 이행 기간이나 배상금의 액수에 구속되지 않는다. 또한

원칙적으로 채권자는 채무자가 해당 채무를 이행하지 않을 개연성이 높아 간접 강제가 필요하다는 것에 관하여 증거를 갖추어 소명해야 한다. 채권자의 신청을 접수한 법원은 채무자가 이행해야 할 채무가 간접 강제가 가능한 것인지, 해당 사안이 간접 강제의 필요성이 있는지 등을 심리하여 이를 명하는 결정을 하게 된다.

* 추심: 찾아내어 가지거나 받아 냄.

06

윗글을 읽고 답을 찾을 수 있는 질문이 아닌 것은? [3점]

① 채무자의 채무 불이행 시 채권자의 권리를 보호하기 위해 취할 수 있는 법적 조치는 무엇인가?
② 강제 집행에 대해 규정하고 있는 법률에서 인정하는 강제 집행 방법은 무엇인가?
③ 하는 채무가 직접 강제로는 그 목적을 달성할 수 없는 이유는 무엇인가?
④ 민사 집행법에 따른 강제 집행이 불가능한 채무의 경우 채권자의 피해 구제를 위한 방법은 무엇인가?
⑤ 채권자가 간접 강제 신청을 할 때 신청서에 명시해야 할 내용은 무엇인가?

07

강제 집행에 대한 설명 중 적절하지 않은 것은? [3점]

① 직접 강제가 불가능한 작위 채무는 모두 대체 집행의 대상이 된다.
② 채무의 성질상 직접 강제를 할 수 있는 경우에는 간접 강제가 배제된다.
③ 국가의 강제력을 통해 채무자의 의사에 반하는 채권자의 권리 실현이 가능하다.
④ 작위 채무에 대한 강제 집행 시 실제로 채무를 이행하는 주체는 채무자가 아닐 수 있다.
⑤ 민사 집행법 제261조 제1항은 하는 채무 중 일부에 대한 강제 집행 방법을 규정하고 있다.

08

㉠~㉢을 비교한 내용으로 가장 적절한 것은? [3점]

① ㉠은 채무자가 특정한 행위를 하지 않을 것을 내용으로 한다.
② ㉡은 채권자가 채무자를 대신하여 채무의 내용을 실현할 수 있다.
③ ㉢은 제삼자가 대신 이행한다면 채무자가 한 것과 동일한 작위 결과를 달성할 수 없다.
④ ㉠과 ㉡은 모두, 불이행 시 국가 기관이 유형력을 행사하여 채무의 내용을 실현할 수 있다.
⑤ ㉡과 ㉢은 모두, 채무자에게 심리적 압박을 가하면 채무의 본래 취지에 적합한 채무의 내용이 실현되지 않을 수 있다.

09

㉮의 이유로 가장 적절한 것은? [4점]

① 법원이 집행 명령을 통해 채무자의 권리를 제한하는 권한을 채권자에게 위임했기 때문이다.
② 부작위 채무에 대한 간접 강제가 실효를 거두지 못하여 대체 집행의 대상이 되었기 때문이다.
③ 부작위 채무 위반에서 유래한 유체물의 제거 및 장래에 대한 조치는 부작위 채무로부터 파생하는 별개의 대체적 작위 채무이기 때문이다.
④ 법원의 재량에 따라 하나의 채무에 대해 여러 집행 방법 중 채권자의 권리 실현에 더 실효성이 있는 것을 선택하여 집행을 명령할 수 있기 때문이다.
⑤ 부작위 채무 위반에 대한 간접 강제 결정에 의하여 배상금의 추심이 완료되면 부작위 채무 위반에서 유래한 위법한 상태를 배제할 수 있기 때문이다.

10

윗글을 바탕으로 〈보기〉를 이해한 내용으로 적절하지 않은 것은? [4점]

─── 보기 ───

A 빌라에 거주하는 갑은 안방 천장에서 누수가 발생하여 윗집 주인인 을을 상대로 누수 방지 공사 이행을 청구하는 소송을 제기하였다. 또한 갑은 을이 누수 방지 공사를 이행하지 않을 경우를 대비하여 '1개월 안에 공사를 이행하지 않을 때에는 해당 기간이 만료된 다음 날부터 이행 완료 시까지 월 백만 원의 돈을 지급하라'는 간접 강제를 함께 신청했다. 이에 대해 법원은 누수 방지 공사 이행에 대한 청구는 인정을 하였지만 간접 강제 신청은 기각하였다. 재판부는 민사 집행법 제261조 제1항에 따라 해당 채무가 간접 강제에 의한 강제 집행의 대상이 될 수 없다고 밝혔다. 또한 갑이 제출한 증거만으로는 을이 누수 방지 공사를 이행하지 않을 것이라고 단정할 수 없으며, 월 백만 원이 적정한 배상액인지 판단할 수 있는 근거 자료도 부족하다고 덧붙였다.

① 법원은 을이 누수 방지 공사를 이행하지 않을 개연성에 대해 갑과는 판단을 달리한 것이겠군.

② 법원은 갑이 신청한 간접 강제가 자신의 채무를 이행하고자 하는 을의 의사를 부당히 제한한다고 판단한 것이겠군.

③ 법원은 갑이 제출한 증거가 을의 누수 방지 공사 이행을 강제하는 집행의 필요성을 소명하는 데에는 충분치 않다고 판단한 것이겠군.

④ 법원은 을이 이행해야 할 채무가 부작위 채무나 부대체적 작위 채무가 아니라고 보고 갑의 간접 강제 신청을 받아들이지 않은 것이겠군.

⑤ 법원은 갑의 첨부 자료만으로는 을이 채무를 이행하지 않을 경우 갑에게 지급할 배상금이 신청서의 액수에 부합함을 증명할 수 없다고 판단한 것이겠군.

[11~15] 다음 글을 읽고 물음에 답하시오.

피부의 겉면인 표피는 가장 바깥쪽의 각질층부터 과립층, 가시층, 기저층으로 이루어져 있다. 기저층에는 멜라닌 세포와 각질 형성 세포가 있으며, 멜라닌 세포는 가지 돌기들을 통해 각질 형성 세포와 연결되어 있다. 멜라닌 세포는 자외선에 노출된 피부의 색깔이 검게 변하는 색소 침착에 관여하며, 자외선을 산란하거나 흡수하는 색소인 멜라닌을 합성하여 자외선으로부터 피부를 방어한다. 각질 형성 세포는 세포 분열과 각화 과정을 통해 각질 세포가 되며, 각질 세포의 탈락과 함께 멜라닌도 피부 바깥으로 탈락된다.

피부가 자외선에 노출되면 멜라닌 세포에서는 세포핵 주위에 분포하던 멜라닌 소체가 멜라닌 세포의 가지 돌기 주변으로 이동하여 피부가 일시적으로 검어지는 현상인 즉시 색소 침착이 나타난다. 한편 각질 형성 세포에서는 단백질 p53이 활성화된다. 이들 중 일부는 세포핵 안으로 이동한 후 POMC 단백질의 발현을 유도하며, POMC 단백질은 작은 조각으로 나뉘어 멜라닌 세포 자극 호르몬을 형성한다. 이 호르몬은 세포 외부로 분비되어 멜라닌 세포의 수용체와 결합하고, 이 결합에 의해 발생한 신호는 멜라닌 세포의 핵으로 이동해 티로시나아제의 발현을 유도한다.

티로시나아제는 멜라닌 합성 과정의 핵심인 티로신의 산화 반응을 촉진한다. 이 반응은 수산화물을 생성하는 ㉠ 첫 번째 단계와 수산화물이 산화되는 ㉡ 두 번째 단계로 이루어진다. 멜라닌 소체 내의 기질인 티로신은 곁사슬에 다섯 개의 수소 원자와 하나의 수산화물을 가지고 있고, 단백질 효소인 티로시나아제는 티로신과 결합하는 활성 부위에 구리 원자와 산소 원자를 각각 두 개씩 가지고 있다. 구리 원자 중 하나는 티로신의 수산화물과 결합하지만 다른 하나는 결합하지 못하고 남아 있기 때문에 티로시나아제와 티로신은 불안정한 결합을 이룬다. 이를 해소하기 위해 티로시나아제가 가지고 있던 산소 원자 하나가 떨어져 나가 티로신의 수소 원자 하나와 반응해 티로신에 수산화물이 추가로 생성되고, 이 수산화물은 티로시나아제의 남은 구리 원자와 결합을 이룬다. 다음 단계로 티로시나아제에 의해 티로신의 두 수산화물에서 산소 원자만 남고 수소 원자는 떨어져 나가는 산화 반응이 일어나 티로신은 도파퀴논으로 전환된다. 티로신에서 떨어져 나온 두 수소 원자는 티로시나아제에 남아 있던 산소 원자와 반응해 물 분자를 형성한다. 산소가 없는 상태에서 비활성화된 티로시나아제는 산소 공급을 통해 다시 활성화되며 티로신의 산화 반응도 반복된다.

티로시나아제와 분리된 도파퀴논은 페오멜라닌 혹은 유멜라닌이 된다. 도파퀴논이 아미노산의 일종인 시스테인과 결합하여 합성되는 페오멜라닌은 적색과 황색을 띠며 수용성인 멜라닌이다. 반면 시스테인과 결합하지 않고 단백질 효소에 의해 합성되는 유멜라닌은 검은색과 갈색을 띠며 액체에 녹지 않는다. 피부색은 이들 멜라닌의 비율과 양에 의해 결정되며, 멜라닌 세포의 수와 밀도는 피부색과 무관하다.

멜라닌 소체의 내부에 합성된 멜라닌의 양이 많아지면 지연 색소 침착이 나타나는데, 이는 피부가 자외선에 노출된 지 약 72시간 이후에 관찰된다. 또한 멜라닌으로 가득 차서 더 이상 멜라닌의 합성이 일어나지 않게 된 멜라닌 소체는 멜라닌 세포의 가지 돌기를 통해 각질 형성 세포 로 이동한다. 각질 형성 세포 중 일부는 계속 분열하여 그 수를 늘리며, 일부는 칼슘 이온의 세포 내 유입으로 인해 기저층을 떠나 각화 과정을 시작한다. 각화 과정은 각질 형성 세포가 가시층과 과립층을 거쳐 각질 세포가 되는 과정이다. 가시층에서 각질 형성 세포는 지방 등의 유기물인 지질을 포함하게 된다. 각질 형성 세포끼리는 접착제 역할을 하는 탄탄한 단백질 구조에 의해 밀착되며 이렇게 밀착된 상태는 과립층으로 이어진다. 과립층에서 각질 형성 세포는 세포핵이 분해되어 없어진 각질 세포가 되고, 이 각질 세포가 쌓여 각질층을 이룬다. 각질층에서 각질 세포에 남아 있던 지질 중 일부는 세포에서 빠져나와 외부의 유해 물질로부터 인체를 보호하고 인체가 수분을 잃지 않도록 기능한다. 각질층의 가장 바깥에 있는 각질 세포는 일정 기간이 ⓐ 지나면 단백질 구조가 분해되면서 피부에서 떨어져 나가게 된다.

④ 멜라닌 소체 내에 멜라닌이 가득 차게 되면 더 이상 멜라닌의 합성이 일어나지 않는다.

⑤ 지연 색소 침착은 멜라닌 합성을 끝낸 멜라닌 소체가 각질 형성 세포로 이동하면서 일어난다.

12

㉠과 ㉡에 대한 이해로 가장 적절한 것은?

[4점]

① ㉠은 ㉡과 달리 멜라닌 소체 내에서 일어난다.
② ㉠에는 ㉡과 달리 티로시나아제와 티로신의 결합이 불안정한 상태가 존재한다.
③ ㉡에서는 ㉠에서와 달리 티로시나아제의 구리 원자가 티로신의 수산화물과 결합한다.
④ ㉠과 ㉡에서는 모두 티로신과 티로시나아제로 인해 물 분자가 형성된다.
⑤ ㉠과 ㉡에서는 모두 티로시나아제의 산소 원자가 티로신에서 떨어져 나온 수소 원자와 반응한다.

11

윗글에서 확인할 수 있는 내용으로 적절하지 않은 것은? [3점]

① 시스테인과 결합해 합성된 멜라닌은 물에 녹는 성질이 있다.
② 멜라닌 세포 내 멜라닌 소체의 위치 변화로도 피부가 검게 변할 수 있다.
③ 멜라닌 세포의 수가 많고 밀도가 높다고 해서 피부색이 어두운 것은 아니다.

13

각질 형성 세포 에 대한 설명으로 적절하지 않은 것은? [3점]

① 분열 과정에서 칼슘 이온이 작용해 그 수가 증가한다.
② 멜라닌 세포의 가지 돌기를 통해 멜라닌 세포와 연결되어 있다.
③ 기저층을 떠나 가시층, 과립층을 거쳐 무핵 세포인 각질 세포가 된다.
④ 가시층에서 지질을 포함하게 되며 단백질 구조를 통해 서로 밀착된다.
⑤ 멜라닌 세포의 수용체와 결합하는 멜라닌 세포 자극 호르몬을 분비하는 곳이다.

14

윗글을 참고할 때 〈보기〉의 ㉮~㉰가 일으킬 수 있는 반응을 예상한 내용으로 적절하지 <u>않은</u> 것은? [4점]

보기

기능성 화장품 중 색소 침착이 일어나지 않게 하거나 합성된 멜라닌을 탈락시키는 것들이 있다. 이들 화장품에 사용되는 성분 중 ㉮ 산화 아연은 피부 표면에서 자외선을 산란시킨다. ㉯ 알부틴은 티로신과 마찬가지로 곁사슬에 수산화물을 가지고 있어서 멜라닌 세포 내에서 티로시나아제의 활성 부위에 결합할 수 있다. ㉰ 알파 하이드록시산은 피부 표면에서 각질 세포끼리 밀착시키는 단백질 구조를 분해한다.

① ㉮는 피부에 미치는 자외선의 영향을 감소시킨다는 점에서 색소 침착을 억제할 수 있겠군.
② ㉯는 티로신과 티로시나아제의 결합을 방해함으로써 산화 반응이 일어나는 티로신의 비율을 감소시키겠군.
③ ㉰는 각질 세포가 피부에서 떨어져 나가게 하면서 이에 포함된 멜라닌의 탈락을 유발할 수 있겠군.
④ ㉮는 멜라닌 세포 자극 호르몬의 형성 가능성을 낮춘다는 점에서 티로시나아제의 발현 가능성을 억제하고, ㉯의 수산화물은 티로시나아제의 구리 원자와 결합하여 티로신이 도파퀴논으로 전환되는 것을 억제하겠군.
⑤ ㉮는 각질 형성 세포 내 p53의 활성화를 저해한다는 점에서, ㉰는 각화 과정을 활성화한다는 점에서 모두 멜라닌 합성 과정을 억제하겠군.

15

ⓐ와 문맥상 의미가 가장 가까운 것은? [3점]

① 해가 수평선을 <u>지나</u> 떠오르고 있었다.
② 그는 아들의 말을 무심코 <u>지나</u> 버렸다.
③ 사춘기가 <u>지나</u> 부모님과의 갈등이 줄어들었다.
④ 화물차가 교차로를 <u>지나</u> 고속도로로 들어섰다.
⑤ 전력 사용량이 정해진 한계를 <u>지나</u> 경고가 내려졌다.

[16~18] 다음 글을 읽고 물음에 답하시오.

(가)

　나의 소년 시절은 은빛 바다가 엿보이는 그 긴 언덕길을 **어머니의 상여와 함께 꼬부라져 돌아갔다.**

　내 **첫사랑도** 그 길 위에서 조약돌처럼 집었다가 조약돌처럼 잃어버렸다.

　그래서 나는 푸른 하늘빛에 호져 때 없이 그 길을 넘어 **강가로 내려갔다가도 노을에 함뿍 자줏빛으로 젖어서 돌아오곤 했다.**

　그 강가에는 봄이, 여름이, 가을이, 겨울이 **나의 나이와 함께 여러 번 댕겨갔다.** 까마귀도 날아가고 두루미도 떠나간 다음에는 누런 모래둔과 그리고 어두운 내 마음이 남아서 몸서리쳤다. 그런 날은 항용 ㉠ **감기를 만나서 돌아와 앓았다.**

　할아버지도 언제 난 지를 모른다는 동구 밖 그 늙은 ㉡ **버드나무 밑에서 나는 지금도 돌아오지 않는 어머니, 돌아오지 않는 계집애, 돌아오지 않는 이야기가 돌아올 것만 같아 멍하니 기다려 본다.** 그러면 어느새 어둠이 기어와서 내 뺨의 얼룩을 씻어 **준다.**

－ 김기림, 「길」 －

(나)

　박수 소리. 나는 박수 소리에 등 떠밀려 조회단 앞에 **선다.** 운동화 발로 차며 나온 시선, 눈이 많아 어지러운 ㉢ **잠자리 머리.** 나를 옭아매는 박수의 ㉣ **낙하산 그물,** 그 탄력을, 튕, 끊어버리고 싶지만, 아랫배에서 악식*으로 부글거리는 어머니. 오오 전투 같은, 늘 새마을기와 동향으로 나부끼던 국기마저 미동도 않는, 등 뒤에 아이들의 눈동자가, 검은 교복에 돋보기처럼 열을 가한다. 천여 개의 돋보기 조명, 불개미 떼가 스물스물 빈혈의 육체를 버리고 피난한다. 몸에서 팽그르 ㉤ **파르란 연기가 피어난다. 팽이, 내려서고 싶어요.** 둥그런 현기

증이, 사람멀미가, 전교생 대표가, 절도 있게 불우 이웃에게로, 다가와, 쌀 포대를 배경으로, 라면 박스를, 나는, **라면 박스를, 그 가난의 징표를,** 햇살을 등지고 사진 찍는 선생님에게, 노출된, 나는, 비지처럼, 푸석푸석, 어지러워요 햇볕, 햇볕의 설사, 박수 소리가, 늘어지며, 라면 박스를 껴안은 채, **슬로비디오로, 쓰러진,** 오, 나의 유년!! 그 **구겨진 정신에 유리 조각으로 박혀 빛나던 박수 소리,** 박수 소리.

– 함민복, 「박수 소리 1」 –

* 악식: 맛없고 거친 음식.

16

(가)와 (나)의 공통점으로 가장 적절한 것은? [3점]

① 동일한 시구를 반복하여 시적 의미를 부각하고 있다.
② 쉼표의 잦은 사용을 통해 급박한 분위기를 자아내고 있다.
③ 자연물을 의인화하여 대상의 이상적 모습을 강조하고 있다.
④ 명사로 문장을 종결하여 중심 대상으로 초점을 모으고 있다.
⑤ 감탄사의 사용을 통해 현실에 대한 안타까움을 드러내고 있다.

17

㉠~㉤에 대한 이해로 적절하지 않은 것은? [3점]

① ㉠은 상실의 경험이 축적되면서 생겨난 '어두운 내 마음'이 육체의 증상으로 표면화된 것이다.
② ㉡은 '할아버지도 언제 난 지를 모른다'는 점에서 과거의 기대를 유지하기가 어려움을 부각하고 있다.
③ ㉢은 '등 떠밀려 조회단 앞에 선' 상황에서, 자신을 향한 수많은 시선을 의식하고 있음을 드러내고 있다.
④ ㉣은 '악식으로 부글거리는 어머니'와 연결되어 박수를 받는 상황에서 벗어날 수 없음을 강조하고 있다.
⑤ ㉤은 '등 뒤에 아이들의 눈동자'가 자신을 주시하는 데에서 비롯된 고통이 시각화된 것이다.

18

〈보기〉를 참고하여 (가)와 (나)를 감상한 내용으로 적절하지 않은 것은? [4점]

> **보기**
>
> 유년 시절의 회상을 다룬 시들은 화자의 과거 경험을 시간적으로 조직하고 형상화하는 방식에서 차이를 보인다. 이러한 차이는 경험 당시의 화자와 경험을 회상하는 화자가 해당 경험으로부터 받은 영향에서도 발견된다.

① (가)의 화자는 '어머니'와 '첫사랑'의 상실로 인해 아픔을 겪었던 소년 시절을, (나)의 화자는 '가난의 징표'인 '라면 박스'를 많은 사람들 앞에서 받으면서 수치심을 느꼈던 유년 시절을 회상하고 있군.
② (가)는 '돌아갔다'와 같은 과거형에서 '준다'와 같은 현재형 시제로 전환하면서 과거 경험과 이를 회상하는 상황을 순차적으로 제시하고 있고, (나)는 '선다'와 같은 현재형에서 '빛나던'과 같은 과거형 시제로 전환하면서 현재화된 과거 경험의 회상을 마무리하고 있군.
③ (가)에서 '강가'에 사계절이 '나의 나이와 함께 여러 번 댕겨갔다'는 것은 수년에 걸쳐 반복적으로 겪은 경험을 하나의 문장으로 압축하여 표현한 것이고, (나)에서 '슬로비디오로, 쓰러진'다는 것은 과거 경험의 짧은 순간을 확장하여 표현한 것이군.
④ (가)에서 화자가 '강가로 내려갔다가도 노을에 함뿍 자줏빛으로 젖어서 돌아오곤' 한 것은 아픔을 극복하고자 했던 당시의 시도가 무위로 돌아갔음을 드러내고, (나)에서 화자가 '팽이'에서 '내려서고 싶'지만 그러지 못했던 것은 상황을 견디고자 하는 마음이 사라졌음을 드러내는군.
⑤ (가)에서 '멍하니 기다려' 보는 행위는 경험을 회상하는 화자에게 과거의 영향이 지속되고 있음을 보여 주고, (나)에서 '구겨진 정신에 유리 조각으로 박'힌 것으로 인식되는 '박수 소리'는 과거의 경험이 화자에게 강렬한 인상으로 남아 있음을 보여 주는군.

[19~22] 다음 글을 읽고 물음에 답하시오.

(가)

한 치도 안 되는 **풀이 봄 이슬** 맞은 후에
잎 넓고 줄기 길어 밤낮으로 불어났다
이 은혜 망극하니 갚을 줄을 몰라라
〈제1수: 부자〉

㉠ 먼저 나니 후에 나니 차례야 다를지라도
앞과 뒤를 이어서 한 젖으로 자랐다
사람이 이 뜻을 모르면 **금수만도 못하리**
〈제4수: 형제〉

㉡ 당우* 멀어지고 한당송*이 이어지니
천지 오래되니 세상 도의 아니 변하겠냐
그래도 **일곱 구멍 가졌으니*** 오륜이야 모르랴
〈제6수: 난 1〉

ⓐ 옷밥이 부족하니 예의 차릴 겨를 없어
가숙당서*를 상관없다 여기느냐
그래도 **보고 들으면 배울 것 있으리**
〈제7수: 난 2〉

이웃을 미워하지 마라 **이웃이 미우면 갈 데 없어**
고을이 버리고 나라가 다 버리리
백년도 못 살 인생이 그러그러 어떠리
〈제8수: 난 3〉
— 박선장, 「오륜가」 —

* 당우, 한당송: 각각 요순시대, 한나라 · 당나라 · 송나라를 의미함.
* 일곱 구멍 가졌으니: 사람으로 태어났으니. 얼굴에 있는 눈, 귀, 코, 입의 구멍이 일곱임을 가리킴.
* 가숙당서: 글방과 학교.

(나)

┌ 집에 옷밥을 두고 들먹은* 저 고공아
[A] 우리 집 기별을 아느냐 모르느냐
└ 비 오는 날 일 없을 때 새끼 꼬며 이르리라
처음에 할아버지 살림살이하려 할 때
인심을 많이 쓰니 사람이 절로 모여
풀 베고 터를 닦아 큰 집을 지어 내고
써레 보습 쟁기 소로 전답을 경작하니
올벼 논 텃밭이 여드레 갈이로다
자손에 전계하야 대대로 나려오니
논밭도 좋거니와 고공도 근검터라

저희마다 농사지어 풍요롭게 살던 것을
요사이 고공들은 생각 어찌 아주 없어
밥사발 크나 작으나 동옷이 좋고 궂으나
㉢ 마음을 다투는 듯 호수*를 시기하는 듯
무슨 일 생각에 흘깃할깃 하는 건가
너희네 일 아니하고 시절조차 사나워서
가뜩에 내 세간이 풀어지게 되었는데
㉣ 엊그제 화강도에 가산을 탕진하니
집 하나 불타 버리고 먹을 것이 전혀 없다
크나큰 세사를 어찌하여 치르려뇨
김가 이가 고공들아 새 마음 먹자꾸나
㉤ 너희네 젊었느냐 생각 설마 아니하냐
한솥에 밥 먹으며 번번이 시기하랴
한마음 한뜻으로 농사를 짓자꾸나
(중략)

너희네 데리고 새 살림 살자 하니
엊그제 왔던 도적 아니 멀리 갔다 하되
너희네 귀 눈 없어 저런 줄 모르건대
화살을 제쳐 놓고 ⓑ 옷밥만 다투느냐
┌ 너희네 데리고 추운가 주리는가
│ 죽조반 아침저녁 더 해서 먹였는데
│ 은혜일랑 생각 않고 제 일만 하려 하니
[B] 생각 깊은 새 머슴 어느 때 얻어 있어
│ 집일을 맡기고 시름을 잊으려뇨
└ 너희 일 애달파하면서 새끼 한 사리 다 꼬겠구나
— 허전, 「고공가」 —

* 들먹은: 못나고도 마음이 올바르지 못한.
* 호수: 공물과 세금을 거두어 바치는 일을 책임진 사람.

19

㉠~㉤에 대한 설명으로 적절하지 않은 것은? [3점]

① ㉠: 대구를 활용하여 혈육 간의 위계가 중시되는 세태를 경계하고 있다.
② ㉡: 시간의 경과를 제시하여 세상 변화의 불가피함을 드러내고 있다.
③ ㉢: 서로 반목하는 행태를 제시하며 음성 상징어를 활용하고 있다.
④ ㉣: 원인과 결과를 제시하며 사태의 심각성을 강조하고 있다.
⑤ ㉤: 의문형 표현의 반복을 통해 대상을 질책하는 태도를 부각하고 있다.

20

ⓐ와 ⓑ에 대한 이해로 가장 적절한 것은? [4점]

① ⓐ는 '예의'를 차리기 위해 필요한 도구를, ⓑ는 '도적'의 침입에 대비하기 위한 수단을 의미한다.

② ⓐ는 '예의'를 도외시하는 상황에서 내세우는 핑계를, ⓑ는 '화살'을 갖추는 과정에서 추구해야 할 가치를 의미한다.

③ ⓐ는 '예의' 차리기를 외면하게 하는 현실의 여유를, ⓑ는 '도적'의 침입을 외면하게 하는 현실의 유혹을 의미한다.

④ ⓐ는 '가숙당서'의 중요성을 간과하게 하는 실생활의 문제를, ⓑ는 '도적'의 침입을 대비하는 일의 시급함을 간과하게 하는 눈앞의 이익을 의미한다.

⑤ ⓐ는 '가숙당서'의 필요성을 느끼기 위해 해결되어야 할 과제를, ⓑ는 '화살'을 갖추는 일의 절박함을 느끼기 위해 충족되어야 할 조건을 의미한다.

21

〈보기〉를 참고하여 (가), (나)를 감상한 내용으로 적절하지 <u>않은</u> 것은? [4점]

보기

　교훈 전달을 목적으로 하는 시가에서 작가는 교훈을 전달하고자 하는 대상과 화자-청자의 관계를 형성하면서 특정 덕목을 제시하고 이를 수용하여 실천할 것을 설득한다. 부모에 대한 효를 비롯한 오륜, 형제 간의 우애, 이웃 간의 화목, 근검 등 주로 유교적 가치관에 기반한 이들 덕목은 사람됨의 기본을 이루는 것이자 공동체의 지속과 번영에 필수적인 것으로 제시된다. 화자는 청자에게 덕목 실천을 위한 구체적 행위를 제시하며 훈계하는 한편, 스스로를 청자와 함께 덕목 실천의 주체로 설정함으로써 실천의 당위성을 강조한다.

---

① (가)의 〈제1수〉에서는 '풀'과 '봄 이슬'의 관계를 바탕으로 부모에 대한 효를, (나)에서는 과거 '고공'의 바람직한 모습을 들어 근검을 덕목으로 제시하고 있군.

② (가)에서 〈제4수〉의 '금수만도 못하리'와

〈제6수〉의 '그래도 일곱 구멍 가졌으니'는 청자에게 제시하는 덕목이 사람됨의 기본을 이루는 것임을 강조하는 것이군.

③ (나)에서 '한마음 한뜻으로 농사를 짓자꾸나'와 '너희네 데리고 새 살림 살자 하니'는 화자가 스스로를 청자와 함께 덕목을 실천하려는 주체로 설정하고 있음을 보여 주는 것이군.

④ (가)에서 〈제7수〉의 '보고 들으면 배울 것 있으리'와, (나)에서 '크나큰 세사를 어찌하여 치르려뇨'는 청자가 덕목을 수용할 필요가 있음을 설득하는 것이군.

⑤ (가)에서 〈제8수〉의 '이웃이 미우면 갈 데 없어'와, (나)에서 '자손에 전계하야 대대로 나려오니'는 공동체의 지속과 번영을 위한 덕목 실천 행위를 제시하는 것이군.

22

[A]와 [B]를 바탕으로 (나)에 대해 이해한 내용으로 가장 적절한 것은? [3점]

① '일 없을 때' 시작된 이야기가 '새 머슴' 얻는 것에 대한 기대로 끝나면서, 미래에 대한 긍정적 전망이 드러나고 있다.

② '저 고공'이라는 호칭이 '너희네'로 바뀌며 진행되는 이야기의 흐름이, 인물들의 지위가 역전되는 양상에 조응하고 있다.

③ '우리 집 기별'에서 시작하여 애달픈 '너희 일'로 이어지는 이야기의 흐름이, 특정 행위가 지속되는 시간에 조응하고 있다.

④ '들먹은'으로 제시된 특성에 '제 일만 하려 하니'가 추가되면서, 특정 인물에 대한 평가가 달라지는 양상이 드러나고 있다.

⑤ '아느냐 모르느냐'에서 시작하여 '시름을 잊으려뇨'로 끝나는 이야기의 흐름이, 인물 간 갈등의 발생과 해소에 조응하고 있다.

[23~26] 다음 글을 읽고 물음에 답하시오.

칠십 년대 이후로 손을 본 적이 없는 듯 낡고 어두컴컴한 곳이었다. 전구를 판매하는 가게였으나 가게를 밝히는 전구라고는 벽에 걸린 노랗고 푸른 알전구 다발뿐이었다.

빽빽하다.

라는 말의 이미지 사전을 만든다면 아마도 그런 광경일 것이 틀림없었다.

그야말로 빽빽하다.

라고 생각한 뒤엔 아무런 말도 떠올릴 수 없을 만큼 눈앞이 빽빽했다.

[A] 그 속에서 전구를 파는 노인은 숱 많은 머리칼이 모두 하얗게 세어 버린 칠십대 노인이었다. 그는 벽돌만 한 골판지 상자들이 빼곡하게 들어찬 선반을 등진 채로 나무 책상과 걸상을 놓아두고 앉아 있었다. 침침하게 머리 위를 밝히고 있는 알전구 불빛 속에서 그는 언제나 무언가를 들여다보며 골똘히 생각에 잠겨 있다가 손님이 찾아와서 어떤 종류의 전구를 달라고 말하면 대답도 없이 서서히 걸상을 밀며 일어났다. 서두르는 법 없이 그렇다고 망설이는 법도 없이 선반의 한 지점으로 부들거리며 다가가서, 어느 것 하나 새것이 아닌 골판지나 마분지 상자들 틈에서 벽돌을 뽑아내듯 천천히 상자 하나를 뽑아내고 그것을 책상으로 가져와서 일단 내려둔 뒤엔 너덜너덜한 뚜껑을 젖혀 두고, 이번엔 다른 선반으로 걸어가서 손바닥만 한 비닐 봉투 한 장을 가지고 책상으로 돌아온 뒤, 시간을 들여 정성껏 봉투를 벌려서 입구를 동그랗게 만든 다음에, 오른손을 상자에 넣어서 손톱만 한 전구를 한 움큼 쥐고 나서, 왼손에 들린 채로 대기하고 있는 봉투 속으로 한 번에 한 개씩, 언젠가 내가 다른 손님들 틈에서 순서를 기다리고 있다가 재미있게 얻어들은 바에 의하면, 제비 새끼 주둥이에 뺑 과자 주듯, 떨어뜨렸다.

바쁜 일로 서두르며 **오무사**까지 걸어갔어도 그저 주세요, 하고 난 뒤로는 오로지 **그의 패턴**으로만 시간이 흘렀기 때문에 오무사를 방문한 손님들은 입구에서 넋을 놓고 선 채로 가게 안을 들여다보거나, 근처 구멍가게에서 삶은 계란을 까먹으며 기다렸다가 전구를 받아 가곤 했다. 노인은 느릿해도 대단히 집중해서 움직였으며 그 움직임엔 기품마저 배어 있어서, 손님의 처지에선 재촉할 틈이 없었다. 대단히 성급한 사람 중에 몇 마

디 투덜거리는 경우는 있어도 다른 곳으로 가 버리는 경우는 없었다. 오무사의 상자들이 워낙 오래전부터 쌓여 온 것들이라 어디서도 구해볼 수 없는 전구를 거기서는 구할 수 있었기 때문이다. 잘 보면 볼펜으로 조그만 표시가 되어 있는 상자들도 있었지만 표시조차 없는 상자들이 더 많아서, 어디에 무엇이 있는지 아는 사람은 그곳의 주인뿐이었고, 사실 **오무사의 노인**은 어떤 전구를 달라고 해도 헤매는 법 없이 곧장, 느릿느릿하기는 해도, 그 전구가 담긴 상자가 있는 선반을 향해 걸어갔다.

할아버지가 죽고 나면 전구는 다 어떻게 되나. 그가 없으면 도대체 어디에 무엇이 있는지 누가 알까. **오래되어서 귀한 것을 오래되었다고 모두 버리지는 않을까.** 오무사에 다녀오고 나면 이런 생각들로 **나는** 막막해지곤 했는데, 수리실을 찾아오는 사람들 중엔 수리실과 여 씨 아저씨를 두고 이것과 비슷한 말을 하는 사람들이 더러 있어서 나는 그때마다 수리실의 내력을 생각해 보고는 했다.

어느 날 전구를 사러 내려갔더니 노인도 선반도 없었다.

㉠ 텅 비어서, 어두운 벽만 남아 있었다.

돌아가셨구나, 하고 생각했다.

수리실로 돌아가서 소식을 전하자, 오무사 노인이 돌아가셨나보다고 여 씨 아저씨도 한동안 착잡한 기색을 감추지 못했다. 사고자 했던 전구는 더는 재고가 없는 것이라 이 전구가 필요한 수리는 하지 못하고 돌려보냈다. 재고가 없고 나니 같은 전구를 필요로 하는 수리가 부쩍 늘어나서 ㉡ 여 씨 아저씨와 나는 이상하다고, 드는 자리는 몰라도 나는 자리는 이렇게 표가 나는 법이라고, 모든 게 아쉽다고, 말을 나누는 일이 종종 있었다.

[중략 부분의 내용] 그해 겨울, 전자 상가의 다섯 개 동 중 오무사가 있던 '가 동'의 철거가 결정되었다. 철거 후 가 동이 있던 자리에는 공원이 조성되었고, 공원 주변 상가들도 재정비되며 사라졌다.

봄에는 조경이 마무리되었다. 장막이 모두 사라지고 첫 번째 **공원이 모습을** 드러냈다.

㉢ 짤막하게 올라온 잔디의 빛깔이 푸르고 싱싱했다. 테니스 코트처럼 예쁘장한 모습이었다.

무재 씨와 나는 늦게까지 상가에 남아 있다가 공원으로 내려갔다.

살금살금 걸어서 공원 가장자리에 설치된 긴 의자에 앉았다. 긴 의자는 네 사람이 앉을 만한 길이였고 중간쯤에 얼핏 봐서는 팔걸이처럼 보이는 딱딱한 가로 막대가 붙어 있었다. 무엇 때문에 이렇게 나눠 놓았을까요,

라고 묻자 눕지 말라는 의미죠, 라면서 무재 씨는 의미 모르게 웃었다. 나도 웃었다. 안개가 고인 밤이었다. 사오 미터 간격으로 가로등이 박혀 있어 아주 어둡지는 않았다. 가로등은 길쭉하게 위로 솟아 있었는데 윗부분에 조그만 삿갓을 쓰고 있어 어찌 보면 버섯 같기도 하고 달리 보면 파수를 서고 있는 무사처럼 보이기도 했다. 잔디에 달라붙은 안개가 가로등 불빛을 받고 반짝거렸다. ⓐ 나는 안개를 먹고 숨이 조금 갑갑했다.

무재 씨는 먹을 것과 마실 것이 담긴 봉투를 가지고 있었다. 그 속에서 샌드위치를 고르고 우유도 한 갑 받아서 뜯었다. 잔디밭에 드문드문 박힌 출입 금지 팻말을 바라보며 먹고 마셨다. 왼쪽으로 고개를 돌리면 동서 방향으로 도심을 가로지르는 대로가 있었고 오른쪽으로 고개를 돌리면 가 동이 사라져 고스란히 드러난 나 동의 붉은 외벽이 보였다. ㉢ 공원은 이 북쪽 벽을 바로 면하고 있어서 공원의 처지에서도 나동의 처지에서도 갑자기 잘린 것처럼 서로를 향해 육박해 있었다. ㉣ 가 동에서 길을 잃고 헤맨 적이 있는 나는 그 자리에 공원이 조성된다는 이야기를 듣고 매우 넓을 거라고 생각했는데, 이렇게 앉아서 보니 생각했던 것보다 작았다. 작네요, 라고 멍하게 말하자 무재 씨가 빈 우유갑을 반으로 접으며 생각했던 것보다 좁아서, 놀랐다고 말했다.

여기에 그 많은 사람들이 있었다는 이야기잖아요.

다 어디로 갔을까요.

하며 잔디밭 너머를 바라보았다.

무재 씨와 내가 나란히 앉아서 바라보고 있는 방향으로 새로 심긴 단풍나무의 그림자가 늘어져 있었다. 밤 그림자라서 가장자리가 여러 겹으로 겹쳐 있는 것을 보고 **거기 어디쯤이 단발머리 할머니의 종이 상자 병풍이** 있던 자리일 거라는 생각이 들었다. 내가 그녀에 대해 말하자 무재 씨도 그녀를 여러 차례 보았다고 말했다. 그러냐고 말한 뒤로 얼마간 침묵이 흘렀다. 잠자리를 닮았으나 잠자리보다는 작고 모기보다는 큰 풀벌레 한 마리가 비틀거리며 내 무릎 부근을 날다가 손등에 달라붙었다. ⓑ 안개 때문에 날개가 무거워서 제대로 날지 못하는 것 같았다. 손등을 타고 손목으로 기어올랐다가 다시 손등으로 내려가서 숨을 죽인 채로 붙어 있는 것을 가만히 보고 있었다. 무재 씨가 말했다.

은교 씨는 **슬럼**이 무슨 뜻인지 아나요? / ……가난하다는 뜻인가요?

나는 사전을 찾아봤어요. / 뭐라고 되어 있던가요.

도시에서, 가난한 사람들이 사는 구역, 하며 무재 씨가 나를 바라보았다.

이 부근이 슬럼이래요. / 누가요?

신문이며, 사람들이. / 슬럼?

좀 이상하죠. / 이상해요.

– 황정은, 「백(百)의 그림자」 –

23

[A]의 서술상 특징으로 가장 적절한 것은? [3점]

① 행위가 일어나는 과정을 세분화하여 서술함으로써 공간에 대한 인상을 부연하고 있다.
② 서술자인 인물의 내면이 공간의 이동에 따라 변화해 가는 양상을 보여 주고 있다.
③ 외양과 행동의 묘사를 통해 관찰 대상이 겪고 있는 내적 갈등을 드러내고 있다.
④ 현재형의 서술을 활용하여 대상의 행동을 현장감 있게 보여 주고 있다.
⑤ 서술자를 교체하여 관찰 대상의 행동에 담긴 의미를 해석하고 있다.

24

㉠~㉣에 대한 설명으로 적절하지 않은 것은? [3점]

① ㉠: 각 문단을 하나의 짧은 문장으로 구성하여 존재의 부재에 대한 인식을 드러내고 있다.
② ㉡: 인용된 각 발화의 주체를 구분하지 않음으로써 두 인물 간에 형성된 공감대를 드러내고 있다.
③ ㉢: 공간의 외적 특징을 언급함으로써 변화된 공간을 마주한 소감을 밝히고 있다.
④ ㉣: 비유적 표현을 통해 이질적인 속성의 두 대상이 조화롭게 어우러진 모습을 부각하고 있다.
⑤ ㉤: 과거의 경험과 결부시켜 예측과 실상 간의 차이를 드러내고 있다.

25

ⓐ와 ⓑ를 관련지어 이해한 내용으로 가장 적절한 것은? [3점]

① ⓐ와 달리 ⓑ에는 '나'가 '공원'을 통해 느끼는 심리 상태가 드러나 있다.

② ⓐ와 ⓑ는 모두 '나'와 '무재 씨'의 관계가 어떻게 변화할지를 암시하고 있다.

③ ⓐ와 ⓑ를 통해 특정 소재가 미치는 영향이 대상에 따라 상반됨을 확인할 수 있다.

④ ⓐ에서 느꼈던 '갑갑'함이 ⓑ에서 연민으로 바뀐 것을 통해, '풀벌레'는 '나'의 증상을 완화하는 계기가 되고 있음을 알 수 있다.

⑤ ⓐ의 '갑갑'함과 ⓑ의 '제대로 날지 못하는 것'의 이유가 동일하다고 판단한 것으로 보아, '나'는 '풀벌레'에게서 자신과의 유사성을 발견하고 있음을 알 수 있다.

26

〈보기〉를 참고하여 윗글을 감상한 내용으로 적절하지 않은 것은? [4점]

〈보기〉

빠름과 새로움이 주는 효율을 중시하는 자본주의 사회에서, 느리고 낡은 삶의 방식을 고수하며 사십 년 된 전자 상가를 터전으로 살아가는 이 작품의 등장인물들은 배제되어야 할 존재로 치부된다. 철거와 재개발로 삶의 흔적을 지우고 명명을 통해 다양한 삶의 개별성을 획일화하는 사회에 대해 인물들은 사라진 삶을 기억하는 등의 방식으로 배제의 논리에 대응한다.

① 손님들에게 '그의 패턴'대로 물건을 판매하는 '오무사의 노인'의 모습은 효율을 중시하는 자본주의 사회의 논리에 어긋나는 것임을 알 수 있군.

② '오래되어서 귀한 것을 오래되었다고 모두 버리지는 않을까'에서 '나'는 '오무사'로 상징되는 느리고 낡은 삶의 방식에 대해 회의를 드러내고 있군.

③ '칠십 년대'부터 이어져 온 전자 상가가 사라지고 '공원이 모습을 드러'낸 것에서 철거와 재개발로 삶의

흔적을 지우는 사회의 모습을 확인할 수 있군.

④ '나'가 '거기 어디쯤'에서 '단발머리 할머니의 종이 상자 병풍'을 떠올리고 '무재 씨'와 이에 대해 이야기하는 것은 이들이 사라진 삶을 기억하는 방식으로 배제의 논리에 대응하고 있는 것으로 볼 수 있군.

⑤ '신문이며, 사람들'이 전자 상가 부근을 '슬럼'으로 명명한 것은 해당 공간에 존재하는 다양한 인물들의 개별성을 획일화하는 것으로 볼 수 있군.

[27~30] 다음 글을 읽고 물음에 답하시오.

적멸사에 선사가 있었는데, 법명은 '청허'였다. 본성이 어질고 자애로우며 마음이 자비롭기 그지없어 추위에 떨고 있는 사람을 보면 옷을 주었고, 굶주린 사람을 보면 먹을 것을 주었다. 그리하여 사람들 모두가 청허를 한겨울에 부는 봄바람이라 생각했고, 엎어 놓은 접시 속처럼 빛이 안 드는 곳까지 환히 비추어주는 해와 같다고 여겼다.

아아! 나라가 불행하여 철마가 천지를 뒤덮자 임금은 고립되고, 슬프게도 우리 백성의 절반이 적의 칼날을 받았다. 저 강도*는 더욱 심하게 짓밟혀 시내에 흐르는 것은 피요, 산에 쌓인 것은 뼈였지만 까마귀가 시신을 쪼아도 매장해 줄 사람이 없었다.

청허 선사는 주인 없는 시신을 가련히 여겨 수습해 줄 생각으로 버드나무 가지를 든 채 날 듯이 강을 건넜다. 하지만 인가가 모두 폐허가 되어 의지할 곳이라곤 없었다. 연미정 남쪽에 풀을 베어 움막을 짓고 그곳에서 불공을 드리며 숙식을 했다.

어느 날 밤 **청허 선사는 설핏 잠이 들어 꿈을 꾸었다.** ㉠하늘과 강이 모두 파란데 수심에 잠긴 구름은 모였다 흩어졌다 하고, 서글픈 바람은 불었다 그쳤다 하며, 밤 기운이 처량한 게 심상치 않았다. 선사는 석장을 짚고 달빛을 밟으며 **한가로이 거닐었다.**

[A] 한밤중이 되자 바람결에 전해 오는 소리가 있었으니, 노랫소리와 울음소리와 웃음소리였다. 웃고 울고 노래하는 소리를 따라가 보니 한곳에 여자들이 모여 있는 게 아닌가. 선사가 몹시 기이하게 여겨 다가가서 엿보니, 줄지어 모여 앉은 이들이 죄다 여자였다. 어여쁜 얼굴이 시들고 백발인 사람이 있는가 하면, 청춘이 아직 시들지 않아 검푸른 머리가

풍성한 사람도 있었다. 젊은 사람인지 늙은 사람인지 겉모습으로 분명히 알 수 있었지만 선후 없이 뒤섞여 앉아 성대한 모임을 가졌다. 그런데 이들 모두는 놀라고 두려워 허둥지둥하는 모습에 서글픈 기운을 띠고 있었다.

선사가 더 다가가서 자세히 보니 연약한 머리가 한 길 남짓한 밧줄에 묶이거나 한 자쯤 되는 칼날에 붙어 있는 이도 있고, ㉠으스러진 뼈에서 피가 흐르는 이도 있고, 머리가 모두 부서진 이도 있고, 입과 배에 물을 머금고 있는 이도 있었다. 그 참혹하고 애처로운 모습을 차마 볼 수 없었고, 이루 다 기록할 수도 없었다.

한 부인이 눈물을 머금고 말했다.

"나랏님이 피란했으니 그 처참함이야 말해 무엇하겠습니까. 하지만 아아, ㉡제가 운명을 달리한 건 하늘의 뜻입니까, 귀신의 뜻입니까? 그 이유를 찾으면 이르는 답이 있으니, 바로 내 남편입니다. 그 이유가 무엇인지 아십니까? 남편은 재상의 지위에 있었고 체찰사의 임무를 맡았거늘 공론을 살피지 않고 사사로운 정에 치우쳐서 강도의 막중한 임무를 사랑하는 아들에게 맡겼습니다. 그 아이는 부귀에 빠져 아름다운 경치나 즐기며 앞날에 대한 계책이라고는 전혀 없었으니, 군사 일에 대해 무슨 아는 것이 있었겠습니까? ㉢강이 깊지 않은 게 아니요 성이 높지 않은 게 아니었건만, 대사를 그르치고 말았으니 죽임을 당한 것도 당연한 일입니다. 그러나 아비의 잘못으로 인한 일이니 그 아이에게 무슨 책임이 있겠습니까? 아아, 운명이 기박한 제가 기꺼이 자결한 것도 당연하니 그 일은 한스러울 게 없습니다. 다만 외아들이 살아서 나라에 보답하지 못하고 죽어서도 죄가 남았으니, ㉣천 년 동안 남을 악명을 온 바다를 기울인들 어찌 씻을 수 있겠습니까? 쌓이고 쌓인 한이 옷깃에 가득하여 하루도 잊을 날이 없답니다."

말을 다 마치기 전에 한 부인이 몸을 일으키더니 옷매무새를 가다듬고 말했다.

"서방님은 자기 재주를 헤아리지 못하고 홀로 중책을 맡아 천혜의 지형만 믿고 군사 일 돌보기를 게을리했으니, 그 결과 방어에 실패한 것은 당연한 이치입니다. 온 강에 비바람이 몰아쳐 사직의 존폐가 한 귀퉁이 쇠잔한 성에 달려 있었거늘, 전군이 무너져 임금이 성 밖으로 나와 항복하기에 이르렀습니다. 아아, 이 모든 일이 강도를 수비하지 못한 데 말미암은 것이니, 사형을 당한 것은 군법에 마땅한 일입니다.

그러나 이민구는 같은 책임을 졌으면서 무슨 충의를 지녔다고 목숨을 보전하여 천수를 누렸단 말입니까? 도

원수 김자점은 나라 안의 모든 권세를 지니고 나라 안의 모든 병사를 거느렸으면서도 단 한 번의 전투도 벌이지 않았고, 그 병사들은 피 한 방울도 흘리지 않았습니다. ㉤바위 굴에 몸을 숨기고 목숨을 부지하기만을 꾀하며 달무리* 안에 있는 임금을 길 가는 사람 보듯 했지만, 왕법이 시행되지 않고 도리어 은총이 더해졌습니다. 가소로운 심기원은 임무를 담당할 그릇이 못 되고 앞날을 내다보는 계책이 없었거늘, 이런 자에게 막중한 임무를 맡겨 도성을 지키게 했습니다. 그러니 군신 간의 의리를 완전히 잊고 제 한 몸만 빼어 환난을 피하고는 스스로 지략이 있다 여기며 거북처럼 목을 움츠리고 달팽이처럼 엎드려 지냈습니다. 이처럼 나라의 은혜를 저버렸건만 조정에서는 군법에 회부하지 않고 도리어 총애와 녹봉을 더해 주었습니다.

이런 상황에서 서방님 홀로 사형을 당했으니 어찌 원통하지 않겠습니까? 아아, 내 한 목숨 잃은 건 아까울 게 없지만, 살아 계신 백발의 시아버지는 영영 자식을 잃고 말았으니, 죽은 이든 산 이든 원망하는 마음이 어찌 다르겠습니까?"

[뒷부분의 내용] 뒤를 이어 열세 명의 여인이 전쟁에 얽힌 자신의 사연을 이야기하고, 마지막 이야기가 끝나자 여인들은 모두 통곡한다. 그리고 청허 선사는 꿈에서 깨어난다.

– 작자 미상, 「강도몽유록」 –

* 강도: 강화도.
* 달무리: 바람이 일어날 징조. 여기서는 임금이 전란을 만나 피란 중에 있음을 가리키는 말로 쓰임.

27

윗글에 대한 설명으로 가장 적절한 것은? [3점]

① 과거와 현재를 교차하여 장면의 전환을 시도하고 있다.

② 구체적인 장면 묘사를 통해 상황의 참혹함을 부각하고 있다.

③ 우의적 소재를 활용하여 사건 해결의 실마리를 제공하고 있다.

④ 시간의 흐름에 따라 인물의 내적 갈등이 해소되는 과정을 보여 주고 있다.

⑤ 편집자적 논평을 통해 인물의 행위에 대한 서술자의 판단을 보여 주고 있다.

28

[A]에 대한 설명으로 가장 적절한 것은? [3점]

① 인물들이 추가적으로 등장하여 이들 간의 복합적 관계가 형성될 것임을 예고하고 있다.

② 청각으로 환기된 호기심이 거리의 조정을 거쳐 시각적으로 확인되는 과정을 제시하고 있다.

③ 인물의 관찰 내용을 대비하여 제시함으로써 상황을 반전시키기 위한 분위기를 형성하고 있다.

④ 장면의 전환에 따라 인물이 갖게 된 기대가 우연한 사건을 통해 어긋나는 과정을 제시하고 있다.

⑤ 현재 상황에 대한 인물의 관점이 객관적인 것에서 주관적인 것으로 변화되는 계기를 제시하고 있다.

29

㉠~㉤에 대한 이해로 적절하지 <u>않은</u> 것은? [3점]

① ㉠: 배경을 제시하여 앞으로 전개될 이야기의 성격을 암시하고 있다.

② ㉡: 자문자답의 형식을 사용하여 답을 찾기까지의 어려움을 강조하고 있다.

③ ㉢: 유리한 조건에도 부정적 결과를 얻은 점을 들어 인물에 대한 평가의 근거로 삼고 있다.

④ ㉣: 과장된 표현을 사용하여 말하고자 하는 바를 강조하고 있다.

⑤ ㉤: 인물의 행위에 걸맞은 처분이 내려지지 않은 점을 들어 상황의 부조리함을 드러내고 있다.

30

〈보기〉를 참고하여 윗글을 감상한 내용으로 적절하지 <u>않은</u> 것은? [4점]

> **보기**
>
> 「강도몽유록」은 병자호란에서 희생된 여성들의 입을 빌어 전쟁의 실상을 고발한 작품이다. 전쟁을 다룬 서사가 대개 한 명의 남성 주인공을 중심으로 펼쳐지는 무용담에 초점을 맞추는 것과는 달리, 이 작품에서는 여러 여성들이 등장하여 각자의 입장을 제시한다. 전쟁에 대한 증언의 중첩은 패배의 원인을 다각적으로 돌아보게 한다. 또한 절의를 중시했던 남성들의 모순된 행태에 대한 통렬한 비판이 주를 이룬다는 점에서, 이러한 증언의 내용은 현실에서는 여성의 목소리로 표현되기 힘든 것이었음을 짐작하게 한다. 묻힐 뻔했던 이들의 목소리는 비현실적 설정 하에서 목격자를 통해 전달된다.

① '남편'이 '체찰사의 임무를 맡았거늘 공론을 살피지 않았다는 여성의 말에 이어 '서방님'이 '군사 일 돌보기를 게을리했다'는 다른 여성의 말이 이어지는 데에서, 패배의 원인이 다수의 목소리를 통해 조명되고 있음을 알 수 있군.

② '청허 선사'가 '설핏 잠이 들어' 꿈을 꾸었다는 것과 '한 부인'이 '내 한 목숨 잃'었다고 말하는 것에서, 여성의 목소리를 드러낼 수 있는 비현실적 설정을 확인할 수 있군.

③ '청허 선사'가 '한가로이 거닐'다가 우연히 여성들의 대화를 엿듣게 된다는 설정에서, 살아 있을 때는 목소리를 낼 수 없었던 이들의 이야기를 전달하는 목격자의 존재를 확인할 수 있군.

④ 여성들이 '계책이라고는 전혀 없었'다거나 '자기 재주를 헤아리지 못'했다고 비판하는 대상이 자신의 남성 가족 구성원이라는 점에서, 비판의 통렬함이 더욱 강조되고 있음을 알 수 있군.

⑤ '한 부인'이 '이런 상황'에서 남편이 '홀로 사형을 당'한 것이 원통하다고 말하는 것에서, 절의를 저버린 가장에게 의존했던 과거를 후회하고 있음을 알 수 있군.

[01~02] 다음 글의 밑줄 친 부분 중, 어법상 틀린 것을 고르시오.

01

Illuminance quite simply describes the quantity of light emitted by a light source that lands on a given surface area, ① measured in footcandles or, in the metric system, lux. In the built environment, illuminance is the feature that brings shape and clarity to a nuanced spatial composition. ② What is capable of controlling the intensity of visual extremes, crescendos of light and dark that can both reveal and hide layers of a complex space. This principle is of great practical and phenomenological importance in architectural lighting design, as it allows us to navigate our way through, or ③ perform tasks within, a space. Illuminance, moreover, plays a critical role in our emotional response to a space: our intrinsic fear of the dark or gravitation toward light has influenced the ways ④ in which our society places faith in light as a means to establish safety and provide emotional reassurance. Finally, one must not forget that the term "illuminance" describes a quantity of light or energy that, when administered at the appropriate levels, ⑤ ensures the sustenance of life, but when pushed to extremes, can cause physical damage to its recipient. [3점]

* crescendo: 크레센도(점점 세어짐)

02

Karl Popper is sometimes said to have claimed that no theory can be proved definitively to be true. But he held a far more radical view than this: he thought that of the theories that have not yet been positively disproved, we have absolutely no reason ① to believe one rather than another. It is not that even our best theory cannot be definitively proved; it is rather that there is no such thing as a "best theory," only a "surviving theory," and all surviving theories are equal. Thus, in Popper's view, there is no point in trying to gather evidence that supports one surviving theory over the others. Scientists should consequently devote ② themselves to reducing the size of the pool of surviving theories by refuting as many ideas as possible. Scientific inquiry is ③ essentially a process of disproof, and scientists are the disprovers, the debunkers, the destroyers. Popper's logic of inquiry ④ is required of its scientific personnel a murderous resolve. Seeing a theory, their first thought must be to understand it and then to liquidate it. Only if scientists throw themselves single-mindedly into the slaughter of every speculation will science ⑤ progress. [4점]

* liquidate: 폐지하다

[03~04] 다음 글의 밑줄 친 부분 중, 문맥상 낱말의 쓰임이 적절하지 <u>않은</u> 것을 고르시오.

03

The mindset that mindfulness needs strong mind control to clean up all your thoughts is not correct because by doing so, you take your own thoughts as your ① <u>enemy</u> in your conscious and unconscious mind and want to get rid of them. However, your thoughts are actually the exact reflection of your physical and mental states. If your physical and mental states do not ② <u>change</u>, your thought patterns remain the same. In fact, the right effort and appropriate control are the key to efficient mindfulness learning and practice. We often put ③ <u>considerable</u> effort into a target such as breathing, thought process, and body feeling or sensation whenever we practice mindfulness. However, intensive and effortful practice makes our mind fatigue easily and even ④ <u>decreases</u> the stress hormone (cortisol) that can deteriorate and damage our body and brain/mind states. Some studies have shown that adverse events can occur with intensive mindfulness meditation during a retreat period. Therefore, only ⑤ <u>using</u> mind control for mindfulness is not a natural method for our minds and for mindfulness practice. [3점]

04

There is a wonderful game at my local science museum called Mindball. Two players sit at opposite ends of a long table. Each wears a headband equipped with electrodes, designed to pick up general patterns of electrical activity on the surface of the brain. Between the players is a metal ball. The goal is to mentally ① <u>push</u> this ball all the way to the other end of the table, and the player who does so first wins. The motive force—measured by each player's electrodes, and conveyed to the ball by a magnet hidden underneath the table—is the ② <u>combination</u> of alpha and theta waves produced by the brain when it's relaxed: the more alpha and theta waves you produce, the more force you mentally exert on the ball. Essentially, Mindball is a contest of who can be the most ③ <u>active</u>. It's fun to watch. The players visibly struggle to relax, closing their eyes, breathing deeply, adopting vaguely yogic postures. The panic they begin to feel as the ball approaches their end of the table is usually balanced out by the ④ <u>overeagerness</u> of their opponent, both players alternately losing their cool as the big metal ball rolls back and forth. You couldn't wish for a better, more condensed illustration of how ⑤ <u>difficult</u> it is to try not to try. [4점]

* electrode: 전극

[05~06] 다음 글의 요지로 가장 적절한 것을 고르시오.

05

In today's techno-lifeworld we can no longer make such a sharp distinction between real and virtual. What does this mean for gaming? It means that gaming is as real as any other technology-mediated practice today. The gamer exercises agency and personality in the new world. Her experience and actions are real. Gaming is also social: contemporary gaming often involves many players, is interactive, and requires role playing. Gamers meet new people and develop friendships and romantic relationships. They thus have real social experiences, including emotional experiences. These experiences are not a mere response to what happens on the screen or on stage, but are the result of the interaction of the gamer with others in the game environment. Gamers' thinking, interaction, engagement, and feelings are not fictional or virtual; they are totally real. Thus, phenomenologically, gamers do not leave this world for another world. [3점]

① 가상 게임은 실제 현실과 같은 사회적 활동이다.

② 가상 게임은 다양한 최신 기술이 집약된 결과물이다.

③ 가상 게임은 현실보다 더욱 실감나는 경험을 제공한다.

④ 개인은 온라인 게임에 참여하여 개성을 드러낼 수 있다.

⑤ 게임 속 교류를 통해 인간관계의 갈등을 해소할 수 있다.

06

If we humanists have much to learn from the natural sciences, the reverse is also true: humanists have a great deal to contribute to scientific research. As discoveries in the biological and cognitive sciences have begun to blur traditional disciplinary boundaries, researchers in these fields have found their work bringing them into contact with the sort of high-level issues that traditionally have been the domain of the core humanities disciplines, and often their lack of formal training in these areas leaves them groping in the dark or attempting to reinvent the wheel. This is where humanist expertise can and should play a crucial role in guiding and interpreting the results of scientific exploration—something that can occur only when scholars on both sides of the humanities-natural science divide are willing to talk to one another. It is becoming increasingly evident that the traditionally sharp divide between the humanities and natural sciences is no longer viable, and this requires that researchers on both sides of the former divide become radically more interdisciplinary. [4점]

* grope: 더듬어 찾다

① The speculative theories of humanities can be demonstrated by empirical studies.

② Natural sciences and humanities should focus on their own fields and paths respectively.

③ Natural scientists should reinforce their philosophical contents through the study of humanities.

④ True integration of natural sciences and humanities is possible by embedding one in the other.

⑤ The contribution of humanities to scientific discoveries can be achieved through interdisciplinary exchange.

07

다음 글에서 밑줄 친 부분이 의미하는 바로 가장 적절한 것은? [4점]

Compared to other primates, we are freakishly social and cooperative; not only do we sit obediently on airplanes, we labor collectively to build houses, specialize in different skills, and live lives that are driven by our specific role in the group. This is quite a trick for a primate to pull off, considering our most recent evolutionary history. Hive life is (literally) a no-brainer for ants: They share the same genes, so sacrificing for the common good is not really a sacrifice—if I'm an ant, the common good simply is my good. Humans, though, are apes, evolved to cooperate only in a limited way with close relatives and perhaps fellow tribe members, acutely alert to the dangers of being manipulated, misled, or exploited by others. And yet we march in parades, sit in obedient rows reciting lessons, conform to social norms, and sometimes sacrifice our lives for the common good with an enthusiasm that would put a soldier ant to shame. Trying to <u>hammer a square primate peg into a circular social insect hole</u> is bound to be difficult.

* freakishly: 이상할 정도로

** no-brainer: 쉽게 할 수 있는 일

① downgrade humans' superiority over apes and ants

② enforce the collaboration between apes and social insects

③ manipulate hive insects into adopting ape-like characteristics

④ suppress our traits as apes in order to pursue communal benefits

⑤ maximize apes' physical capabilities in contributing to the common good

08

다음 글에서 전체 흐름과 관계 <u>없는</u> 문장은? [3점]

The law of large numbers is one of the foundations of probability theory and statistics. ① It guarantees that, over the long term, the outcomes of future events can be predicted with reasonable accuracy. ② This, for example, gives financial companies the confidence to set prices for insurance and pension products, knowing their chances of having to pay out, and ensures that casinos will always make a profit from their gambling customers—eventually. ③ That, however, is the "gambler's fallacy"—where a person assumes that the outcomes of each trial are connected. ④ According to the law, as you make more observations of an event occurring, the measured probability (or chance) of that outcome gets ever closer to the theoretical chance as calculated before any observations began. ⑤ In other words, the average result from a large number of trials will be a close match to the expected value as calculated using probability theory—and increasing the number of trials will result in that average becoming an even closer match.

[09~10] 다음 글의 제목으로 가장 적절한 것을 고르시오.

09

Business ethics was born in scandal. It seems to regenerate itself with each succeeding wave of scandal. And, there are two problems here. The first is that our world is so interconnected that we can no longer afford to see business as a separate institution in society, subject to its own moral code. Business must be thoroughly situated in society. This means that we can no longer accept the now rather commonplace narrative about businesspeople being economic profit-maximizers and little else. Business is a deeply human institution set in our societies and interconnected all over the world. The second problem is that business ethics, by being reborn in scandal, never escapes the presumption that business starts off by being morally questionable. It never seems to get any credit for the good it brings into the world, only questions about the bad. In fact, capitalism may well be the greatest system of social cooperation that we have ever invented. But, if it is, then it must stand the critical test of our best thinkers, if for no other reason than to make it better. Simply assuming that capitalism is either unquestionably morally good or unquestionably morally problematic violates both scholarly and practical norms.

[3점]

① Forget Scandals, Let's Innovate!

② Innate Challenges of Business Ethics

③ Unavoidable Obstacles of Human Institutions

④ Business Ethics: An Emerging Scholarly Norm

⑤ Business Ethics as A Magic Bullet for Success

10

The European Mediterranean Seismological Centre (EMSC) has recently implemented a method for rapidly collecting in situ observations on earthquake effects from eyewitnesses. This is extremely important because it certainly contributes to reducing uncertainties in rapid impact assessment of earthquakes. Social media (e.g., Facebook, Twitter, etc.) can be considered as useful networks for the purpose of earthquake detection. Data mining from social networks has been employed to detect and determine the area of an earthquake and led to the development of the Twitter Earthquake Detector (TED), developed by United States Geological Service. The early detection of earthquakes using such media represents a radical change in basic seismological detection paradigms. Information carried by social networks travels much faster than seismic waves, allowing a fast and reliable detection within a few minutes of an earthquake's origin. For the Italian region a software system named TwiFelt has been available since 2012. Its aim is to provide real-time earthquake perception maps through an analysis of Twitter streams. [3점]

* in situ: 원래 장소의

① Use Social Media in Disaster Relief!

② Social Media: Quick Earthquake Detectors

③ Data Mining in Seismology Is Yet to Come

④ Citizens as Instruments for Top-down Information

⑤ Earthquake-related Rumors Spreading via Social Media

11

다음 글의 주제로 가장 적절한 것은? [3점]

Experts say that if you feel drowsy during the day, even during boring activities, you haven't had enough sleep. If you routinely fall asleep within five minutes of lying down, you probably have severe sleep deprivation, possibly even a sleep disorder. Microsleeps, or very brief episodes of sleep in an otherwise awake person, are another mark of sleep deprivation. In many cases, people are not aware that they are experiencing microsleeps. The widespread practice of "burning the candle at both ends" in Western industrialized societies has created so much sleep deprivation that what is really abnormal sleepiness is now almost the norm. Many studies make it clear that sleep deprivation is dangerous. Sleep-deprived people who are tested by using a driving simulator or by performing a hand-eye coordination task perform as badly as or worse than those who are intoxicated. Sleep deprivation also magnifies alcohol's effects on the body, so a fatigued person who drinks will become much more impaired than someone who is well rested.

① troublesome manifestations of sleep deprivation
② effects of severe sleep deprivation on commuting drivers
③ similarities between the intoxicated and the sleep-deprived
④ conventional sleep habits of Western industrialized societies
⑤ higher rates of alcohol dependency among the sleep-deprived

12

다음 글의 목적으로 가장 적절한 것은? [3점]

Happy Veteran's Day! I hope this message finds you well. As the Director of the Military Library, I am very happy to announce that the last book giveaway event was a huge success. I take great pride in representing the library that has been instrumental in many community cultural activities. Also, I am delighted to inform you of our library's latest event. We have planned a free movie showing every Saturday at 6 P.M., starting this weekend until the end of the year. The movie showing will take place at the Eisenhower Community Room on the third floor. It is open to the public. The movie list will be uploaded on our website on the first day of every month. The first movie, which will be shown this Saturday, is Black Hawk Down. So come on out and enjoy free movies!

① 새로 개봉하는 전쟁 영화를 홍보하려고
② 퇴역 군인을 위한 정기 후원을 요청하려고
③ 홍보 영상 촬영으로 인한 휴관을 알리려고
④ 도서관의 무료 영화 상영 행사를 안내하려고
⑤ 책 나눔 행사를 도울 자원봉사자를 모집하려고

13

다음 글에서 필자가 주장하는 바로 가장 적절한 것은?

[3점]

Knowing the importance of language interaction can shape parental behavior and decisions. When infants are alert, it is vital to interact with them and to respect that they are interacting in return and working on finding meaning in what we say. One way to do this is to acknowledge their contributions (however meager) to the conversation. Parents might also look for evidence that caregivers and baby-sitters engage in this kind of interaction. It is not unusual for sitters to watch television when they are with infants or to spend a lot of time on the telephone even when babies are awake. More than a bottle and a clean diaper is needed. The new view of the interactive infant means that caregiving involves more than custodial care. The new job description for caregiving might add "caregiver stimulation required in the form of sensitive and responsive behavior." Parents should look for empathic and encouraging caregivers who are eager to converse with babies. Research shows that language stimulation from a television set does not prepare infants for language learning. Only conversations with people will.

① 부모는 유아의 보모를 찾을 때 정서적 수용력을 우선 고려해야 한다.
② 부모와의 애착을 강화하기 위해 유아의 기본 요구를 세심하게 살펴야 한다.
③ 부모는 유아와 공감하며 언어적 상호작용에 적극적인 양육자를 찾아야 한다.
④ 또래 아이와의 지속적인 상호작용을 통해 유아의 언어 발달을 촉진해야 한다.
⑤ 부모는 유아의 언어 학습 능력을 향상시키기 위해 텔레비전 시청을 줄여야 한다.

14

Maurice Wilkins에 관한 다음 글의 내용과 일치하지 않는 것은? [3점]

Maurice Wilkins was born in New Zealand, where his father was a medical doctor. The Wilkinses moved to Birmingham, England when he was 6. He went to St. John's College, Cambridge in 1935 to study physics and received a Bachelor of Arts degree in 1938. During World War II, he participated for two years in the Manhattan Project at the University of California, Berkeley. After the War, horrified by the effects of the atomic bomb, Wilkins decided to move into another branch of science. Upon his return to Great Britain, Wilkins lectured at the University of St. Andrews in Scotland. In 1946 he joined the Biophysics Unit at King's College and served as the unit's director from 1970 to 1980. There he began the series of investigations that led to his X-ray diffraction studies of DNA. With James Watson and Francis Crick, he received the Nobel Prize for Physiology or Medicine for his contribution to the determination of DNA's molecular structure.

* diffraction: 회절

① 뉴질랜드에서 의사의 아들로 태어났다.
② 1935년에 St. John's College에서 학위를 받았다.
③ 2차 세계대전 중 2년간 Manhattan Project에 참여했다.
④ University of St. Andrews에서 강의했다.
⑤ DNA 분자구조 연구로 노벨상을 공동 수상했다.

[15~19] 다음 빈칸에 들어갈 말로 가장 적절한 것을 고르시오.

15

To reduce the challenge of the Northwest Passage to that of a hostile environment is to _____. A challenging environment can take many forms: from a highly competitive market to a battlefield. In comparing one challenge context to another, one can differentiate along a number of dimensions: the variability, predictability, and seriousness of the hazards, the availability of external help, and the duration of exposure. It is rare to find a leadership environment in which all of these variables are high. Fighting a fire is dangerous business, but to a trained firefighter, fire moves in predictable ways and the duration of exposure to its risks is relatively short. Launching a fin-tech start-up involves facing a highly variable and unpredictable environment, but there is always the option of appealing for more investment. Navigating the Northwest Passage was a challenge along every dimension: the threats came in many forms, were of a highly unpredictable nature, and were all potentially lethal, while outside intervention was ruled out and exposure long-term. Leading expeditions in this environment was thus a multi-dimensional challenge. [4점]

* lethal: 치명적인

① nullify
② induce
③ confront
④ resolve
⑤ oversimplify

16

In the 1830s and 1840s, several European countries _____. It made things visible that had previously been hidden or taken for granted. The poor appeared as a social entity only when they were counted, and the resulting emergence of "poverty" as an abstract concept helped to arouse a moral commitment. Statistical societies and journals were founded, and government offices were called into being to gather, evaluate, and store social data. Politics rested more than ever before on exact information. In France, the systematic and regular collection of data was instituted at the prefecture level in 1801. Seeking to make deep inroads into civil society, the Napoleonic state needed as much accurate information as possible about it. In Britain too, despite its much less developed regional bureaucracy, the parliamentary government made extensive use of empirical facts about all manner of things—from sanitation in workers' districts to the medical condition of soldiers in the army. The collection of these was entrusted to ad hoc royal commissions, whose conclusions were publicly available both to the government of the day and to its critics. [3점]

* prefecture: 도청 ** inroad: 침입
*** ad hoc: 임시의

① were gripped by a passion for statistics
② instituted the regulation of data collection
③ gave citizens free access to state-owned data
④ were terror-stricken by overwhelming statistics
⑤ were dedicated to overcoming economic inequality

17

There was plenty of evidence about _____ _____. The Russian troops who thought they were on "exercises" in Belarus and inside Russia were using their own cellphones—on Ukrainian networks—to call home to express their angst to family members and girlfriends that they had been deceived and were suddenly in a real battle. Others were posting on TikTok or Instagram. Again, the Ukrainians were in a position to exploit such amateurism: New recruits tucked away in hidden monitoring centers were busy geolocating the calls and social media phones and sharing that information with the military to launch precision attacks. As Pentagon officials watched the invasions unfold, they were also struck by the evidence that Russian supply and logistics operations were hopelessly snarled and backlogged. Not only had the Russians failed to bring along enough food to sustain a battle of more than a few days, but the column of Russian troops marching down to Kyiv had stalled out entirely. [3점]

* snarl: 교란하다

① how new recruits fled the battlefield

② how unprepared the Russian troops were

③ why Russia failed in its logistical operations

④ what Ukraine's handicap was in information warfare

⑤ how serious the tension was between Russia and Ukraine

18

In several ways, uncertainty can be understood as pervasive and written into the very script of life. Due to this, the craving for certainty has only become a means of stemming a perceived tide of phenomena that cannot yet be grasped and, to an even lesser extent, controlled. Consequently, the interplay between the desire to overcome uncertainty and instead strive towards certainty became inscribed into humans and society as a way of influencing the present and the future. This interplay is as old as the hills and is rooted in the human hope for security and the material, technological and social protection regarded as necessary for survival, comfort, and wellbeing. Mokyr shows how Western capitalist societies are indebted to all the systematic attempts to _____. According to Mokyr, the strong belief in technical progress and the continuous improvement of various aspects of life are rooted in the reasoning that emerged and developed in the philosophical movement of the Enlightenment and which created a "space" for humans' "desire to know" and practically experiment with a wide range of activities. [4점]

* stem: 저지하다

① reduce insecurity in terms of uncertainty

② outdo their forerunners in scientific areas

③ negate errors in interpretation of certainty

④ minimize the potential of human reasoning

⑤ survive the overloaded world of information

19

So many accounts of democracy emphasize legislative processes or policy outcomes, but these often miss the depth of connection between communication and political culture. When culture is discussed, it's often in the context of liberal-democratic values. But the question we're asking is: What determines the valence of those values? If a democracy stands or falls on the quality of the culture propping it up, then we ought to know under what conditions those values are affirmed and rejected. We believe those conditions are determined by a society's tools of communication, facilitated through media, to persuade. Indeed, _____. If a democracy consists of citizens deciding, collectively, what ought to be done, then the manner through which they persuade one another determines nearly everything else that follows. And that privileges media ecology as the master political science. Some of its foremost practitioners, like Marshall McLuhan and Neil Postman, sensed, far better than political scientists or sociologists, that our media environment decides not just what we pay attention to but also how we think and orient ourselves in the world. [4점]

* valence: 결합가

① media will soon solve communication issues in democracy

② democracies are defined by their cultures of communication

③ conflicts between individuality and collectivity are inevitable

④ democracy thrives on order rather than endless public discourse

⑤ democracies can be sustained by valuing socioeconomic dynamics

[20~21] 주어진 글 다음에 이어질 글의 순서로 가장 적절한 것을 고르시오.

20

On January 26, 2013, a band of al-Qaeda militants entered the ancient city of Timbuktu on the southern edge of the Sahara Desert.

(A) The mayor of Bamako, who witnessed the event, called the burning of the manuscripts "a crime against world cultural heritage." And he was right—or he would have been, if it weren't for the fact that he was also lying.

(B) There, they set fire to a medieval library of 30,000 manuscripts written in Arabic and several African languages and ranging in subject from astronomy to geography, history to medicine. Unknown in the West, this was the collected wisdom of an entire continent, the voice of Africa at a time when Africa was thought not to have a voice at all.

(C) In fact, just before, African scholars had collected a random assortment of old books and left them out for the terrorists to burn. Today, the collection lies hidden in Bamako, the capital of Mali, moldering in the high humidity. What was rescued by ruse is now once again in jeopardy, this time by climate. [3점]

* ruse: 책략

① (A) − (C) − (B)　　② (B) − (A) − (C)

③ (B) − (C) − (A)　　④ (C) − (A) − (B)

⑤ (C) − (B) − (A)

21

The need for trust in transactional human relationships is obvious. It is also clear in other non-transactional relationships that are driven by commitment and interdependence—classically, parent-child relationships, and those between the sick and their caregivers.

(A) This is also why the occasional discovered violation of one of these items of background faith is so scandalous: Dog meat in local vendor's hot dogs! Local father passing funny money at the park! Lurid tabloid headlines merely reinforce how deeply we trust these fundamental background assumptions, and how rarely they are violated.

(B) What is less commonly realized is the degree to which even interactions that seem purely transactional on the surface can occur only against a deeper background of implicit trust. When I pay $4 for a hot dog from a street vendor, the money-for-wiener trade rests upon a set of assumptions so long it would be impossible to exhaustively list.

(C) The hot dog is properly cooked. It has not been deliberately contaminated. The dollar bills I am handing over are not counterfeit. The hot dog contains (at least mostly) beef or pork, not dog meat. None of this is explicitly spelled out, but it is all nonetheless firmly taken for granted. [3점]

* lurid: 선정적인 ** wiener: 소시지

① (A) − (C) − (B)   ② (B) − (A) − (C)

③ (B) − (C) − (A)   ④ (C) − (A) − (B)

⑤ (C) − (B) − (A)

[22~23] 글의 흐름으로 보아, 주어진 문장이 들어가기에 가장 적절한 곳을 고르시오.

22

And reading, as neurosciences are showing, connects parts of our brain that are otherwise normally separated.

A new world has been born, where images have killed words simply because they are easier to use and do not require complex thoughts. The evolution of means of communication, from letter to e-mail; from e-mail to Facebook; finally, from Facebook to Instagram, is quite paradigmatic. (①) The shift from written words, which require time, to pictures, videos and emoticons, tools that even a child can handle, has been a process characterised not only by unbelievable rapidity but also by lack of precedents. (②) As a matter of fact, in the last millennia the progress of mankind has been based on complex thoughts: and these require words, and words require reading. (③) But reading is not innate, it is a cultural product. (④) The end of reading and of written words means the vanishing of these connections, and the emergence of a different brain, maybe speedier and multitasking, but destined to remain on the surface since deeper thought and understanding require words and time. (⑤) It is impossible to write a poem, a novel, or a scientific paper using pictures, selfies, emoticons, or simple sentences! [3점]

* paradigmatic: 계열적

23

But what society really needs right now is new vaccines and more efficient lithium-ion batteries.

As the creative primate, humans are crucially dependent on lateral thinking. We require a continuous stream of novel insights and a constant reorganization of existing knowledge. (①) Children, with their underdeveloped prefrontal cortices, are superstars in this regard. (②) But the very thing that makes them so creative renders most of their creations useless, at least from the pragmatic perspective of goal-oriented adults. (③) Bizarrely distorted Lego worlds featuring post-apocalyptic, scavenged-parts vehicles driven by Lego people with Barbie-doll heads, or menageries of superhero figurines and stuffies organized into formal English tea parties, reflect impressive out-of-the-box thinking. (④) If your goal is to maximize implementable cultural innovation, your ideal person would be someone with the body of an adult but, for a brief period, the mind of a child. (⑤) Someone with downregulated cognitive control, heightened openness to experience, and a mind prone to wander off in unpredictable directions. [4점]

* prefrontal cortices: 전전두피질
** menagerie: 전시장

24

다음 글의 내용을 한 문장으로 요약하고자 한다. 빈칸 (A), (B)에 들어갈 말로 가장 적절한 것은? [4점]

The great myth of American culture, then and now, is that democracy is built on free expression, both spoken and printed. Though wrapped up in shibboleths from the marketplace of ideas, such a myth is not without its advantages. There is wisdom in the notion that free expression is its own justification, as a matter of principle and as a check on power. The price, however, is sometimes high. Truth won't always win out, and the public sphere can't be contained. This is a lesson perpetually relearned when novel media technologies flood the information space. In 1938, Orson Welles and his Mercury Theater troupe broadcast a live radio performance of the H. G. Wells novel *The War of the Worlds*. While there is not much evidence that the program touched off an actual panic—and Welles was clear, at both the beginning and the end of the broadcast, that it was a dramatic performance, not a news report of real events— we do know that the broadcast garnered major newspaper coverage. The radio was already under regulations by the Federal Communications Commission, which had been formed in 1934, but one medium confronted another.

* shibboleth: 상투적인 어구 ** garner: 모으다

While it is commonly believed that the free and open exchange of ideas is a __(A)__ of American democracy, the cost can be the unintended and uncontrollable __(B)__ of untruth via new media, as in the case of a live radio performance broadcast in 1938.

	(A)	(B)
①	pillar	elusion
②	highlight	censorship
③	foundation	concealment
④	reflection	disclosure
⑤	cornerstone	circulation

[25~26] 다음 글을 읽고, 물음에 답하시오.

Natural evolution ＿＿＿＿＿＿＿＿＿＿ which even today are of great interest. The bats are the subject of continuing studies; they emit with their mouth (some, with the nose) short ultrasonic signals (with frequencies well above 100 kHz) called *chip or click* and listen to the echo due to the presence of objects up to some meters away. Their brain reconstructs the precise position of the object on the basis of the delay of the echo perceived by each ear, its frequency and its intensity. A great sensitivity is required to locate insects, the main food of bats, even at distances of several meters. The emitted signal has both narrow-band i.e. *constant frequency* (CF), and broadband (*frequency modulated*, FM, or *Chirp*) components. The linearly frequency modulated signal called *Chirp* (including its evolutions with non-linear modulation) is one of those emitted by bats, and has been studied for radar applications by both the Germans and the Allied powers since 1942—43. It is remarkable that the first analyses of the signals emitted by bats date back to just four or five years before these years. With respect to a normal rectangular pulse of equal duration and energy, this type of signal allows a dramatic improvement in the capacity of *range resolution*, i.e. of discrimination in the distance measurement. Not only signals, but also the

processes by which the bats locate obstacles and their prey are of great interest from the radar point of view. According to tradition, the name *chirp* (which identifies the chirping of a bird) is due to one of the U.S. experimenters who developed the *pulse compression* in the 1950s, i.e. B. M. Oliver, who stated that radar should emit "not with a bang, but with a chirp."

25

윗글의 제목으로 가장 적절한 것은? [3점]

① When Bats Chirp, We Learn about Radar
② Arms Competition: Mother of Radar Technology
③ Too Bad! We Bypassed What Bats Showed Us about Radar
④ Bat Echolocation: Adaptations for Prey Detection and Capture
⑤ Chip, Click, and Chirp: Use of Animals for Military Intelligence

26

윗글의 빈칸에 들어갈 말로 가장 적절한 것은? [4점]

① emphasized the value of air units in the aviation sector
② taught us depth perception, navigation, and visual resolution
③ revealed the use of passive receptors to detect electric signals
④ introduced the true definition and proper functions of technologies
⑤ produced signal types and techniques of detection and localization

[27~28] 다음 글을 읽고, 물음에 답하시오.

Cultural heritage can be understood in the narrow sense as the reservoir of cultural elements that are recognized as being significant and worthy of preservation and transfer to succeeding generations. Cultural heritage in the wide sense, however, is understood as a dynamic discursive area within which the cultural resources of the past, and their significance, are constructed through social interaction. Once (a) extracted from this discursive area, the reservoir becomes just an empty and meaningless collection of artefacts and ideas embedded in various forms. Such an understanding of cultural heritage is rooted in the idea of (b) collective memory introduced by Maurice Halbwachs. He argues that our memory about the past is socially constructed. To some extent, social conditions determine what and how we remember. The phenomenon of tradition and cultural heritage being socially determined is emphasized by Eric Hobsbawn and Terence Ranger, who consider that tradition is not reproduced but rather (c) invented.

Belief in the discursive nature of cultural heritage is based on the conviction that the criteria for determining which artefacts and behavioural patterns should be transmitted to posterity are (d) stable. On the one hand, a reservoir of cultural heritage is subject to selection and is determined by global flows, new technology, economics, cultural policy, or the sentiments of decision-makers. On the other hand, such a reservoir is the object of continual reinterpretation, which is influenced by the social position, background, biography, and cultural competences of the individuals who participate in a culture. Social interaction is the (e) essence of transition in cultural heritage.

* posterity: 후대

27

윗글의 주제로 가장 적절한 것은? [3점]

① the significance of cultural heritage preservation
② procedures to build a reservoir for cultural heritage artefacts
③ cultural heritage's discursive characteristic as a social construct
④ discursive efforts by social organizations to designate world heritages
⑤ established criteria for categorizing artefacts based on historical values

28

밑줄 친 (a)~(e) 중에서 문맥상 낱말의 쓰임이 적절하지 않은 것은? [3점]

① (a)   ② (b)
③ (c)   ④ (d)
⑤ (e)

[29~30] 다음 글을 읽고, 물음에 답하시오.

(A)

Sarah dreamed of becoming a doctor. Since elementary school, she had known, without a sliver of doubt, that she would become a doctor of medicine. One day, a childhood friend, Amanda, was visiting (a) her home. She also had dreams of pursuing a career in medicine, so together they hatched a plan to attend the same Ivy League school. Though Sarah and Amanda's parents agreed the two friends should go to college, they had quite different attitudes towards their daughters' chosen paths.

(B)

Amanda still wasn't convinced by (b) her reasoning. If she could flunk such a basic test, wasn't it obvious that she wasn't cut out to be a doctor? She considered changing courses, and even thought about dropping out altogether. Sarah refused to be perturbed. Her personal values protected her from absorbing the dangerous cultural message that she wasn't performing academically as well as her peers simply because (c) she was 'bad at science.' This was a small bump in the road and Sarah knew that in a few years' time, both friends would achieve their dream of becoming a medical doctor.

* perturbed: 혼란스러운

(C)

Sarah's parents were supportive. They encouraged her to identify and understand her own personal values rather than connecting success in life with school grades and accolades. Sarah asked Amanda what her parents thought about their plan. She revealed they had expressed concern on more than one occasion. This surprised (d) her, as Amanda was academically talented. Raising their daughter in a culture with stereotypes such as 'girls are bad at science,' Amanda's parents questioned whether or not she was cut out for such a career path.

(D)

After they entered university, the friends experienced their first minor setback. They received a bad grade on the midterm biology test. Amanda was upset. She felt the bad grade proved what her parents had been saying all along. Sarah was disappointed but simply shrugged it off. She reminded her friend that (e) she was in a new place, juggling classes,

social events, sorority obligations and living away from family for the first time in her life.

29

주어진 글 (A)에 이어질 내용을 순서에 맞게 배열한 것으로 가장 적절한 것은? [3점]

① (B) − (D) − (C)   ② (C) − (B) − (D)

③ (C) − (D) − (B)   ④ (D) − (B) − (C)

⑤ (D) − (C) − (B)

30

밑줄 친 (a)~(e) 중에서 가리키는 대상이 나머지 넷과 다른 것은? [3점]

① (a)   ② (b)

③ (c)   ④ (d)

⑤ (e)

수학영역

※ 23번부터는 선택과목이니 자신이 선택한 과목(확률과 통계, 미적분, 기하)의 문제지인지 확인하시오.

01

$(3^{-1}+3^{-2})^{\frac{1}{2}}$의 값은? [2점]

① $\dfrac{1}{3}$ 　　　　　 ② $\dfrac{\sqrt{2}}{3}$

③ $\dfrac{\sqrt{3}}{3}$ 　　　　　 ④ $\dfrac{2}{3}$

⑤ $\dfrac{\sqrt{5}}{3}$

02

함수 $f(x)=3x^2-x+1$에 대하여
$\displaystyle\lim_{h\to 0}\dfrac{f(1+h)-f(1)}{h}$의 값은? [2점]

① 1 　　　　　 ② 2

③ 3 　　　　　 ④ 4

⑤ 5

03

공비가 양수인 등비수열 $\{a_n\}$의 첫째항부터 제n항까지의 합을 S_n이라 하자.

$\dfrac{S_7-S_4}{S_3}=\dfrac{1}{9}$일 때, $\dfrac{a_5}{a_7}$의 값은? [3점]

① 1 　　　　　 ② $\sqrt{3}$

③ 3 　　　　　 ④ $3\sqrt{3}$

⑤ 9

04

다항함수 $f(x)$에 대하여 함수 $g(x)$를
$g(x)=(x^3+2x+2)f(x)$라 하자.
$g'(1)=10$일 때, $f(1)+f'(1)$의 값은? [3점]

① 1 　　　　　 ② 2

③ 3 　　　　　 ④ 4

⑤ 5

05

두 상수 $a\,(a>0)$, b에 대하여 함수
$y=a\sin ax+b$의 주기가 π이고 최솟값이 5일 때,
$a+b$의 값은? [3점]

① 5 　　　　　　　 ② 6

③ 7 　　　　　　　 ④ 8

⑤ 9

06

다항함수 $f(x)$가 $\displaystyle\lim_{x\to\infty}\frac{x^2}{f(x)}=2$,
$\displaystyle\lim_{x\to3}\frac{f(x-1)}{x-3}=4$를 만족시킬 때, $f(4)$의 값은? [3점]

① 10 　　　　　　 ② 11

③ 12 　　　　　　 ④ 13

⑤ 14

07

두 수열 $\{a_n\}$, $\{b_n\}$에 대하여
$$\sum_{k=1}^{10}(2a_k+b_k+k)=60,$$
$$\sum_{k=1}^{10}(a_k-2b_k+1)=10$$일 때,
$$\sum_{k=1}^{10}(a_k+b_k)$$의 값은? [3점]

① 1 　　　　　　　 ② 3

③ 5 　　　　　　　 ④ 7

⑤ 9

08

초고차항의 계수가 3인 이차함수 $f(x)$의 한 부정적분
을 $F(x)$라 하자.
$f(1)=0$, $F(1)=0$, $F(2)=4$일 때,
$F(3)$의 값은? [3점]

① 16 　　　　　　 ② 20

③ 24 　　　　　　 ④ 28

⑤ 32

09

두 점 P와 Q는 시각 $t=0$일 때 각각 점 A(9)와 점 B(1)에서 출발하여 수직선 위를 움직인다. 두 점 P, Q의 시각 $t(t \geq 0)$에서의 속도는 각각

$v_1(t)=6t^2-18t+7$, $v_2(t)=2t+1$이다.

시각 t에서의 두 점 P, Q 사이의 거리를 $f(t)$라 할 때, 닫힌구간 $[1,\ 3]$에서 함수 $f(t)$의 최댓값은? [4점]

① 6   ② 8

③ 10   ④ 12

⑤ 14

10

$-\dfrac{1}{2}<t<0$인 실수 t에 대하여 직선 $x=t$가

두 곡선 $y=\log_2(x+1)$, $y=\log_{\frac{1}{2}}(-x)+1$과

만나는 점을 각각 A, B라 하고, 점 B를 지나고 x축에 평행한 직선이 곡선 $y=\log_2(x+1)$과 만나는 점을 C라 하자. $\overline{AB}=\log_2 9$일 때, 선분 BC의 길이는?

[4점]

① 4   ② $\dfrac{13}{3}$

③ $\dfrac{14}{3}$ ④ 5

⑤ $\dfrac{16}{3}$

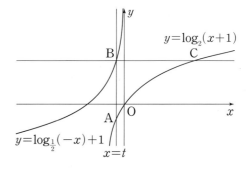

11

최고차항의 계수가 -1인 사차함수 $f(x)$가 다음 조건을 만족시킨다.

(가) 모든 실수 x에 대하여 $f(3-x)=f(3+x)$이다.
(나) 실수 t에 대하여 닫힌구간 $[t-1, t+1]$에서의 함수 $f(x)$의 최댓값을 $g(t)$라 할 때, $-1 \le t \le 1$인 모든 실수 t에 대하여 $g(t)=g(1)$이다.

$f(2)=0$일 때, $f(5)$의 값은? [4점]

① 36   ② 37

③ 38   ④ 39

⑤ 40

12

2 이상의 자연수 n에 대하여
$-(n-k)^2+8$의 n제곱근 중 실수인 것의 개수를 $f(n)$이라 하자.
$f(3)+f(4)+f(5)+f(6)+f(7)=7$을 만족시키는 모든 자연수 k의 값의 합은? [4점]

① 14   ② 15

③ 16   ④ 17

⑤ 18

13

$-6 \le t \le 2$인 실수 t와 함수
$f(x)=2x(2-x)$에 대하여 x에 대한 방정식
$\{f(x)-t\}\{f(x-1)-t\}=0$의 실근 중에서 집합 $\{x \,|\, 0 \le x \le 3\}$에 속하는 가장 큰 값과 가장 작은 값의 차를 $g(t)$라 할 때, 함수 $g(t)$는 $t=a$에서 불연속이다. $\lim\limits_{t \to a-} g(t) + \lim\limits_{t \to a+} g(t)$의 값은?
(단, a는 $-6 < a < 2$인 상수이다.) [4점]

① 3   ② $\dfrac{7}{2}$

③ 4   ④ $\dfrac{9}{2}$

⑤ 5

14

다음 조건을 만족시키는 모든 수열 $\{a_n\}$에 대하여 $|a_5|$의 최댓값과 최솟값을 각각 M, m이라 할 때, $M+m$의 값은? [4점]

(가) $a_2=27$, $a_3 a_4 > 0$
(나) 2 이상의 모든 자연수 n에 대하여
$\sum\limits_{k=1}^{n} a_k = 2|a_n|$이다.

① 224   ② 232

③ 240   ④ 248

⑤ 256

15

최고차항의 계수가 1이고 $f'(0)=f'(2)=0$인 삼차함수 $f(x)$가 있다. 양수 p와 함수 $f(x)$에 대하여

함수 $g(x)=\begin{cases} f(x) & (f(x)\geq x) \\ f(x-p)+3p & (f(x)<x) \end{cases}$

가 실수 전체의 집합에서 미분가능할 때, $f(0)$의 값은? [4점]

① $4-3\sqrt{6}$ 　　② $2-2\sqrt{6}$

③ $3-2\sqrt{6}$ 　　④ $3-\sqrt{6}$

⑤ $4-\sqrt{6}$

16

부등식 $4^x-9\times 2^{x+1}+32\leq 0$을 만족시키는 모든 정수 x의 값의 합을 구하시오. [3점]

17

공차가 0이 아닌 등차수열 $\{a_n\}$이
$a_{12}=5$, $|a_5|=|a_{13}|$을 만족시킬 때,
a_{24}의 값을 구하시오. [3점]

18

최고차항의 계수가 1인 삼차함수 $f(x)$가 다음 조건을 만족시킬 때, $f(3)$의 값을 구하시오. [3점]

(가) 모든 실수 x에 대하여 $f(-x)=-f(x)$이다.

(나) $\displaystyle\int_{-2}^{2} xf(x)\,dx=\dfrac{144}{5}$

19

그림과 같이 $\overline{AB}=7$, $\overline{BC}=13$, $\overline{CA}=10$인 삼각형 ABC가 있다. 선분 AB 위의 점 P와 선분 AC 위의 점 Q를 $\overline{AP}=\overline{CQ}$이고 사각형 PBCQ의 넓이가 $14\sqrt{3}$이 되도록 잡을 때, $\overline{PQ}^2$의 값을 구하시오. [3점]

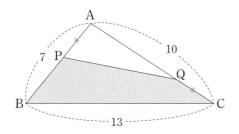

20

최고차항의 계수가 1인 삼차함수 $f(x)$와 함수 $g(x)=|f(x)|$가 다음 조건을 만족시킬 때, $g(8)$의 값을 구하시오. [4점]

> (가) 함수 $y=f'(x)$의 그래프는 직선 $x=2$에 대하여 대칭이다.
> (나) 함수 $g(x)$는 $x=5$에서 미분가능하고, 곡선 $y=g(x)$ 위의 점 $(5, g(5))$에서의 접선은 곡선 $y=g(x)$와 점 $(0, g(0))$에서 접한다.

21

다음 조건을 만족시키는 두 실수 α, β에 대하여 $\dfrac{12}{\pi}\times(\beta-\alpha)$의 최댓값을 구하시오. [4점]

> $0\leq x<2\pi$에서 함수
> $$f(x)=\cos^2\left(\frac{13}{12}\pi-2x\right)$$
> $$+\sqrt{3}\cos\left(2x-\frac{7}{12}\pi\right)-1$$은 $x=\alpha$일 때 최댓값을 갖고,
> $x=\beta$일 때 최솟값을 갖는다.

22

함수 $f(x)=x^2-2x$와 최고차항의 계수가 1인 삼차함수 $g(x)$에 대하여 실수 전체의 집합에서 연속인 함수 $h(x)$가 다음 조건을 만족시킨다.

> (가) 모든 실수 x에 대하여 $\{h(x)-f(x)\}\{h(x)-g(x)\}=0$이다.
> (나) $h(k)h(k+2)\leq 0$을 만족시키는 서로 다른 실수 k의 개수는 3이다.

$\displaystyle\int_{-3}^{2}h(x)dx=26$이고 $h(10)>80$일 때,

$h(1)+h(6)+h(9)$의 값을 구하시오.

[4점]

확률과 통계(23~30)

23

확률변수 X가 이항분포 $B\left(49, \dfrac{3}{7}\right)$을 따를 때, $V(2X)$의 값은? [2점]

① 16   ② 24

③ 32   ④ 40

⑤ 48

24

두 사건 A와 B는 서로 독립이고 $P(A|B)=\dfrac{1}{2}$, $P(A\cup B)=\dfrac{7}{10}$일 때, $P(B)$의 값은? [3점]

① $\dfrac{3}{10}$ ② $\dfrac{2}{5}$

③ $\dfrac{1}{2}$ ④ $\dfrac{3}{5}$

⑤ $\dfrac{7}{10}$

25

$(x^2+y)^4\left(\dfrac{2}{x}+\dfrac{1}{y^2}\right)^5$의 전개식에서 $\dfrac{x^4}{y^5}$의 계수는? [3점]

① 80   ② 120

③ 160   ④ 200

⑤ 240

26

어느 사관학교 생도의 일주일 수면 시간은 평균이 45시간, 표준편차가 1시간인 정규분포를 따른다고 한다. 이 사관학교 생도 중 임의추출한 36명의 일주일 수면 시간의 표본평균이 44시간 45분 이상이고 45시간 20분 이하일 확률을 다음의 표준정규분포표를 이용하여 구한 것은? [3점]

z	$P(0\leq Z\leq z)$
0.5	0.1915
1.0	0.3413
1.5	0.4332
2.0	0.4772

① 0.6915   ② 0.8185

③ 0.8413   ④ 0.9104

⑤ 0.9772

27

집합 $X=\{1, 2, 3, 4, 5\}$에 대하여 다음 조건을 만족시키는 함수 $f : X \rightarrow X$의 개수는? [3점]

(가) $x=1, 2, 3$일 때 $f(x) \leq f(x+1)$이다.
(나) 함수 f의 치역의 원소의 개수는 2이다.

① 50 ② 60
③ 70 ④ 80
⑤ 90

28

숫자 1, 1, 2, 2, 4, 4, 4가 하나씩 적혀 있는 7장의 카드가 있다. 이 7장의 카드를 모두 한 번씩 사용하여 일렬로 나열할 때, 서로 이웃한 2장의 카드에 적혀 있는 두 수의 차를 각각 a, b, c, d, e, f라 하자. 예를 들어 그림과 같이 나열한 경우 $a=3$, $b=1$, $c=1$, $d=3$, $e=0$, $f=2$이다.

| 4 | 1 | 2 | 1 | 4 | 4 | 2 |

$a+b+c+d+e+f$의 값이 짝수가 되도록 카드를 나열하는 경우의 수는? (단, 같은 숫자가 적혀 있는 카드끼리는 서로 구별하지 않는다.) [4점]

① 100 ② 110
③ 120 ④ 130
⑤ 140

29

흰 공 1개, 검은 공 1개, 파란 공 1개, 빨간 공 1개가 들어 있는 주머니가 있다. 이 주머니에서 임의로 하나의 공을 꺼내어 색을 확인한 후 다시 넣는 시행을 한다. 이 시행을 4번 반복하여 확인한 색의 종류의 수를 확률변수 X라 할 때, $E(64X-10)$의 값을 구하시오. [4점]

30

흰 공 1개, 검은 공 6개, 노란 공 2개가 들어 있는 주머니에서 임의로 한 개의 공을 꺼내는 시행을 한다. 이 시행을 반복하여 주머니에 남아 있는 공의 색의 종류의 수가 처음으로 2가 되면 시행을 멈춘다. 시행을 멈출 때까지 꺼낸 공의 개수가 4일 때, 꺼낸 공 중에 흰 공이 있을 확률은 $\dfrac{q}{p}$이다. $p+q$의 값을 구하시오. (단, 꺼낸 공은 다시 넣지 않고, p와 q는 서로소인 자연수이다.) [4점]

미적분(23~30)

23

$\lim\limits_{n\to\infty} n\left(\sqrt{4+\dfrac{1}{n}}-2\right)$의 값은? [2점]

① $\dfrac{1}{4}$ ② $\dfrac{1}{2}$

③ $\dfrac{3}{4}$ ④ 1

⑤ $\dfrac{5}{4}$

24

함수 $f(x)=e^{x^2}$에 대하여

$\lim\limits_{n\to\infty}\sum\limits_{k=1}^{n}\dfrac{k}{n^2}f\left(\dfrac{k}{n}\right)$의 값은? [3점]

① $\dfrac{1}{4}e-\dfrac{1}{2}$ ② $\dfrac{1}{4}e-\dfrac{1}{4}$

③ $\dfrac{1}{2}e-\dfrac{1}{2}$ ④ $\dfrac{1}{2}e-\dfrac{1}{4}$

⑤ $\dfrac{3}{4}e-\dfrac{1}{4}$

25

함수 $f(x)=\ln(e^x+2)$의 역함수를 $g(x)$라 하자. 함수 $h(x)=\{g(x)\}^2$에 대하여 $h'(\ln 4)$의 값은?

[3점]

① $2\ln 2$ ② $3\ln 2$

③ $4\ln 2$ ④ $5\ln 2$

⑤ $6\ln 2$

26

$0<t<\pi$인 실수 t에 대하여 점 $A(t,\,0)$을 지나고 y축에 평행한 직선이 두 곡선 $y=\sin\dfrac{x}{2}$, $y=\tan\dfrac{x}{2}$와 만나는 점을 각각 B, C라 하고, 점 B를 지나고 x축에 평행한 직선이 선분 OC와 만나는 점을 D라 하자. 삼각형 OAB의 넓이를 $f(t)$, 삼각형 ACD의 넓이를 $g(t)$라 할 때, $\lim\limits_{t\to 0+}\dfrac{g(t)}{\{f(t)\}^2}$의 값은? (단, O는 원점이다.) [3점]

① $\dfrac{1}{8}$ ② $\dfrac{1}{4}$

③ $\dfrac{3}{8}$ ④ $\dfrac{1}{2}$

⑤ $\dfrac{5}{8}$

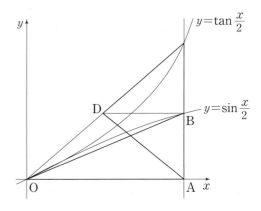

27

그림과 같이 곡선 $y=\dfrac{\sqrt{\ln(x+1)}}{x}\,(x>0)$

과 x축 및 두 직선 $x=1$, $x=3$으로 둘러싸인 부분을 밑면으로 하는 입체도형이 있다. 이 입체도형을 x축에 수직인 평면으로 자른 단면이 모두 정사각형일 때, 이 입체도형의 부피는? [3점]

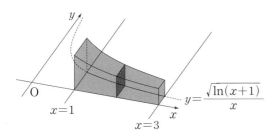

① $\dfrac{1}{3}\ln\dfrac{9}{8}$ ② $\dfrac{1}{3}\ln\dfrac{3}{2}$

③ $\dfrac{1}{3}\ln\dfrac{9}{2}$ ④ $\dfrac{1}{3}\ln\dfrac{27}{4}$

⑤ $\dfrac{1}{3}\ln\dfrac{27}{2}$

28

실수 전체의 집합에서 연속인 함수 $f(x)$가 모든 실수 x에 대하여

$\displaystyle\int_0^x (x-t)f(t)\,dt = e^{2x}-2x+a$를 만족시킨다. 곡선 $y=f(x)$ 위의 점 $(a, f(a))$에서의 접선을 l이라 할 때, 곡선 $y=f(x)$와 직선 l 및 y축으로 둘러싸인 부분의 넓이는? (단, a는 상수이다.) [4점]

① $2-\dfrac{6}{e^2}$ ② $2-\dfrac{7}{e^2}$

③ $2-\dfrac{8}{e^2}$ ④ $2-\dfrac{9}{e^2}$

⑤ $2-\dfrac{10}{e^2}$

29

두 실수 a, b에 대하여 x에 대한 방정식 $x^2+ax+b=0$의 두 근을 α, β라 하자. $(\alpha-\beta)^2=\dfrac{34}{3}\pi$일 때, 함수 $f(x)=\sin(x^2+ax+b)$가 $x=c$에서 극값을 갖도록 하는 c의 값 중에서 열린구간 (α, β)에 속하는 모든 값을 작은 수부터 크기순으로 나열한 것을 c_1, c_2, $\cdots$, c_n(n은 자연수)라 하자. $(1-n)\times\displaystyle\sum_{k=1}^{n}f(c_k)$의 값을 구하시오. (단, $\alpha<\beta$) [4점]

30

양수 k와 이차함수 $f(x)$에 대하여
함수 $g(x)$

$$= \begin{cases} \lim_{n \to \infty} \dfrac{|x-2|^{2n+1}+f(x)}{|x-2|^{2n}+k} & (|x-2| \neq 1) \\ \dfrac{|f(x+1)|}{k+1} & (|x-2| = 1) \end{cases}$$

이 실수 전체의 집합에서 연속이다. 닫힌구간 $[1, 3]$에서 함수 $f(g(x))$의 최댓값과 최솟값을 각각 M, m이라 할 때, $10(M+m)$의 값을 구하시오. [4점]

기하(23~30)

23

좌표공간의 점 $A(1, -2, 3)$을 y축에 대하여 대칭이동한 점을 P라 하고, 점 A를 zx평면에 대하여 대칭이동한 점을 Q라 할 때, 선분 PQ의 길이는? [2점]

① $4\sqrt{3}$ ② $5\sqrt{2}$

③ $2\sqrt{13}$ ④ $3\sqrt{6}$

⑤ $2\sqrt{14}$

24

좌표평면에서 방향벡터가 $\vec{u} = (3, 1)$인 직선 l과 법선벡터가 $\vec{n} = (1, -2)$인 직선 m이 이루는 예각의 크기를 θ라 할 때, $\cos\theta$의 값은? [3점]

① $\dfrac{3\sqrt{2}}{10}$ ② $\dfrac{2\sqrt{2}}{5}$

③ $\dfrac{\sqrt{2}}{2}$ ④ $\dfrac{3\sqrt{2}}{5}$

⑤ $\dfrac{7\sqrt{2}}{10}$

25

그림과 같이 한 모서리의 길이가 3인 정육면체 ABCD−EFGH에서 선분 EH를 2 : 1로 내분하는 점을 P, 선분 EF를 1 : 2로 내분하는 점을 Q라 할 때, 점 A와 직선 PQ 사이의 거리는? [3점]

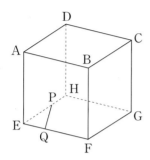

① $\dfrac{7\sqrt{5}}{5}$ ② $\dfrac{3\sqrt{5}}{2}$

③ $\dfrac{8\sqrt{5}}{5}$ ④ $\dfrac{17\sqrt{5}}{10}$

⑤ $\dfrac{9\sqrt{5}}{5}$

26

포물선 $(y+2)^2=16(x-8)$의 초점에서 포물선 $y^2=-16x$에 그은 두 접선의 접점을 각각 P, Q라 하자. 포물선 $y^2=-16x$의 초점을 F라 할 때, $\overline{PF}+\overline{QF}$의 값은? [3점]

① 33 ② 34

③ 35 ④ 36

⑤ 37

27

그림과 같이 $\overline{AB}=9$, $\overline{BC}=8$, $\overline{CA}=7$인 삼각형 ABC가 있다. 점 C에서 선분 AB에 내린 수선의 발을 P, 점 B에서 선분 AC에 내린 수선의 발을 Q라 하자. 두 선분 CP, BQ의 교점을 R이라 할 때, $\overrightarrow{AR} \cdot (\overrightarrow{AB}+\overrightarrow{AC})$의 값은? [3점]

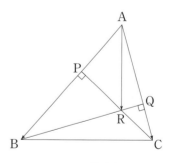

① 62 ② 64

③ 66 ④ 68

⑤ 70

28

그림과 같이 두 점 $F(c, 0)$, $F'(-c, 0)$ $(c>0)$을 초점으로 하는 타원 $\dfrac{x^2}{81}+\dfrac{y^2}{75}=1$과 두 점 F, F'을 초점으로 하는 쌍곡선 $\dfrac{x^2}{a^2}-\dfrac{y^2}{b^2}=1$이 있다. 타원과 쌍곡선이 만나는 점 중 제1사분면 위의 점을 P라 하고, 선분 $F'P$가 쌍곡선과 만나는 점 중 P가 아닌 점을 Q라 하자. 두 점 P, Q가 다음 조건을 만족시킬 때, 점 P의 x좌표는? (단, a와 b는 양수이다.) [4점]

(가) $\overline{PQ}=\overline{PF}$
(나) 삼각형 PQF의 둘레의 길이는 20이다.

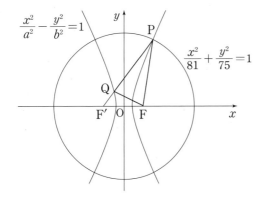

① $\sqrt{13}$
② $\dfrac{3\sqrt{6}}{2}$
③ $\sqrt{14}$
④ $\dfrac{\sqrt{58}}{2}$
⑤ $\sqrt{15}$

29

$\overline{AB}=2$, $\overline{BC}=\sqrt{5}$인 직사각형 ABCD를 밑면으로 하고 $\overline{OA}=\overline{OB}=\overline{OC}=\overline{OD}=2$인 사각뿔 O−ABCD가 있다. 선분 OA의 중점을 M이라 하고, 점 M에서 평면 OBD에 내린 수선의 발을 H라 하자. 선분 BH의 길이를 k라 할 때, $90k^2$의 값을 구하시오. [4점]

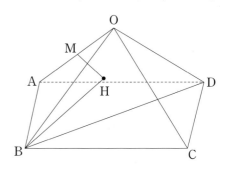

30

좌표평면에 한 변의 길이가 $4\sqrt{2}$인 정삼각형 OAB와 다음 조건을 만족시키는 점 C가 있다.

(가) $|\overrightarrow{AC}|=4$
(나) $\overrightarrow{OA}\cdot\overrightarrow{AC}=0$, $\overrightarrow{AB}\cdot\overrightarrow{AC}>0$

$(\overrightarrow{OP}-\overrightarrow{OC})\cdot(\overrightarrow{OP}-\overrightarrow{OA})=0$을 만족시키는 점 P와 정삼각형 OAB의 변 위를 움직이는 점 Q에 대하여 $|\overrightarrow{OP}+\overrightarrow{OQ}|$의 최댓값과 최솟값의 합이 $p+q\sqrt{33}$일 때, p^2+q^2의 값을 구하시오. (단, p와 q는 유리수이다.) [4점]

There is nothing like a dream to create the future.
미래를 창조하기 위해서 꿈만 한 것은 없다.

– 빅토르 위고(Victor Hugo)

2024학년도
기출문제

제1교시   국어영역

제2교시   영어영역

제3교시   수학영역

[01~05] 다음 글을 읽고 물음에 답하시오.

은유란 유사성에 근거하여 한 대상을 다른 대상에 빗대어 나타내는 언어적 표현으로 간주되어 왔다. 이에 대해 인지언어학자들은 은유란 인간이 대상을 개념화하는 사고의 틀로서 언어적 표현에 선행한다고 ⓐ보았다. 언어적 표현은 은유라는 사고의 틀을 거쳐 만들어지는 것이기 때문에 일상 언어는 대부분 은유의 결과물이라는 것이다.

사고와 신체를 분리하는 객관주의를 표방하는 변형 생성언어학자와 달리 인지언어학자들은 사고와 신체를 관련시키는 체험주의를 전제하고, 개념 형성의 기반을 이루는 신체적 경험인 선개념적 경험을 제시하였다. 예를 들어 떨어진 물건을 주우려면 아래로 허리를 구부려야 하며 머리 위의 물건을 보려면 고개를 위로 들어야 한다. 이러한 신체적 경험이 반복, 축적되면서 '위'와 '아래'라는 개념이 형성된다. 이처럼 선개념적 경험이란 신체로부터 비롯되는, 개념 형성 이전의 경험이다.

대표적인 인지언어학자인 레이코프는 선개념적 경험을 바탕으로 개념화가 이루어지는 과정을 근원 영역(source domain)과 목표 영역(target domain)을 통해 설명하였다. 근원 영역은 선개념적 경험이 반영된 일상적이고 익숙한 구성 요소들로 이루어진 영역이고, 목표 영역은 은유를 통한 개념화 이전의 영역으로 낯선 구성 요소들로 이루어져 있다. 예를 들어 '시간이 흐르다.'에서 '시간'이라는 목표 영역은 '흐르는' 실체인 근원 영역에 의해 개념화된다. 이렇게 목표 영역을 근원 영역으로써 개념화하는 인지 전략을 레이코프는 개념적 은유라고 칭하였다.

개념적 은유는 근원 영역과 목표 영역이 결합하는 양상에 따라 방향적 은유, 존재론적 은유, 구조적 은유로 구별된다. 방향적 은유는 목표 영역이 방향과 관련된 선개념적 경험으로 이루어진 근원 영역과 결합하는 것이다. 예를 들어 '그의 실력이 나보다 위이다.'는 '위'라는 근원 영역이 인물에 대한 평가에 결합한 것이다. 존재론적 은유는 근원 영역이 지닌 존재의 자격을 목표 영역에 부여하는 것이다. '하려던 말을 삼키다.'는 '말'에 삼킬 수 있는 존재의 자격을 부여한 것이다. 구조적 은유는 근원 영역과 목표 영역의 구조적 유사성을 바탕으로 개념화하는 것이다. '여행'이라는 근원 영역은 출발점, 목적지, 경로 등으로 이루어지며 여정에 따라 시간이 경과한다는 점에서 '인생'이라는 목표 영역과 구조적으로 유사하다. 이러한 개념화를 통해 '인생은 여행이다.'가 도출되는 것이다.

레이코프는 개념적 은유가 목표 영역에 접근하는 데 도움을 주지만 인식의 불균형을 초래한다고 지적한다. 개념적 은유가 목표 영역의 특정 부분만을 부각하고 개념화되지 않은 다른 부분을 은폐한다는 것이다. 예를 들어 토론을 전쟁과 관련지어 '논쟁'으로 개념화하는 것은 토론의 경쟁적 속성을 잘 드러내지만, 토론에 대한 부정적 가치 판단을 유도하여 토론이 지닌 의견 교환이라는 상호작용의 측면을 간과하게 한다.

01

윗글에 대한 설명으로 가장 적절한 것은? [3점]

① 특정 개념에 대한 통념이 지닌 논리적 정합성을 분석하고 있다.
② 특정 개념의 유형을 분류하고 각 유형의 사례를 제시하고 있다.
③ 특정 개념에 대한 이론의 변천 과정을 설명하고 전망을 제시하고 있다.
④ 특정 개념을 설명할 수 있는 가설을 제시하고 타당성을 검증하고 있다.
⑤ 특정 개념에 대한 상반된 견해를 절충하여 새로운 이론을 제시하고 있다.

02

윗글의 내용과 일치하지 <u>않는</u> 것은? [3점]

① 은유는 대상의 유사성에 근거한 언어적 표현으로 간주되어 왔다.
② 인지언어학자들에 따르면 일상 언어는 은유와 밀접하게 관련된다.

③ 객관주의와 체험주의는 사고와 신체의 관계에 대해 서로 다른 입장을 취했다.

④ 인지언어학자는 선개념적 경험이 신체적 경험과 무관하다고 주장하였다.

⑤ 레이코프는 개념적 은유를 익숙한 것으로써 낯선 것을 개념화하는 인지 전략이라고 했다.

03

'개념적 은유'에 대해 판단한 내용으로 가장 적절한 것은? [3점]

① 개념 인식과 가치 판단을 분리시킨다.

② 근원 영역에 대한 부정적 인식을 강화한다.

③ 근원 영역을 축소하는 반면 목표 영역을 확장한다.

④ 목표 영역에 대한 총체적인 인식을 가능하게 한다.

⑤ 효율적인 인식을 가능하게 하는 동시에 인식을 제약한다.

04

윗글을 바탕으로 할 때, 〈보기〉의 [선생님의 설명]에 따라 ㉠~㉤을 이해한 내용으로 적절하지 않은 것은?

[4점]

─── 보기 ───

[선생님의 설명]

하나의 문장에는 여러 개의 개념적 은유가 포함될 수 있습니다. 다음은 밑줄 친 부분이 어떤 개념적 은유에 해당하는지 표시한 것입니다.

〈1〉 그는 선거에서 상대편 후보의 ㉠약점을 공략했다.
        └ 구조적 은유

〈2〉 ㉡수영에서만큼은 동생이 내 앞이
        └ 방향적 은유
      라고 엄마가 ㉢가벼운 농담을 했다.
              └ 존재론적 은유

〈3〉 ㉣경제가 성장하면 ㉤저축률이 높다.
        └ 존재론적 은유   └ 방향적 은유

① ㉠은 전쟁이라는 근원 영역과 '선거'라는 목표 영역의 구조적 유사성을 바탕으로 도출된 것이다.

② ㉡은 '앞'이라는 근원 영역이 '동생'의 수영 실력에 대한 평가에 결합한 것이다.

③ ㉢은 '농담'이라는 목표 영역에 무게가 있는 실체의 자격을 부여한 것이다.

④ ㉣은 '경제'라는 목표 영역에 생명체의 자격을 부여한 것이다.

⑤ ㉤은 '높다'라는 목표 영역을 '저축률'이라는 근원 영역으로 개념화한 것이다.

05

문맥상 의미가 @와 가장 가까운 것은? [3점]

① 이번 거래로 큰 이익을 보았다.

② 교통사고 피해자랑 합의를 보았다.

③ 나는 최신 영화를 스마트폰으로 보았다.

④ 이번 한 번만 너를 보아 내가 참아야겠다.

⑤ 나는 그 사건을 우연으로 볼 수가 없었다.

[06~10] 다음 글을 읽고 물음에 답하시오.

공적 연금 제도 란 국가가 국민의 기본적인 생활을 보장하는 제도적 장치인 사회 보장 제도의 하나이다. 국가는 경제 활동을 하는 국민을 공적 연금 제도에 의무적으로 가입시켜 소득의 일부를 기여금으로 납부하게 한다. 그리고 기여금을 납부한 국민은 일정한 연령에 도달하면 국가로부터 연금을 수급한다. 이때 가입자가 납부한 기여금의 총액 대비 수급하는 연금 총액의 비율을 연금 수익률이라고 한다.

공적 연금 제도의 재정 운영 방식은 연금 지급에 사용되는 자금을 국가가 어떻게 조달하는가에 따라 두 가지로 @구분할 수 있다. ㉠적립 방식은 연금 수급자가 경제 활동 시기에 적립한 기여금과 이를 국가가 투자하여 얻은 수익으로 연금 지급에 사용되는 자금을 조달한다. ⓛ부과 방식은 연금 지급 시점에 경제 활동을 하는 세대에게 기여금을 부과하여 연금 지급을 위한 자금을 조달한다. 즉 현재의 경제 활동 인구가 납부한 기여금으로 현재 퇴직 상태인 노령 인구에게 연금을 지급하는 것이다. 각각의 방식에서 기여금은 소득 대비 기여금의 비율인 기여율에 따라 결정된다. 소득 재분배의 관점에서 보면 적립 방식에서는 경제 활동 시기의 소득이 노후로 이전되므로 시간적 소득 재분배가 ⓑ발생하고, 부과 방식에서는 경제 활동 인구의 소득이 노령 인구에게 이전되므로 세대 간 소득 재분배가 발생한다.

인구 구조적 요인은 공적 연금의 재정 운영에 영향을 미친다. 평균 수명의 증가는 두 방식 모두에서 연금 지급 부담을 증가시키지만, 출산율의 변화는 부과 방식에만 영향을 준다. 출산율이 감소함에 따라 경제 활동 인구 대비 노령 인구의 비율이 증가하면 부과 방식에서는 연금 지급 부담이 증가할 수 있다. 한편 물가나 국민 소득 등의 경제적 요인도 공적 연금의 재정 운영에 영향을 미친다. 물가가 상승한다는 것은 연금 수급액의 실질적 가치가 떨어진다는 것을 의미한다. 같은 물건을 사기 위해 더 많은 금액을 ⓒ지불해야 한다는 것이다. 부과 방식과 달리 적립 방식에서는 물가 상승에 따른 연금 수급액의 실질적 가치 하락을 보전해 주기 어렵다. 부과 방식에서는 기여율을 높여 현재의 연금 지급액을 높일 수 있지만, 적립 방식에서는 불가능하기 때문이다. 또한 국민 소득이 증가하면 기여율을 올리지 않아도 기여금이 늘어난다. 이때 부과 방식에서는 적립 방식과 달리 현재의 연금 지급액이 늘어날 수 있다.

따라서 국가는 공적 연금의 재정 운영을 위해 인구 구조적 요인과 경제적 요인이 미치는 영향을 예측해야 한다. 만약 예측이 실패하여 연금 지급에 필요한 자금이 부족해지면, 국가는 ㉮기여금 납부를 종료하는 시점이나 연금 수급이 시작되는 시기를 변경할 수도 있다. 또는 기여율이나 소득 대체율을 조정하여 연금 재정을 안정시킬 수 있다. 이때 소득 대체율이란 가입자의 경제 활동 기간 중 월 평균 소득 대비 퇴직 후 월 연금 수급액의 비율이다. 어떤 방법이든 가입자나 연금 수급자의 불만을 ⓓ초래하므로 정확한 예측을 바탕으로 기여금과 연금을 산정해야 한다.

연금은 소득 비례 부분과 균등 부분으로 ⓔ구성된 연금 산정 공식에 의해 산정된다. 소득 비례 부분은 가입자의 소득에 비례하게 지급하는 금액이고, 균등 부분은 동일한 시기에 퇴직하는 가입자 모두에게 동일하게 지급하는 금액이다. 균등 부분을 포함함으로써 저소득층

의 소득 대체율이나 연금 수익률을 높이고, 고소득층의 소득 대체율이나 연금 수익률을 낮출 수 있다. 이에 따라 빈부 격차가 줄어드는 수직적 소득재분배가 발생한다. 이처럼 사회 보장 제도로서 공적 연금 제도는 국민의 노후 생활을 보장할 뿐 아니라 빈부 격차를 완화하는 효과가 있다.

06

공적 연금 제도 에 대한 이해로 적절하지 않은 것은?
[3점]

① 빈부 격차를 완화하는 효과를 발생시킨다.
② 기여금을 납부한 사람에게 연금을 지급한다.
③ 경제 활동을 하는 국민을 의무적으로 가입하게 한다.
④ 노후의 기본적인 생활을 보장하기 위해 운영하는 것이다.
⑤ 저소득층의 생활을 보장하기 위해 가입자의 연금을 소득에 비례시킨다.

07

㉠, ㉡에 대한 이해로 적절하지 않은 것은? [3점]

① ㉠에서는 출산율 감소가 연금 지급 부담을 증가시키지 않는다.
② ㉠에서는 국가가 투자하여 얻은 수익이 연금 지급을 위한 자금에 포함될 수 있다.
③ ㉠에서는 국민 소득의 증가가 경제 활동 인구가 납부하는 기여금 총액의 증가로 이어지지 않는다.
④ ㉡에서는 기여율 인상을 통해 연금을 수급하고 있는 사람의 연금액을 높여줄 수 있다.
⑤ ㉡에서는 현재의 연금 수급자가 받는 연금이 현재의 경제 활동 세대가 납부한 기여금으로 조달된다.

08

㉮의 이유로 가장 적절한 것은? [4점]

① 기여금 납부 개시 연령을 높이면서 연금이 소득을 대체하는 정도를 낮출 수 있기 때문이다.

② 기여금 납부 기간을 늘리거나 연금 수급 기간을 줄여서 연금 수익률을 낮출 수 있기 때문이다.

③ 기여율 조정에 따른 가입자의 불만을 유발하지 않으면서 연금액을 증대시킬 수 있기 때문이다.

④ 기여율은 낮추면서 소득 대체율은 높여서 연금 수급액의 실질 가치를 보전할 수 있기 때문이다.

⑤ 기여금 납부 기간과 연금 수급 기간을 일치시켜 기여금 총액과 연금 총액을 일치시킬 수 있기 때문이다.

09

윗글을 바탕으로 〈보기〉를 이해한 내용으로 적절하지 않은 것은? [4점]

─── 보기 ───

갑국의 공적 연금 제도에서 기여율은 9%이며 연금 산정 공식에는 '가입자가 퇴직하기 직전 3년간 전체 가입자의 월 평균 소득'(A)과 '가입자 개인의 퇴직 전 월 평균 소득'(B)이 포함되어 있다. 연금은 A와 B의 합에 비례한다. 가입자는 퇴직 직후부터 사망 시까지 연금을 수급한다. 현재까지 가입자의 월 평균 소득은 꾸준히 증가하고 있다.

(단, 이 공적 연금 제도의 모든 가입자는 30년 동안 기여금을 납부한 후 퇴직한다.)

① 연금 산정 공식에 A가 포함되어 있기 때문에 B가 높은 가입자일수록 소득 대체율이 높겠군.

② A가 B보다 큰 가입자는 자신이 수급하는 연금에서 균등 부분이 소득 비례 부분보다 크겠군.

③ A를 '가입자가 퇴직하기 직전 9년간 전체 가입자의 월 평균 소득'으로 수정하면 갑국의 연금 지출 총액은 감소하겠군.

④ 가입자의 수명과 B의 크기가 무관할 때보다 비례할 때에 수직적 소득 재분배 효과가 더 작겠군.

⑤ 연금 산정 공식에 B가 포함되어 있기 때문에 기여금을 더 많이 납부한 가입자가 더 많은 연금을 받겠군.

10

문맥상 ⓐ∼ⓔ와 바꿔 쓰기에 적절하지 않은 것은?
[3점]

① ⓐ: 나눌
② ⓑ: 일어나고
③ ⓒ: 내야
④ ⓓ: 끼치므로
⑤ ⓔ: 이루어진

[11∼15] 다음 글을 읽고 물음에 답하시오.

세포는 인체가 생존하는 내내 분열하다가 일정한 시간이 지나면 저절로 사멸한다. 그리고 분열 과정마다 자신의 유전자를 복제한다. 반복되는 분열 과정에서 유전자 복제 오류가 발생할 수 있지만, 인체는 이러한 유전자 변이를 스스로 교정할 수 있는 능력을 갖고 있다. 그러나 유전자 변이가 축적되면, 정상 세포와 달리 저절로 사멸하지 않고 계속해서 분열하는 암세포가 발생한다.

[A]

암세포는 자신이 얻을 수 있는 양분과 산소에 비해 항상 과도하게 증식하므로 암 조직 내부는 보통 괴사한다. 이때 암세포가 사멸하면서 방출되는 암 항원이 면역 세포인 수지상 세포에 의해 포식된다. 암 항원이란 암세포 표면에만 존재하는 단백질이다. 수지상 세포는 포식한 암 항원을 항원 조각으로 분해해 표면에 부착한 뒤, 림프절로 이동하여 또 다른 면역 세포인 T 세포와 만난다. T 세포는 'T 세포 수용체'(TCR)를 통해 수지상 세포에 부착된 항원 조각을 인식하여 활성화되며, 이때 해당 항원에 대한 면역 기억이 형성된다. T 세포는 혈관을 통해 인체를 돌아다니다가 TCR를 통해 암 항원을 인식하여 암세포를 찾아낸다. 그리고 암세포에 독성 물질을 주입하여 사멸시킨다. 사멸된 암세포에서 다시 항원이 방출되고 이러한 과정이 반복되므로, 일반적인 경우 악성 종양이 발생하는 질병인 암이 발병하기 힘들다.

그런데 암세포가 급속히 증식하는 과정에서 인체의 면역 관문을 활성화하는 유전자가 발현되는 경우가 있다. 인체는 면역 세포가 정상 세포를 비정상 세포로 오인하여 공격하는 자가 면역 질환을 막기 위해, 면역 반응을 억제하는 장치인 면역 관문을 갖추고 있다. 가령 T 세포의 또 다른 수용체인 PD-1이 PD-L1이라는 단백질과 결합하면 활성화된 T 세포가 항원을 인식하더라도 해당 항원을 지닌 세포를 정상 세포로 판단해서 공격하지 않는다. 따라서 암세포 표면에 PD-L1을 부착시키는 유전자 변이가 나타나면, 암세포가 T 세포의 공격을 회피할 수 있게 되어 악성 종양으로 발전한다.

종양이 관찰된 경우, 종양을 제거하는 ㉠외과 수술이나 강력한 방사선을 인체에 관통시켜 암세포를 사멸시키는 ㉡방사선 치료가 가능하다. 그러나 이러한 방법들은 종양이 주변 장기로 전이되거나 암세포가 혈액에 퍼진 경우 적용이 어렵다. 종양이 퍼진 장기를 제거하는 것이 불가능하거나, 제거가 가능하더라도 혈액 속 암세포에 의해 암이 재발할 수 있기 때문이다. 또한 외과 수술의 경우 절개 과정에서 장기 손상이 발생할 수 있고, 방사선 치료의 경우 방사선에 의해 다른 조직이 손상되기도 한다. 따라서 인체에 대한 손상을 최소화하면서 인체 곳곳의 미세한 암세포를 사멸시키기 위해 항암제를 투약한다.

㉢세포 독성 항암제는 암세포처럼 비정상적으로 빠르게 증식하는 세포를 공격하는 약제이다. 하지만 매일 머리카락을 만들어내는 모낭 세포, 위장 안에서 음식물을 소화하는 점막 세포와 같이 증식 속도가 비교적 빠른 정상 세포까지 공격하는 부작용이 있다. ㉣표적 항암제는 암세포만의 독특한 분자를 표적으로 삼아 암세포를 공격하는 약제이다. 하지만 표적 분자에 민감해 약제마다 적용 가능한 암 종류가 제한적이고 쉽게 내성이 생기는 문제가 있다. ㉤면역 항암제는 PD-1 수용체나 PD-L1 단백질을 억제하여 T 세포에 의한 암세포 공격을 유도하는 약제이다. 면역 항암제는 인체의 면역 반응을 이용하기 때문에 적용되는 암 종류에 대한 제한이 적다. 하지만 종양의 크기가 지나치게 큰 경우 면역 항암제의 치료 효과가 제한되는 문제가 있다. 종양의 크기가 클수록 암세포가 기하급수적으로 증식하기 때문이다. 이때 ㉮방사선 치료, 세포 독성 항암제 투약 등의 치료가 병행되면 면역 항암제의 치료 효과가 높아질 수 있다.

11

윗글을 통해 알 수 있는 내용으로 가장 적절한 것은?

[3점]

① 자가 면역 질환이 심해질수록 암이 발병할 확률이 높아진다.
② 암세포에서는 정상 세포에서보다 유전자 변이 속도가 빠르다.
③ 세포의 분열 과정이 반복될수록 암세포가 발생할 확률이 낮아진다.
④ 다른 장기로 전이되기 전에 종양을 제거하면 암이 재발하지 않는다.
⑤ 악성 종양이 발생하면 주변 조직에 공급되는 양분과 산소가 증가한다.

12

[A]를 이해한 내용으로 적절하지 않은 것은? [3점]

① 암세포에서 방출된 항원은 수지상 세포에 의해 항원 조각으로 분해된다.
② T 세포는 수지상 세포의 표면에 부착된 항원 조각을 인식해 활성화된다.
③ T 세포는 TCR를 통해 암 항원을 지니고 있는 세포를 암세포로 인식한다.
④ T 세포의 PD-1 수용체에 PD-L1 단백질이 결합하면 면역 관문이 억제된다.
⑤ 암세포 표면의 PD-L1 단백질로 인해 T 세포는 암세포를 정상 세포로 오인한다.

13

㉠~㉤에 대한 설명으로 적절하지 않은 것은? [3점]

① ㉠과 ㉡은 위치가 확인된 종양에 대해 적용 가능하다.
② ㉠과 달리 ㉡은 절개 없이 인체 내부의 종양을 제거할 수 있다.

③ ⓛ과 달리 ⓒ은 작용 범위가 특정 부위에 국한되지 않는다.

④ ⓔ에 비해 ⓜ은 적용되는 암 종류에 대한 제한이 적다.

⑤ ⓒ~ⓜ은 암세포의 특성을 이용해 암세포를 직접 공격한다.

14

㉮의 이유로 가장 적절한 것은? [4점]

① 종양이 제거되는 과정에서 암세포의 일부가 정상 세포로 회귀하기 때문이다.

② 암세포의 총량이 감소할 뿐 아니라 암세포의 사멸로 암 항원이 방출되기 때문이다.

③ 면역 세포를 공격하는 암세포의 수가 감소하여 인체의 면역력이 강해지기 때문이다.

④ 정상 세포의 증식 속도가 감소하여 암세포와 정상 세포가 더욱 잘 구분되기 때문이다.

⑤ 일부 정상 세포가 사멸하여 면역 세포가 정상 세포를 공격하는 비율이 감소하기 때문이다.

15

윗글을 바탕으로 〈보기〉의 ⓐ~ⓒ에 대해 이해한 내용으로 적절하지 않은 것은? [4점]

─── 보기 ───

'유전자 복제 오류를 교정하는 유전자'(MMR)에 변이가 발생하는 경우, 세포 분열 과정에서 발생한 유전자 복제 오류가 교정되지 않아 유전자 변이가 축적되고 유전자 변이의 양이 많은 암세포가 발생할 가능성이 높다. 이에 따라 암세포만의 독특한 분자나 암 항원이 많이 만들어지고, 암세포의 분열 속도가 빨라질 수 있다. 또한 암세포 표면에 발현되는 PD-L1 단백질의 양이 많아져서 암세포가 면역 반응을 회피할 가능성도 높아진다. 따라서 종양 조직을 검사하여 ⓐMMR에 나타난 유전자 변이의 정도, ⓑ암세포의 유전자 변이 정도, ⓒ암세포에 PD-L1 단백질이 발현된 정도 등을 측정하면 항암제 투약의 치료 효과를 예측할 수 있다.

① ⓐ가 낮은 경우, 암세포에 유전자 변이가 많을 가능성이 낮으므로 면역 항암제의 치료 효과가 작을 수 있다.

② ⓐ가 높은 경우, 암세포의 분열 속도가 빠를 가능성이 높으므로 세포 독성 항암제를 투약하면 치료 효과는 클 수 있지만 탈모나 소화 불량 등의 부작용이 발생할 수 있다.

③ ⓑ가 낮은 경우, 암세포에서 암 항원이 만들어질 가능성이 낮으므로 면역 항암제의 치료 효과가 작을 수 있다.

④ ⓑ가 높은 경우, 암세포만의 독특한 분자가 존재할 가능성이 높으므로 표적 항암제의 치료 효과가 오래 지속될 수 있다.

⑤ ⓒ가 높은 경우, 암세포가 면역 반응을 회피할 가능성이 높으므로 면역 항암제의 치료 효과가 높을 수 있다.

[16~18] 다음 글을 읽고 물음에 답하시오.

(가)

　유성에서 조치원으로 가는 ㉠어느 들판에 우두커니 서 있는 한 그루 늙은 **나무**를 만났다. **수도승**일까. ㉡묵중하게 서 있었다.

　다음날은 조치원에서 공주로 가는 어느 가난한 마을 어귀에 그들은 떼를 져 몰려 있었다. 멍청하게 몰려 있는 그들은 어설픈 과객일까. 몹시 추워 보였다.

　공주에서 온양으로 우회하는 뒷길 어느 **산마루**에 그들은 멀리 서 있었다. ㉢하늘 문을 지키는 파수병일까. 외로워 보였다.

온양에서 서울로 돌아오자, ㉣놀랍게도 그들은 이미 **내 안에 뿌리를 펴**고 있었다. 묵중한 그들의. 침울한 그들의. 아아 고독한 모습. 그 후로 나는 **뽑아낼 수 없는** 몇 그루의 나무를 ㉤기르게 되었다.

－ 박목월, 「나무」 －

(나)

그 새들은 흰 빰이란 영혼을 가졌네

거미줄에 매달린 물방울에서 흰색까지 모두

이 늪지에선 흔하디흔한 맑음의 비유지만

또 흰색은 지느러미 달고 어디나 갸웃거리지

흰뺨검둥오리가 **퍼들껑** 물을 박차고 비상할 때

날개 소리는 내 몸 속에서 먼저 들리네

검은 부리의 새떼로 늪은 지금 부화중,

열 마리 스무 마리 흰뺨검둥오리가 날아오르면

날개의 눈부신 흰색만으로 늪은 홀가분해져서

장자를 읽지 않아도 새들은 십만 리쯤 치솟는다네

흰뺨검둥오리가 떠메고 가는 것이 이 늪을 포함해서

반쯤은 내 영혼이리라

지금 늪은 산산조각나기 위해 팽팽한 거울,

수면은 그 모든 것에 일일이 구겨지다가 반듯해지네

– 송재학, 「흰뺨검둥오리」 –

16

(가)와 (나)에 대한 설명으로 가장 적절한 것은? [3점]

① (가)는 탄식하는 어조로, (나)는 단정하는 어조로 시적 청자에게 말을 건네고 있다.

② (가)는 공간의 이동에 따라, (나)는 하나의 공간 내에서 묘사의 초점을 바꾸고 있다.

③ (가)는 점층적 표현을 사용하여, (나)는 과장적 표현을 사용하여 대상의 역동성을 부각하고 있다.

④ (가)는 상승 이미지를 활용하여, (나)는 하강 이미지를 활용하여 시적 공간의 변화를 보여 주고 있다.

⑤ (가)는 색채어의 대비를 통해, (나)는 이미지의 대립을 통해 대상의 변화를 구체적으로 형상화하고 있다.

17

㉠~㉤에 대한 설명으로 적절하지 <u>않은</u> 것은? [3점]

① ㉠은 나무를 만난 '들판'이라는 장소의 구체성을 드러내고 있다.

② ㉡은 '수도승'과 연결되어 '늙은 나무'에서 떠올린 인상을 드러내고 있다.

③ ㉢은 나무들이 서 있는 '산마루'가 하늘과의 경계라는 화자의 인식을 반영하고 있다.

④ ㉣은 '이미'와 연결되면서, '내 안에 뿌리를 편' 나무에 대한 화자의 뒤늦은 자각을 강조하고 있다.

⑤ ㉤은 나무에서 발견한 자신의 속성을 '뽑아낼 수 없는' 것으로 수용하게 되었음을 드러내고 있다.

18

〈보기〉를 바탕으로 (나)를 감상한 내용으로 적절하지 <u>않은</u> 것은? [4점]

> **보기**
>
> (나)의 시인은 늪의 자연물을 보고 듣는 등의 감각적 탐색을 통해 늪과 하나가 되고 있다. 흰뺨검둥오리의 비상은 육신이 세상에 얽매여 있으면서도 영혼의 자유로운 비상을 꿈꾸는 존재로서의 인간을 표상한다. 또한 늪은 긴장과 평온의 연속이라는 삶의 진실을 내보인다.

① '거미줄에 매달린 물방울'의 모습, 흰뺨검둥오리가 물을 박차고 비상할 때의 '퍼들껑' 소리 등은 시인이 늪에서 감각적으로 탐색하는 대상이라 할 수 있군.

② '날개 소리'가 '내 몸 속에서 먼저 들린'다고 표현한 것은, 시인이 늪과 하나가 되었음을 드러낸 것이라 할 수 있군.

③ '흰뺨검둥오리가 떠메고 가는 것'의 '반쯤은 내 영혼이리라'라는 말은, 날아오르는 새들을 바라보며 영혼의 자유로운 비상을 꿈꾸는 존재의 목소리가 표현된 것이라 할 수 있군.

④ '거울'을 '산산조각나기 위해 팽팽한' 상태로 표현한 것은, 세상에 얽매여 있는 육신의 한계를 상징적으로 드러낸 것이라 할 수 있군.

⑤ 늪의 '수면'이 '그 모든 것에 일일이 구겨지다가 반듯해지네'라는 말은, 삶의 모든 국면 역시 긴장과 평온의 연속이라는 진실을 드러낸 것이라 할 수 있군.

[19~22] 다음 글을 읽고 물음에 답하시오.

[앞부분의 내용] '나'는 '그'에게 어릴 때 고모할머니와 같은 방을 썼던 기억을 이야기하면서, 밤마다 '나'의 손을 더듬어 찾던 그녀에게 거부감이 들었다고 고백한다. 이후 그가 구해 온 나무뿌리를 보고 그녀를 떠올린 '나'는 그녀의 이름이 '남귀덕'이라고 말한다.

영동에서 구해 온 포도나무 뿌리, 그 뿌리를 나는 며칠 전 다시 보았다. 경복궁 근처 백 년도 더 된 한옥을 개조해 만든 갤러리에서였다. 정희 선배가 찻집 겸 갤러리를 내면서 대학교 때부터 눈여겨본 후배 몇 명에게 전시할 기회를 제공해 준 것이었다.

부엌을 개조해 만든 전시실, 공중 곡예를 하듯 허공에 위태롭게 매달려 있는 그 뿌리가 영동에서 구해온 뿌리라는 것을, 나는 단박에 알아차렸다. 말리고, 방부제 처리를 하고, 오공본드를 바르고, 촛농을 입히는 동안 형태가 달라졌음에도 불구하고. 두 평 남짓한 전시실 입구 옆 명조체로 '남귀덕'이라고 적힌 작품명을 보았던 것이다.

나는 선뜻 전시실 안으로 발을 내딛지 못했다. 포도나무 뿌리가 드리우는 흰색으로 넘쳐 나는 전시실 천장과 벽과 바닥에 포도나무 그림자가 드리워져 있었기 때문이었다. 귀기가 감도는 그 그림자 속으로 들어서면서 나는 깨달았다. 고모할머니가 이불 속을 더듬어 찾던 것은 단순히 내 손이 아니었다는 걸…… 그녀가 그토록 찾던 것은 흙이었다는 걸. 태어나고 자란 자리에서 파헤쳐져 내팽개쳐진 뿌리와도 같은 자신의 존재…… 잎 한 장, 꽃 한 송이, 열매 한 알 맺지 못하고 철사처럼 메말라 가던 자신의 존재를 받아 줄 흙이었다고…… 뿌리 뽑혀 떠돌던 그녀의 존재를 그나마 내치지 않고 **품어 줄 한 줌의 흙.**

포도나무 뿌리를 구해 오고 두 주쯤 지났을까. 불쑥 작업실에 들른 나는 그가 촛농을 떨어뜨리는 모습을 마침 구경할 수 있었다.

포도나무 뿌리로 촛농이 떨어져 굳는 순간은 극적인 데가 있었다.

그 순간이 특별한 순간이었다는 것을 한옥을 개조해 만든 갤러리에 다녀오고 나서야 알았다.

그 순간은, 고모할머니와 그가 만나는 순간이기도 했던 것이다. 액체로 흐르던 촛농이 포도나무 뿌리 위로 떨어져 고체로 굳는 순간은. 아무 데도 둘 곳 없던 고모할머니의 손과 태어나자마자 버려져 자신의 생일조차 모르는 그가 만나는 순간이었던 것이다. **생전 만날 일**

없던 두 존재가 만나는 순간이었던 것이다. 기적 같은 그 순간을 촛불이 흔들리면서 조용히 지켜보고 있었던 것이다.

그는 신중하게 정조준하듯 촛농을 떨어뜨렸다. 다른 뿌리들에 비해 뒤틀림이 심한 포도나무 뿌리로 촛농을 고르게 떨어뜨리는 일은 고도의 집중을 요구했을 것이다.

죽기 전 고모할머니가 살아남은 몇 번째 위안부였을지 궁금해 한 적이 있었다. 살아남은 위안부가 55명에 불과하며, 그들도 머지않아 세상을 뜰 거라는 기사를 읽고 난 뒤였다. 내가 알기로 고모할머니는 살아생전 위안부 등록을 하지 않았다. 알 만한 사람은 다 아는 비밀을 끝까지 비밀로 덮고 살았던 것이다. 그녀가 세상을 뜨고 몇 년이 흘러서야 어머니가 그녀에 대해 아버지에게 지나가듯 이야기하는 소리를 우연히 들었다. 아홉 시 뉴스를 보다가 위안부 관련 기사가 나오자 어머니는 까맣게 잊고 있던 그녀를 떠올린 것이었다. 어머니는 그녀가 위안부 등록을 하지 않은 것에 대해, 그래서 정부에서 지원해 주는 생활 안정 지원금을 받지 못한 것에 대해 아쉬워했다. 정부에서 주는 지원금을 받아 생활하셨으면 혼자서도 충분히 생활하셨을거 아니에요. 괜히 이 집 저 집 떠돌면서 눈칫밥 안 먹고…… '생활'이라는 지극히 평범한 말이 실은 얼마나 무시무시하고 징그러운 말인지 그때 나는 깨달았다.

뿌리를 구하러 그가 철거촌도 뒤지고 다닌다는 것을 나는 알고 있다. 흰 방독면으로 입을 가린 인부들이 빈 집들의 창문과 문짝을 떼어 내고, 천장을 뜯고, 벽을 허무는 동안 나무를 찾아다녔다.

"철거라고 쓰여 있었어……."

"……?"

"발치를 앞둔 잇처럼 벌어진 대문 너머로 모과나무가 한 그루 보였어. 줄기에 철거라고 쓰여 있었어…….

붉은 라커로 철거라고 휘갈겨 쓰여 있었어……."

"……."

"모과나무 줄기에 철거, 철거……."

그가 고개를 저으면서 철거라고 중얼거릴 때마다 나는 그의 입속 어금니들이 뿌리 뽑혀 뒤흔들리는 것 같았다.

"내 심장과 같은 위치였어……."

"……?"

"우연이겠지만 내 심장과 같은 위치에 그렇게 쓰여 있었던 거야. 팔을 벌리고 모과나무를 끌어안아 봤거

든. 안아 보고 싶어서…… 내 심장과 정확히 같은 위치더군. **철거**라는 단순하고 무시무시한 글자가 하필이면 내 심장과 같은 위치에 쓰여 있었던 거야. 그래서였을까? 철거라는 글자가 인두처럼 내 **심장을 지져오는 것 같았어.**"

ⓐ그가 철거될 모과나무 아래에 서 있을 때 나는 목욕탕 탈의실 거울을 들여다보고 있었다. 어머니가 심한 독감에 걸려 혼자서 여탕 청소를 해야 했다. 빗과 드라이어를 정리하다 말고 문득 거울을 들여다보았다. 아버지와 어머니, 그 어느 쪽도 뚜렷하게 닮지 않은 모호한 얼굴이 누구를 닮았는지 서른아홉 살이 되어서야 깨닫고 있었다. 거울 속 얼굴은 뜻밖에도 고모할머니인 그녀를 닮아 있었다. 무표정한 내 얼굴 위로 그녀의 얼굴이 습자지처럼 겹쳐 떠올랐던 것이다. 놀라운 일이었지만, 불가능한 일은 아니었다. 고모할머니인 그녀의 몸속에 흐르는 피가 내 몸속에도 흐르고 있을 것이기 때문이었다. 아이가 제 부모보다 고모나 삼촌을 더 닮는 경우가 종종 있다는 것을 나는 모르지 않았다. 스무 살에 결혼한 친구가 자신의 딸이 배다른 여동생을 닮았다고 불평하는 소리를 나는 들은 적이 있었다. 그 친구는 심지어 자신의 딸이 배다른 여동생이 하는 행동을, 자신이 끔찍이 싫어하는 행동을 하는 걸 보고 까무러치는 줄 알았다고 토로했다. 그렇지 않아도 그 친구는 아버지의 사랑을 배다른 여동생에게 빼앗겼다는 피해 의식에 사로잡혀 있었다.

거울 아래 어지럽게 흩어진 머리카락들을 주우면서 나는 의문했다. 그녀도 그렇게 느낀 것은 아닌지…… 장조카의 딸인 내가 고모할머니인 자신을 닮았다고. 자신을 꼭 닮은 나를 보면서 자신의 어린 날을 떠올렸던 것은 아닌지.

마분지 같은 커튼으로 새벽빛이 스며든다. 빛 한 점 떠돌지 않던 작업실에 푸르스름한 새벽빛이 번지면서 뿌리의 전체적인 윤곽이 서서히 드러난다. 뿌리가 한 가닥 지평선처럼 떠오른다. 팔 굵기의, 원뿌리는 아니고 곁뿌리다. 취광이 감도는 그 뿌리 너머로 또 다른 뿌리가 떠오른다. 그 너머로 또 다른 뿌리가……

첩첩 떠오르는 **뿌리들 너머**에 그가 태아처럼 웅크리고 누워 있을 것 같다.

중중첩첩 착시를 일으키면서 떠오르는, 지평선 같은 뿌리들을 넘고 넘어야만 **그에게 닿을 수 있을 것 같다.**

– 김숨, 「뿌리 이야기」 –

19

윗글의 서술상 특징으로 가장 적절한 것은? [3점]

① 독백적 진술을 중심으로 인물의 내면의 흐름을 드러내고 있다.

② 장면에 따라 서술자를 달리하여 사건을 입체적으로 보여 주고 있다.

③ 인물의 반복적인 행동을 강조하여 사건 해결의 실마리를 드러내고 있다.

④ 서술자가 관찰자의 입장에서 사건을 전달함으로써 객관성을 확보하고 있다.

⑤ 인물의 행적을 요약적으로 제시하여 갈등이 심화되는 원인을 드러내고 있다.

20

윗글에 대한 이해로 적절하지 않은 것은? [3점]

① '그'가 나무뿌리로 만든 작품을 전시한 곳은 오래된 한옥을 개조해 만든 전시실이었다.

② '나'는 전시실에 들어가자마자 '그'가 나무뿌리를 어디에서 구했는지를 알아차렸다.

③ '나'는 재료의 특성과 관련지어 '그'가 작업에 신중을 기하는 이유를 추측하였다.

④ 고모할머니는 자신들의 체면을 걱정하는 가족들의 만류로 인해 위안부 등록을 하지 못했다.

⑤ '나'는 목욕탕 거울에 비친 자신의 얼굴에서 고모할머니의 모습을 떠올렸다.

21

〈보기〉를 바탕으로 윗글을 감상한 내용으로 적절하지 않은 것은? [4점]

> **보기**
>
> 　이 소설은 뿌리를 매개로 한 이해의 과정을 그리고 있다. 부모에게 버림받고 자신의 존재에 대해 끊임없이 회의하던 '그'가 뽑혀 나온 뿌리에 천착하고 이를 작품화하는 것은 자기 존재를 확인하는 과정이자 비슷한 처지의 타인을 이해하는 과정이라 할 수 있다. 이 과정을 지켜봐 온 '나'는 고모할머니의 삶을 떠올리며 그녀를 이해하게 되고, 소원했던 '그'에게 다가갈 수 있는 가능성을 발견한다.

① '뿌리를 구하러 그가 철거촌도 뒤지고 다닌다'는 것은, 뽑혀 나온 뿌리에 대한 '그'의 천착이 행동으로 드러난 것임을 알 수 있군.

② '그'가 '철거'라는 글자가 자신의 '심장을 지져오는 것 같다'고 한 것은, '그'가 뽑혀 나올 모과나무와의 동일시를 통해 자기 존재를 확인한 것으로 볼 수 있군.

③ 고모할머니가 '나'의 손을 더듬어 찾던 것이 실은 '품어 줄 한 줌의 흙'을 찾고 있었던 것이라고 한 데서, '그'의 작품을 본 '나'가 자신의 뿌리를 고모할머니에게서 찾게 되었음을 알 수 있군.

④ 뿌리에 촛농이 떨어져 굳는 순간을 '생전 만날 일 없던 두 존재가 만나는 순간'으로 본 것은, '그'의 작업이 비슷한 처지의 타인을 이해하는 과정이었음을 '나'가 깨닫게 된 것으로 볼 수 있군.

⑤ '나'가 '뿌리들 너머'에 '그'가 있을 것이라 생각하면서 '그에게 닿을 수 있을 것 같다'고 한 데서, '그'에게 다가갈 수 있는 가능성을 '나'가 발견하고 있음을 알 수 있군.

22

ⓐ에 대한 설명으로 가장 적절한 것은? [4점]

① 두 인물의 서로 다른 경험을 연결하여 두 경험의 의미를 밀접하게 관련짓는다.

② 두 인물의 경험을 대조해서 보여 주어 경험의 의미가 분화되는 양상을 드러낸다.

③ 동일한 공간에서의 두 인물의 경험을 제시하여 경험의 서로 다른 성격에 주목하게 한다.

④ 선후 관계를 드러내는 표지를 사용해 두 인물의 경험이 서로 영향을 끼친다는 것을 암시한다.

⑤ 두 인물의 경험에 대한 인식 변화를 함께 제시하여 두 경험의 의미가 유사하다는 것을 강조한다.

[23~26] 다음 글을 읽고 물음에 답하시오.

> **(가)**
>
> 문장(文章)을 ᄒ쟈 ᄒ니 인생식자(人生識字) 우환시(憂患始)*오
> 공맹(孔孟)을 빈호려 ᄒ니 도약등천(道若登天) 불가급(不可及)*이로다
> 이 내 몸 쓸 ᄃᆡ 업스니 성대농포(聖代農圃)* 되오리라
> 　　　　　　　　　　　　　　〈제1장〉
>
> 홍진에 절교ᄒ고 흰 구름으로 벗을 삼아
> 녹수 청산에 시름 업시 늘거 가니
> 이 듕의 무한지락을 헌ᄉᆞᄒᆞᆯ 가 두려웨라
> 　　　　　　　　　　　　　　〈제3장〉
>
> **밭을 갈아** 조석 밥을 ᄒ고 낚시ᄒ야 반찬ᄒ며
> 긴 허리에 낫을 차고 **깊은 산의 나무** ᄒ니
> 내 생애 잇뿐이라 뉘라셔 다시 알리
> 　　　　　　　　　　　　　　〈제4장〉
>
> 명산의 흰 구름 이니 나는 보ᄆᆡ 즐거웨라
> 강 가운데 기러기 가니 나는 보ᄆᆡ 반가왜라
> 즐기며 반가와 ᄒ거니 내 벗인가 ᄒ노라
> 　　　　　　　　　　　　　　〈제7장〉
>
> 유정코 무심한 것은 아마도 풍진의 벗
> 무심코 유정한 것은 아마도 강호의 기러기와 해오라기
> **이제야 작비금시(昨非今是)*을 ᄭ ᄃᆞᄅᆫ가 ᄒ노라**
> 　　　　　　　　　　　　　　〈제8장〉
> 　　　　　　　　　　　　　- 안서우, 「유원십이곡」 -

* 인생식자 우환시: 사람은 글자를 알게 되면서부터 근심이 시작됨.
* 도약등천 불가급: 도는 하늘로 오르는 것과 같아 미치기 어려움.
* 성대농포: 태평성대에 농사를 지음.
* 작비금시: 어제는 그르고 지금은 옳음.

(나)
남수찬의 상소에 명천 유배 놀랍도다
홀로 떠나려고 하니 한강 풍랑 괴이하다
창망한 행색으로 동대문에서 처벌을 기다리니
고향은 적막하고 **명천이 천리로다**
두루마기 흰 띠 매고 북천을 향해 서니
사고무친 고독단신 죽는 줄 그 누가 알리

(중략)

슬프다 내 일이야 꿈에나 들었던가
이곳이 어디메뇨 주인집 찾아가니
높은 대문 너른 사랑 삼천석꾼 집이로다
본관과 초면이라 서로 인사 다 한 후에
본관이 하는 말이 김 교리 이번 유배
죄 없이 오는 줄은 북관 수령 아는 바요
만인이 울었으니 조금도 슬퍼 말고 나와 함께 노십시다
삼현 기생 다 불러라 오늘부터 놀자꾸나
그러나 내 일신이 유배 온 사람이라
꽃자리에 손님 대접 기악이 무엇이냐
일일이 물리쳐 보내고 혼자 앉아 소일하니
경내의 선비들이 소문 듣고 배우기를 청하며
하나 오고 두셋 오니 육십 명이 되는구나
책 끼고 배움 청하며 글제 내어 골라 달라네
북관의 수령 관장 무장만 보았다가
문관의 명성 듣고 한사코 달려드니
내 일을 생각하면 남 가르칠 공부 없어
아무리 사양해도 벗어날 길 전혀 없어
밤낮으로 끼고 앉아 세월이 글이로다
고향 생각나면 **풍월** 짓고 심심하면 글 외우니
변방의 외로운 몸이나 **시와 술**에 마음 붙여
문밖으로 안 나가고 편히 편히 날 보내다
가을바람에 놀라 깨니 변방 산에 서리 온다
남쪽 하늘을 바라보면 **기러기 처량하고**
북방을 굽어보니 오랑캐 땅이로다
개가죽 상하의는 상놈들이 다 입었고
조밥 피밥 기장밥은 주민의 양식이라
본관의 성덕과 주인의 정성으로
실 같은 이내 목숨 달 반을 붙어 있네
천만 뜻밖으로 명록이가 집안 소식 가져왔네

놀랍고 반가워라 미친 사람 되었구나
변방에 있던 사람 고향에 돌아온 듯
나도 나도 이럴망정 고향이 있었던가
봉투를 떼어 보니 정겨운 편지 몇 장인가
폭폭이 친척이요 면면이 고향이라
종이 위의 자자획획 자식 조카 눈물이요
옷 위의 얼룩은 아내의 눈물이구나

– 김진형, 「북천가」 –

23

(가)와 (나)의 공통점으로 가장 적절한 것은? [3점]

① 계절의 변화를 중심으로 시상을 전개하고 있다.
② 자연과 인간을 대비하여 교훈을 전달하고 있다.
③ 명령형 문장을 활용하여 화자의 포부를 드러내고 있다.
④ 유사한 문장 구조를 반복하여 화자의 심정을 강조하고 있다.
⑤ 원경에서 근경으로 시선을 이동하여 자연의 모습을 다채롭게 그려 내고 있다.

24

(가)에 대한 설명으로 가장 적절한 것은? [3점]

① 〈제1장〉의 초장과 중장에 드러난 '문장'을 향한 화자의 의지가 종장에서 강화되고 있다.
② 〈제3장〉의 초장에 드러난 '홍진'을 향한 화자의 미련이 중장에서 해소되고 있다.
③ 〈제4장〉의 초장에 드러난 '낚시'에 대한 화자의 관심이 중장에서 구체화되고 있다.
④ 〈제7장〉의 초장과 중장에 드러난 '흰 구름'과 '기러기'에 대한 화자의 감흥이 종장에서 집약되고 있다.
⑤ 〈제8장〉의 초장에 드러난 '유정'과 '무심'에 대한 화자의 의문이 중장에서 심화되고 있다.

25

(나)에 대해 이해한 내용으로 적절하지 않은 것은?[3점]

① '명천이 천리로다'를 통해 유배지에 대한 화자의 거리감을 부각하고 있다.

② '문관의 명성 듣고 한사코 달려드니'를 통해 화자에 대한 선비들의 반응을 제시하고 있다.

③ '기러기 처량하고'를 통해 변방에 있는 화자의 서글픈 심정을 자연물에 투영하여 나타내고 있다.

④ '개가죽 상하의'와 '조밥 피밥 기장밥'을 통해 화자가 관찰한 생활상을 보여 주고 있다.

⑤ '본관의 성덕과 주인의 정성'을 통해 유배를 가서도 변치 않는 화자의 충정을 드러내고 있다.

26

〈보기〉를 바탕으로 (가), (나)를 감상한 내용으로 적절하지 않은 것은? [4점]

> ┤ 보기 ├
>
> (가)는 작가가 벼슬살이를 단념하고 '유원'으로 이주하여 지은 작품이고, (나)는 홍문관 교리 벼슬을 하던 작가가 '명천'으로 유배된 경험을 담은 작품이다. 이 두 작품에서는 새로운 공간으로의 이주를 계기로 변화된 삶의 모습과 다양한 정서, 삶에 대한 성찰 등을 발견할 수 있다.

① (가)에서 '이제야 작비금시'를 깨달았다고 한 것을 통해 새로운 공간에서 삶에 대해 성찰하는 화자의 모습을 발견할 수 있다.

② (나)에서 '사고무친 고독단신 죽는 줄 그 누가 알'겠느냐고 한 것을 통해 이주를 앞둔 상황에서 느끼는 우려를 읽어낼 수 있다.

③ (나)에서 '종이 위의 자자획획'이 '눈물'이라고 한 것을 통해 새로운 공간에서 가족을 떠올리며 느끼는 화자의 슬픔을 읽어낼 수 있다.

④ (가)에서 강호에서의 생활을 '헌스 홀가 두려웨라'라고 한 것과 (나)에서 '내 일'을 '슬프다'라고 한 것을 통해 이주로 인해 느끼게 되는 고독감을 읽어낼 수 있다.

⑤ (가)에서 '밭을 갈'고 '깊은 산의 나무'를 하며 지낸다고 한 것과 (나)에서 '시와 술'에 마음을 붙이고 '문밖'으로 나가지 않는다고 한 것을 통해 이주로 인해 변화된 삶의 모습을 발견할 수 있다.

[27~30] 다음 글을 읽고 물음에 답하시오.

> [앞부분의 줄거리] 천신인 대장성과 익성은 천상계에서 쫓겨나 각각 유충렬과 정한담으로 환생한다. 정한담은 명나라를 쳐들어온 오랑캐와 결탁하여 명나라를 공격한다. 유충렬은 노승에게서 신물(神物)인 일광주, 신화경, 장성검 등을 얻고 공을 세워 대원수에 임명된다.

원수가 기운을 가다듬고 신화경을 잠깐 펴 남의 기운을 쇠진하게 하고는 장성검을 다시 닦아 광채를 찬란하게 하고 변화 좋은 일광주에 조화를 부쳐 호통을 크게 치며 한담을 불러 말하였다.

"네 놈이 명나라의 작지 않은 중록지신으로서 그 임금을 섬기다가 무엇이 부족하여 충신을 죽이고 부모국을 치려 하니 이것은 만고의 역적이라. 어찌 하늘이 무심하랴! 억조창생들이 네 고기를 먹고자 할뿐더러 지하의 귀신이라도 네 놈의 목을 베어 황제 앞에 드리고자 할 것이니 너 같은 만고역적이 살기를 바랄쏘냐. 네 놈을 사로잡아 전후 죄목을 물은 후에 너의 육신을 포를 떠서 종묘에 제사 지내고 남은 고기는 가져다가 우리 **부친의 충묘**당에 제사 지내고자 하나니 바삐 나와 내 칼을 받아라!"

한담이 듣고 대로하여 응성출마 하거늘, 원수가 맞아 칼로 치게 되면 반합에 죽을 것이로되 사로잡아

죄목을 묻고 원수를 갚고자 하여 장성검을 높이 들고 한담을 치려 하였다. 한담은 간데없고 오색구름이 조각조각 일어나면서 원수의 장성검이 빛이 없어지고 폈던 칼이 도로 말리었다. 원수가 크게 놀라 급히 물러 나와 신화경 한 편을 외우고 대장성을 세 번 치니 도로 장검이 빛이 나므로, 풍백을 불러 채운을 쓸어버리고 적진을 살펴보는데 한담이 변신하여 십 척 장검을 번득이며 원수를 따라왔다. 원수는 그제야 깨달아 말하기를,

"한담은 **천신**이라 사로잡으려 하다가는 도리어 환을 당하리라."

라고 하고는 싸우려 하니, 이때 진 앞에 안개가 자욱하며 장성검이 번개가 되어 공중에서 빛나면서 한담을

치려 하나 한담의 몸에 칼이 범하지 못하므로 바로 적진의 뒤로 쫓아 치려 하였다. 한담이 원수를 급히 쫓아오다가 한담의 말이 거꾸러지거늘 원수가 장성검을 높이 들어 한담의 목을 치니 목은 아니 맞고 투구만 벗어졌다. 이때 적진에서 도사가 싸움을 보다가 원수의 칼이 한담의 머리에 범함을 보고 대경하여 급히 ㉠징을 쳐서 군사를 거두니, 한담이 쇠진하여 거의 죽게 되었다. 징을 쳐 군사를 거두고 본진에 돌아와 정신이 없어 기운을 수습하지 못하다가 간신히 일어나 앉으면서 말하였다.

"선사가 어찌 아시고 징을 쳐 돌아오게 하시니까."

도사가 말하였다.

"적장의 칼에 장군의 투구가 깨어지므로 만분 위태하기로 징을 쳐 군사를 거두었노라."

한담이 대겁하여 그제야 머리를 만져 보니 과연 투구가 없으므로 새롭게 놀라 하면서 말하였다.

[A] ┌ "적장은 분명 천신이요 사람은 아니로다. 내
재주를 십 년을 공부하여 사람은커녕 귀신도
측량하지 못하였다. 마룡과 최일귀가 죽는 것을
보고 조심하여 십 년 배운 술법을 오늘날 다 베
풀어 잡으려하다가, 잡기는커녕 기운이 쇠진하
여 거의 죽게 되었더니 천행으로 선생의 구하심
을 입어 목숨이 살아났도다. 그러나 이제 천만
가지로 생각해도 힘으로는 잡을 수 없삽고 선생
└ 의 깊은 재주나 바라나이다."

도사가 이 말을 듣고 간담이 서늘하여 한참 생각하다가 군중에 전령하여 진문을 굳게 닫고 한담을 불러 말하였다.

"적을 잡으려 할진대 인력으로는 잡을 수 없으니 군중의 기계를 모아 여차여차하였다가 적장을 유인하여 진문에 들도록 하면 제 비록 천신이나 피할 길이 없으리라."

한담이 곧 심중에 크게 기뻐하여 도사의 말대로 약속을 정하고 며칠 지난 후에 갑주를 갖추고 진문에 나서 원수를 불러 말하였다.

"충렬아, 네 한갓 혈기만 믿고 우리를 대적하려 하니 후생이 가외라*. 빨리 너와 자웅을 결단하려 하니 바삐 나오라!"

이때 유원수가 의기양양하여 진 앞에 횡행하다가 부르는 소리를 듣고 응성하고는 맞아 나와 일합이 못되어 거의 잡게 되었는데 적진에서 또한 ㉡징을 쳐 군사를 거두었다. 원수가 승승하여 바로 적진을 헤쳐 장대에 달려드니 장대에는 북소리만 나면서 난데없는 흙비와 안개가 사방에 가득하여 지척을 분별할 수 없었다.

가련하다. 충렬이 적장의 꾀에 빠져 함정에 들었으니 목숨이 경각에 있었다. 원수가 대경하여 신화경을 펴 놓고 대문을 다 본 후에 몸을 감추어 안손법을 베풀어 진중을 살펴보니 한담이 토굴을 깊이 파고 그 가운데 기치창검*을 살대같이 세우고 사방신장*이 나열하여 독한 안개와 모진 사석을 사면으로 뿌리면서 함성을 크게 내며 항복을 재촉하였다. 그제야 적장의 간계에 빠진 줄을 알고 신화경을 외우면서 육정육갑을 베풀어 신장을 호령하여 운무를 쓸어버리라 하니 이윽고 일기가 맑아지고 함정에서 솟아 나왔다.

[중략 부분의 줄거리] 한담은 충렬의 아버지를 사칭하여 편지를 보낸다.

'(전략) 만일 나의 말을 듣지 못하면 죽은 혼백이라도 돌아가서 자식이라 하지 않고 무지한 귀신이 되어 청천에 둥둥 떠서 자식을 없는 듯이 하리라. 충렬아, 너의 아비 목숨이 오늘 오시가 되면 동문 대로에서 칼 아래 혼백이 될 것이니 그 아니 망극한가. 아비 경상을 생각하여 빨리 항복하고 **어서 와서 살려 내**어라. 할 말이 무궁하나 흉격이 답답하고 목숨이 경각에 있어 황황망극하기로 아들 충렬아, 충렬아 그만 그치노라.'

라고 하였다. 원수 편지를 받아보고 정신이 아득하여 인사를 모르다가 겨우 진정하여 천자에게 들어가 이 편지를 드리면서 말하였다.

"이 글을 보옵소서. 폐하가 전날에 아비의 글씨를 본 적이 있으십니까. 소장의 아비 수적*인가 보아 주옵소서."

천자와 태자가 이 편지를 보신 후에 박장대소하시고 원수를 위로하여 말하였다.

[A] ┌ "그대의 부친이 죽은 지 오래인지라. 죽은 혼
백이라도 그렇게 할 리가 없거니와 글씨는 난생
처음이라. 설령 살았을지라도 그렇게 할 리가 없
거니와 이러한 말을 하지 않을 것이니 원수는 염
려 말고 정한담을 잡아 곡절을 물어본즉 짐의 말
└ 을 옳다 하리라."

원수 물러 나와 생각하되,

'전날 강 승상을 만났을 때에 멱라수에 부친의 필적이 벽에 붙었으므로 죽은 것은 확실하거든 어찌 적진에 돌아와 이 편지를 부치리오. 그러하나 **마음이 심란**하여 적진을 쳐서 정한담을 사로잡아 곡절을 물으리라.'

라고 하고 일광주를 다시 쓰고 황룡수를 거느리고 봉의 눈을 부릅뜨고 장성검을 높이 들고 신화경을 손에 들고 천사마를 급히 몰아 진영 앞에 나서면서 한담을 불러

말하기를,

"네 놈이 간사한 꾀로 나를 항복받고자 하거니와 내 어찌 모를쏘냐. 바삐 나와 칼을 받으라!"

라고 하니 한담이 황겁하여 **도성**에 들어가 선봉으로 군문을 지키게 하고 나오지 않았다.

- 작자 미상, 「유충렬전」 -

* 기치창검: 깃발과 창과 검.
* 후생이 가외라: 뒤에 태어난 사람이 두려울 만하다.
* 사방신장: 신병을 거느리는 신장.
* 수적: 손수 쓴 글씨나 그린 그림.

27

윗글에 대한 이해로 적절하지 <u>않은</u> 것은? [3점]

① 충렬은 죄를 묻고 원수를 갚기 위해 한담을 사로잡으려 하였다.

② 충렬을 쫓던 한담은 말이 거꾸러지는 바람에 위기에 처했다.

③ 한담은 본진에 돌아온 후에야 자신의 투구가 사라진 것을 알아차렸다.

④ 한담은 시야가 제한된 장대 위에서 충렬과 자웅을 겨루었다.

⑤ 충렬은 적의 진중을 살펴 토굴을 확인하고 한담의 계책에 당한 것을 깨달았다.

28

㉠과 ㉡에 대한 설명으로 가장 적절한 것은? [3점]

① ㉠과 ㉡은 모두 한담을 방심하게 하여 그의 군대가 패배하게 하는 원인이다.

② ㉠과 ㉡은 모두 도사가 자신의 주장을 입증하기 위해 독단적으로 일으킨 일이다.

③ ㉠은 한담이 미래의 사건을 예측하게 하고, ㉡은 충렬이 과거의 기억을 떠올리게 한다.

④ ㉠은 충렬에게 의심을 유발하는 계기이고, ㉡은 충렬에게 아쉬움을 불러일으키는 계기이다.

⑤ ㉠은 한담을 불러들여 위기에서 벗어나게 하고, ㉡은 충렬을 자극하여 위기에 빠지게 한다.

29

[A]와 [B]에 대한 설명으로 가장 적절한 것은? [3점]

① [A]에서는 상대방에게 도움을 청하고 있고, [B]에서는 상대방을 안심시키고 있다.

② [A]에서는 상대방을 칭찬하고 있고, [B]에서는 상대방의 능력 부족을 지적하고 있다.

③ [A]에서는 자신의 억울함을 호소하고 있고, [B]에서는 상대방의 슬픔에 공감하고 있다.

④ [A]에서는 상대방의 제안을 거절하고 있고, [B]에서는 상대방의 생각을 고치려 하고 있다.

⑤ [A]에서는 상대방이 겪는 갈등을 간파하고 있고, [B]에서는 자신이 겪고 있는 갈등을 부각하고 있다.

30

〈보기〉를 바탕으로 윗글을 감상한 내용으로 적절하지 <u>않은</u> 것은? [4점]

> **보기**
>
> 이 작품에서 주인공과 반동 인물의 대결은 천상계에서의 천신 사이의 대결이 인간 세계에까지 이어진다는 점에서 숙명적이다. 또한 충효라는 윤리적 정당성을 지닌 주인공과 비윤리적인 반동 인물이 대결한다는 점에서 윤리적이기도 하다. 윤리성을 실현하려는 의지는 반격의 기회를 노리는 반동 인물에게 이용되기도 한다.

① 충렬이 한담을 잡아 '부친의 충묘당'에 제사를 지내겠다고 말하는 것에서, 주인공이 반동 인물과 대립하는 이유가 효라는 윤리성을 실현하는 데 있음을 알 수 있군.

② 충렬과 한담이 서로가 '천신'임을 알아보는 것에서, 천상계에서의 대립 관계가 인간 세계에서 두 인물의 숙명적 대결로 이어지고 있음을 알 수 있군.

③ 한담이 충렬에게 '어서 와서 살려 내'라는 내용의 편지를 보낸 것은, 한담이 윤리성을 실현하려는 충렬의 의지를 이용하려는 계책임을 알 수 있군.

④ 천상계에서의 대결이 '천자와 태자'를 모시는 충렬과 반대편에 선 한담 간의 대결로 지속되고 있다는 점에서, 이들 간 대결을 숙명적인 것으로 볼 수 있군.

⑤ 충렬이 '심란'한 '마음'을 이겨내고 한담을 '도성' 안으로 물리치는 것에서, 상실했던 윤리적 정당성을 회복하게 되었음을 알 수 있군.

01

다음 글의 밑줄 친 부분 중, 어법상 **틀린** 것은? [3점]

The essential components of an economic system and how they function are best understood when they are seen not in isolation, but rather as they are connected to a larger social and cultural environment. Money is an essential component of any economy, but it serves no purpose by itself unless there is something produced by businesses that one could buy with ① it. Businesses also play a key role, but they cannot make profits unless there are households willing and able to buy their goods, and there are markets ② which the goods can be bought and sold. Households cannot be consumers in the U.S. economic system without a source of income ③ to earn money to spend in the marketplace. It is only when money, markets, businesses, and households are brought coherently together into a specific configuration ④ that they facilitate economic production, distribution, and consumption. Together they comprise a system and that system serves a broader purpose that ⑤ transcends the specific purposes of the components themselves.

* configuration: (각 요소의) 상대적 배치

02

(A), (B), (C)의 각 네모 안에서 어법에 맞는 표현으로 가장 적절한 것은? [4점]

Research shows that just placing food or drink out of sight or moving it a few feet away can have a big effect on consumption. In a series of studies, experimenters strategically placed jars of chocolates around an office and carefully counted how many were consumed. In one condition, they compared (A) placing / to place the jars on people's desks with moving them just six feet away. In another, they placed the chocolates in either transparent or opaque jars. Placing the chocolates on people's desks resulted in the staff's consuming an average of six more chocolates per person each day, and the chocolates in transparent jars were eaten 46 percent more quickly than (B) that / those in opaque jars. A similar principle applies to food around the house. In another study, researchers stocked people's homes with either large or moderate quantities of ready-to-eat meals and (C) discovered / were discovered that the food was eaten at twice the rate in the overstocked homes.

* opaque: 불투명한

	(A)	(B)	(C)
①	placing	that	discovered
②	placing	those	discovered
③	placing	those	were discovered
④	to place	that	were discovered
⑤	to place	that	discovered

03

다음 글의 밑줄 친 부분 중, 문맥상 낱말의 쓰임이 적절하지 <u>않은</u> 것은? [4점]

Over billions of years, the loss of water through the effects of ultraviolet radiation is thought to have ① cost Mars and Venus their oceans. Today, both are dry and sterile, their crusts oxidized and their atmospheres filled with carbon dioxide. Both planets oxidized slowly, and never accumulated more than a trace of free oxygen in their ② atmospheres. Why did this happen on Mars and Venus, but not on Earth? The critical difference may have been the ③ rate of oxygen formation. If oxygen is formed slowly, no faster than the rate at which new rocks, minerals and gases are ④ exposed by weathering and volcanic activity, then all this oxygen will be consumed by the crust instead of accumulating in the air. The crust will slowly oxidize, but oxygen will never accumulate in the air. Only if oxygen is generated ⑤ slower than the rate at which new rocks and minerals are exposed can it begin to accumulate in the air.

* sterile: 불모의 ** crust: 지각

04

(A), (B), (C)의 각 네모 안에서 문맥에 맞는 낱말로 가장 적절한 것은? [3점]

There are times when authors want us to determine certain messages and provide us with sufficient clues to lead us in the right direction without ever explicitly stating it. The genre of writing where this is possibly most (A) evident / unseen is in mystery novels. The author creates a web of clues that allows the reader to make inference after inference, conclusion after conclusion, and prediction after prediction. Imagine how boring it would be to read a mystery story if the author was immediately forthcoming with the most (B) relevant / irrelevant information. It would take all of the fun out of it. As savvy readers, we want to look for clues and piece the text-puzzle together in our minds. There is nothing more satisfying to a reader than figuring out the solution to a problem that a character is unable to identify or knowing the outcome of a situation before it unfolds. Remember, reading is an ongoing conversation. That means that, while the reader is making inferences and conclusions, the author has included / excluded clues that can lead the reader in that direction.

* savvy: 잘 아는, 박식한

	(A)		(B)		(C)
①	evident	⋯⋯	relevant	⋯⋯	included
②	unseen	⋯⋯	relevant	⋯⋯	included
③	evident	⋯⋯	irrelevant	⋯⋯	excluded
④	unseen	⋯⋯	irrelevant	⋯⋯	excluded
⑤	evident	⋯⋯	irrelevant	⋯⋯	included

[05~06] 다음 글의 요지로 가장 적절한 것을 고르시오.

05

Habits often prove to be quite fragile when changes appear predictably or unpredictably in our lives. How many times have you heard someone complaining or regretting their 'good hobbies' before marriage when they 'had the time'? I have heard it dozens of times and people always try to find excuses for lack of continuity. That's what we do. We find excuses. But if we just spent some time thinking and trying to understand how we function and how habits function, then we might see that habits need training to strengthen them, just like a muscle does, and the more they depend on some external factors or your disposition and mood to be maintained, the more vulnerable they are to interruption. Build your habits strong right from the beginning. If you want to start jogging, do it when it is sunny, do it when it is windy or rainy, do it when you feel happy and do it, by all means, when you feel sad. It is about connecting with a zone of enjoyment per se that goes beyond meeting a bunch of conditions to be carried out. [3점]

* vulnerable: 취약한 ** per se: 그 자체로

① 예기치 않은 상황에서는 침착한 태도를 유지하는 것이 중요하다.
② 습관을 꾸준히 유지하려면 훈련을 통해 처음부터 강화해야 한다.
③ 나쁜 습관을 없애는 데는 지속적인 자기 보상이 효과적이다.
④ 자신의 성격에 맞는 취미를 고르면 오랫동안 즐길 수 있다.
⑤ 건강한 생활 습관 형성을 위해서는 휴식과 회복이 필요하다.

06

People commonly think that the best way to attain happiness is to change their environment —their house, their clothes, their car, their job, their circle of friends. But those who have thought carefully about desire have unanimously drawn the conclusion that the *best way — indeed, perhaps the only way —to attain lasting happiness is not to change the world around us or our place in it but to change ourselves*. In particular, if we can convince ourselves to want what we already have, we can dramatically enhance our happiness without any change in our circumstances. It simply does not occur to the typical person that satisfaction can best be gained not by working to satisfy the desires we find within us but by selectively suppressing or eradicating our desires. Throughout the ages and across cultures, thoughtful people have argued that the best way to attain happiness is to master our desires, but throughout the ages and across cultures, ordinary people have ignored this advice. [3점]

* unanimously: 이의 없이 ** eradicate: 없애다

① Many easily dismiss the idea that controlling desire can make us happy.
② Contrary to common belief, mastering our desires is nearly impossible.
③ Happiness is rarely achieved without the support of loved ones.
④ It is within our surroundings that our desires are bred.
⑤ If we don't desire anything, we won't gain anything.

07

밑줄 친 stand before the long green table이 다음 글에서 의미하는 바로 가장 적절한 것은? [4점]

Serving in the military, I relied heavily on this saying to guide my actions. Whenever I had a difficult decision to make, I would ask myself, "Can you stand before the long green table?" Since WWII, the conference tables used in military boardrooms had been constructed of long, narrow pieces of furniture covered in green felt. Whenever a formal proceeding took place that required multiple officers to adjudicate an issue, the officers would gather around the table. The point of the saying was simple. If you couldn't make a good case to the officers sitting around the long green table, then you should reconsider your actions. Every time I was about to make an important decision, I asked myself, "Can I stand before the long green table and be satisfied that I took all the right actions?" It is one of the most fundamental questions a leader must ask themselves —and the old saying helped me remember what steps to take.

* felt: 펠트(모직이나 털을 압축해서 만든 천)
** adjudicate: 판결하다

① adapt your strategy to constantly changing field conditions
② request assistance in your task from those more knowledgeable
③ courageously carry out your plan without the approval of peers
④ convincingly justify your actions to a group of authority figures
⑤ persuade your peers that their campaign strategy is not realistic

08

다음 글에서 전체 흐름과 관계 <u>없는</u> 문장은? [3점]

Consider a person looking at Picasso's powerful painting *Guernica* for the first time. Anyone can see the technical mastery and highly emotional content in the painting. ① But say we told the first-time viewer of *Guernica* that it is named after a girl who dumped Picasso when he was eighteen years old. ② That viewer's feelings about the painting might range toward puzzlement or confusion—given the scale and content of the work, it would seem to be a bit of an overreaction. ③ Then we tell the viewer that in reality it was painted as a memorial to the small Basque town that was heavily air-bombed in April 1937 by the combined Fascist forces of Germany and Italy, at the request of the Spanish Nationalists under the direction of Franco. ④ Even in his later years, Picasso continued to shift his interests, experimenting with new styles and techniques. ⑤ Presumably, the feelings of the viewer would change and more reflect those that Picasso intended any viewer of the painting to have.

[09~10] 다음 글의 제목으로 가장 적절한 것을 고르시오.

09

Perhaps there is something fundamentally bad about war, which is slowly becoming clear to us as a species. Perhaps aversion to war, even a recognition that it is wrong, lies deep within the human condition. There is some support for this idea in evolutionary anthropology. The change in body composition and face shape from the higher apes to *Homo sapiens* —to softer skin, blunter teeth and claws, lower brow-ridges—may have been part of an evolution away from violence. As we got better and better at cooperating in sophisticated ways to hunt, gather, build shelter, and raise children, the success of individuals became bound up with the success of the group. The groups that succeeded were those that weeded out the violent and disruptive. Social and biological evolution thus intertwined, ensuring the success of the gentler ones who remained. [3점]

* aversion: 혐오

① Primitive Human Gentleness: An Anthropological Myth
② The Gentler Humans: Victors of the Evolutionary War
③ Violent Human Nature Revealed by Fossil Evidence
④ Staging a Successful War Campaign: A Fine Art
⑤ What Are Obstacles to Ending Human Conflict?

10

The rise of the anti-thrift culture would not have been possible without a widespread willingness to take on personal debt, and such willingness would not have emerged without the development of the credit card. Between 1958 and 1970, 100 million credit cards were distributed across the United States in what turned out to be a profound shift not only in purchasing patterns, but in how Americans began to experience themselves and their desires. The credit card ushered in an ease of use in a new age in which hard cash was not necessary to back up purchases, consequently leading to the widespread desire and expectation for instant gratification among consumers. This ease came in contrast to the social, natural, and economic environments which had historically regulated instant gratification by providing obstacles to it. Over the past century, then, our culture has shifted to one in which there are often very few behavioral obstacles to immediately getting what we want, resulting in the elevation of impulsive consuming instincts over the careful evaluation of the wisdom of such consumption. [3점]

* usher: 안내하다
** gratification: (욕구의) 충족

① Credit Cards: A Seed of Social Instability
② The Imported Origin of American Bankruptcy
③ Sound Credit: A Path to Financial Well-Being
④ Explosion of Credit Cards Boosting Individualism
⑤ Credit Cards Fostering an Instant Consumption Culture

11

다음 글의 주제로 가장 적절한 것은? [4점]

By the early 2000s, corporations began to realize they were facing new risks arising from globalization. Powerful global brands, it turned out, could be a source of vulnerability as well as profit. While corporations that owned such brands often imagined that they were engaging in arms-length transactions with foreign suppliers, consumers held them responsible for labor and environmental conditions throughout their supply chains, many links and many miles distant from the head office. Outsourcing production of athletic shoes to a factory in Indonesia or buying cocoa grown in Ghana through a trading company in Switzerland did not relieve footwear and confectionary companies of responsibility for working conditions and environmental impacts at their suppliers. Even companies that did not deal directly with consumers, such as ship lines and plastics manufacturers, found that their business customers harbored similar expectations. In the internet age, a company's brand could easily be tarnished by allegations of unethical conduct at firms that top executives may never have heard of, and such reputational damage was hard to undo.

* confectionary: 제과의 ** tarnish: 손상하다
*** allegation: (증거 없는) 주장

① difficulties in managing working conditions in overseas factories
② extended ethical responsibilities as a risk for global businesses
③ declining impact of brand reputation on purchasing decisions
④ growing risk of resource shortages for global manufacturing
⑤ risk management strategies employed by global businesses

12

다음 글의 목적으로 가장 적절한 것은? [3점]

Thank you for choosing ABC Toy Company as your trusted source of fun and entertainment for children. We appreciate your continued support and loyalty to our brand. However, we regret to inform you of a safety issue that has come to our attention. We have recently discovered that our Bunny-Mini dolls may cause skin rashes due to the paint used. The safety and well-being of our customers are of utmost importance to us, and we take this matter very seriously. As a precautionary measure, we are recalling all Bunny-Mini products from the market. If you have purchased any of these toys, we request that you bring the product to one of our stores to obtain a refund. We understand the disappointment this may cause, especially to the children who love our toys. We assure you that we are taking all necessary steps to fix the situation promptly.

① 제품의 회수 및 환불 조치에 관해 알리려고
② 새로운 상품의 예약 구매 방법을 안내하려고
③ 인기 장난감의 빠른 품절에 대해 사과하려고
④ 변경된 환불 및 제품 보증 정책을 공지하려고
⑤ 판매 실적에 따른 고객 감사 행사를 홍보하려고

13

다음 글에서 필자가 주장하는 바로 가장 적절한 것은?

[3점]

A lot of people make the mistake of treating their dog as a baby. This isn't a problem as long as you acknowledge that there is more to your dog than this. You have to first honour the animal, then the dog, then the breed and finally your individual pet. If you can do this, one-to-one close communication is the next step. Recognize that your dog isn't just a small furry person, she's much more than that. As an animal she has all her intuitions and instincts intact, unlike humans. She has senses of smell and hearing that are far more sensitive than yours, and as such she's much more aware of the natural world than you are. This means that most of the time your dog exists in a different world from you, so you have to respect her extra abilities and tune back into as many of your own instincts and intuitions as you can, if you really want to communicate with her. We still have these abilities. They're just buried beneath our civilized veneer.

* veneer: 베니어(얇은 판자)

① 반려견을 입양하기 전에 가족 구성원의 동의를 구해야 한다.
② 반려견의 건강한 삶을 위해 함께 활동하는 시간을 늘려야 한다.
③ 반려견의 개별적 특성을 고려하여 행동 교정 훈련을 해야 한다.
④ 반려견이 자연과 교감할 수 있도록 다양한 기회를 제공해야 한다.
⑤ 반려견과의 진정한 소통을 위해 그들의 본능과 직감을 존중해야 한다.

14

Florence Finch에 관한 다음 글의 내용과 일치하지 않는 것은? [3점]

Florence Finch was born in 1915, in the Philippines as a daughter of a Filipino mother and an American father. Prior to the Japanese invasion, Finch was working at the U.S. Army in Manila. After Manila fell to the Japanese in 1942, Finch disguised her American connections and got a job with the Japanese-controlled Philippine Liquid Fuel Distributing Union. Working closely with the Philippine Underground, she diverted fuel supplies to the resistance and secretly got food to starving American prisoners of war. In 1944, she was arrested by the Japanese army and interrogated but refused to reveal any information. After she was liberated by American forces in 1945, she moved to the United States, became a citizen and joined the U.S. Coast Guard. In 1947, she was awarded the Medal of Freedom for saving American prisoners and performing other acts of resistance in the Philippines. She passed away in 2016 at the age of 101 in Ithaca, New York, and received a military funeral with full honors.

① 필리핀에서 태어나 마닐라에 주둔한 U.S. Army에서 근무했다.
② Philippine Liquid Fuel Distributing Union에서 직업을 구했다.
③ 연료를 저항군에게 빼돌리고 미군 포로에게 음식을 몰래 제공했다.
④ 1945년에 미군에 의해 풀려난 후 필리핀에 남아 여생을 마쳤다.
⑤ 필리핀에서의 공적을 인정받아 Medal of Freedom을 받았다.

[15~19] 다음 빈칸에 들어갈 말로 가장 적절한 것을 고르시오.

15

Positiveness, or more precisely, maintaining it well balanced at all times, is in itself a fundamental goal—one that never leaves the scene. As a baby, you would never think that such a possibility, as not trying to stand up again after falling on your bottom dozens of times exists. Falling is so naturally integrated as part of the process of trying to stand up that no one would think "The poor baby, he failed so much at standing!" We are born with persistence and the right mindset already — never giving up, always exploring, always believing we can do it— but somehow we 'manage' to lose them on the way. So, what we are doing in fact when trying to learn how to be successful is, to a great extent, an act of re-learning or remembering the first set of skills given to us at birth. Our aim to become more productive becomes, in a way, our aim to become more _____.

[3점]

① natural

② sociable

③ intelligent

④ resourceful

⑤ trustworthy

16

The part of the brain that controls our feelings _____. It is this disconnection that makes putting our feelings into words so hard. We have trouble, for example, explaining why we married the person we married. We struggle to put into words the real reasons why we love them, so we talk around it or rationalize it. "She's funny, she's smart," we start. But there are lots of funny and smart people in the world, but we don't love them and we don't want to marry them. There is obviously more to falling in love than just personality and competence. Rationally, we know our explanation isn't the real reason. It is how our loved ones make us feel, but those feelings are really hard to put into words. So when pushed, we start to talk around it. We may even say things that don't make any rational sense. "She completes me," we might say, for example. What does that mean and how do you look for someone who does that so you can marry them? That's the problem with love we only know when we've found it because it "just feels right." [3점]

① has no capacity for language

② obstructs our motor functions

③ operates independently of memory

④ doesn't make any moral judgments

⑤ is disconnected from decision-making

17

One obvious survival advantage to being able to _____ is that it helps a group of animals to know whether to defend their territory against an attack or to retreat. If there are more defenders than attackers, it might make sense for the defenders to stay and fight if there are more attackers, the wisest strategy might be to make a bolt for it. This suggestion was put to the test a few years ago by Karen McComb and her colleagues. They played tape recordings of roaring lions to small groups of female lions in Serengeti National Park in Tanzania. When the number of different roars exceeded the number of lions in the group, the females retreated but when there were more females, they stood their ground and prepared to attack the intruders. They seemed able to compare numbers across two different senses: the number of roars they *heard* versus the number of lionesses they observed, a task that seems to require a fairly abstract number sense. [3점]

* intruder: 침입자

① efficiently communicate with pack members
② compare numbers of objects in collections
③ identify the direction of moving objects
④ blend into surroundings as a disguise
⑤ mimic the calls of other species

18

It can happen that people who used to be part of our lives gradually lose their former faculties. Many aspects of this process bring suffering but do not threaten dignity. Going blind or deaf, being paralysed or having a tremor, having to deal with pain, anxiety or dizziness that are so severe that one can no longer leave the house: all of this is horrible and sometimes unbearable, but it is not already in and of itself something that threatens dignity. All of this involves a loss of autonomy, as well as various experiences of dependence, and sometimes this dependence is also experienced as powerlessness. Yet we have the power to support the people who go through this in such a way that their powerlessness does not become humiliation and threaten their dignity. We are still engaged in committed encounters with them, and our intellectual and emotional entanglements uphold the intimacy of our relationship. The loss of their faculties _____. [4점]

* faculty: (신체 또는 정신의) 기능 ** tremor: 떨림

① forces them to endure humiliation
② will not demand others' assistance
③ does not alter how we relate to them
④ diminishes their resilience to depression
⑤ dramatically changes what they value in life

19

Imagine yourself as a predator, perhaps a hawk. From on high, you spot what appears to be a tasty snake. If you hesitate for even a few seconds, your meal might be gone. Time is of the essence, and you must act quickly. But there's a twist—a major one. If you mistake a venomous coral snake for a non-venomous king snake, it will cost your life. In the tradeoff between a meal and your life, the choice is obvious. For a predator, natural selection has shaped this decision-making process to favor the conservative choice—long-term benefits of survival over short-term benefits of a single meal. Thus, there is no need for the king snake to be a perfect mimic of the coral snake's colors to win this round of the evolutionary arms race. The same logic applies when you're deciding whether or not to eat a wild mushroom. If you are not absolutely sure, _____.
The cost of your life would be too heavy a price to pay. [4점]

* venomous: 독이 있는

① save as much food as you can now for desperate times
② don't let yourself fall prey to thoughts of tasty reward
③ dare to challenge yourself in the name of survival
④ don't forget that one's poison is another's pleasure
⑤ be on the look out for predators hunting you

[20~21] 주어진 글 다음에 이어질 글의 순서로 가장 적절한 것을 고르시오.

20

Compare the way these two ideas—HDTV and the online video sharing platform — changed the basic rules of engagement for their respective media platforms.

(A) With just a few easy keystrokes, you could take a clip running on someone else's site, and drop a copy of it onto your own site. The technology allowed ordinary enthusiasts to effectively program their own private television networks, stitching together video clips from all across the planet.

(B) Going from analog television to HDTV is a change in degree, not in kind: there are more pixels the sound is more immersive the colors are sharper. But consumers watch HDTV the exact same way they watched old-fashioned analog TV. They choose a channel, and sit back and watch.

(C) The online video sharing platform, on the other hand, radically altered the basic rules of the medium. For starters, it made watching video on the Web a mass phenomenon. But with the online video sharing platform you weren't limited to sitting and watching a show, television-style you could also upload your own clips, recommend or rate other clips, get into a conversation about them. [3점]

* HDTV: 고화질 텔레비전

① (A) − (C) − (B)
② (B) − (A) − (C)
③ (B) − (C) − (A)
④ (C) − (A) − (B)
⑤ (C) − (B) − (A)

21

Non-human animals are individuals with their own perspectives on life, who form relations with human and non-human others. In current human legal and political systems, and in many cultural practices, they are seen and used as objects.

(A) This movement from ethical consideration to political participation shifts questions about non-human animals from how they should be treated to how more insight can be gained into the ways they want to live their lives, what types of relationships they desire with one another and with humans, and how we can and should share the planet that we all live on.

(B) Drawing on these views, and on insights provided by social justice movements that focus on democratic inclusion, recent work in political philosophy proposes to view non-human animals as political groups, and some of these as members of shared interspecies communities.

(C) Animal rights theorists have challenged this since the 1970s, arguing that non-human animals are sentient beings, who are similar to humans in morally relevant aspects and who should therefore be seen as part of our moral communities. [4점]

* sentient: 지각(력)이 있는

① (A) − (C) − (B)　　② (B) − (A) − (C)

③ (B) − (C) − (A)　　④ (C) − (A) − (B)

⑤ (C) − (B) − (A)

[22~23] 글의 흐름으로 보아, 주어진 문장이 들어가기에 가장 적절한 곳을 고르시오.

22

Experts, on the other hand, sorted their problems on the basis of deep-feature similarity that were related to the major physics principles governing the solution of each problem.

One of the best examples of the important role that similarity plays in problem-solving concerns the role of similarity and expertise in physics. In an influential paper, researchers asked physics PhD students (experts) and undergraduate students (novices) to sort 24 physics problems into groups and then explain the reasons for their groupings. (①) Novices generally sorted the problems on the basis of surface-feature similarity. (②) That is, they grouped problems according to the literal physics terms mentioned in the problem and the physical configuration described in the problem. (③) This suggests that experts accessed existing schemata and they used their knowledge of physics to create a solution-oriented sorting. (④) Since the problems were sorted according to these categories, it also suggests that these categories would likely be accessed when deciding how to solve a problem. (⑤) That is, experts are likely to rely on similarity among problems to help them solve the problems quickly and efficiently. [3점]

* schemata: 선험적 도식

23

> If the disruption is intense enough, it may challenge a person's basic assumptions about the self and the world.

Beyond describing the different motives for people revealing their emotional experiences to others, researchers have offered deeper explanations concerning why people do this. (①) One explanation stems from the cognitive-motor view of expression. (②) According to this view, critical parts of one's experiences are encoded or retained at a nonverbal level in the form of mental images, bodily movements, and affect-related visceral changes (such as a twisting stomach or racing heart). (③) These nonverbal forms remain the focus of attention until they can be assimilated and put into words, particularly when the experiences are more emotionally intense. (④) Another idea is that people experience emotion when their anticipations of how the world should operate are disrupted. (⑤) Such a person should be motivated to interact with others as a means of helping to confirm or disconfirm beliefs about the self and reconstructing assumptions about the world. [4점]

* visceral: 뱃속으로부터의 ** assimilate: 적응시키다

24

다음 글의 내용을 한 문장으로 요약하고자 한다. 빈칸 (A), (B)에 들어갈 말로 가장 적절한 것은? [3점]

To make an aircraft fly is a constant struggle against physics. An airliner traveling six hundred miles per hour at thirty thousand feet is not something that happens naturally. It's not a fail-safe act, meaning the default is to crash— it's up to our ingenuity and decision-making to prevent it from happening. It's a unique environment that's highly unforgiving. Whereas a loss of power in a car typically results in a few hours on the side of a road, a loss of power in the air is often disastrous. Even in business, bet-the-company decisions are rare, and when encountered, only a fraction of the employees take part in them. Aviation, however, relies on everyone working at an optimum level *just* to keep the aircraft flying. It's an unstable system where even a single person forgetting to do their job, or doing it improperly, can lead to catastrophic results.

↓

Because it __(A)__ the laws of physics, aviation involves a high-stakes environment in which each member's __(B)__ performance is required to ensure safety.

	(A)		(B)
①	challenges	······	flawless
②	challenges	······	brave
③	redefines	······	unique
④	redefines	······	conservative
⑤	supports	······	responsive

[25~26] 다음 글을 읽고, 물음에 답하시오.

We are surrounded every day by products that don't work well, services that slow us down, and setups that are just plain wrong: the website that requires ten clicks to accomplish what should take only one or two the projector that stubbornly resists linking up with your laptop the machine at the parking garage that makes paying so difficult. Noticing that something is broken is an essential prerequisite for coming up with a creative solution to fix it. Making "bug lists" can help you to see more opportunities to apply creativity. Whether you use a piece of paper in your pocket or record ideas on your smartphone, keeping track of opportunities for improvement can help you engage with the world around you in a more proactive way. The running list can serve as a useful source of ideas when you're looking for a new project to tackle. Or you can make a bug list on the spot.

Write down the things that bug you, and you'll start _____. It may seem like you're focusing on the negatives, but the point is to notice more opportunities to do things better. And while many of the items on your bug list may be things you won't be able to fix, if you add to it regularly, you'll stumble onto issues you can influence and problems you can help solve. Almost every annoyance, every point of friction, hides a design opportunity. Instead of just complaining, ask yourself, "How might I improve this situation?"

* prerequisite: 선행 조건

25

윗글의 제목으로 가장 적절한 것은?

① Does Ignoring Bugs Let Them Multiply?
② Innovative Design: Easier Said Than Done
③ Forget the Broken, Appreciate the Beautiful
④ A Bug List: A Trigger for Creative Solutions
⑤ Self-Criticism: A Powerful Tool for Improvement

26

윗글의 빈칸에 들어갈 말로 가장 적절한 것은? [4점]

① taking routines for granted
② behaving yourself in public
③ being more mindful of them
④ being less reliant on technology
⑤ recognizing your own weaknesses

[27~28] 다음 글을 읽고, 물음에 답하시오.

Morality is changeable and culture-dependent and expresses socially desirable behavior. But even if morality is changeable, it is by no means arbitrary, especially since the change process itself takes a relatively (a) long time (measured in years rather than weeks). This is also because a social value framework—and thus morality—provides an important orientation function: Since time immemorial, people have been thinking about moral issues and dealing with them. This makes it clear that (b) consistent values, norms, and moral concepts always play a major role when people organize themselves in social communities. Ultimately, this also results in answers to questions of justice, solidarity, and care as well as the distribution of goods and resources.

Morality acts here as the (c) common lowest denominator for a given society. The (d) advantage is based on the fact that the values underlying morality convey a socially accepted basic understanding and provide orientation in concrete decision-making situations. This makes morality functional and efficient for social groups: In order to be accepted in a community, the individual will strive not to act against this community. Conversely, this means that the behavior of the individual and the social group is ultimately (e) unpredictable. As a result, uncertainty about behavior is reduced and trust is built up.

* arbitrary: 임의적인 ** denominator: 분모

27

윗글의 주제로 가장 적절한 것은?

① disregard of morality found in extreme conditions
② justice and solidarity as basic elements of morality
③ fundamental role of morality in human communities
④ development of morality through cultural exchanges
⑤ punishment of moral code violations across societies

28

밑줄 친 (a)~(e) 중에서 문맥상 낱말의 쓰임이 적절하지 않은 것은? [3점]

① (a) ② (b)
③ (c) ④ (d)
⑤ (e)

[29~30] 다음 글을 읽고, 물음에 답하시오.

(A)

A long time ago, there was a poor village at the base of the Himalayan mountains. In the center of town, there was a huge clay statue of the Buddha. No one knew who had built it. One day, while sweeping snow off the statue with a broom, a young monk noticed a small crack in the clay. As the sun rose, he could see something glinting from deep inside. (a) He ran to the head monk, telling him that the Buddha was broken and something shiny was within it.

* glinting: 반짝이는 반짝임

(B)

The head monk was looked upon to give a final word. He turned to the boy who had found the crack and asked him what he thought. With all the villagers' eyes on him, (b)the boy spoke. "I think the monks who built this Buddha must have known what they were doing. No one would want to steal or destroy an ordinary clay statue. But one made of precious gold would be the object of everyone's desire." The monk nodded, and he said, "Let's not break open the statue. Maybe each of us is meant to learn that, underneath our ordinary exterior, there is gold at our core."

(C)

The head monk said, "That statue has been here for generations. There are many cracks in it. Leave me alone. I am very busy." The young monk went back to his sweeping. But (c)he couldn't keep himself from peeking into the crack. Sure enough, there was something shining in there. He called to his father, who was curious about his son's discovery. The father was surprised to see the glinting. (d) He had passed by the statue for years but had never noticed the glinting.

(D)

The father ran and told the villagers what (e) his son had found. Soon, everyone from the village gathered around the statue. The head monk chipped carefully with a chisel around the crack. The glinting increased. No one could deny that under the outer layer of clay, there was a gold statue waiting to be revealed. The villagers argued late into the night. Should they destroy the clay Buddha and never have to worry again about money or leave it as it had always been?

* chip: (조금씩) 깎다 ** chisel: 끌

29

주어진 글 (A)에 이어질 내용을 순서에 맞게 배열한 것으로 가장 적절한 것은? [3점]

① (B) − (D) − (C) ② (C) − (B) − (D)
③ (C) − (D) − (B) ④ (D) − (B) − (C)
⑤ (D) − (C) − (B)

30

밑줄 친 (a)~(e) 중에서 가리키는 대상이 나머지 넷과 다른 것은? [3점]

① (a) ② (b)
③ (c) ④ (d)
⑤ (e)

수학영역

※ 23번부터는 선택과목이니 자신이 선택한 과목(확률과 통계, 미적분, 기하)의 문제지인지 확인하시오.

01

$\log_2 \frac{8}{9} + \frac{1}{2}\log_{\sqrt{2}} 18$의 값은? [2점]

① 1   ② 2

③ 3   ④ 4

⑤ 5

02

함수 $f(x)$에 대하여 $\lim\limits_{x \to \infty} \dfrac{f(x)}{x} = 2$일 때,

$\lim\limits_{x \to \infty} \dfrac{3x+1}{f(x)+x}$의 값은? [2점]

① $\dfrac{1}{2}$ ② 1

③ $\dfrac{3}{2}$ ④ 2

⑤ $\dfrac{5}{2}$

03

공비가 양수인 등비수열 $\{a_n\}$의 첫째항부터 제n항까지의 합을 S_n이라 하자.

$S_6 = 21S_2$, $a_6 - a_2 = 15$일 때, a_3의 값은? [3점]

① $\dfrac{1}{2}$ ② $\dfrac{\sqrt{2}}{2}$

③ 1   ④ $\sqrt{2}$

⑤ 2

04

함수 $f(x) = x^3 + ax + b$에 대하여
$\lim\limits_{h \to 0} \dfrac{f(1+h)}{h} = 5$일 때, ab의 값은?
(단, a, b는 상수이다.) [3점]

① -10 ② -8

③ -6 ④ -4

⑤ -2

05

$\sin\theta<0$이고 $\sin\left(\theta-\dfrac{\pi}{2}\right)=-\dfrac{2}{5}$일 때,

$\tan\theta$의 값은? [3점]

① $-\dfrac{\sqrt{21}}{2}$ ② $-\dfrac{\sqrt{21}}{5}$

③ 0 ④ $\dfrac{\sqrt{21}}{5}$

⑤ $\dfrac{\sqrt{21}}{2}$

06

모든 실수 t에 대하여 다항함수 $y=f(x)$의 그래프 위의 점 $(t, f(t))$에서의 접선의 기울기가 $-6t^2+2t$이다. 곡선 $y=f(x)$가 점 $(1, 1)$을 지날 때, $f(-1)$의 값은? [3점]

① 1 ② 2

③ 3 ④ 4

⑤ 5

07

다음 조건을 만족시키는 모든 유리수 r의 값의 합은?

[3점]

(가) $1<r<9$

(나) r를 기약분수로 나타낼 때, 분모는 7이고 분자는 홀수이다.

① 102 ② 108

③ 114 ④ 120

⑤ 126

08

함수

$f(x)=\begin{cases}-5x-4 & (x<1)\\ x^2-2x-8 & (x\geq1)\end{cases}$, $g(x)=-x^2-2x$

에 대하여 두 곡선 $y=f(x)$, $y=g(x)$로 둘러싸인 부분의 넓이는? [3점]

① $\dfrac{34}{3}$ ② 11

③ $\dfrac{32}{3}$ ④ $\dfrac{31}{3}$

⑤ 10

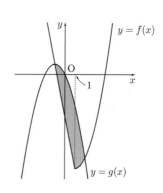

09

그림과 같이 한 변의 길이가 2인 정육각형, ABCDEF 에 대하여 점 G를 $\overline{AG}=\sqrt{5}$, $\angle BAG=\dfrac{\pi}{2}$가 되도록 잡고, 점 H를 삼각형 BGH가 정삼각형이 되도록 잡는 다. 선분 CH의 길이는? (단, 점 G는 정육각형의 외부 에 있고, 두 선분 AF, BH는 만나지 않는다.) [4점]

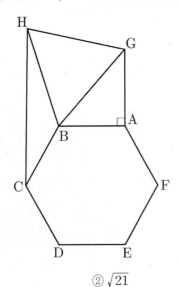

① $2\sqrt{5}$ 　　　② $\sqrt{21}$
③ $\sqrt{22}$ 　　　④ $\sqrt{23}$
⑤ $2\sqrt{6}$

10

함수
$$f(x)=\int_{a}^{x}(3t^2+bt-5)dt \quad (a>0)$$이
$x=-1$에서 극값 0을 가질 때, $a+b$의 값은? (단, a, b는 상수이다.) [4점]

① 1 　　　② $\dfrac{4}{3}$
③ $\dfrac{5}{3}$ 　　　④ 2
⑤ $\dfrac{7}{3}$

11

함수 $f(x)=-2^{|x-a|}+a$의 그래프가 x축과 두 점 A, B에서 만나고 $\overline{AB}=6$이다. 함수 $f(x)$가 $x=p$에서 최댓값 q를 가질 때, $p+q$의 값은? (단, a는 상수이 다.) [4점]

① 14 　　　② 15
③ 16 　　　④ 17
⑤ 18

12

최고차항의 계수가 -1인 이차함수 $f(x)$와 상수 a에 대하여 함수

$$g(x)=\begin{cases} f(x) & (x<0) \\ a-f(-x) & (x\geq 0) \end{cases}$$

이 다음 조건을 만족시킨다.

> (가) $\displaystyle\lim_{x\to 0}\frac{g(x)-g(0)}{x}=-4$
> (나) 함수 $g(x)$의 극솟값은 0이다.

$g(-a)$의 값은? [4점]

① -40 ② -36

③ -32 ④ -28

⑤ -24

13

수열 $\{a_n\}$이 $a_1=-3$, $a_{20}=1$이고, 3 이상의 모든 자연수 n에 대하여

$$\sum_{k=1}^{n} a_k = a_{n-1}$$

을 만족시킨다. $\displaystyle\sum_{n=1}^{50} a_n$의 값은? [4점]

① 2   ② 1

③ 0   ④ -1

⑤ -2

14

실수 k에 대하여 함수 $f(x)$를 $f(x)=x^3-kx$라 하고, 실수 a와 함수 $f(x)$에 대하여 함수 $g(x)$를

$$g(x)=\begin{cases} f(x) & (x<a \text{ 또는 } x>a+1) \\ -f(x) & (a\leq x\leq a+1) \end{cases}$$

이라 하자. 〈보기〉에서 옳은 것만을 있는 대로 고른 것은? [4점]

> **보기**
>
> ㄱ. 두 실수 k, a의 값에 관계 없이 함수 $g(x)$는 $x=0$에서 연속이다.
> ㄴ. $k=4$일 때, 함수 $g(x)$가 $x=p$에서 불연속인 실수 p의 개수가 1이 되도록 하는 모든 실수 a의 개수는 3이다.
> ㄷ. 함수 $g(x)$가 실수 전체의 집합에서 연속이 되도록 하는 모든 순서쌍 (k, a)의 개수는 2이다.

① ㄱ   ② ㄴ

③ ㄷ   ④ ㄱ, ㄴ

⑤ ㄱ, ㄷ

15

0이 아닌 실수 전체의 집합에서 정의된 함수

$$f(x)=\begin{cases}\log_4(-x) & (x<0) \\ 2-\log_2 x & (x>0)\end{cases}$$

이 있다. 직선 $y=a$와 곡선 $y=f(x)$가 만나는 두 점 A, B의 x좌표를 각각 x_1, $x_2(x_1<x_2)$라 하고, 직선 $y=b$와 곡선 $y=f(x)$가 만나는 두 점 C, D의 x좌표를 각각 x_3, $x_4(x_3<x_4)$라 하자.

$\left|\dfrac{x_2}{x_1}\right|=\dfrac{1}{2}$이고 두 직선 AC와 BD가 서로 평행할 때,

$\left|\dfrac{x_4}{x_3}\right|$의 값은? (단, a, b는 $a\neq b$인 상수이다.) [4점]

① $3+3\sqrt{3}$ ② $5+2\sqrt{3}$
③ $4+3\sqrt{3}$ ④ $6+2\sqrt{3}$
⑤ $5+3\sqrt{3}$

16

$a^4-8a^2+1=0$일 때, a^4+a^{-4}의 값을 구하시오. [3점]

17

다항함수 $f(x)$에 대하여 함수 $g(x)$를

$$g(x)=(x^3-2x)f(x)$$

라 하자. $f(2)=-3$, $f'(2)=4$일 때, 곡선 $y=g(x)$ 위의 점 $(2, g(2))$에서의 접선의 y절편을 구하시오. [3점]

18

수열 $\{a_n\}$에 대하여

$$\sum_{k=1}^{7}(a_k+k)=50, \quad \sum_{k=1}^{7}(a_k+2)^2=300$$

일 때, $\sum_{k=1}^{7}a_k{}^2$의 값을 구하시오. [3점]

19

x에 대한 방정식 $x^3-\dfrac{3n}{2}x^2+7=0$
의 1보다 큰 서로 다른 실근의 개수가 2가 되도록 하는
모든 자연수 n의 값의 합을 구하시오. [3점]

20

수직선 위를 움직이는 점 P의 시각 $t(t>0)$에서의 가
속도 $a(t)$가
$$a(t)=3t^2-8t+3$$
이다. 점 P가 시각 $t=1$과 시각 $t=\alpha(\alpha>1)$
에서 운동 방향을 바꿀 때, 시각 $t=1$에서
$t=\pi$까지 점 P가 움직인 거리는 $\dfrac{q}{p}$이다.
$p+q$의 값을 구하시오. (단, p와 q는 서로소인 자연
수이다.) [4점]

21

두 양수 a, b에 대하여 두 함수
$$y=3a\tan bx,\ y=2a\cos bx$$
의 그래프가 만나는 점 중에서 x좌표가 0보다
크고 $\dfrac{5\pi}{2b}$보다 작은 세 점을 x좌표가 작은 점
부터 x좌표의 크기순으로 A_1, A_2, A_3이라 하자. 선분
A_1A_3을 지름으로 하는 원이 점 A_2를 지나고 이 원의
넓이가 π일 때,
$$\left(\dfrac{a}{b}\pi\right)^2=\dfrac{q}{p}$$이다. $p+q$의 값을 구하시오.
(단, p와 q는 서로소인 자연수이다.) [4점]

22

최고차항의 계수가 1인 이차함수 $f(x)$에 대하여 함수
$$g(x)=x|f(x)|$$
가 다음 조건을 만족시킨다.

> (가) 극한
> $$\lim_{h\to 0+}\left\{\dfrac{g(t+h)}{h}\times\dfrac{g(t-h)}{h}\right\}$$
> 가 양의 실수로 수렴하는 실수 t의 개수는 1이다.
> (나) x에 대한 방정식 $\{g(x)\}^2+4g(x)=0$의 서로 다
> 른 실근의 개수는 4이다.

$g(3)$의 값을 구하시오. [4점]

확률과 통계(23~30)

23

이산확률변수 X의 확률분포를 표로 나타내면 다음과 같다.

X	2	4	6	합계
$P(X=x)$	a	a	b	1

$E(X)=5$일 때, $b-a$의 값은? [2점]

① $\dfrac{1}{3}$

② $\dfrac{5}{12}$

③ $\dfrac{1}{2}$

④ $\dfrac{7}{12}$

⑤ $\dfrac{2}{3}$

24

한 개의 주사위와 한 개의 동전이 있다. 이 주사위를 한 번 던져 나온 눈의 수만큼 반복하여 이 동전을 던질 때, 동전의 앞면이 나오는 횟수가 5일 확률은? [3점]

① $\dfrac{1}{48}$

② $\dfrac{1}{24}$

③ $\dfrac{1}{16}$

④ $\dfrac{1}{12}$

⑤ $\dfrac{5}{48}$

25

다항식 $(ax+1)^7$의 전개식에서 x^5의 계수와 x^3의 계수가 서로 같을 때, x^2의 계수는? (단, a는 0이 아닌 상수이다.) [3점]

① 28

② 35

③ 42

④ 49

⑤ 56

26

육군사관학교 모자 3개, 해군사관학교 모자 2개, 공군사관학교 모자 3개가 있다. 이 8개의 모자를 모두 일렬로 나열할 때, 양 끝에는 서로 다른 사관학교의 모자가 놓이도록 나열하는 경우의 수는? (단, 같은 사관학교의 모자끼리는 서로 구별하지 않는다.) [3점]

① 360

② 380

③ 400

④ 420

⑤ 440

27

7개의 문자 a, b, c, d, e, f, g를 모두 한 번씩 사용하여 왼쪽에서 오른쪽으로 임의로 일렬로 나열할 때, 다음 조건을 만족시킬 확률은? [3점]

> (가) a와 b는 이웃하고, a와 c는 이웃하지 않는다.
> (나) c는 a보다 왼쪽에 있다.

① $\dfrac{1}{42}$ ② $\dfrac{1}{21}$

③ $\dfrac{1}{14}$ ④ $\dfrac{2}{21}$

⑤ $\dfrac{5}{42}$

28

숫자 1, 2, 3, 4, 5, 6, 7, 8이 하나씩 적혀 있는 8장의 카드가 있다. 이 8장의 카드를 일정한 간격을 두고 원형으로 배열할 때, 한 장의 카드와 이 카드로부터 시계 방향으로 네 번째 위치에 놓여 있는 카드는 서로 마주 보는 위치에 있다고 하자. 서로 마주 보는 위치에 있는 카드는 4쌍이 있다. 예를 들어, 그림에서 숫자 1, 5가 적혀 있는 두 장의 카드는 서로 마주 보는 위치에 있고, 숫자 1, 4가 적혀 있는 두 장의 카드는 서로 마주 보는 위치에 있지 않다.

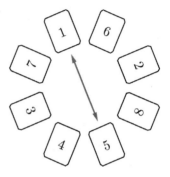

이 8장의 카드를 일정한 간격을 두고 원형으로 임의로 배열하는 시행을 한다. 이 시행에서 서로 마주 보는 위치에 있는 두 장의 카드에 적혀 있는 두 수의 차가 모두 같을 때, 숫자 1이 적혀 있는 카드와 숫자 2가 적혀 있는 카드가 서로 이웃할 확률은? (단, 회전하여 일치하는 것은 같은 것으로 본다.) [4점]

① $\dfrac{1}{18}$ ② $\dfrac{1}{9}$

③ $\dfrac{1}{6}$ ④ $\dfrac{2}{9}$

⑤ $\dfrac{5}{18}$

29

어느 공장에서 생산하는 과자 1개의 무게는 평균이 $150g$, 표준편차가 $9g$인 정규분포를 따른다고 한다. 이 공장에서 생산하는 과자 중에서 임의로 n개를 택해 하나의 세트 상품을 만들 때, 세트 상품 1개에 속한 n개의 과자의 무게의 평균이 $145g$ 이하인 경우 그 세트 상품은 불량품으로 처리한다. 이 공장에서 생산하는 세트 상품 중에서 임의로 택한 세트 상품 1개가 불량품일 확률이 0.07 이하가 되도록 하는 자연수 n의 최솟값을 구하시오. (단, Z가 표준정규분포를 따르는 확률변수일 때, $P(0 \leq Z \leq 1.5) = 0.43$으로 계산한다.) [4점]

30

네 명의 학생 A, B, C, D에게 같은 종류의 연필 5자루와 같은 종류의 공책 5권을 다음 규칙에 따라 남김없이 나누어 주는 경우의 수를 구하시오. (단, 연필을 받지 못하는 학생이 있을 수 있고, 공책을 받지 못하는 학생이 있을 수 있다.) [4점]

(가) 학생 A가 받는 연필의 개수는 4 이상이다.
(나) 공책보다 연필을 더 많이 받는 학생은 1명뿐이다.

미적분(23~30)

23

수열 $\{a_n\}$의 첫째항부터 제n항까지의 합을 S_n이라 하자. $S_n = 4^{n+1} - 3n$일 때, $\lim\limits_{n \to \infty} \dfrac{a_n}{4^{n-1}}$의 값은? [2점]

① 4   ② 6
③ 8   ④ 10
⑤ 12

24

함수 $f(x) = \dfrac{x+1}{x^2}$에 대하여

$\lim\limits_{n \to \infty} \dfrac{1}{n} \sum\limits_{k=1}^{n} f\left(\dfrac{n+k}{n}\right)$의 값은? [3점]

① $\dfrac{1}{2} + \dfrac{1}{2}\ln 2$ ② $\dfrac{1}{2} + \ln 2$
③ $1 + \dfrac{1}{2}\ln 2$ ④ $1 + \ln 2$
⑤ $\dfrac{3}{2} + \dfrac{1}{2}\ln 2$

25

곡선 $\pi \cos y + y \sin x = 3x$가 x축과 만나는 점을 A라 할 때, 곡선 위의 점 A에서의 접선의 기울기는? [3점]

① 2   ② $2\sqrt{2}$
③ $2\sqrt{3}$ ④ 4
⑤ $2\sqrt{5}$

26

그림과 같이 중심이 O, 반지름의 길이가 1이고 중심각의 크기가 $\frac{\pi}{2}$인 부채꼴 OA_1B_1이 있다. 호 A_1B_1의 삼등분점 중 점 A_1에 가까운 점을 C_1, 점 B_1에 가까운 점을 D_1이라 하고, 사각형 $A_1C_1D_1B_1$에 색칠하여 얻은 그림을 R_1이라 하자.

그림 R_1에서 중심이 O이고 선분 A_1B_1에 접하는 원이 선분 OA_1과 만나는 점을 A_2, 선분 OB_1과 만나는 점을 B_2라 하고, 중심이 O, 반지름의 길이가 $\overline{OA_2}$, 중심각의 크기가 $\frac{\pi}{2}$인 부채꼴 OA_2B_2를 그린다. 그림 R_1을 얻은 것과 같은 방법으로 두 점 C_2, D_2를 잡고, 사각형 $A_2C_2D_2B_2$에 색칠하여 얻은 그림을 R_2라 하자.

이와 같은 과정을 계속하여 n번째 얻은 그림 R_n에 색칠되어 있는 부분의 넓이를 S_n이라 할 때, $\lim\limits_{n\to\infty}S_n$의 값은? [3점]

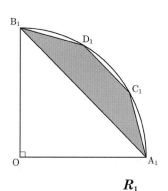

R_1

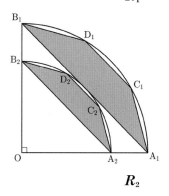

R_2

$\vdots$

① $\frac{1}{2}$ ② $\frac{13}{24}$

③ $\frac{7}{12}$ ④ $\frac{5}{8}$

⑤ $\frac{2}{3}$

27

그림과 같이 곡선

$$y=(1+\cos x)\sqrt{\sin x}\left(\frac{\pi}{3}\leq x\leq\frac{\pi}{2}\right)$$와

x축 및 두 직선 $x=\frac{\pi}{3}$, $x=\frac{\pi}{2}$로 둘러싸인 부분을 밑변으로 하는 입체도형이 있다. 이 입체도형을 x축에 수직인 평면으로 자른 단면이 정사각형일 때, 이 입체도형의 부피는? [3점]

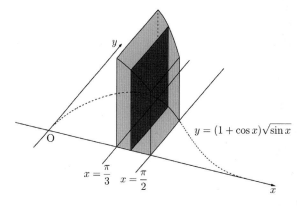

① $\frac{5}{12}$ ② $\frac{13}{24}$

③ $\frac{2}{3}$ ④ $\frac{19}{24}$

⑤ $\frac{11}{12}$

28

양의 실수 t와 상수 $k\,(k>0)$에 대하여 곡선 $y=(ax+b)e^{x-k}$이 직선 $y=tx$와 점 $(t,\,t^2)$에서 접하도록 하는 두 실수 $a,\,b$의 값을 각각 $f(t),\,g(t)$라 하자. $f(k)=-6$일 때, $g'(k)$의 값은? [4점]

① -2 ② -1

③ 0 ④ 1

⑤ 2

29

$0<t<\dfrac{\pi}{6}$인 실수 t에 대하여 곡선 $y=\sin2x$

위의 점 $(t,\,\sin2t)$를 P라 하자. 원점 O를 중심으로 하고 점 P를 지나는 원이 곡선 $y=\sin2x$와 만나는 점 중 P가 아닌 점을 Q라 하고, 이 원이 x축과 만나는 점 중 x좌표가 양수인 점을 R라 하자.

곡선 $y=\sin2x$와 두 선분 PR, QR로 둘러싸인 부분의 넓이를 $S(t)$라 할 때,

$$\lim_{t\to0+}\frac{S(t)}{t^2}=k$$이다. k^2의 값을 구하시오.

[4점]

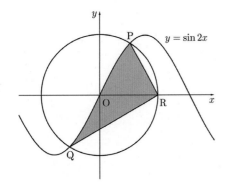

30

양의 실수 전체의 집합에서 정의된 함수 $f(x)$가 다음 조건을 만족시킨다.

> (가) 모든 양의 실수 x에 대하여
> $$f'(x)=\frac{\ln x+k}{x}$$이다.
> (나) 곡선 $y=f(x)$는 x축과
> 두 점 $\left(\dfrac{1}{e^2},\,0\right),\,(1,\,0)$에서 만난다.

$t>-\dfrac{1}{2}$인 실수 t에 대하여 직선 $y=t$가

곡선 $y=f(x)$와 만나는 두 점의 x좌표 중 작은 값을 $g(t)$라 하자. 곡선 $y=g(x)$와 x축, y축 및 직선

$x=\dfrac{3}{2}$으로 둘러싸인 부분의 넓이는 $\dfrac{ae+b}{e^3}$이다.

a^2+b^2의 값을 구하시오. (단, k는 상수이고, $a,\,b$는 유리수이다.) [4점]

기하(23~30)

23

좌표공간의 두 점 A(4, 2, 3), B(-2, 3, 1)과 x축 위의 점 P에 대하여 $\overline{AP}=\overline{BP}$일 때, 점 P의 x좌표는? [2점]

① $\dfrac{1}{2}$ ② $\dfrac{3}{4}$

③ 1 ④ $\dfrac{5}{4}$

⑤ $\dfrac{3}{2}$

24

두 쌍곡선

$x^2-9y^2-2x-18y-9=0$,

$x^2-9y^2-2x-18y-7=0$

중 어느 것과도 만나지 않는 직선의 개수는 2이다. 이 두 직선의 방정식을 각각 $y=ax+b$, $y=cx+d$라 할 때, $ac+bd$의 값은? (단, a, b, c, d는 상수이다.) [3점]

① $\dfrac{1}{3}$ ② $\dfrac{4}{9}$

③ $\dfrac{5}{9}$ ④ $\dfrac{2}{3}$

⑤ $\dfrac{7}{9}$

25

좌표평면의 점 A(0, 2)와 원점 O에 대하여 제1사분면의 점 B를 삼각형 AOB가 정삼각형이 되도록 잡는다. 점 C$(-\sqrt{3}, 0)$에 대하여 $|\overrightarrow{OA}+\overrightarrow{BC}|$의 값은? [3점]

① $\sqrt{13}$ ② $\sqrt{14}$

③ $\sqrt{15}$ ④ 4

⑤ $\sqrt{17}$

26

그림과 같이 $\overline{AB}=1$, $\overline{AD}=2$, $\overline{AE}=3$인 직육면체 ABCD-EFGH가 있다. 선분 CG를 2:1로 내분하는 점 I에 대하여 평면 BID와 EFGH가 이루는 예각의 크기를 θ라 할 때, $\cos\theta$의 값은? [3점]

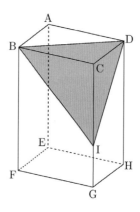

① $\dfrac{\sqrt{5}}{5}$ ② $\dfrac{\sqrt{6}}{6}$

③ $\dfrac{\sqrt{7}}{7}$ ④ $\dfrac{\sqrt{2}}{4}$

⑤ $\dfrac{1}{3}$

27

두 점 F(2, 0), F′(−2, 0)을 초점으로 하고 장축의 길이가 12인 타원과 점 F를 초점으로 하고 직선 $x=-2$를 준선으로 하는 포물선이 제1사분면에서 만나는 점을 A라 하자. 타원 위의 점 P에 대하여 삼각형 APF의 넓이의 최댓값은? (단, 점 P는 직선 AF 위의 점이 아니다.) [3점]

① $\sqrt{6}+3\sqrt{14}$
② $2\sqrt{6}+3\sqrt{14}$
③ $2\sqrt{6}+4\sqrt{14}$
④ $2\sqrt{6}+5\sqrt{14}$
⑤ $3\sqrt{6}+5\sqrt{14}$

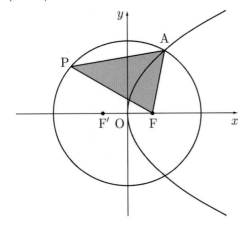

28

삼각형 ABC의 세 꼭짓점 A, B, C가 다음 조건을 만족시킨다.

> (가) 직선 OP와 xy평면이 이루는 각의 크기와 평면 α와 xy평면이 이루는 각의 크기는 같다.
> (나) 선분 OP는 원 C의 지름이다.

$$(가)\ \overrightarrow{AB} \cdot \overrightarrow{AC} = \frac{1}{3}|\overrightarrow{AB}|^2$$

$$(나)\ \overrightarrow{AB} \cdot \overrightarrow{CB} = \frac{2}{5}|\overrightarrow{AC}|^2$$

점 B를 지나고 직선 AB에 수직인 직선과 직선 AC가 만나는 점을 D라 하자. $|\overrightarrow{BD}| = \sqrt{42}$일 때, 삼각형 ABC의 넓이는? [4점]

① $\dfrac{\sqrt{14}}{6}$
② $\dfrac{\sqrt{14}}{5}$
③ $\dfrac{\sqrt{14}}{4}$
④ $\dfrac{\sqrt{14}}{3}$
⑤ $\dfrac{\sqrt{14}}{2}$

29

초점이 F인 포물선 $y^2=4px(p>0)$이 점 $(-p, 0)$을 지나는 직선과 두 점 A, B에서 만나고 $\overline{FA}:\overline{FB}=1:3$이다. 점 B에서 x축에 내린 수선의 발을 H라 할 때, 삼각형 BFH의 넓이는 $46\sqrt{3}$이다. p^2의 값을 구하시오. [4점]

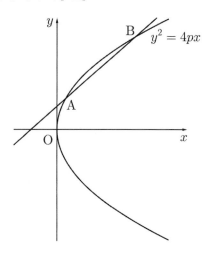

30

좌표공간에 두 개의 구
$C_1:(x-3)^2+(y-4)^2+(z-1)^2=1$,
$C_2:(x-3)^2+(y-8)^2+(z-5)^2=4$가 있다.
구 C_1 위의 점 P와 구 C_2 위의 점 Q, zx 평면 위의 점 R, yz 평면 위의 점 S에 대하여 $\overline{PR}+\overline{RS}+\overline{SQ}$의 값이 최소가 되도록 하는 네 점 P, Q, R, S를 각각 P_1, Q_1, R_1, S_1이라 하자. 선분 R_1S_1 위의 점 X에 대하여 $\overline{P_1R_1}+\overline{R_1X}=\overline{XS_1}+\overline{S_1Q_1}$일 때, 점 X의 x좌표는 $\dfrac{q}{p}$

이다.

$p+q$의 값을 구하시오. (단, p와 q는 서로소인 자연수이다.) [4점]

There is nothing like a dream to create the future.
미래를 창조하기 위해서 꿈만 한 것은 없다.

2023학년도
기출문제

제1교시　국어영역

제2교시　영어영역

제3교시　수학영역

[01~03] 다음 글을 읽고 물음에 답하시오.

"독자 반응 비평 이론가인 야우스(H. R. Jauß)는 기대지평이라는 개념을 제시하여 독자가 문학 작품과 상호 작용하는 과정을 설명하였다. 기대지평은 특정한 시간과 공간에서 독자가 문학 작품에 대해 갖게 되는 해석과 평가의 준거로, 독자의 경험, 지식, 습관 및 사회의 통념, 관습, 전통, 제도 등이 복합적으로 작용하여 구성된다. 기대지평은 독자에 따라 다르고 한번 형성된 기대지평 역시 이 요소들의 변화에 따라 달라지므로, 어떤 작품의 의미나 가치에 대한 판단은 최종적인 것일 수 없다. 하나의 기대지평은 그것을 적용하는 시점에 작품을 평가하고 해석하는 데 유용한 기준이 될 뿐이다. 또한 기대지평은 집단적 차원에서도 형성되어 개인의 기대지평과 서로 영향을 주고받으며 기대지평의 창출과 변화에 기여한다.

문학 작품의 수용은 독자의 기대지평과 작품의 기대지평 간의 상호 작용을 통해 이루어진다. 독자의 기대지평이 독자가 작품에 대해 적용하는 준거라면, 작품의 기대지평은 이 작품의 수용을 위해 독자가 가져야 할 것으로 기대되는 준거라 할 수 있다. 작품의 기대지평과 독자의 기대지평 간에 거리가 존재하는 경우 독자는 이를 인식하고 작품에 대한 부정, 거부감, 혼란, 낯섦 등을 느낄 수 있는데, 이를 작품 수용의 과정에서 나타나는 미적 긴장이라 한다. 부정이나 거부감을 중심으로 미적 긴장을 경험하는 독자가 새로이 형성한 기대지평은 기존의 것과 큰 차이가 없다. 반면 미적 긴장에도 불구하고 방법을 탐색하며 적극적으로 이해를 시도하는 독자는 기존의 기대지평을 현저히 변화시켜 작품의 기대지평에 부응하고자 노력한다. 이 과정을 거쳐 작품을 능동적으로 수용한 독자에게 일어난 기대지평의 변화를 지평전환이라 한다.

독자 반응 비평에서는 전통적인 문학 비평이 작가의 의도, 시대적 배경, 윤리적 준거 등이 작품에 끼치는 영향에 치중하거나 작품 자체의 자율성을 존중하여 작품의 언어적 특성과 문학적 기법에만 집중했다고 지적하면서, 그간 간과되어 왔던 독자의 중요성에 주목하였다. 이러한 의미에서 독자 반응 비평은 독자의 역할을 재정립하고 독자와 작품 사이의 상호 작용을 탐구함으로써 문학 작품의 생산자는 작가이지만 문학 작품을 예술적으로 완성하는 것은 독자임을 분명히 하였다는 평가를 받는다.

01

윗글에 대한 설명으로 가장 적절한 것은? [3점]

① 인접 분야의 개념을 활용하여 독자 반응 비평을 설명하고 있다.
② 다양한 사례를 통해 독자 반응 비평의 실효성을 강조하고 있다.
③ 독자 반응 비평의 변화 과정을 분석하며 그 복합적 성격을 보여주고 있다.
④ 주요 개념을 중심으로 독자 반응 비평을 설명하고 그 의의를 제시하고 있다.
⑤ 독자 반응 비평에 대한 비판적 입장을 부연하여 종합적 결론을 도출하고 있다.

02

윗글을 통해 알 수 있는 문학 비평의 임무로 가장 적절한 것은? [3점]

① 작품과 독자 사이에 일어나는 상호 작용을 검토하는 것이다.
② 작품의 언어적 특성을 연구하여 예술적 가치를 밝히는 것이다.
③ 시공간을 초월하는 작품의 보편성을 독자에게 전달하는 것이다.
④ 독자가 작가의 의도를 중심으로 작품을 파악하는 데 기여하는 것이다.
⑤ 작품이 창작된 시대 배경을 조사하여 작품에 역사적 의미를 부여하는 것이다.

03

윗글을 바탕으로 〈보기〉를 이해한 내용으로 적절하지 않은 것은? [4점]

> ─ 보기 ─
>
> 1970년대 발표된 소설 A는 2인칭 주어로 서술되는 문장의 나열과 같은 형식적 파격과 함께 도덕적 일탈을 옹호하는 주인공을 다루어 당대 독자층의 비난을 불러일으켰으며, 이는 A에 대한 조직적인 불매 운동으로 이어졌다. 당시 문학을 전공하고 있던 독자 B는 A를 처음 읽고 혼란을 느꼈지만, 이에 좌절하지 않고 A를 반복적으로 읽으면서 작품의 의미를 찾아 이에 공감하게 되었다. 오랜 시간이 지난 후 '21세기를 맞이하는 문학의 의무'라는 강연회에서 독자 B는 A의 작가가 '소설 A를 통해 시대에 저항한 선구자'로 소개되어 열화와 같은 호응을 얻는 장면을 목격하였다.

① A가 도덕적 일탈을 옹호하는 주인공을 내세워 비난을 받은 것은, 사회의 관습이나 통념이 기대지평의 형성에 영향을 미친다는 것을 드러내는군.

② A를 반복적으로 읽으면서 B가 새로운 의미를 탐색한다는 것은, 기대지평이 과거에 읽었던 동일한 작품을 다시 읽는 과정에서 새로이 형성될 수 있음을 보여주는군.

③ A가 발표되자 조직적인 거부의 움직임을 드러낸 독자층의 모습은, 미적 긴장 상태에 대한 경험의 부재가 작품에 대한 무조건적인 부정으로 이어질 수 있음을 보여주는군.

④ A가 발표 당시 독자층에게 비난받았던 것과 달리 오랜 시간이 지난 후 큰 호응을 받는 것은, 기대지평의 형성과 변화가 집단적 차원에서 이루어질 수 있다는 것을 보여주는군.

⑤ A가 발표 시점으로부터 오랜 시간이 지난 후 시대에 저항한 작가의 작품으로 소개된 것은, 발표 당시 독자의 기대지평이 전환을 거쳐 작품의 기대지평에 부응하게 된 결과라 할 수 있군.

[04~07] 다음 글을 읽고 물음에 답하시오.

근대화를 전후로 나타난 유럽의 인구 현상 중 하나는 고출생률과 고사망률에서 저출생률과 저사망률로의 변화였다. 이 과정을 인구 변천이라고 하며, 인구 변천의 결과 유럽은 출생률과 사망률의 변화를 보이며 인구가 증가하다가 안정적인 상태에 이르게 되었다. 이러한 유럽의 인구 현상을 관찰한 결과를 기초로 하여 인구 변화를 설명한 모델을 ⊙ 인구 변천 모델이라고 한다.

인구 변천 모델의 기본적 전제는 근대화와 출생률의 감소에는 인과적 관계가 있다는 것이다. 인구 변천 모델에서는 근대화 과정에서 인구 성장률이 자발적인 수정 과정을 거치다가 저출생률과 저사망률의 상태에 이르고 안정적인 균형을 유지한다고 보았다. 인구 변천 모델은 이 과정을 네 단계로 나누어 설명하는데 첫 번째 단계는 고위 정지 단계로 주로 근대화 이전의 시기에 해당하는 국가들에서 나타나며, 고출생률과 고사망률을 나타내어 안정성을 보이고 인구 증가가 거의 없다. 두 번째 단계는 초기 확장 단계로 사망률은 급격히 낮아지는 반면 출생률은 그대로 높은 수준을 유지하고 있어서 인구가 급증하는 인구 폭발 현상이 나타난다. 이 단계에서 사망률이 급격히 낮아지는 이유는 영양 개선, 공중 위생·보건 시설의 보급 및 의학의 발달 등이다. 세 번째 단계는 후기 확장 단계로 출생률의 감소 속도가 사망률의 감소 속도보다 훨씬 빠르게 나타나서 인구의 증가 속도가 상당히 둔화되는 단계이다. 이 단계에서 출생률이 감소하는 이유는 여성의 사회·경제적 지위 향상으로 인한 결혼 연령 상승이나 자녀에 대한 가치관의 변화 및 가족 계획 등이다. 네 번째 단계는 저위 정지 단계로 저출생률과 저사망률 상태에 들어서며 인구 변화가 거의 없는 안정적인 상태를 유지한다.

인구 변천 모델 이후 타바라(Tabbarah)는 새로운 관점에서 근대화와 출생률 감소의 관계를 파악하려고 하였다. 그는 부부가 원하는 이상적인 가구 규모에 기반하여 출생률 감소가 왜 나타나는지, 어느 시점에서 출생률 감소가 나타나는지를 설명하고자 하였다. 이를 위해 타바라는 '부부가 이상적으로 원하는 자녀의 수(C_d)'와 '부부의 부양 능력에 맞는 최대 자녀의 수(C_m)'라는 변수를 제시하였다. C_d는 인터뷰를 통해 수집한 수치이며, 이를 생잔율*로 나누면 '부부가 이상적으로 원하는 자녀 수를 갖추기 위해 실제 출산해야 하는 자녀의 수(B_d)'를 알 수 있다. 또한 C_m은 통계 자료에서 추출한 '부부의 부양 능력에 맞는 최대 자녀 수를 갖추기 위해 실제 출산해야 하는 자녀의 수(B_m)'에 생산율을 곱해 산출할 수 있다. 타바라는 이러한 변수들의 관계를 통해 세계 각 지역의 인구 자료를 분석한 결과를 토대로 ⓒ 인구 발전 모델을 제시하였다.

인구 발전 모델은 네 단계로 이루어져 있다. 첫 번째 단계는 C_m이 C_d보다 훨씬 적게 나타나는 단계이다. 이 단계에서는 출산율*도 낮고 자녀들의 생산율도 낮기 때문에 C_m도 낮게 나타난다. 그러나 어려운 사회·경제적 상황 속에서도 C_d는 높게 생각하는 경향을 보인다. 두 번째 단계는 C_m과 C_d가 거의 비슷해지는 단계이다. 이 단계에서 부부는 원하는 이상적인 수만큼의 자녀를 가질 수 있다. 이런 상황이 나타나는 이유는 출산율과 생산율이 증가하여 C_m은 상승하는 반면에, 부부가 이상적으로 원하는 자녀의 수는 적어져서 C_d가 하강하기 때문이다. 세 번째 단계는 C_m이 C_d를 약간 능가하게 되며, 네 번째 단계에 이르러서는 C_m이 C_d를 훨씬 능가하게 된다. 부부들은 부양 능력에 맞는 최대의 수만큼 자녀를 갖는 것이 아니라 그들이 원하는 이상적인 수만큼만 자녀를 갖게 된다는 것이다.

〈그림〉은 인구 발전 모델에서 시간의 경과나 경제 발전에 따라 실제로 원하는 자녀 수와 최대로 출산할 수 있는 자녀 수의 변화 추세를 나타낸 것이다.

[A] 인구 발전의 첫 번째 단계인 시점인 t_1에서 부부가 이상적으로 원하는 자녀의 수는 C_{d1}이다. C_{d1}을 갖기 위해서는 B_{d1}만큼의 자녀를 출산해야 하는데 그 이유는 B_{d1}에서 C_{d1}을 뺀 만큼의 사망자가 발생하기 때문이다. 그러나 이러한 이상적으로 원하는 자녀 수를 실제로는 가질 수 없는데 그 까닭은 부양 능력을 고려했을 때의 출산 수준이 B_{m1}에 머물러 있기 때문이며, 사망자 수 때문에 실제로 갖게 되는 자녀 수는 C_{m1}로 나타난다. 그러나 B_d가 B_m보다 클 경우 출산력*이 증가하여 출산 곡선은 B_m 곡선의 방향을 따르게 된다.

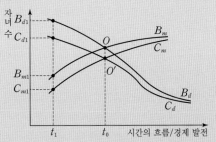

인구 발전의 두 번째 단계인 시점 t_0에서는 B_m이 증가하게 되어 결국은 B_d와 일치하게 된다. 부부가 실제로 출산한 자녀의 수가 그들이 이상적으로 원하

는 자녀의 수만큼이 되는 것이다. 일반적으로 t_0 이후인 세 번째, 네 번째 단계부터는 이상적으로 원하는 자녀의 수만큼만 출산하게 되어 출산 곡선은 B_d 곡선의 방향을 따른다. 따라서 t_0 이후에는 가족 계획이나 피임법 등에 대한 지식을 갖고 있는 부부들의 출산 곡선은 B_m–O–B_d의 곡선을 따르게 된다는 것이다. 이와 같은 타바라의 모델은 시간의 경과에 따른 출산 양상의 변화를 이해하는 데 도움을 주며, 특히 이상적으로 원하는 자녀의 수에 주목했다는 점에서 의의가 있다.

* 생산율: 한 연령층의 인구 집단이 어떤 특정 기간이 지난 후까지 살아남게 되는 확률.
* 출산율: 특정 기간의 출생자 수를 해당 기간 가임 연령의 여성 인구로 나눈 비율.
* 출산력: 한 인구 집단의 실제적인 출산의 빈도.

04

윗글을 읽고 알 수 있는 내용으로 적절하지 <u>않은</u> 것은?
[3점]

① 인구 변천 모델에 반영된 이론적 배경
② 인구 변천 모델을 설명하기 위한 기본적 전제
③ 인구 발전 모델에 활용된 변수들을 산출하는 방법
④ 인구 발전 모델을 통해 파악할 수 있는 인구 현상과 의의
⑤ 인구 변천 모델의 각 단계에서 나타나는 출생률과 사망률의 변화 추세

05

㉠과 ⓒ에 대한 이해한 내용으로 적절하지 <u>않은</u> 것은?
[3점]

① ㉠은 출생률과 근대화 사이에 인과적 관계가 있다고 전제하였다.
② ㉠은 근대화 과정에서 인구 성장률이 자발적인 수정 과정을 겪는다고 하였다.
③ ㉠은 후기 확장 단계에서 사망률의 감소로 인구 폭발 현상이 나타난다고 하였다.

④ ⓛ은 부부가 원하는 출산 수준이 부양 능력을 고려했을 때의 출산 수준에 부합하지 않을 수 있다고 하였다.

⑤ ⓛ은 부부가 원하는 이상적인 가구 규모에 기반하여 출생률 감소의 원인과 발생 시점을 설명할 수 있다고 하였다.

06

[A]의 〈그림〉을 이해한 내용으로 적절하지 <u>않은</u> 것은? [4점]

① B_{m1}에서 C_{m1}을 뺀 숫자는 t_1 시점에서의 생잔율이 반영된 것이겠군.

② t_1에서 t_0으로 진행되는 동안 출산력은 B_d와 B_m 값의 차이에 비례하겠군.

③ 부부의 출산 수준에 따른 실제 출산 곡선은 C_m–O′–C_d의 형태로 나타나는군.

④ t_1에서 t_0으로 진행되는 동안 부부가 이상적으로 원하는 자녀의 수는 점점 줄어드는군.

⑤ B_d와 C_m이 만난 지점 이후로는 부부가 부양 능력을 고려하지 않아도 원하는 수만큼의 자녀를 가질 수 있겠군.

07

윗글을 바탕으로 볼 때 〈보기〉의 '제2차 인구 변천 이론'이 등장한 이유로 가장 적절한 것은? [4점]

> ┌─ 보기 ─┐
>
> 20세기 후반 이후 결혼 연령 상승, 결혼과 출산 간의 단절, 비혼주의나 결혼 제도의 파괴 등으로 인해 급격하게 출산력이 감소하였다. 기존의 인구 이론으로는 이러한 인구 현상을 설명할 수 없기 때문에 제2차 인구 변천 이론이 등장하였다. 이 이론은 출산력의 감소가 인구 안정 상태를 깨뜨린다고 설명하였다.

① 인구 변천 모델은 결혼 연령의 변화가 출산력에 미칠 영향을 고려하지 못하였기 때문에

② 인구 변천 모델은 출생률과 사망률의 감소가 인구 안정 상태를 깨뜨린다고 판단했기 때문에

③ 인구 변천 모델은 인구 변화가 정체된 상태 이후에 나타난 출산력 감소를 설명할 수 없기 때문에

④ 인구 발전 모델은 비혼주의나 결혼 제도의 파괴를 출산력 감소의 요인으로 판단했기 때문에

⑤ 인구 발전 모델은 이상적인 가족 규모와 실제의 가족 규모 간의 차이로 인해 출산력의 변화를 판단할 수 없기 때문에

[08~11] 다음 글을 읽고 물음에 답하시오.

분자는 원자의 결합체 중 독립 입자로서 작용하는 단위체로, 화학적 결합의 하나인 공유 결합을 통해 형성된다. 원자나 원자단 간에 작용하여 이들의 집합체를 하나의 뚜렷한 단위체로 간주할 수 있게 하는 화학적 결합에는 공유 결합 외에도 이온 결합과 금속 결합이 있다. 화학적 결합과 달리 기존의 물질이 유지된 채 물리적으로만 연결된 결합을 기계적 결합이라고 한다. 일반적으로 기계적 결합보다는 화학적 결합에 필요한 에너지가 더 크며 화학적 결합 중에서는 공유 결합에 필요한 에너지가 가장 크다. 결합을 해체하는데 필요한 에너지는 결합에 필요한 결합 에너지와 같으므로, 결합 에너지가 다시 가해지지 않는 한 분자는 다시 원자 단위로 분해되지 않고 물질의 화학적 성질을 유지하는 최소 단위로서의 독립성을 유지할 수 있다.

분자들이 모여 이루어진 분자 집합체 중 일부는 분자 간의 위치나 연결 방식의 특성으로 인해 발생하는 위상학적 상관관계를 이용한 기계적 결합을 통해 만들어진다. 이 기계적 결합을 끊기 위해서는 개별 분자의 공유 결합을 해체해야 한다. 따라서 ㉠ 이러한 분자 집합체는 분자 수준의 독립성을 지녔다고 볼 수 있다. 〈그림 1〉의 카테네인은 고리 모양의 분자 두 개가 사슬처럼 서로 수직으로 맞물려 결합된 분자 집합체로, 고리 간의 결합을 해체하기 위해서는 개별 고리를 끊어야 한다. 〈그림 1〉의 로탁세인은 양쪽 끝에 입체 장애가 있어 고리 모양의 분자가 빠져나갈 수 없게 한 형태의 분자 집합체이다.

카테네인 　　　　로탁세인
〈그림 1〉 카테네인과 로탁세인의 구조

이들 분자 집합체는 분자 기계의 구조적 기반을 이룬다. 분자 기계는 물리적 자극인 빛이나 열, 화학적 자극인 산이나 염기와 같은 외부 자극에 반응해 회전 운동이나 직선 운동과 같은 일정한 기계적 움직임을 구현할 수 있는 분자 집합체이다. 카테네인은 금속의 산화-환원에 따라 회전 운동을 하는 분자 기계로 작동하며, 로탁세인은 사각형 고리가 축의 특정한 자리에서 결합하면서 좌우로 직선 운동을 하는 분자 기계인 분자 셔틀의 기본 구조를 이룬다. Ⓐ 분자 셔틀의 축에는 고리와 상호 작용을 할 수 있는 결합 자리 Ⅰ과 결합 자리 Ⅱ가 있다. 전자가 부족한 양이온 상태의 고리는 전자가 풍부한 결합 자리 Ⅰ을 선호하므로, 평형 상태에서는 〈그림 2〉의 ⓐ와 같이 고리가 결합 자리 Ⅰ에 있을 확률이 결합 자리 Ⅱ에 있을 확률보다 더 높다. 외부에서 브뢴스테드-로우리 산을 넣어 결합 자리 Ⅰ을 양성자화하면 결합 자리 Ⅰ과 고리 사이에 정전기적 반발력이 생기면서, 고리와의 친화도가 산성 상태에서 더 큰 결합 자리 Ⅱ로 결합 자리 Ⅰ에 있던 고리가 이동하여 〈그림 2〉의 ⓑ와 같은 상태가 된다. 염기를 넣어 중화하면 고리는 다시 결합 자리 Ⅰ로 되돌아간다. 분자 부품을 원위치로부터 0.7 ㎜만큼 들어올리는 데 성공한 분자 엘리베이터나, 근육의 수축과 이완 현상을 모사하는 인공 근육의 작동도 로탁세인을 이용한 것이다.

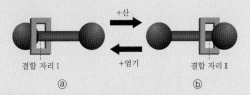

결합 자리 Ⅰ 　+산 → ← +염기　 결합 자리 Ⅱ
ⓐ 　　　　　ⓑ
〈그림 2〉 분자 셔틀의 작동 원리

한 방향으로 회전하는 운동을 지속하는 Ⓑ 분자 모터도 분자 기계의 하나이다. 육각형의 탄소-탄소 이중결합 화합물이 과밀집된 방향족 구조인 작용기는 작은 모터날처럼 평평한 형태를 띠고 있으며, 작용기의 한쪽 끝에는 메틸기($-CH_3$)가 결합되어 있다. 분자 모터는 작용기에 메틸기가 결합한 분자 두 개로 구성되는데, 이들은 한 분자의 작용기가 다른 분자의 메틸기와 마주하면서 조금씩 겹치도록 배열되어 있다. 특정 자외선 파장에 노출되면 분자 하나가 180° 회전한다. 이렇게 되면

작용기와 메틸기의 배열 순서가 달라지면서 작용기에서 메틸기가 결합하지 않은 부분끼리 겹치게 되어 회전하던 분자의 진로에 장애가 발생한다. 적절한 열 에너지가 제공되면 작용기의 겹친 부분이 교차되어 이 장애가 해소된다. 이후 자외선에 의해 다시 분자가 180° 회전하면서 배열 순서는 원래대로 돌아오지만, 회전하던 분자의 작용기와 메틸기 모두 다른 분자의 메틸기, 작용기와 각각 겹쳐 회전 진로에 장애가 발생한다. 이는 열 에너지에 의해 다시 해소되면서 회전하던 분자는 결과적으로 한 바퀴를 돌게 된다. 일련의 과정이 반복되면서 연속적으로 같은 방향으로 회전하는 움직임이 구현된다.

08

윗글을 통해 알 수 있는 내용으로 적절하지 않은 것은? [3점]

① 카테네인에는 공유 결합과 기계적 결합이 존재한다.
② 분자 셔틀은 로탁세인의 구조를 기반으로 하여 좌우 직선 운동을 한다.
③ 카테네인과 로탁세인은 모두 물리적 자극을 받아 연속적 운동을 할 수 있다.
④ 분자 엘리베이터와 인공 근육의 작동은 분자의 위치 이동을 통해 가능해진다.
⑤ 카테네인과 로탁세인은 모두 위상학적 상관관계를 이용하여 결합을 유지한다.

09

㉠의 이유를 추론한 것으로 가장 적절한 것은? [3점]

① 개별 분자 내의 기계적 결합의 세기가 매우 크기 때문이다.
② 개별 분자 내 결합이 위상학적 상관관계로 인한 것이기 때문이다.
③ 물리적 연결만으로는 개별 분자 간의 결합을 유도할 수 없기 때문이다.
④ 개별 분자들이 공유 결합을 제외한 화학적 결합을 통해 분자 집합체를 만들었기 때문이다.
⑤ 개별 분자 간의 결합을 끊는 데에는 공유 결합을 끊는 만큼의 에너지가 필요하기 때문이다.

10

〈보기〉는 Ⓐ에 대한 추가 자료이다. 〈보기〉와 윗글을 관련지어 이해한 내용으로 적절하지 <u>않은</u> 것은? [4점]

> ──── 보기 ────
>
> 화학자 브뢴스테드와 로우리는 산은 양성자인 수소 이온(H^+)을 주는 물질이며 염기는 양성자를 받는 물질이라고 정의한다. 이 정의에서 산과 염기는 양성자가 이동한 결과에 의해 결정된다. 한편 하나의 물질과, 그 물질에서 양성자가 이동하고 난 후의 물질 간의 관계를 '짝산–짝염기' 관계라고 한다.

① 〈그림 2〉의 ⓐ와 ⓑ는 서로 '짝산–짝염기' 관계에 있는 물질들이다.

② 결합 자리 I이 양성자화된다는 것은 수소 이온을 얻게 된다는 의미이다.

③ 〈그림 2〉에서 양성자를 받은 ⓑ는 염기를 넣으면 다시 ⓐ로 되돌아간다.

④ 고리와 결합 자리 I 사이에 정전기적 반발력이 생기면 양성자의 이동이 발생한다.

⑤ 양성자가 유입됨으로써 로탁세인의 고리 분자가 결합 자리 I에서 결합 자리 II로 이동한다.

11

〈보기〉는 Ⓑ의 작동 원리를 그림으로 나타낸 것이다. 〈보기〉의 ㉮ ~ ㉱에 대한 설명으로 적절하지 <u>않은</u> 것은? [3점]

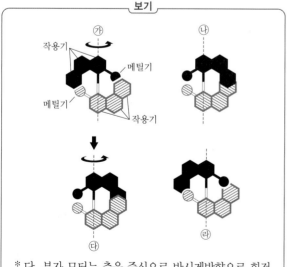

> ──── 보기 ────
>
> * 단, 분자 모터는 축을 중심으로 반시계방향으로 회전한다.

① ㉮의 작용기가 180° 회전하면 메틸기는 메틸기끼리, 작용기는 작용기끼리 마주하도록 배열된다.

② ㉰로 바뀌어 발생한 장애는 자외선을 받음으로써 해소된다.

③ ㉯와 ㉱ 사이에서 작용기가 교차하지 않는다면 분자 기계는 한 방향으로 회전할 수 없다.

④ ㉮를 ㉯로 바뀌게 하는 자극과 ㉰를 ㉱로 바뀌게 하는 자극은 같다.

⑤ ㉱가 다시 ㉮로 돌아오기 위해서는 적절한 열 에너지가 요구된다.

[12~15] 다음 글을 읽고 물음에 답하시오.

조선 왕릉의 석물은 왕릉을 장식하는 데 사용된 여러 가지 형상의 돌 조형물로 조선 왕조가 지속되는 동안 「국조오례의」*에 제시된 엄격한 예법에 따라 국가 차원에서 체계적으로 제작되었다. 석물은 건축물과 달리 여러 차례의 역사적 혼란 속에서도 현재까지 대부분 온전히 보존되어 있어 역사적 가치가 매우 높은 문화유산이다. 거대한 잔디 언덕에 있는 왕의 무덤인 봉분 주변에 집중적으로 배치된 석물은 수직과 수평의 형태를 띠어 봉분의 곡선과 조화를 ⓐ이룬다. 또한 크기에 따라 적절히 안배되어 설치 조각으로서 조형적 아름다움을 드러낸다.

조선 왕릉의 석물은 화강암으로 만들어졌다. 화강암은 풍화 작용에 의한 마멸에 매우 강해 거의 영구적으로 보존될 수 있는 내구성을 지녔지만, 조직이 단단하고 치밀하여 조각하기가 매우 ⓑ어렵다. 재료의 이러한 특성으로 인해 정교한 세부 묘사 없이 간결하며 단순한 덩어리로 표현된 조선 왕릉의 석물은 정제된 장엄미를 자아내며, 석물의 표면에 거칠게 남아 있는 정 자국은 투박하면서도 다부진 느낌을 준다. 이는 무르고 입자가 고운 대리석이나 사암을 재료로 하여 세밀하고 예리한 선을 ⓒ살린 조각에서는 볼 수 없는 조선 왕릉 석물만의 고유한 특징을 보여준다.

조선 왕릉의 석물은 병풍석, 난간석과 같은 보호물의 기능을 하는 석물, 혼유석, 망주석, 장명등과 같은 공예품 형상의 석물, 석인(石人), ㉠석수(石獸)와 같은 인간과 동물 형상의 석물로 구분된다. 조선 왕릉에서 봉분이 위치한 공간인 능침 공간은 세 구역으로 구분되며,

석물은 이들 구역에 나뉘어 배치되었다. 능침 공간의 가장 높은 단인 상계에 있는 봉분의 둘레에는 병풍석을 둘러서 봉분을 보호하고 장식했으며, 그 바깥으로 봉분의 울타리 역할을 하는 난간석이 놓였다. 난간석 바깥에는 양 모양의 석양(石羊)과 호랑이 형상의 석호(石虎)가 봉분을 둘러싸듯이 배치되어 능을 수호하는 의미를 드러내었다. 이들은 봉분을 등지고 머리를 밖으로 향하였는데, 이는 사악한 기운을 물리치는 벽사(辟邪)의 상징적 의미가 있다. 온순한 양과 사나운 호랑이는 각각 음과 양의 기운을 지닌 것으로 간주되었으며, 따라서 석양과 석호는 좌우 대칭으로 각 두 쌍씩 번갈아 배치되어 음양의 조화를 꾀하였다. 봉분 앞에는 상(床)의 형태로 만들어진 혼유석이 놓여 있고, 그 좌우에는 촛대 모양의 망주석이 있다. 다음으로 능침 공간의 중계에는 등불 모양의 장명등이 배설되어 있으며, 공복을 입고 왕을 배알하는 문인 모습의 석물인 문석인 한 쌍이 각각의 이동 수단인 석마(石馬)를 대동하고 서로 마주보게 배치되었다. 능침 공간의 가장 아랫단인 하계에는 갑옷을 입고 왕을 호위하는 무인 모습의 석물인 무석인 한 쌍과 석마 한 쌍이 놓여 있다.

조선 왕릉의 석물은 시대의 흐름에 따라 조형적 특징의 변화가 지속적으로 ⓓ일어났다. 석물 중에서도 가장 규모가 큰 석인에서는 다른 석물에 비해 시기별 변화가 뚜렷하게 나타난다. 무석인보다 문석인에서 더욱 분명하게 나타나는 변화의 흐름은 크게 4기로 나누어 그 특징을 살펴볼 수 있다. 14세기 말부터 15세기 중반까지에 해당하는 제1기는 관대*를 착용하고 손에 홀*을 들고 서 있는 문석인 형상의 기틀을 갖추게 된 시기이다. 두 손 위로 소매가 겹쳐져 있어 홀을 잡은 손이 감춰져 있는 것이 특징이다. 제2기는 문석인의 크기가 3m 내외로 가장 거대해진 15세기 말부터 16세기 말까지이다. 이 시기의 문석인은 사실적인 입체감을 드러내기보다는 전체적으로 단순하고 부피감 있게 조각되어 거대한 덩어리처럼 보이는 독특한 인물상이 되었다. 특히 머리의 크기가 두드러지는 3등신에 ⓔ가까운 신체 비례는 현실과 다른 초월적 느낌을 주며, 탁 트인 야외에서도 위축되지 않는 존재감으로 왕실의 위용을 드러내게 되었다. 또한 이 때부터 홀을 쥔 문석인의 손이 드러나며 공복의 소매가 양옆으로 완전히 벌어진 형태를 띠게 되었다. 제3기는 임병 양란과 극심한 자연재해로 왕릉 조성에 곤란을 겪었던 17세기 초부터 18세기 초까지이다. 숙종의 석물 간소화 정책으로 문석인의 평균 크기가 176cm 정도로 크게 줄어들었고, 획일적으로 경직된 자세와

딱딱하고 직선적인 옷 주름 표현이 정형화되었다. 18세기 중반부터 20세기 초까지에 해당하는 제4기에는 문석인의 크기가 다시 2m 이상으로 커지고 사실주의의 영향으로 머리 크기가 줄어들어 실제 신체 비례에 근접하게 되었다. 또한 조각 기법의 발전으로 재료의 특성으로 인한 제약이 극복되어 세부 표현이 한층 정교해졌고, 복두를 쓴 이전 시기의 문석인과는 달리 금관을 쓴 문석인이 등장했다. 20세기에 들어서면서는 일본에서 근대 서양식 조각 기법이 도입되어 문석인의 모습이 이국적으로 변하며 전통을 상실하게 되었다.

* 국조오례의: 1474년(성종 5년) 왕명으로 편찬된 국가의 기본 예식인 오례(五禮)에 대해 규정한 예전(禮典).
* 관대: 조선 시대 문관들의 공복(公服). 공복 차림에는 머리에 복두나 금관을 썼음.
* 홀: 조선 시대에 문관들이 임금을 알현할 때 손에 쥐던 물건.

12

윗글을 통해 알 수 있는 내용으로 적절하지 <u>않은</u> 것은? [3점]

① 상계의 혼유석과 중계의 장명등 모두 그 좌우에는 촛대 모양의 망주석이 배치되어 있다.
② 조선 왕릉의 석물은 엄격한 예법에 근거를 두어 오랜 세월 동안 체계적으로 제작될 수 있었다.
③ 잔디 언덕 위에 세워진 조선 왕릉의 석물은 다양한 크기로 조화롭게 어우러져 조형미가 뛰어나다.
④ 조선 왕릉의 석물은 내구성이 강한 화강암으로 만들어져 현재까지 대부분 온전히 보존될 수 있었다.
⑤ 능침 공간의 가장 높은 단에 위치한 왕의 무덤은 보호의 기능을 하는 병풍석과 난간석으로 둘러싸여 있다.

13

〈보기〉는 ㉠에 대한 추가 자료이다. 〈보기〉와 ㉠을 비교한 내용으로 적절하지 <u>않은</u> 것은? [3점]

─〈보기〉─

황제릉과 제왕릉을 아우르는 중국 왕릉에서 석양, 석호, 석마를 포함한 모든 석수들은 능의 입구에 배치되어 봉분 쪽을 향해 일렬로 도열해 있는데, 이는 석수에 의전을 수행하는 역할을 부여하여 왕의 권력을 과시하고자 한 것이다. 또한 중국 왕릉의 석마는 왕의 말을 관리하는 마관(馬官)이 함께 조각되어 왕의 영혼을 태우고 승천하는 천마(天馬)로서의 상징적 의미를 드러낸다.

① 석수가 봉분 쪽을 향하고 있는 중국 왕릉과 달리, 조선 왕릉의 석양과 석호는 능 밖을 바라보도록 배치되어 벽사의 상징성이 강조되었군.

② 석수가 능 입구에 배치된 중국 왕릉과 달리, 조선 왕릉의 석양과 석호는 봉분 주위를 둘러싸듯이 배치되어 능을 수호하는 의미를 드러내었군.

③ 석수가 일렬로 도열하듯 놓인 중국 왕릉과 달리, 조선 왕릉의 석양과 석호는 대칭을 이루며 봉분 양쪽에 교차 배치되어 음양의 측면에서 조화로운 구성을 보여주었군.

④ 모든 석수가 동일한 공간에 놓인 중국 왕릉과 달리, 조선 왕릉에서 석수는 단차로 나뉜 각각의 구역에 하나의 종류씩 배치되어 수행하는 역할에 차이가 있음을 드러내었군.

⑤ 석마가 승천을 위한 왕의 소유물로서 마관과 함께 서 있는 중국 왕릉과 달리, 조선 왕릉의 석마는 석인과 나란히 배치되어 왕을 보좌하는 신하들을 위한 것임을 드러내었군.

14

윗글을 바탕으로 〈보기〉의 A와 B를 감상한 내용으로 적절하지 <u>않은</u> 것은? [4점]

─〈보기〉─

A는 16세기에 만들어진 문석인이다. 잔뜩 웅크린 어깨부터 관대 끝자락까지의 신체 윤곽선이 일(一)자형이며, 머리와 두 손을 매우 크게 표현하여 강렬한 인상을 주고 있다. B는 18세기 후반에 만들어진 문석인으로 유연한 곡선미와 늘씬한 신체가 돋보인다. 특히 금관 둘레의 화려한 연꽃 문양은 조각임에도 마치 회화같이 표현되어 세밀한 부분까지 놓치지 않는 수준 높은 기교의 절정을 보여주고 있다.

320cm   220cm

A   B

① A는 실제보다 과장된 신체 비례로 표현되어 초월적 느낌을 주며 강렬한 존재감을 드러내고 있군.

② 3m가 넘는 크기의 A는 신체 윤곽선이 간결하게 표현되어 부피감 있는 거대한 덩어리처럼 보이는 2기 문석인의 특징에 부합하는군.

③ B는 쓰고 있는 금관 둘레의 문양까지 섬세하게 조각되어 세부적 표현이 정교한 4기 문석인의 특징을 보여주고 있군.

④ 늘씬한 신체가 부드러운 윤곽선으로 표현된 B는 새로운 재료에 적응한 조각 기법의 발전으로 경직된 자세에서 벗어난 문석인의 모습을 보여주고 있군.

⑤ A와 B는 모두 홀을 잡은 양손이 드러나게 조각되어 소맷자락이 좌우로 벌어진 형태로 표현된 문석인의 모습을 보여주고 있군.

15

문맥상 ⓐ~ⓔ와 가장 유사한 의미로 쓰인 것은? [3점]

① ⓐ: 그는 지금껏 단 한 번도 뜻한 바를 <u>이루지</u> 못한 적이 없다.

② ⓑ: 동생은 선생님이 너무 <u>어려워서</u> 그 앞에서는 말도 제대로 못 한다.

③ ⓒ: 사람들은 사그라드는 불씨를 <u>살리기</u> 위해 애를 썼다.

④ ⓓ: 나를 놀리는 말에 화가 불쑥 <u>일어나서</u> 말다툼을 하였다.

⑤ ⓔ: 그 영화는 개봉 첫날부터 백만 명에 <u>가까운</u> 관객이 몰렸다.

[16~18] 다음 글을 읽고 물음에 답하시오.

> (가)
>
> 새끼오리*도 헌신짝도 소똥도 갓신창*도 개니빠디*도
> 너울쪽*도 짚검불*도 가락잎도 머리카락도 헝겊조각도
> 막대꼬치도 기왓장도 닭의 짓*도 개터럭도 **타는 모닥불**
>
> **재당***도 **초시***도 문장(門長)*늙은이도 더부살이 아이
> 도 새사위도 갓사둔*도 나그네도 주인도 할아버지도 손
> 자도 붓장사도 땜쟁이도 **큰개**도 **강아지**도 모두 모닥불
> 을 쪼인다
>
> ㉠모닥불은 어려서 우리 할아버지가 어미아비 없는 서
> 러운 아이로 불상하니도 몽둥발이*가 된 슬픈 역사가
> 있다
>
> — 백석, 「모닥불」—

> * 새끼오리: 새끼줄 조각. '오리'는 실, 나무, 대 따위의 가늘고 긴 조각.
> * 갓신창: 가죽신 바닥에 댄 창. '갓신'은 '가죽신'의 옛말.
> * 개니빠디: 개의 이빨. '니빠디'는 '이빨'의 평북 방언.
> * 너울쪽: 널빤지.
> * 짚검불: 지푸라기.
> * 닭의 짓: 닭의 깃털. '짓'은 '깃'의 방언.
> * 재당: 향촌의 최고 어른에 대한 존칭.
> * 초시: 과거의 첫 시험. 또는 그 시험에 급제한 사람. 예전에 한문을 좀 아는 유식한 양반을 높여 이르던 말.
> * 문장(門長) : 한 문중에서 항렬과 나이가 제일 위인 사람.
> * 갓사둔: 새사돈.

> * 몽둥발이: 몽동발이. 딸려 붙었던 것이 다 떨어지고 몸뚱이만 남은 물건.

> (나)
>
> 눈 위에 주름 귀 밑에 물사마귀
> 다들 한결같이 낯설지가 않다
> 아저씨 워데까지 가신대유
> **한강**만 넘으면 초면끼리 주고받는
> 맥주보다 달빛에 먼저 취한다
> **그 저수지에서 붕거지 참 많이 잡혔지유**
> 찻간에 가득한 **고향의 풀냄새**
> 달빛에서는 **귀뚜라미** 울음도 들린다
> **아직 대목장이 제법 크게 슨대면서유**
> 쫓기고 시달린 삶이 꼭 꿈결 같아
> 터진 손이 조금도 쓰리지 않고
> 감도 꽤 붉었겠지유 인제
> ㉡이 하루의 행복을 위해
> 흘린 땀과 눈물도 적지 않으리
> 여봐유 방앗간집 할머니 아니슈
> 돌려 세우면 처음 보는 시골 늙은 아낙
> **선물 보따리**가 달빛 속을 달려가고
> 너무 똑같아 실례했슈
> **모두들 모르는 사람들**이어서
> 낯선 데가 하나도 없는 귀성열차
>
> — 신경림, 「귀성열차」—

16

(가)와 (나)의 공통점으로 가장 적절한 것은? [3점]

① 명사로 끝맺은 시행을 반복하여 시적 여운을 자아내고 있다.

② 지시어의 연속적 배치로 상황에 대한 집중을 유도하고 있다.

③ 대화와 진술을 교차하여 시적 상황을 다채롭게 묘사하고 있다.

④ 도치의 방식으로 시상을 마무리하여 주제 의식을 드러내고 있다.

⑤ 현재형 어미를 활용하여 제시된 장면에 현장감을 부여하고 있다.

17

〈보기〉를 바탕으로 (가), (나)를 이해한 것으로 적절하지 않은 것은? [4점]

보기

(가)와 (나)는 이질적 존재들이 어울리는 순간을 중심으로 시상을 전개한다. 작품에 등장하는 다양한 존재들은 서로를 구분하는 경계를 무화(無化)시키고 하나의 동질성을 획득하면서 어울림의 순간을 공유한다. 이러한 과정은 특정한 매개체를 통하여 혹은 시공간적 거리나 심리적 거리를 뛰어넘게 하는 행위를 통해 이루어진다.

① (가)의 1연에서 하나의 범주로 묶이기 어려운 각양각색의 사물들은 '타는' 과정을 거쳐 하나의 '모닥불'을 만들어낸다.

② (가)의 2연에서 '재당'과 '초시'로부터 '큰개'와 '강아지'에 이르기까지 '모두 모닥불을 쪼인다'는 것은, 이들이 서로를 구분하는 경계가 무화되어 동질성의 차원에서 함께 어울리고 있음을 보여준다.

③ (나)의 '귀성열차'는 '모두들 모르는 사람들'을 한데 모아 '낯선 데가 하나도 없는' 사람들로 아우르는 동질화의 공간이다.

④ (나)의 '한강'은 '고향의 풀냄새'와 '귀뚜라미 울음'으로 충만한 공간이 '선물 보따리'의 종착역으로 인식되기 위해 넘어서야 하는 경계를 의미한다.

⑤ (나)의 '그 저수지에서 붕거지 참 많이 잡혔지유', '아직 대목장이 제법 크게 슨대면서유'와 같은 말은, 사람들 사이의 이질성과 심리적 거리를 제거하는 데 기여한다.

18

㉠과 ㉡에 대한 설명으로 가장 적절한 것은? [3점]

① ㉠과 ㉡ 모두에는 대상의 이면을 응시하는 화자의 내면이 투영되어 있다.

② ㉠과 ㉡ 모두에서 상황에 대한 화자의 생각이 변화하는 과정을 살펴볼 수 있다.

③ ㉠과 ㉡ 모두에서 화자의 인식이 역사적 차원으로 확장되고 있음을 확인할 수 있다.

④ ㉠에는 화자가 느끼는 비애의 정서가, ㉡에는 화자가 잠겨 있는 안도의 정서가 형상화되어 있다.

⑤ ㉠에는 화자 자신의 현재에 대한 성찰이, ㉡에는 대상의 미래에 대한 화자의 기대가 드러나 있다.

[19~22] 다음 글을 읽고 물음에 답하시오.

[앞부분의 내용] 가세가 기울어 시골집에 혼자 사는 어머니를 방문하는 고향길은 '나'에게 늘 고역으로 다가온다. 이런 이유로 서울로 돌아가는 길에 고향 사람들을 피하려고 새벽차에 오르지만, 앞차의 사고로 버스가 움직이지 않게 되자 난감해한다. 버스 안에서는 엿장수 아낙을 중심으로 엿판이 벌어지고, '나'는 아낙에게 엿판을 멈추고 사람 값을 하라며 윽박지른다.

나의 공박이 끝나고 난 다음부터 차 속은 한동안 민망스럽도록 조용한 침묵만 흐르고 있었다. 나의 생각을 거들고 나서거나 그것에 호응을 해올 기미 같은 건 더더구나 전혀 기대 밖의 일이었다.

하지만 나는 이제 상관하지 않았다. 나는 무엇인가 꼭 내가 하지 않으면 안 될 듯싶은 일을 방금 해치우고 난 듯한 후련스러움이, 혹은 그것으로 나는 최소한이나마 내가 지녀야 할 사람 값을 치르고 난 듯한 홀가분한 기분이 은밀스럽게 가슴으로 스며왔다. 그리고 그 **후련스럽고 홀가분한 기분**엔, 내겐 어쩌면 차가 가고 못 가고조차도 그리 큰 문제가 아닌 듯싶었다. 사람들이 내게 호응을 해오거나 말거나 그걸 굳이 상관할게 없었다. 나는 이제 그것으로 더 이상 나서야 할 일도 없는 것 같았다.

나는 그만 팔짱을 끼고 눈을 감은 채 자리를 편하게 고쳐앉았다.

㉠그런데 그때였다.

나는 무언가 오해를 하고 있었던 것 같았다. 게다가 너무 일찍 마음이 편해지고 있었던 것 같았다.

"사람 값이라, 사람 값. 그게 참 좋은 말이제……."

㉡조용하기만 하던 차 뒤켠에서 누군지 혼자소리처럼 중얼거리는 소리가 들려왔다. 좀 전에 내가 아낙네에게 쏘아댄 말을 두고 하는 소리가 분명했다. 그것도 그런 소리를 함부로 내쏟은 내 쪽을 은근히 이죽거리고 있는 기미가 역력했다.

아니나 다를까, 그 소리에 용기를 얻은 듯 이번에는 바로 등 뒷자리의 여자가 노골적으로 나를 지목하고 나섰다.

"글씨 말이오. 우리도 다 제 돈 주고 탄 찬디, 누군 뭐 당한 줄 모르고 답답한 줄 몰라서 이러고들 앉았겠소. 차를 아주 안 타고 댕길라면 모를까, 이나마 차편까지 아주 끊어놓고 말라고……."

그러자 그 소리에 뒤이어 다시 여기저기서 저희끼리인 듯 듣기 거북한 말들을 보태어나갔다.

"젠장맞을! 우리 골 찻길 나쁜 게 국회의원 잘못 뽑은 허물인 줄 알았는디, 인제서 진짜 국회의원감 한 사람 만났구만그려."

"허기사 우리 같은 시골 무지렝인 제 옷꼴이 뭣이 되는지 찬비를 맞는지도 모르는 놈들잉께……."

"지 몸에 해로울 것인디, 젊은 신사 양반 너무 혼자만 잘난 척 나서지 맙시다. 기분 난다고 무단한 소리해서 운전사 양반 비위나 건드리리다. 그래 봐야 저 양반한 테 혼자 차에서 내리란 소리나 들을 텐께……."

ⓒ모두가 등 뒤쪽에서 들려오는 소리들이었다. 호응 은커녕 비방과 빈정거리는 소리 일색이었다.

어쨌거나 그건 예상하지 못했던 뜻밖의 사태였다.

나는 금세 다시 목구멍 속에서 불덩이 같은 것이 치솟아올랐다. 하지만 나는 이제 그 소리들 앞에 얼핏 눈을 뜨고 나설 수가 없었다. 눈을 뜨고 그 사람들과 맞서 나설 엄두가 나지 않았다. 눈을 꾹 감은 채 그냥 그대로 참어넘기는 수밖에 도리가 없었다.

무슨 말로 맞서봐야 먹혀들 사람들이 아닌 것 같았다. 아니 이제는 나 자신 그 사람들 앞에 맞서고 나설 말이 없었다. 맞서고 나설 육신의 기력도 없었다. 내겐 이제 손가락 하나도 움직여볼 기력이 남아 있질 않았다. 온몸이 그저 물먹은 솜처럼 무겁게 가라앉아 들어가고 있었다.

[A] 그렇게 그냥 눈을 감고 있자니 아깟번처럼 또 **거대한 늪이 나를 깊이 감싸고 들기 시작했다.** 그 늪은 **갈수록 거대한 힘으로 나를 끝없이 빨아들이고** 있었다. 사지를 버둥거릴수록 그 힘은 **더욱더 깊은 늪 밑바닥으로 나를 무섭게 빨아들였다.** 내 몸뚱이는 바야흐로 그 거대하게 살아 있는 수렁의 힘 속으로 흔적도 없이 녹아 들어가고 있었다.

"지금은 엿이나 먹고 있을 계제가 아니라……. 것도 참 말인즉 옳은 말이제. 하지만 지금 이렇게 바보처럼 엿이라도 뽑아묵고 앉아 있지 않으면 그래 이 차를 등에 짊어지고 고개를 넘어갈 재주라도 내놓으란 말인가……."

이윽고 다시 **등 뒤쪽 남자**가 나를 이죽거리는 소리가 들렸다. 그리고 그 **엿장수 아낙**이 아직 엿덩일 손에 들고 있는지, 자신이 엿을 사주겠다는 듯 호기 있게 아낙을 불렀다.

"엿소 아주머니, 그 엿 내게 주시요."

돈까지 치러 건네려는 기미였다.

나는 계속 못 들은 척 눈을 감고 버티었다.

ⓓ하지만 아낙은 아낙대로 또 내게 무슨 공박할 말이 남아 있었던 것일까. 아니면 자신의 헛친절이 발단이 되어 사람들로부터 내가 너무 당하고 있는 데 대한 민망스러움에서였을까. 그녀는 웬일인지 남자에게 엿을 팔 생각을 안 했다.

"가만계세요. 내가 언제 엿 팔아달랩디껴? 이건 아까부터 이 젊은 선상님한테 드릴라고 한 것인디……."

그녀는 되려 엿을 사고 싶어하는 남자를 나무라고 나서 내 쪽을 향해 추근추근 다시 말하기 시작했다.

"여보시오 젊은 양반. 나 좀 보시드라고요. 나 선상님 헌테 할 말이 좀 있구만요. 그러닝께 이 엿이나 드시면서 내 얘기 좀 들어보시드라고요."

무슨 수작인지 알 수가 없었다. 그녀는 이번에도 또 내게 엿을 권해오고 있었다. 눈을 감은 짐작에도 그녀는 다시 내 앞에 엿을 내밀고 있음이 분명했다.

어이가 없기도 하고 난감하기도 하였다. 하지만 나는 역시 못 들은 척하였다. 그러거나 말거나 아낙은 이미 작심한 바가 있는 듯 말을 계속해 나갔다.

"보아하니 선상님은 아매 이런 길이 첨인 것 같어서 따로 허물은 말 않겠소. 하기사 이런 일 많이 안 당해본 사람은 이런 때 성질이 안 끓어 오를 수도 없을 텐께요. 첨엔 우리도 다 그랬답니다. 하지만 하루 한 번씩 이런 길을 댕기면서 이꼴 저꼴 참어넘기고 사는 사람도 있다요. 여비만 좀 모자라도 차를 내려라 마라, 삐숙한 불평 한마디만 말해도 노선을 죽인다 살린다…… 차를 아주 안 타고 살라면 몰라도 그런 일 저런 일에 어떻게 다 아는 척을 하고 살겠소……."

ⓔ아낙이 말을 도맡고 있는 동안 차 안에선 그녀를 방해하고 나서는 사람이 아무도 없었다. 시비가 어떻게 되어나가는지 모두들 조용히 둘 사이의 동정만 지켜보는 기미였다. 나는 갈수록 눈을 뜨기가 난처해지고 있었다.

[B] 나는 계속 눈을 감고 버티는 수밖에 없었다. 하지만 아낙의 푸념은 그럴수록 더 깊고 거대한 늪 속으로 나를 힘차게 옥죄어들이고 있었다. 나는 이제 그 **늪의 숨결과 인력에 빨려들어** 자신 의 **형체조차 느낄** 수가 없었다. 그러다 **어느 순간**—나는 자신이 끝없이 분해되어

120

가는 듯한 허망스런 무력감 속에서 문득 그 **살아있**
는 늪의 마지막 밑바닥이 발밑에 닿아옴을 느꼈다.
　　그리고 그 늪의 깊고도 견고한 밑바닥에서 나는
마침내 죽음처럼 무겁게 가라앉아 들어간 수많은
사람들의 **질기디질긴 삶의 숨결**과 그 삶들의 따스
한 온기가 **조용히 파도쳐 오르고** 있음을 느꼈다.
　　　　　　　　　　　　　－ 이청준, 「살아 있는 늪」 －

19

윗글에 대한 설명으로 가장 적절한 것은? [3점]

① 빈번한 장면 전환을 통해 긴박한 분위기를 조성하고
　있다.
② 자기 고백적인 서술을 통해 인물의 내면을 제시하고
　있다.
③ 감각적인 배경 묘사를 통해 인물의 심리 변화를 전
　달하고 있다.
④ 전해 들은 이야기를 전달하는 방식으로 과거 사건을
　제시하고 있다.
⑤ 인물의 경험을 삽화 형식으로 제시하여 사건에 입체
　감을 부여하고 있다.

20

㉠~㉤에 대한 이해로 적절하지 <u>않은</u> 것은? [3점]

① ㉠: 특정 시점을 강조하여 이어지는 상황에 대한 주
　목을 유도하고 있다.
② ㉡: 하나의 발화를 다룬 문장을 연속적으로 제시하
　여 그 의미를 부가적으로 드러내고 있다.
③ ㉢: 서로 다른 발화를 종합하여 그 발화들의 공통된
　성격을 제시하고 있다.
④ ㉣: 질문의 형식으로 행동의 이유를 탐색하여 그 행
　동이 뜻밖의 것임을 드러내고 있다.
⑤ ㉤: 서술의 초점을 다른 대상으로 옮겨 사건의 정황
　을 다각도로 전달하고 있다.

※ 〈보기〉를 읽고 21번과 22번의 두 질문에 답하시오.

────── 보기 ──────

　　이 작품의 서사는 '나'가 우연한 사고를 계기로 고향
과 고향 사람들에 대한 오랜 거부감에서 벗어나 이해의
국면에 도달하게 되는 과정을 중심으로 진행된다. 이
과정은 특정한 공간에서 '나'의 침묵과 고향 사람들의
목소리가 대비되는 가운데 점진적으로 전개되며, ㉮이
는 '늪'이라는 상징적 소재를 통해서 드러난다.

21

〈보기〉와 윗글을 관련지어 감상한 내용으로 적절하지
<u>않은</u> 것은? [4점]

① '나'와 고향 사람들이 사고로 버스 안에 갇히게 된 것
　은 '나'의 침묵과 고향 사람들의 목소리가 대비될 수
　있는 상황적 기반이 만들어지게 된 것으로 볼 수 있
　군.
② '엿장수 아낙'을 공박한 '나'가 '후련스럽고 홀가분한
　기분'을 느낀 것은 사람들의 행동에 대한 불만과 함
　께 고향에 대해 오래 묻어왔던 거부감을 표출할 수
　있었기 때문이라 짐작할 수 있군.
③ '나'의 공박이 끝나고 사람들의 발화가 이어지면서,
　'나'가 침묵을 유지하는 가운데 이들의 목소리에 귀
　를 기울일 수밖에 없는 상황을 조성하는군.
④ '나'의 공박에도 불구하고 다시 엿판을 벌이려고 하
　는 '등 뒤쪽 남자'의 행동을 계기로 고향 사람들의 목
　소리는 더욱 다변화되고 있군.
⑤ 일방적으로 공박을 쏟아낸 '나'와 달리 '나'의 입장을
　감안하는 '엿장수 아낙'의 목소리는, 고향 사람들에
　대한 이해의 토대를 만들어 '나'의 변화를 이끌어낸
　다고 볼 수 있겠군.

2023학년도

22

㉮와 관련지어 [A], [B]를 이해한 내용으로 적절하지 않은 것은? [3점]

① [A]에서 '거대한 늪'이 '나'를 '깊이 감싸고 들기 시작'한다는 것은, '나'가 당면한 상황을 회피할 수 없는 것으로 인식하게 되었음을 보여준다.

② [A]에서 '깊은 늪'은 '갈수록 거대한 힘'으로 '더욱더' '나'를 '무섭게 빨아들'이는 것으로 제시되어, '나'가 자신을 둘러싼 상황으로 인해 느끼는 부담감이 점점 강화되고 있음을 드러낸다.

③ [B]에서 '나'가 '늪의 숨결과 인력에 빨려들'어 '형체조차 느끼'지 못하게 된 것은, '나'가 고향 사람들을 이해할 수 없다는 심리적 무력감을 보여준다.

④ [B]에서 '나'가 '어느 순간' '살아 있는 늪'의 '밑바닥이 발밑에 닿아옴을 느끼'는 것은 '나'가 고향 사람들의 삶을 이해할 수 있는 국면에 접어들게 되었음을 의미한다.

⑤ [B]에서 '나'가 '살아 있는 늪'에서 '조용히 파도쳐 오르'는 '질기디질긴 삶의 숨결'을 느낀 것은, '나'가 무기력해 보이는 고향 사람들이 실은 상황을 감내하고 있었다는 점을 의식하게 되었음을 보여준다.

[23~26] 다음 글을 읽고 물음에 답하시오.

(가)
아희야 구럭 망태 거두어라 서산에 날 늦었다
밤 지낸 고사리 하마 아니 자라시랴
이 몸이 이 푸새 아니면 조석 어이 지내리
〈1장, 서산에서 나물을 캐다〉

[A]
  ┌ 아희야 도롱이 삿갓 차리어라 동쪽 시내에 비 지거다
  │ 기나긴 낙대에 미늘* 업슨 낙시 매어
  └ 져 고기 놀라지 마라 내 흥 계워 하노라
〈2장, 동쪽 시내에서 물고기를 보다〉

아희야 죽조반 다오 남쪽 이랑에 일 만해라
㉠서투론 따부*를 눌 마조 자부려뇨

두어라 성세(聖世) 궁경(躬耕)도 역군은이시니라
〈3장, 남쪽 이랑에서 밭을 갈다〉

아희야 소 먹여 내어라 북쪽 성곽에 새 술 먹자
대취한 얼굴을 달빛에 시러오니
㉡어즈버 희황상인(羲皇上人)*을 오늘 다시 보와다
〈4장, 북쪽 성곽에서 술을 먹고 돌아가다〉

— 조존성, 「호아곡(呼兒曲)」—

* 미늘: 낚싯바늘 끝의 갈고리.
* 따부: 농기구의 하나.
* 희황상인: 중국의 시조인 복희씨 이전의 사람. 세상일을 잊고 한가하고 편안히 숨어 사는 사람을 이르는 말.

(나)
동풍이 살짝 불어 침실에 들어오니
창밖의 찬 매화 이 소식을 먼저 안다
천지가 화창하여 꽃과 버들이 아름다움 다투니
풍영단 방수단에 미친 흥이 끝이 없다
와룡산에 비 갠 후에 고사리 손수 꺾어 국으로 달이니
조석의 음식맛이 족함도 이내 분수로다
㉢온 산에 꽃 다 지고 나무에 새잎 나니
  ┌ 녹음이 가득하여 여름날이 아주 긴 때에
  │ 돌베개에 낮잠 깨어 함벽당을 굽어보니
[B]│ 그곳에 노는 고기 낱낱이 다 셀 만하다
  │ 대숲의 서늘한 기운 연잎의 물방울 흩어지게 하니
  └ 군자의 맑은 성품 여기서 알리로다
㉣기러기 한 소리에 맑은 서리 물들이고
산빛이 변하여 금수로 꾸몄으니
곡구암 반타암이 그림 되어 동구에 잠겨 있다
밝은 달이 떠올라 소나무에 비추거든
거문고 바로 안고 난간에 기대니
깃털옷 입은 손님은 다 나를 찾아와 눈에 가득 보이도다
세모에 날씨 차고 온 산에 눈 덮이니
인적은 끊어지고 우는 새도 없는 때에
언덕과 골짜기는 백옥 궁궐 경요굴이 되었거늘
㉤울창한 소나무는 혼자서 빼어나 높은 기개 가졌으니
내 마음도 그런 줄을 서로 알아 무고암에 서성이니
우리의 지조 절개야 고칠 줄이 있으랴
아마도 이 정자 작지만 다 갖추었네
춘하추동에 눈과 달, 바람과 꽃을 다 가졌으니
무엇을 아니 보며 어느 것을 버리리오

— 김득연, 「지수정가(止水亭歌)」—

23

'아희(야)'에 주목하여 (가)의 각 장에 나타나는 공통점을 설명한다고 할 때, 그 내용으로 가장 적절한 것은? [3점]

① '아희'의 존재를 개입시켜 정적인 장면에 역동성을 부여하고 있다.
② '아희'에게 내리는 지시에 이어 지시를 내리게 된 계기를 드러내고 있다.
③ 각 장에서 '아희야'를 반복 표현함으로써 화자가 느끼는 감흥을 절제하고 있다.
④ 각 장을 '아희야'로 시작함으로써 청자에게 교훈을 전하려는 의도를 분명히 하고 있다.
⑤ '아희'를 지시의 대상에서 흥취를 공유하는 주체로 바라보는 관점의 이동을 보여주고 있다.

24

㉠~㉤에 대한 설명으로 적절하지 <u>않은</u> 것은? [3점]

① ㉠: 의문형 어미를 활용하여 자신의 처지에 대한 회의를 부각하고 있다.
② ㉡: 동일시할 수 있는 존재를 과거에서 찾아 현재 자신의 상태를 부각하고 있다.
③ ㉢: 유사한 구조를 대응시켜 자연의 변화를 표현하고 있다.
④ ㉣: 감각적 심상을 연동시켜 주변 경관의 변모를 집약적으로 제시하고 있다.
⑤ ㉤: 자연물과 인간을 상호 교감하는 관계로 상정하여 특정 가치에 대한 태도를 강조하고 있다.

25

<보기>를 읽고 (가)와 (나)를 감상한 내용으로 적절하지 <u>않은</u> 것은? [4점]

―――――― 보기 ――――――

강호와 전원에서의 삶을 노래하는 시가에서 시간과 공간은 자연의 질서와 섭리를 표상하도록 구조화되어 있는 경우가 많다. 그래서 자연 공간은 중앙과 네 개의 방위[사방(四方)]로 이루어져 있는 것으로, 사계절은 순리에 따라 흐르는 시간적 질서를 가진 것으로 나타난다. 또한 이렇게 구조화된 질서와 섭리는 인간 사회로까지 확대되어 적용되기도 한다. 작품에서 시적 주체는 이렇게 구조화된 시공간을 배경으로 자연에서 살아가며, 상징적으로 해석될 수 있는 행위를 한다. 이러한 시가에 빈번하게 등장하는 고사리 캐기, 달 보기 등의 행위는 유교적 이념을 비롯한 정신적 가치에 대한 지향을 드러낸다.

① (가)에 제시된 네 개의 방위는 자연의 공간적 질서를, (나)의 사계절은 자연의 시간적 질서를 표상하는 것으로 구조화되어 있다.
② (가)의 1장의 고사리 캐기는 (나)의 '고사리 손수 꺾어'에서도 나타나는 행위로서, 이는 안분지족하는 시적 주체의 정신적 지향을 드러내고 있다.
③ (가)의 4장에서 '달빛'에 주목하는 행위는, (나)에서 '밝은 달'을 완상하는 행위와 마찬가지로 '군은'에 내포된 사회적 질서와 유교적 가치관을 구체화하고 있다.
④ (가)에서 각 장의 공간은 시적 주체가 거주하는 공간을 중심으로 사방을 향하는 것으로 배분되어, 시적 주체가 수행하는 행위의 시공간적 배경으로 기능하고 있다.
⑤ (나)의 '이 정자'가 '작지만 다 갖춘 것으로 평가되는 것은, 자연의 순리를 드러내는 사계절의 흐름과 정경의 변화를 바라볼 수 있는 공간이기 때문인 것으로 볼 수 있다.

26

[A]의 저 고기 와 [B]의 그곳에 노는 고기 에 대한 설명으로 가장 적절한 것은? [4점]

① '져 고기'는 '기나긴 낙대'를 들게 된 후의 결과이고, '그곳에 노는 고기'는 '낮잠'을 깨게 된 원인이다.

② '져 고기'는 '놀나지' 말아야 할 적막함을 나타내고, '그곳에 노는 고기'는 '연잎의 물방울'을 흩어지게 하는 소란함을 나타낸다.

③ '져 고기'는 '동쪽 시내'의 정경을 조망하게 하는 자연물이고, '그곳의 노는 고기'는 '함벽당'을 굽어보게 하는 계기가 되는 자연물이다.

④ '져 고기'는 '비'와 어울려 '시내'의 생동감을 고조시키는 존재이고, '그곳의 노는 고기'는 '녹음'이 가득한 '여름날'의 무료함을 부각하는 존재이다.

⑤ '져 고기'는 '미늘 업슨 낙시'와 연결되어 무욕의 태도와 '흥'을 드러내고, '그곳의 노는 고기'는 '대숲', '연잎'과 어울려 '군자의 맑은 성품'을 환기하게 한다.

[27~30] 다음 글을 읽고 물음에 답하시오.

[앞부분의 줄거리] 조선의 장수 강홍립은 명을 도와 오랑캐를 토벌하기 위해 출정했으나, 우두머리인 누르하치에게 투항한 후 그의 총애를 받아 부귀영화를 누린다. 그 무렵 조선에서 역모에 가담했던 한윤이 오랑캐 땅으로 도망쳐 온다. 그는 강홍립의 일가친척이 모두 처형되었다는 거짓말을 하며, 누르하치에게 조선 정벌을 설득하도록 강홍립을 부추긴다.

홍립이 스스로 생각건대 자신의 일족을 멸한 복수를 하지 않을 수 없고, 아내를 아끼는 마음 또한 저버릴 수 없었다. 가슴속에서 두 가지 생각이 엎치락뒤치락하는 사이에 몇 달이 흘렀다.

㉠한윤은 홍립이 주저하는 것을 보고는 정색을 하고 이렇게 힐난했다.

"대감께서 어버이를 저버리고 오랑캐에게 항복해 목숨을 구걸한 까닭에 온 집안 사람이 벌을 받아 유혈이 낭자하건만, 대감께서는 부귀에 젖고 아녀자에게 빠져 눈앞의 즐거움만 마음껏 누리고 있으니 무슨 면목으로 천하의 의사(義士)들을 대하시렵니까? 지금 조선은 나라가 망할 지경에 이르렀으니, 철기병을 이끌고 간다면 파죽지세로 밀고 나가 혁혁한 전공을 세우는 것이 마치 손바닥을 뒤집는 일처럼 쉬울 것입니다. 대감은 어찌 원대한 계책을 품지 않으십니까?"

홍립이 깨달은 바가 있어 마침내 누르하치에게 말했다.

"조선은 천하의 훌륭한 무기가 있는 곳입니다. 좋은 활과 긴 창, 정교한 대포와 날카로운 검이 모두 조선에서 나옵니다. 이처럼 무(武)에 능한 나라이건만, 풍속은 교활함을 숭상하여 인재를 등용할 때 세력과 이익을 보아 사람을 씁니다. 그러므로 민심이 이반하여 일이 생기면 관망하거나 피해 버립니다. 그러나 재능 있는 인물들은 자신의 재주를 펴 보기를 고대하고 있으므로, 조선을 침략한 후 그들을 불러내 기용하는 사람이 있다면 조선 전역의 인재들이 뭇 별들이 북극성을 둘러싸듯 그 사람을 추종할 것입니다. ㉡우(虞)나라에서는 어리석었지만 진(秦)나라에서는 지혜로웠던 백리해와 같은 사람도 있고, 수나라에서는 아첨이나 일삼았지만 당나라에서는 충성을 다했던 배구와 같은 사람도 있습니다. 지휘에 능한 이로 하여금 강병을 훈련시키고 하늘의 위엄을 받들어 말을 몰아 동쪽으로 향하게 한다면, 조선에 비록 지혜로운 자가 있다 한들 명을 위한 계책을 펼 수 없을 것입니다. 제가 어리석어 주군께 거두어진 뒤 조금의 공도 세운바 없습니다. ㉢지금 군사를 일으키는 때를 맞아 선봉에 세워 주신다면 조선의 가왕(假王)이 되어 지혜롭고 용맹한 이를 모으고 그중 가장 정예한 자들을 뽑아 10만 군대를 갖추어 보이겠습니다. 이로써 주군의 은혜에 보답할 뿐 아니라 하늘이 주신 천하 통일의 기회에 보탬이 되도록 하겠습니다."

누르하치가 웃으며 말했다.

"자네의 말은 옳지 않네. 조선 사람은 예의를 숭상하니 침공하기는 쉽지만 복종시키기는 참으로 어렵지. 옛날 원나라 세조(世祖)는 그 힘이 천하를 평정할 만했건만, 고려를 완전히 복종시키지 못하고 30년 전쟁 끝에 부마국(駙馬國)을 만드는 데 그쳤을 뿐이네. 지금 우리 병력이 강하긴 하지만 군사를 나누면 힘이 작아져, 일부 병력만으로 급히 조선 공격에 나섰다가는 군대를 돌이키지 못한 채 공연히 [A] 세월만 끌게 될 거야. 그래서는 요동을 넘어 중원을 향해 한 걸음도 나아가지 못할 테니, 작은 이익에 연연하는 것은 올바른 계책이라 할 수 없네. 그러니 지금 최선의 방책은 동쪽으로 조선과 화의를 맺고 남쪽으로 명나라와 싸움을 벌여 곧장 연경(燕京)을 점령한 후 천하가 우리에게 돌아오는 것을 기다리는 것이네. 또 옛사람은 죽음에 이르더라도 감히 자신이 군주로 섬기던 이를 노예로 만드는 일은 도모하지 않았거늘, 자네는 왜 자기 조국을 이처럼 원수로 여기는가? 최유(崔濡)의 일을 거울로 삼을 만하니, 자네는 깊이 생각해 보게!"

ⓔ홍립은 누르하치를 설득하기가 쉽지 않음을 알고는 여러 가지 이익을 들어 꾀어 봐야겠다고 생각해 자리에서 물러나 상소를 올렸다. 홍립은 상소에서 극단적인 말로, 조선은 방비가 매우 허술하고 민심이 이반되어 있으며 여인들이 아름다울 뿐만 아니라 금은보화가 가득하다고 중언부언하며 속히 군사를 일으켜야 한다고 주장했다. 두 번 세 번 거듭 상소를 올리다가 급기야 수십 차례나 상소를 올리기에 이르렀다. 지금도 오랑캐에게는 '강홍립 상소문'이라는 것이 남아 있는데, 그 두루마리가 많으며 사람들이 모두 그 내용을 이야기한다고 한다.

누르하치는 홍립이 스스로 조선의 왕이 되고자 하는 것을 보고는 내심 화가 나서 그 말을 들어주지 않았다. ⓜ홍립은 때를 잘못 만나 자신의 뜻을 펼치지 못함을 한탄하매 분함을 못 이겨 목숨을 끊고 싶은 마음이었다.

병인년(1626) 가을, 누르하치가 영원위(寧遠衛)에서 패하고 돌아와 죽었다. 아들 홍타이지가 군주의 자리를 이어받았다. 홍타이지는 새로 즉위하여 도움 받을 곳이 없었으므로 조선과 화의를 맺고자 하여 이 일을 홍립과 의논하였다. 홍립이 이렇게 말했다.

"조선의 군신(君臣)이 입술과 이처럼 명나라와 찰싹 붙어 있어서 사신 한 사람을 보내는 것만으로는 단기간 내에 화의를 맺기 어려울 것입니다. 철기병 수만을 보내 싸움을 벌인 뒤에 화의를 도모하는 것이 최선의 방법입니다. 동쪽으로 조선과는 화친을 맺고 남쪽으로 명과 전쟁을 벌인다는 계책 때문에 그동안 대사를 이루지 못한 것이 참으로 한스럽습니다. 조선과 전쟁하는 것의 이로움은 앞서 논한 바와 같으니, 지금 바로 시행하실 것을 청합니다. 일이 혹 뜻대로 이루어지지 않는다면 그때 가서 화의를 추진해도 늦지 않을 것입니다."

홍타이지가 고개를 끄덕이며 말했다.

"나는 대업을 계승하고 선왕의 뜻을 좇아 옛 신하를 기용하려 하오. 선친은 선생의 계책을 써서 전쟁에서 승리할 수 있었소. 선생이 우리나라에 충성을 다 바쳤음은 짐이 이미 가슴 깊이 새겨 두고 있소. 지금 조선과 우호를 유지하는 것은 선친의 뜻인데, 조선을 침공하자는 선생의 말이 시종 이리 간곡하니 필시 생각이 있어서일 것이오. 조선과 우호 관계를 유지하여 서로 돕고 지내자는 것이 선친의 유지 [B]

이고, 조선을 침략하여 복속시키자는 게 선생의 계책이니, 이제 이 둘을 모두 시도해 보겠소. 만일 하늘의 도움을 입어 쉽게 조선을 이긴다면 선생을 조선의 왕으로 삼겠소. 그러니 선생은 사양하지 말고 군대를 거느리고 가 조선을 치도록 하시오. 선생으로서는 금의환향하는 일이고, 짐으로서는 장차 중원을 공략하는 데 큰 힘을 얻게 될 것이오. 만에 하나 조선의 왕과 하늘을 걸고 맹세하여 길이 우호 관계를 맺는다면 동쪽에 대한 근심을 덜고 남쪽으로 명을 치는 데 전념할 수 있을 것이오. 이는 선친께서 내게 남겨주신 만세토록 무궁한 이익을 얻는 방책이오. 조선에 출정하는 군대에 대한 모든 권한을 선생께 맡기겠소. 가서 힘써 주시오!"

마침내 두 왕자에게 명을 내려, 날랜 기병 3만을 선발하고 홍립을 장군으로 삼아 조선으로 가게 했다. 한윤은 군대의 앞에서 길을 안내하는 역할을 맡았다.

— 권칙, 「강로전」 —

27

윗글에 대한 설명으로 가장 적절한 것은? [3점]

① 현재에서 과거의 순서로 사건을 전개하고 있다.
② 우의적 설정을 통해 주제 의식을 드러내고 있다.
③ 해학적 표현으로 특정 계층의 입장을 암시하고 있다.
④ 서술자가 개입하여 서술 당시의 상황을 전달하고 있다.
⑤ 초월적 능력을 지닌 인물이 등장하여 갈등을 해소하고 있다.

28

㉠~㉤에 대한 이해로 적절하지 않은 것은? [3점]

① ㉠: 결심을 촉구하기 위해 상대방을 자극하고 있다.
② ㉡: 말하고자 하는 바를 뒷받침하기 위해 역사적 사례를 들고 있다.
③ ㉢: 자신의 요구를 들어주는 것이 상대방의 이익에 부합함을 설득하고 있다.

④ ㉣: 자신의 뜻을 관철하기 위해 다른 방법을 시도하고 있다.

⑤ ㉤: 실패의 원인을 스스로에게서 찾으며 반성하는 태도를 보이고 있다.

29

[A]와 [B]에 대한 설명으로 적절하지 않은 것은? [3점]

① [A]와 [B] 모두 중원을 공략하려는 목표를 밝히고 있다.

② [A]와 [B] 모두 조선과 화친을 맺고자 하는 의도를 밝히고 있다.

③ [A]와 [B] 모두 이익을 얻을 수 있는 방책에 대해 언급하고 있다.

④ [A]와는 달리 [B]에서는 조선을 침공하자는 제안을 수용하고 있다.

⑤ [B]와는 달리 [A]에서는 현재의 병력 운용의 문제점에 대해 언급하고 있다.

30

〈보기〉를 참고하여 윗글을 감상한 내용으로 적절하지 않은 것은? [4점]

> ┌─── **보기** ───┐
>
> 「강로전」은 '강로' 즉 '강씨 오랑캐'로 규정된 강홍립을 부정적 인물로 내세워 형상화하고 있는데, 그 배경에는 17세기 조선 사회의 지배적 가치관인 명나라를 숭상하고 오랑캐를 배격한다는 '숭명배호'의 정치적 이념이 놓여 있다. 아울러 이 작품에는 서얼로서 신분적 한계를 가졌던 작가 자신의 당대 현실에 대한 비판적 인식이 배어 있기도 하다.

① '강로전'이라는 작품의 제목은, 강홍립 이야기를 숭명배호의 정치적 이념에 근거하여 서술하겠다는 의도를 압축적으로 담은 것으로 볼 수 있겠군.

② 조선과 명의 관계를 거론하며 단기간 내에는 조선과의 화의가 어려울 것이라는 강홍립의 말은, 숭명배호의 가치관이 실현되기 어렵다는 인식을 드러낸 것으로 볼 수 있겠군.

③ '풍속은 교활함을 숭상하여 인재를 등용할 때 세력과 이익을 보아 사람을 씁니다'라는 강홍립의 말에는, 당대의 인재 등용에 대한 작가의 비판적 목소리가 담겨 있다고 볼 수 있겠군.

④ 명나라를 도와 오랑캐를 토벌하기 위해 출정했던 강홍립이 누르하치를 주군으로 섬기는 것은, 그가 숭명배호의 이념에 어긋나는 인물임을 단적으로 보여주는 예로 볼 수 있겠군.

⑤ '죽음에 이르더라도 감히 자신이 군주로 섬기던 이를 노예로 만드는 일은 도모하지' 않는다는 누르하치의 말은, 강홍립이 지닌 부정적 인물로서의 면모를 한층 강화한다고 볼 수 있겠군.

01

다음 글의 밑줄 친 부분 중, 어법상 틀린 것은?

Magellan and his crew were lucky in their weather. During the whole three months and twenty days during which they sailed about twelve thousand miles through open ocean, they had not a single storm. ① Misled by this one experience, they named it the Pacific. ② Had Magellan not been a master of the winds, he would never have made it across the Pacific. Leaving the straits, he did not go directly northwest to reach his desired Spice Islands, but first ③ sailed north along the west coast of South America. His purpose must have been to catch the prevailing northeasterly trade winds there that would carry him not to the Moluccas, ④ which the Portuguese were rumored to be in control, but to other spice islands still open for Spanish taking. Whatever his motive then, the course he chose is the ⑤ one still recommended by United States Government Pilot Charts for sailing from Cape Horn to Honolulu in that season.

02

(A), (B), (C)의 각 네모 안에서 어법에 맞는 표현으로 가장 적절한 것은?

We should not have to give up rights simply because we increasingly need to use the Internet to participate in society-to access bank accounts and medical records, for example. We should expect privacy protections for these services. However,

choosing to participate in something like social media can (A) see / be seen as analogous to a person choosing to run for public office. When you decide to campaign, you knowingly sacrifice anonymity and some privacy, much as those who opt in to posting on Instagram, Twitter, or Facebook (B) are / do to varying degrees. We're all running for election in our social media feeds, and with that comes a tacit acceptance (and a legal one, in the small print) that the platforms will analyze our information and feed us ads to support their business models. We should do everything possible to safeguard our rights and protect our fellow cyber citizens from harm-but perhaps we should look beyond just crafting new sets of rules for individuals and businesses collecting and trading our information and more closely (C) investigate / investigated the science of data collecting itself. [4점]

* analogous to: ~과 유사한
** anonymity: 익명성
*** tacit: 암묵적인

	(A)		(B)		(C)
①	see	……	are	……	investigate
②	see	……	do	……	investigated
③	be seen	……	are	……	investigate
④	be seen	……	do	……	investigate
⑤	be seen	……	are	……	investigated

03

다음 글의 밑줄 친 부분 중, 문맥상 낱말의 쓰임이 적절하지 <u>않은</u> 것은?

One feature of production-related sustainability innovation is the ① <u>prevalence</u> of 'hard' technology-based improvements over 'soft' cultural change. For many manufacturers, being innovative means 'adding' technology to a problem, particularly when it is to try to ameliorate the negative impacts of existing technology. Favouring technological fixes over softer, behavioural and cultural ones is perhaps ② <u>inevitable</u> in an industry like textiles that since the Industrial Revolution in the 18th century has been processing materials faster and cheaper by improving technology. However, the result is a tendency to ③ <u>neglect</u> the very substantial effect that behaviour has on determining a product's overall environmental impact. It also overlooks the ④ <u>significant</u> role of softer change in bringing sustainability improvements, and sidelines the contribution of non-technologists, like designers and consumers. Relying on technology to 'fix' all our problems can also have the more subtle and insidious effect of ⑤ <u>reducing</u> our tendency to avoid accountability for our choices and behaviour.

* ameliorate: 개선하다

** insidious: 서서히 퍼지는

04

(A), (B), (C)의 각 네모 안에서 문맥에 맞는 낱말로 가장 적절한 것은?

For manufacturers, a product that is thrown away after being used, forcing the customer to keep coming back for more, creates endless profit potential; a potential first discovered in the years after World War I, when there was a great need to find new uses for the (A) abundance / lack of materials produced for the war piled high in warehouses. For example, an absorbent material made from celluloid that had been used for military bandages and gas mask filters later gained a new use as the disposable Kotex sanitary napkin. Manufacturers also had to figure out how to transform the wartime ethic of thrift and reuse-darning socks, keeping odd pieces of string, using tea leaves to clean carpets, and sewing rags into rugs-into a culture that embraced "throwaway habits" and the (B) hesitation / willingness to spend money on new "stuff." During the war, the U.S. government produced posters declaring "Waste Not, Want Not." By late 1917, the government was giving shops across the country signs to display in their windows reading, "Beware of Thrift and Unwise Economy" to help (C) encourage / restrain repetitive consumption. [4점]

* darn: 깁다, 꿰매다

	(A)	(B)	(C)
①	abundance	hesitation	encourage
②	abundance	willingness	restrain
③	abundance	willingness	encourage
④	lack	hesitation	restrain
⑤	lack	willingness	encourage

05

다음 글에서 전체 흐름과 관계 <u>없는</u> 문장은?

Smart machines have been a fantasy of humanity for millennia. ① Early references to mechanical and artificial beings appear in Greek myths, starting with Hephaestus, the Greek god of blacksmiths, carpenters, craftsmen, artisans and sculptors, who created his golden robots. ② In the Middle Ages, mystical or alchemical means of creating artificial forms of life continued. ③ The Muslim chemist Jabir ibn Hayyan's stated goal was Takwin, which refers to the creation of synthetic life in the laboratory, up to and including human life. ④ At one time, Jews and Muslims lived side by side, worked together, studied together and even today, there are many similarities when Islam and Judaism are observed from a religious perspective. ⑤ Rabbi Judah Loew, widely known to scholars of Judaism as the Maharal of Prague, told the story of Golem —an animated being that is created entirely from inanimate matter (usually clay or mud)—which has now become folklore.

06

다음 글의 요지로 가장 적절한 것은?

Michalko says that creative thinking has much in common with evolution by natural selection. The basis of evolution is variation, because without variation there is nothing to select from. In a similar manner, creative people are good at generating a wide variety of ideas about a problem before choosing the one to proceed with. He exemplifies this way of thinking with Leonardo da Vinci, who is known to repeatedly have restructured his problems to see them from different angles. He thought that the first approach was too biased towards his usual way of seeing things. With each new perspective he would deepen his understanding of the problem and begin to see its essence. He called this method *saper vedere*-knowing how to see. At first sight this way of thinking may seem wasteful as most of the ideas will never come to any direct use. The point is that, by repeatedly seeking different approaches, we gradually move from our common way of thinking to new ways. Once in a while this process will result in a truly new and useful idea, which makes the whole effort worthwhile.

① 논리적인 설득만으로는 상대방의 편견을 바꾸기 어렵다.
② 여러 사람의 지혜를 모으면 더 빨리 문제를 해결할 수 있다.
③ 한 분야에서 성공했던 방식은 다양한 분야에 적용될 수 있다.
④ 문제에 다각적으로 접근하면 새롭고 유용한 생각에 이를 수 있다.
⑤ 창의적 사고력을 기르려면 문제의 원인을 파악하는 것이 필요하다.

07

밑줄 친 make 'a stone a stone again'이 다음 글에서 의미하는 바로 가장 적절한 것은?

The criterion of strangeness, if valid, would belong under the criterion of novelty. In his famous article on art as device, Victor Shklovsky asserts that defamiliarization is the criterion that makes literature art. In everyday life, we tend to take things for granted, not really perceiving them, and when talking about them in everyday speech, we economize expression by using well-known words and sayings —clichés —which the receiver understands immediately. By using unfamiliar, strange words and constructions, art tries to prolong and deautomatize the process of perception in order to make 'a stone a stone again'—make it as if you were seeing it for the first time. Defamiliarization draws the reader's attention to aspects of reality he is otherwise inclined to overlook. Shklovsky does not distinguish between the different levels of the communication process and gives examples of defamiliarization in the text, mental model and action. Defamiliarization may consist in whatever deviates from the usual. For instance, in a period where rhyme is common, rhymeless poetry becomes strange, and vice versa. On the level of the message, defamiliarization would mean that the action would somehow force the reader to think differently. [4점]

① replace symbols with ordinary words

② make ordinary things unordinary

③ turn a word into an image

④ define a thing more precisely

⑤ make readers read between the lines

[08~09] 다음 글의 제목으로 가장 적절한 것을 고르시오.

08

In a competitive environment our ancestors eventually became the dominant predatory species through a combination of physical, mental, and social traits that allowed them to become, as physiologist Bernd Heinrich dubbed them, "super-endurance predators." The physical foundation for the emergence of these predators was provided by an interrelated set of attributes that began to develop roughly six million years ago, when our ancestors diverged from other apelike species. Hominids never evolved to outrun or outmuscle either competing predators or the prey that they sought over short distances. Instead, hominids developed an enormous capacity for endurance. They could run-or walk, jog, amble, march, trot, or hike-over long distances, traveling for hours and even days in pursuit of prey. They could make these treks in all sorts of weather and at any time, including the heat of midday, when the competing predator species, such as the great cats and dog packs, hid from the intense African sun. Even hyenas and vultures fled from the sun in the hottest periods of the day, thus giving hominids, who could stand the heat, an important advantage in getting to carcasses.

* carcass: (짐승의) 시체

① Hominids: A Persistent Hunter

② Intensity Comes Before Endurance

③ Hunting in the Heat: Mission Impossible

④ Hunters Need Speed and Power

⑤ Show Respect to Your Prey

09

Competitive sport is often a highly ritualised activity. For example, golfers tend to 'waggle' their clubs a consistent number of times before striking the ball, while tennis players like to bounce the ball a set number of times before serving. These preferred action sequences are called 'pre-performance routines' (PPRs) and involve task-relevant thoughts and actions which athletes engage in systematically prior to the performance of specific sport skills. Usually, PPRs are evident prior to the execution of closed skills and self-paced actions (i.e. those that are carried out largely at one's own speed and without interference from other people) such as free-throwing in basketball, putting in golf or place-kicking in American football or rugby. Such routines are used extensively by athletes, and recommended by coaches and psychologists, as a form of mental preparation both to improve focusing skills and to enhance competitive performance. In short, the purpose of a PPR is to put oneself in an optimal state immediately prior to execution, and to remain that way during the act.

* waggle: 흔들다

** place–kick: (공을 땅에 놓고) 차다

① Team Play: One for All, All for One
② Competitive Spirits Enable You to Surpass Your Limits
③ Pre-performance Routines: Athletes' Ritual for Better Play
④ Habitual Body Movements Interfere with Successful Performance
⑤ Pre-performance Routines as Superstitious Behaviour Among Athletes

10

다음 글의 주제로 가장 적절한 것은?

The development of the moldboard plow turned Europe's natural endowment of fertile land on its head. People who lived in Northern Europe had long endured difficult farming conditions, but now it was the north, not the south, that enjoyed the best and most productive land. Starting about a thousand years ago, thanks to this new plow-based prosperity, cities of Northern Europe emerged and started to flourish. And they flourished with a different social structure from that of cities around the Mediterranean. The dry-soil scratch plow needed only two animals to pull it, and it worked best with a crisscross plowing in simple, square fields. All this had made farming an individualistic practice: a farmer could live alone with his plow, oxen, and land. But the wet-clay moldboard plow required a team of eight oxen— or, better, horses— and who had that sort of wealth? It was most efficient in long, thin strips often a step or two away from someone else's long, thin strips. As a result, farming became more of a community practice: people had to share the plow and draft animals and resolve disagreements. They gathered together in villages. [4점]

* moldboard plow: 볏 달린 쟁기

** crisscross: 십자형의

① socio-economic changes in Northern Europe caused by the moldboard plow
② difficulties of finding an appropriate farming method for barren land
③ various reasons farming was difficult for Northern Europeans
④ social support required to invent the moldboard plow
⑤ potential problems of using animals to plow a field

11

다음 글에서 필자가 주장하는 바로 가장 적절한 것은?

Like the old advice for married couples, "Don't ever go to bed angry," don't knowingly let students leave the lesson angry or upset. Students' frustrations can stem from difficult content or technique, personal problems, fatigue, and yes, sometimes annoyance with their teacher. Regardless of what might be the cause, don't ignore their emotions. If you see tears starting to well up, stop everything and talk. Avoid overreacting and taking their frustration personally. A certain amount of frustration is a normal part of learning any new skill. When they look discouraged, give them a glass of water, a sympathetic ear, and a tissue. If they have misinterpreted you or don't understand the concept, strip it down to its barest essentials. If your instincts tell you something is bothering a student, don't be afraid to probe a little. Most students will say, "I'm fine," but even when they do, they almost always appreciate your caring. Follow through with a call to the parents if you are concerned.

① 학생과의 상담 내용을 누설하지 말라.
② 학생의 감정을 헤아려 적절하게 대하라.
③ 학생의 강점과 약점을 분명히 알려주라.
④ 학생 스스로 자신의 한계를 극복하게 하라.
⑤ 학생에게 감정을 솔직하게 표현하는 방법을 가르치라.

12

다음 글이 시사하는 바로 가장 적절한 것은?

I believe that the good that people do, small though it may appear, has more to do with the good that manifests broadly in the world than people think, and I believe the same about evil. We are each more responsible for the state of the world than we believe, or would feel comfortable believing. Without careful attention, culture itself tilts toward corruption. Tyranny grows slowly, and asks us to retreat in comparatively tiny steps. But each retreat increases the possibility of the next retreat. Each betrayal of conscience, each act of silence (despite the resentment we feel when silenced), and each rationalization weakens resistance and increases the probability of the next restrictive move forward. This is particularly the case when those pushing forward delight in the power they have now acquired—and such people are always to be found. Better to stand forward, awake, when the costs are relatively low—and, perhaps, when the potential rewards have not yet vanished.

* tilt: 기울다

① Stay alert and stand up against what is wrong.
② Sometimes retreat is a wise choice.
③ Silence is golden, speech is silver.
④ Expectation is the root of all heartache.
⑤ Success depends more on attitude than aptitude.

13

다음 글의 목적으로 가장 적절한 것은?

My customers at the Smalltown Home Station Hardware store are constantly asking me for advice on how to do some of the larger home repair and improvement jobs. All of the sales associates here do as much as possible to help customers decide to do the work themselves, but we also lose quite a few sales to people who lack the confidence to tackle a do-it-yourself job. I'd like to suggest that Home Station have a day when we can give instruction and demonstrations on doing the most popular do-it-yourself projects. We can have experts take people through jobs like installing a garage door opener, sealing a driveway, installing a faucet, and other common jobs. I'm sure many of our suppliers would be happy to send their own technicians to run the classes, and we can assist them —and sell the hardware and materials.

① 고객이 직접 작업할 때 유의할 사항을 알리려고
② 고객이 신청한 작업 항목과 작업 일정을 확인하려고
③ 판매 실적을 올리기 위해 영업 사원을 늘릴 것을 요청하려고
④ 신상품 사용법을 익히기 위한 직원 교육의 필요성을 강조하려고
⑤ 고객이 직접 작업하는 방법을 알려주는 강좌 개설을 제안하려고

14

Ruth Gardena Birnie에 관한 다음 글의 내용과 일치하지 <u>않는</u> 것은?

On August 15, 1884, Ruth Gardena Birnie was born to Moses and Louise Harrison in Sumter, South Carolina. Since her parents died while she was very young, Birnie was reared by Martha A. Savage, a teacher. Birnie graduated from Lincoln School, an early African American school in Sumter. Later she taught there for a short period of time. In 1902, when she was eighteen years old, she married Charles Wainwright Birnie, who came to Sumter as its first African American physician. Sixteen years after their marriage, the Birnies gave birth to a daughter, Anna. As Charles W. Birnie's practice grew, he and Martha Savage, Ruth Birnie's foster mother, encouraged Ruth to pursue pharmacy as a profession. She entered Benedict College, then went on to Temple University and received her degree in pharmacy. Upon her return to South Carolina, Birnie became one of the earliest female African American pharmacists in the state.

① 아주 어릴 때 부모를 여의고 Martha A. Savage에 의해 양육되었다.
② 모교인 Lincoln School에서 짧은 기간 동안 가르쳤다.
③ 열여덟 살 때 의사인 Charles Wainwright Birnie와 결혼했다.
④ 남편과 키워준 어머니의 반대를 무릅쓰고 약사가 되려고 했다.
⑤ Temple University에서 약학 학위를 받았다.

[15~19] 다음 빈칸에 들어갈 말로 가장 적절한 것을 고르시오.

15

Some psychologists refer to the knowing feeling as "the feeling of rightness," and it's a strong and pervasive one because we dislike not understanding something that is relevant to us. As psychiatrist Irvin Yalom puts it, "When any situation or set of stimuli defies patterning, we experience dysphoria (a high level of unease), which persists until we fit the situation into a recognizable pattern." We are designed to feel very uncomfortable when something does not make sense to us because discomfort motivates us to figure things out, whether it be a mysterious rustle in the bush, the confusing betrayal of a friend, or the promotion that we didn't get. Not knowing is an "out-of-control" state that we are psychologically motivated to eliminate. Our neuroendocrine system is geared toward this very objective: our sympathetic nervous system secretes stress hormones, such as cortisol and adrenalin, that activate our alertness responses, putting us on edge until we feel that we have _____.

* defy: 거부하다
** rustle: 바스락거리는 소리
*** neuroendocrine system: 신경내분비계

① shared values

② received praise

③ regained control

④ removed inequality

⑤ overcome perfectionism

16

Suppose we define ownership as the legal relation between people and the things they own. Because this definition uses the word "own," it defines the concept OWNERSHIP in terms of itself. Instead of explaining what it means to own something, it assumes that we know this already. It tells us how the concept relates to itself, but not how it relates to other concepts or to reality. This definition doesn't go anywhere; it just moves in a circle. The same problem arises if we use synonyms in a definition. Suppose we define ownership as the legal relation between people and things they *possess*. "Own" and "possess" are synonyms, different words that express the same concept. In terms of concepts, therefore, the definition is still circular: The concept OWNERSHIP is still being used to define itself. The same objection would apply if we define *man* as the *human* animal, *large* as the attribute possessed by something that is *big*, or *folly* as a *foolish* act. In each case, the italicized words are synonyms. To avoid such circularity, it is useful to ask: _____ _____? For example, what is the difference between owning a dress and borrowing it or trying it on in the store? How are humans different from other animals? What makes an action a folly as opposed to a wise action?

① When do you need to define key concepts

② Why then do you suggest such a definition

③ Where can you find the supporting evidence

④ How do you convince people that you're right

⑤ What contrast is the concept intended to draw

17

Change is hard, and we urgently need to get better at creating positive change in the world. Unfortunately, many of the people who make it to leadership positions have a highly developed intellect but are poor on the social side of things. Neuroscience is beginning to explore this phenomenon, too. "The brain network involved in holding information, planning, working memory and cognitive problem solving tends to be on the lateral, or outer, portions of the brain," Matthew Lieberman explains during an interview at his lab. "Then there are regions more involved in the midline or middle areas, related to self-awareness, social cognition, and empathy. We know that these two networks are inversely correlated: when one is active, the other tends to be deactivated. It does suggest possibly that there is something inversely correlated about social and nonsocial abilities." This makes sense when you understand that the networks you pay attention to are the ones that grow. If you spend a lot of time in cognitive tasks, your ability to have empathy with people reduces simply because _____ _____. [4점]

* lateral: 측면의, 옆의

** inversely: 역으로

① that circuitry doesn't get used much

② the outer brain regions become inactive

③ the brain is built to concentrate on survival

④ the brain's short-term memory function is affected

⑤ some chemicals trigger the growth of new brain cells

18

A key feature of Karl Popper's claim is that scientific laws always go beyond existing experimental data and experience. The inductive method attempted to show that, by building up a body of data, inferences can be made to give laws that are regarded as certain, rather than probable. Popper challenges this on the grounds that all sensation involves interpretation of some sort, and that in any series of experiments there will be variations, and whether or not such variations are taken into account is down to the presuppositions of the person conducting them. Also, of course, the number of experiments done is always finite, whereas the number of experiments not yet done is infinite, so an inductive argument can never achieve the absolute certainty of a piece of deductive logic. At the same time, scientists are likely to favour any alternative theories that can account for both the original, confirming evidence and also the new, conflicting evidence. In other words, progress comes by way of _____ _____. [4점]

① finding the limitations of existing scientific theories and pushing beyond them

② creating sustainable partnerships between scientists and decision-makers

③ publishing research findings in the most reputable academic journals

④ conducting scientific research generally through a proven process

⑤ encouraging innovation through funding from the government

19

Rats can reflect on their own mental processes—and can tell if they are likely to perform well (or not) on a duration-discrimination test. They were asked to decide if a sound that they recently heard was long or short. Short tones lasted from 2 to 3.6 seconds; long ones, from 4.4 to 8 seconds. (Note that 3.6 seconds is more difficult to discern from 4.4 seconds than 2 seconds is to discern from 8 seconds. Rats understand this, apparently.) After hearing the sounds, a rat had two choices: it could abandon the test by sticking its nose into one hole and receiving a small reward, or it could opt to take the test about the difference in duration by sticking its nose into a different hole and receiving a big reward if it made the correct choice (registered by pressing a lever). An incorrect choice resulted in no reward. Rats were more likely to decline the test (and receive the smaller reward) the more difficult the test was, that is, the more similar in duration the two sounds were. In other words, rats can _____ _____. [4점]

① cheat other rats to get food
② assess their own cognitive states
③ apply their auditory sense to find objects
④ make certain communication sounds
⑤ act as if they don't mind pain

[20~21] 주어진 글 다음에 이어질 글의 순서로 가장 적절한 것을 고르시오.

20

Mosquitoes can carry and transmit many disease-causing microbes to humans. They also have microbiota. Again, knowledge of this has been exploited to try to thwart mosquitoes' capacity to transmit infections to humans. Many insects carry *Wolbachia* bacteria normally.

(A) The presence of *Wolbachia* infection in the next generation of mosquitoes inhibits viruses such as dengue. Use of this technique in one area of Australia has been extremely effective in interrupting dengue transmission. Tests are also underway in other areas.

(B) In nature, *Aedes aegypti*, the mosquito that transmits dengue, chikungunya, Zika, and other viruses, are not normally infected with *Wolbachia* however, they can survive when infected with *Wolbachia*. It turns out, however, that if infected with *Wolbachia*, they may be unable to transmit certain viruses like dengue and chikungunya and other viruses that cause disease.

(C) Researchers are now studying whether they can use this information to prevent transmission. They are rearing mosquitoes, intentionally infecting male mosquitoes with *Wolbachia*, and releasing them into the wild. Male mosquitoes do not take blood meals and do not transmit infections. The released male mosquitoes mate with local female mosquitoes and *Wolbachia* is passed to the next generation via eggs. [4점]

* microbiota: (특정 장소에 사는) 미생물 군집
** thwart: 방해하다

① (A) − (C) − (B)   ② (B) − (A) − (C)
③ (B) − (C) − (A)   ④ (C) − (A) − (B)
⑤ (C) − (B) − (A)

① (A) − (C) − (B)   ② (B) − (A) − (C)
③ (B) − (C) − (A)   ④ (C) − (A) − (B)
⑤ (C) − (B) − (A)

21

Stabilizing selection refers to selection against both extremes of a trait's range in values. Individuals with extreme high or low values of a trait are less likely to survive and reproduce, and those with values closer to the average are more likely to survive and reproduce.

(A) Very small ones are more prone to disease and have weaker systems, making their survival more difficult. Newborns who are too large are also likely to be selected against, because a very large child may create complications during childbirth and both mother and child may die. Thus, there is selection against both extremes, small and large.

(B) The weight of a newborn child is the result of a number of environmental factors, such as mother's age and weight, among many others. There is also a genetic component to birth weight. Newborns who are very small (less than 2.5 kg) are less likely to survive than newborns who are heavier.

(C) The effect of stabilizing selection is to maintain the population at the same average value over time. Extreme values are selected against each generation, but the average value in the population does not change. Human birth weight is a good example of stabilizing selection.

[22~23] 글의 흐름으로 보아, 주어진 문장이 들어가기에 가장 적절한 곳을 고르시오.

22

And the mechanical looms that displaced Ned and his comrades meant that someone with less skill, without Ned's specialized training, could take his place.

A popular picture of the Industrial Revolution depicts a wave of machines displacing a large number of low-skilled workers from their roles — people who made their living spinning thread and weaving cloth with bare hands and basic tools finding themselves without work. (①) But this is not what happened. (②) It was the high-skilled workers of the time who were under threat. (③) Ned Ludd, the apocryphal leader of the Luddite uprising against automation, was a skilled worker of his age, not an unskilled one. (④) If he actually existed, he would have been a professional of sorts — perhaps even a card-carrying member of the Worshipful Company of Clothworkers, a prestigious club for people of his trade. (⑤) These new machines were "de-skilling," making it easier for less-skilled people to produce high-quality wares that would have required skilled workers in the past.

* loom: 베틀
** apocryphal: (진위가) 의심스러운

23

Nevertheless, children in their developmental phases (e.g., from the age of 9 or 10 via puberty to solidary growing up) challenge the previous value system.

Morals change over time and across generations. Generational conflicts are therefore precisely due to evolution. (①) What today's generations in many societies regard as opportune was often unacceptable in previous generations. (②) Children are socialized (and thus learn what is good or bad, what is right or wrong), especially through their parents, in the family and at school. (③) By means of explicit rules and prohibitions as well as implicitly through behavior, children are provoked to behave in a way that is considered desirable. (④) The conflicts at generation transitions lead in the long run to adjustments of the moral conceptions. (⑤) This is to be understood as a clear indication of the social evolution and saves chances of the advancement as well as risks (of the "moral decline").

24

다음 글의 내용을 한 문장으로 요약하고자 한다. 빈칸 (A), (B)에 들어갈 말로 가장 적절한 것은?

Today's technology offers alternatives to the traditional approach in education. Take one feature of the traditional approach, the fact that teaching in a classroom is unavoidably "one size fits all." Teachers cannot tailor their material to the specific needs of every student, so in fact the education provided tends to be "one size fits none." This is particularly frustrating because tailored tuition is known to be very effective: an average student who receives one-to-one tuition will tend to outperform 98 percent of ordinary students in a traditional classroom. In education research, this is known as the "two sigma problem"—"two sigma," because that average student is now almost two standard deviations (in mathematical notation, 2σ) ahead of ordinary students in achievement, and a "problem" since an intensive tutoring system like this, although it can achieve impressive outcomes, is prohibitively expensive. "Adaptive" or, "personalized" learning systems promise to solve this problem, tailoring what is taught to each student but at a far lower cost than the human alternative.

* standard deviation: 표준 편차

Traditional teaching methods cannot provide students with __(A)__ learning experiences, but technology can help provide these experiences more __(B)__ than the human alternative.

	(A)		(B)
①	customized	......	cost-effectively
②	cooperative	......	cost-effectively
③	competitive	......	expertly
④	collective	......	costly
⑤	individualized	......	costly

[25~26] 다음 글을 읽고, 물음에 답하시오.

Fashion presented a distinctive opportunity because it alone could _____ _____. Most Europeans during the late Middle Ages were illiterate, and literacy spread only slowly during the Renaissance: for example, historians estimate that more than 90 percent of the English population was illiterate in 1500 and the majority remained so until the nineteenth century. As a consequence, these societies relied on verbal communication and images to convey messages that later societies conveyed through the written word. The church spread the Gospel through icons, paintings, ritual, and spectacle; the state addressed its citizens and the ambassadors of foreign powers with magnificent celebrations, grand palaces, parades, and awe-inspiring monuments—visual arguments for honor and respect. Clothing was an integral part of these image-based polemics; a monarch could *show* other people she was extraordinary and destined to rule; a priest could suggest by his very physical presence the splendor of heaven and the glory of God. New developments in fashion amplified this type of visual persuasion: the tailor's art, which became widespread in the fourteenth century, allowed clothing to communicate not only through luxurious fabrics, vibrant colors, and surface adornments but also through form and shape. Rather than simply draping a body in finery, tailored clothing could transform it into something otherworldly, superhuman.

* polemics: 논증법
** adornment: 장식

25

윗글의 제목으로 가장 적절한 것은?

① Written Words as a Replacement of Images
② Fashion: A Visual Means of Communication
③ What Made the Fashion Industry Prosperous
④ Luxury: Expanding Its Market to More Customers
⑤ Designers Need to Balance Creativity and Business

26

윗글의 빈칸에 들어갈 말로 가장 적절한 것은? [4점]

① facilitate a sustainability agenda based on local production
② transform the body itself into a form of political persuasion
③ foster a strong relationship between consumer and producer
④ generate the largest manufacturing business in human history
⑤ provide a hygienic barrier keeping the body safe from diseases

[27~28] 다음 글을 읽고, 물음에 답하시오.

Immanuel Kant suggested that our experience of the outside world is shaped by our uniquely human cognitive structures. In his view, we perceive external reality through our sensory and mental faculties, which (a)employ specific forms, like time, space and causality, to structure and order the world. We thereby create the world that we experience, a world that is a function of the forms we impart to it. The properties that we associate with the world are features of our cognitive apparatus, not of "things-in-themselves." If pink lenses were implanted over our eyeballs at birth, the world would appear to us with a pink shade, and we would have no way of envisioning reality without this pink overlay. Similarly, we cannot see reality without the (b)influence of how our eyes and brains are constructed to view things.

According to Kant, when we attribute properties like causality, space and time to the world outside our experience we run into conceptual confusion and (c)eliminate contradictions, because these properties are conceptual structures, not structures of things-in-themselves. These contradictions are known as Kant's antinomies of pure reason, and they (d)reveal the limits of our knowledge: we are restricted to things as they appear to us; we cannot know the world as it exists without the form of these appearances. Kant did not (e)deny the existence of objects outside us; rather, he asserted that we perceive them in a form that is determined by the way the human brain works.

* impart: 주다, 부여하다

** apparatus: 장치

*** antinomy: 모순, 이율배반

27

윗글의 주제로 가장 적절한 것은?

① differences between Kant and preceding philosophers

② Kant's contribution to making philosophy popular

③ strengths and weaknesses of Kantian philosophy

④ Kantian political theory and its effects on politics

⑤ Kant's view of how humanity perceives the world

28

밑줄 친 (a)~(e) 중에서 문맥상 낱말의 쓰임이 적절하지 않은 것은? [4점]

① (a)　　　　　② (b)

③ (c)　　　　　④ (d)

⑤ (e)

[29~30] 다음 글을 읽고, 물음에 답하시오.

(A)

Linda was one of my coaching clients. She was a middle-level leader who worked in a large school district that was undergoing a great deal of change. Linda had many ideas and was enthusiastic about them. Her immediate supervisor, Jean, had a high level of visible anxiety about the upcoming changes.

(B)

Linda challenged her own assumption that Jean would never listen and began to take bold action. She approached Jean to schedule a meeting. Linda and I brainstormed what she could say that would be different from their conversations of the past, and would hopefully make a difference, and lead to progress. Within a few short weeks, Linda scheduled and had the meeting with Jean. Jean recognized the change in Linda and was, much to Linda's surprise, open to listening to (a)her ideas.

(C)

They were at a stalemate. Eventually, Linda realized it was (b)she who had to look deeply at her assumptions and how they contributed to her stagnation, and that of the department and the school. Although it took a while for Linda to recognize that it would continue this way until she did something about it, once she realized that change began with (c)her, she became open to examine what she could do. Linda chose to have a conversation with Jean.

* stalemate: 교착
** stagnation: 정체

(D)

In fact, Jean had a temper that became evident under stress. Linda learned to avoid (d)her. Linda assumed Jean would fly off the handle when Linda wanted to discuss the team's goals and strategies. What did Linda do? Nothing. Linda learned to stay away from Jean. The result? Nothing. In our coaching sessions, Linda recognized that Jean wasn't likely to change alone. Linda wanted to implement some new programs in her department and felt as though (e)she was walking on eggshells around Jean. Linda fell into inaction.

29

주어진 글 (A)에 이어질 내용을 순서에 맞게 배열한 것으로 가장 적절한 것은?

① (B) − (D) − (C) ② (C) − (B) − (D)
③ (C) − (D) − (B) ④ (D) − (B) − (C)
⑤ (D) − (C) − (B)

30

밑줄 친 (a)~(e) 중에서 가리키는 대상이 나머지 넷과 다른 것은?

① (a) ② (b)
③ (c) ④ (d)
⑤ (e)

※ 23번부터는 선택과목이니 자신이 선택한 과목(확률과 통계, 미적분, 기하)의 문제지인지 확인하시오.

01

$\dfrac{4}{3^{-2}+3^{-3}}$의 값은? [2점]

① 9　　　　　　　　　② 18

③ 27　　　　　　　　④ 36

⑤ 45

02

함수 $f(x)=(x^3-2x^2+3)(ax+1)$에 대하여 $f'(0)=15$일 때, 상수 a의 값은? [2점]

① 3　　　　　　　　　② 5

③ 7　　　　　　　　　④ 9

⑤ 11

03

등비수열 $\{a_n\}$에 대하여
$$a_2=4,\ \frac{(a_3)^2}{a_1\times a_7}=2$$
일 때, a_4의 값은? [3점]

① $\dfrac{\sqrt{2}}{2}$　　　　　　② 1

③ $\sqrt{2}$　　　　　　　④ 2

⑤ $2\sqrt{2}$

04

함수 $y=f(x)$의 그래프가 그림과 같다.

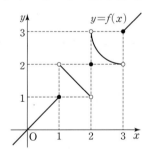

$\lim\limits_{x\to 1+}f(x)+\lim\limits_{x\to 3-}f(x)$의 값은? [3점]

① 1　　　　　　　　　② 2

③ 3　　　　　　　　　④ 4

⑤ 5

05

이차방정식 $5x^2-x+a=0$의 두 근이 $\sin\theta$, $\cos\theta$일 때, 상수 a의 값은? [3점]

① $-\dfrac{12}{5}$ ② -2

③ $-\dfrac{8}{5}$ ④ $-\dfrac{6}{5}$

⑤ $-\dfrac{4}{5}$

06

함수 $f(x)=\dfrac{1}{2}x^4+ax^2+b$가 $x=a$에서 극소이고, 극댓값 $a+8$을 가질 때, $a+b$의 값은? (단, a, b는 상수이다.) [3점]

① 2   ② 3

③ 4   ④ 5

⑤ 6

07

그림과 같이 직선 $y=mx+2\,(m>0)$이 곡선 $y=\dfrac{1}{3}\left(\dfrac{1}{2}\right)^{x-1}$과 만나는 점을 A, 직선 $y=mx+2$가 x축, y축과 만나는 점을 각각 B, C라 하자. $\overline{AB}:\overline{AC}=2:1$일 때, 상수 m의 값은? [3점]

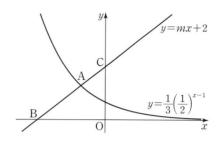

① $\dfrac{7}{12}$ ② $\dfrac{5}{8}$

③ $\dfrac{2}{3}$ ④ $\dfrac{17}{24}$

⑤ $\dfrac{3}{4}$

08

함수
$$f(x)=\begin{cases}x^2-2x & (x<a)\\2x+b & (x\geq a)\end{cases}$$
가 실수 전체의 집합에서 미분가능할 때, $a+b$의 값은? (단, a, b는 상수이다.) [3점]

① -4 ② -2

③ 0   ④ 2

⑤ 4

09

곡선 $y=|\log_2(-x)|$를 y축에 대하여 대칭이동한 후 x축의 방향으로 k만큼 평행이동한 곡선을 $y=f(x)$라 하자. 곡선 $y=f(x)$와 곡선 $y=|\log_2(-x+8)|$이 세 점에서 만나고 세 교점의 x좌표의 합이 18일 때, k의 값은? [4점]

① 1   ② 2

③ 3   ④ 4

⑤ 5

10

사차함수 $f(x)$가 다음 조건을 만족시킬 때, $f(2)$의 값은? [4점]

> (가) $f(0)=2$이고 $f'(4)=-24$
> (나) 부등식 $xf'(x)>0$을 만족시키는 모든 실수 x의 값의 범위는 $1<x<3$이다.

① 3   ② $\dfrac{10}{3}$

③ $\dfrac{11}{3}$ ④ 4

⑤ $\dfrac{13}{3}$

11

자연수 n에 대하여 직선 $x=n$이 직선 $y=x$와 만나는 점을 P_n, 곡선 $y=\dfrac{1}{20}x\left(x+\dfrac{1}{3}\right)$과 만나는 점을 Q_n, x축과 만나는 점을 R_n이라 하자. 두 선분 P_nQ_n, Q_nR_n의 길이 중 작은 값을 a_n이라 할 때, $\sum\limits_{n=1}^{10}a_n$의 값은? [4점]

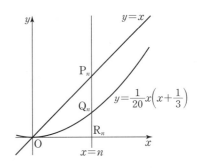

① $\dfrac{115}{6}$ ① $\dfrac{58}{3}$

③ $\dfrac{39}{2}$ ④ $\dfrac{59}{3}$

⑤ $\dfrac{119}{6}$

12

함수 $f(x)=\begin{cases} x^2+1 & (x\leq 2) \\ ax+b & (x>2) \end{cases}$

에 대하여 $f(\alpha)+\lim\limits_{x\to\alpha+}f(x)=4$를 만족시키는 실수 α의 개수가 4이고, 이 네 수의 합이 8이다. $a+b$의 값은? (단, a, b는 상수이다.) [4점]

① $-\dfrac{7}{4}$ ② $-\dfrac{5}{4}$

③ $-\dfrac{3}{4}$ ④ $-\dfrac{1}{4}$

⑤ $\dfrac{1}{4}$

13

그림과 같이 중심이 O_1이고 반지름의 길이가 $r(r>3)$인 원 C_1과 중심이 O_2이고 반지름의 길이가 1인 원 C_2에 대하여 $\overline{O_1O_2}=2$이다. 원 C_1 위를 움직이는 점 A에 대하여 직선 AO_2가 원 C_1과 만나는 점 중 A가 아닌 점을 B라 하자. 원 C_2 위를 움직이는 점 C에 대하여 직선 AC가 원 C_1과 만나는 점 중 A가 아닌 점을 D라 하자. 다음은 $\overline{BD}$가 최대가 되도록 네 점 A, B, C, D를 정할 때, $\overline{O_1C}^2$을 r에 대한 식으로 나타내는 과정이다.

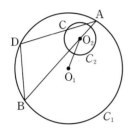

삼각형 ADB에서 사인법칙에 의하여
$$\frac{\overline{BD}}{\sin A}= \boxed{(가)}$$
이므로 $\overline{BD}$가 최대이려면 직선 AD가 원 C_2와 점 C에서 접해야 한다.

이 때 직각삼각형 ACO_2에서
$$\sin A=\frac{1}{\overline{AO_2}}\text{이므로}$$
$$\overline{BD}=\frac{1}{\overline{AO_2}}\times \boxed{(가)}\text{이다.}$$
그러므로 직선 AD가 원 C_2와 점 C에서 접하고 $\overline{AO_2}$가 최소일 때 $\overline{BD}$는 최대이다.

$\overline{AO_2}$의 치솟값은 $\boxed{(나)}$

이므로 $\overline{BD}$가 최대일 때,
$$\overline{O_1C}^2= \boxed{(다)}\text{이다.}$$

위의 (가), (나), (다)에 알맞은 식을 각각 $f(r)$, $g(r)$, $h(r)$라 할 때, $f(4)\times g(5)\times h(6)$의 값은? [4점]

① 216
② 192
③ 168
④ 144
⑤ 120

14

최고차항의 계수가 1인 이차함수 $f(x)$에 대하여 함수 $g(x)$를 $g(x)=\begin{cases}f(x) & (x<1) \\ 2f(1)-f(x) & (x\geq 1)\end{cases}$

이라 하자. 함수 $g(x)$에 대하여 〈보기〉에서 옳은 것만을 있는 대로 고른 것은? [4점]

보기

ㄱ. 함수 $g(x)$는 실수 전체의 집합에서 연속이다.

ㄴ. $\lim\limits_{h\to 0+}\dfrac{g(-1+h)+g(-1-h)-6}{h}=a$
    (a는 상수)이고 $g(1)=1$이면 $g(a)=1$이다.

ㄷ. $\lim\limits_{h\to 0+}\dfrac{g(b+h)+g(b-h)-6}{h}=4$
    (b는 상수)이면 $g(4)=1$이다.

① ㄱ
② ㄱ, ㄴ
③ ㄱ, ㄷ
④ ㄴ, ㄷ
⑤ ㄱ, ㄴ, ㄷ

15

함수 $f(x) = \left| 2a\cos\dfrac{b}{2}x - (a-2)(b-2) \right|$

가 다음 조건을 만족시키도록 하는 10 이하의 자연수 a, b의 모든 순서쌍 (a, b)의 개수는? [4점]

> (가) 함수 $f(x)$는 주기가 π인 주기함수이다.
> (나) $0 \le x \le 2\pi$에서 함수 $y = f(x)$의 그래프와 직선 $y = 2a - 1$의 교점의 개수는 4이다.

① 11   ② 13

③ 15   ④ 17

⑤ 19

16

$\log_3 a \times \log_3 b = 2$이고 $\log_a 3 + \log_b 3 = 4$일 때, $\log_3 ab$의 값을 구하시오. [3점]

17

함수 $f(x) = 3x^3 - x + a$에 대하여 곡선 $y = f(x)$ 위의 점 $(1, f(1))$에서의 접선이 원점을 지날 때, 상수 a의 값을 구하시오. [3점]

18

곡선 $y = x^3 + 2x$와 y축 및 직선 $y = 3x + 6$으로 둘러싸인 부분의 넓이를 구하시오. [3점]

19

수열 $\{a_n\}$은 $a_1=1$이고, 모든 자연수 n에 대하여

$$a_{2n}=2a_n,\ a_{2n+1}=3a_n$$

을 만족시킨다. $a_7+a_k=73$인 자연수 k의 값을 구하시오. [3점]

20

원점을 출발하여 수직선 위를 움직이는 점 P의 시각 $t\,(t\geq0)$에서의 속도는

$$v(t)=|at-b|-4\ (a>0,\ b>4)$$

이다. 시각 $t=0$에서 $t=k$까지 점 P가 움직인 거리를 $s(k)$, 시각 $t=0$에서 $t=k$까지 점 P의 위치의 변화량을 $x(k)$라 할 때, 두 함수 $s(k)$, $x(k)$가 다음 조건을 만족시킨다.

> (가) $0\leq k<3$이면 $s(k)-x(k)<8$이다.
> (나) $k\geq3$이면 $s(k)-x(k)=8$이다.

시각 $t=1$에서 $t=6$까지 점 P의 위치의 변화량을 구하시오. (단, a, b는 상수이다.) [4점]

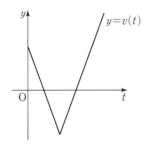

21

등차수열 $\{a_n\}$이 다음 조건을 만족시킨다.

> (가) $a_6+a_7=-\dfrac{1}{2}$
> (나) $a_l+a_m=1$이 되도록 하는 두 자연수 l, $m\,(l<m)$의 모든 순서쌍 $(l,\ m)$의 개수는 6이다.

등차수열 $\{a_n\}$의 첫째항부터 제14항까지의 합을 S라 할 때, $2S$의 값을 구하시오. [4점]

22

최고차항의 계수가 정수인 삼차함수 $f(x)$에 대하여 $f(1)=1,\ f'(1)=0$이다. 함수 $g(x)$를

$$g(x)=f(x)+|f(x)-1|$$

이라 할 때, 함수 $g(x)$가 다음 조건을 만족시키도록 하는 함수 $f(x)$의 개수를 구하시오. [4점]

> (가) 두 함수 $y=f(x)$, $y=g(x)$의 그래프의 모든 교점의 x좌표의 합은 3이다.
> (나) 모든 자연수 n에 대하여
> $$n<\int_0^n g(x)\,dx<n+16$$
> 이다.

확률과 통계(23~30)

23

$(x+2)^6$의 전개식에서 x^4의 계수는? [2점]

① 58   ② 60

③ 62   ④ 64

⑤ 66

24

이산확률변수 X의 확률분포를 표로 나타내면 다음과 같다.

X	1	2	3	합계
$P(X=x)$	a	$\dfrac{a}{2}$	$\dfrac{a}{3}$	1

$E(11X+2)$의 값은? [3점]

① 18   ② 19

③ 20   ④ 21

⑤ 22

25

어느 회사에서 근무하는 직원들의 일주일 근무 시간은 평균이 42시간, 표준편차가 4시간인 정규분포를 따른다고 한다. 이 회사에서 근무하는 직원 중에서 임의추출한 4명의 일주일 근무 시간의 표본평균이 43시간 이상일 확률을 다음의 표준정규분포표를 이용하여 구한 것은? [3점]

z	$P(0 \leq Z \leq z)$
0.5	0.1915
1.0	0.3413
1.5	0.4332
2.0	0.4772

① 0.0228   ② 0.0668

③ 0.01587   ④ 0.3085

⑤ 0.3413

26

세 학생 A, B, C를 포함한 6명의 학생이 있다. 이 6명의 학생이 일정한 간격을 두고 원 모양의 탁자에 모두 둘러앉을 때, A와 C는 이웃하지 않고, B와 C도 이웃하지 않도록 앉는 경우의 수는? (단, 회전하여 일치하는 것은 같은 것으로 본다.) [3점]

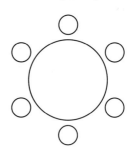

① 24   ② 30

③ 36   ④ 42

⑤ 48

27

한 개의 주사위를 두 번 던져서 나온 눈의 수를 차례로 a, b라 하자. 이차부등식
$ax^2+2bx+a-3\leq0$의 해가 존재할 확률은? [3점]

① $\dfrac{7}{9}$ ② $\dfrac{29}{36}$

③ $\dfrac{5}{6}$ ④ $\dfrac{31}{36}$

⑤ $\dfrac{8}{9}$

28

두 집합 $X=\{1, 2, 3, 4\}$,
$Y=\{0, 1, 2, 3, 4, 5, 6\}$에 대하여 X에서 Y로의 함수 f 중에서
$$f(1)+f(2)+f(3)+f(4)=8$$
을 만족시키는 함수 f의 개수는? [4점]

① 137   ② 141

③ 145   ④ 149

⑤ 153

29

서로 다른 두 자연수 a, b에 대하여 두 확률변수 X, Y가 각각 정규분포 $N(a, \sigma^2)$, $N(2b-a, \sigma^2)$을 따른다. 확률변수 X의 확률밀도함수 $f(x)$와 확률변수 Y의 확률밀도함수 $g(x)$가 다음 조건을 만족시킬 때, $a+b$의 값을 구하시오. [4점]

> (가) $P(X\leq11)=P(Y\geq11)$
> (나) $f(17)<g(10)<f(15)$

30

그림과 같이 두 주머니 A와 B에 흰 공 1개, 검은 공 1개가 각각 들어 있다. 주머니 A에 들어 있는 공의 개수 또는 주머니 B에 들어 있는 공의 개수가 0이 될 때까지 다음의 시행을 반복한다.

> 두 주머니 A, B에서 각각 임의로 하나씩 꺼낸 두 개의 공이 서로 같은 색이면 꺼낸 공을 모두 주머니 A에 넣고, 서로 다른 색이면 꺼낸 공을 모두 주머니 B에 넣는다.

4번째 시행의 결과 주머니 A에 들어 있는 공의 개수가 0일 때, 2번째 시행의 결과 주머니 A에 들어 있는 흰 공의 개수가 1 이상일 확률은 p이다. $36p$의 값을 구하시오. [4점]

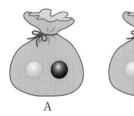

A   B

미적분(23~30)

23

$\lim\limits_{n \to \infty} \dfrac{1}{\sqrt{an^2+bn}-\sqrt{n^2-1}}=4$일 때, ab의 값은? (단, a, b는 상수이다.) [2점]

① $\dfrac{1}{4}$ ② $\dfrac{1}{2}$

③ $\dfrac{3}{4}$ ④ 1

⑤ $\dfrac{5}{4}$

24

함수 $f(x)=x^3+3x+1$의 역함수를 $g(x)$라 하자. 함수 $h(x)=e^x$에 대하여 $(h \circ g)'(5)$의 값은? [3점]

① $\dfrac{e}{8}$ ② $\dfrac{e}{7}$

③ $\dfrac{e}{6}$ ④ $\dfrac{e}{5}$

⑤ $\dfrac{e}{4}$

25

함수 $f(x)=x^2 e^{x^2-1}$에 대하여
$\lim\limits_{n \to \infty} \sum\limits_{k=1}^{n} \dfrac{2}{n+k} f\left(1+\dfrac{k}{n}\right)$의 값은? [3점]

① e^3-1 　　　② $e^3-\dfrac{1}{e}$

③ e^4-1 　　　④ $e^4-\dfrac{1}{e}$

⑤ e^5-1

26

구간 $(0, \infty)$에서 정의된 미분가능한 함수 $f(x)$가 있다. 모든 양수 t에 대하여 곡선 $y=f(x)$ 위의
점 $(t, f(t))$에서의 접선의 기울기는 $\dfrac{\ln t}{t^2}$이다.
$f(1)=0$일 때, $f(e)$의 값은? [3점]

① $\dfrac{e-2}{3e}$ 　　　② $\dfrac{e-2}{2e}$

③ $\dfrac{e-1}{3e}$ 　　　④ $\dfrac{e-2}{e}$

⑤ $\dfrac{e-1}{e}$

27

그림과 같이 $\overline{A_1B_1}=4$, $\overline{A_1D_1}=3$인 직사각형 $A_1B_1C_1D_1$이 있다. 선분 A_1D_1을 $1:2$, $2:1$로 내분하는 점을 각각 E_1, F_1이라 하고, 두 선분 A_1B_1, D_1C_1을 $1:3$으로 내분하는 점을 각각 G_1, H_1이라 하자. 두 삼각형 $C_1E_1G_1$, $B_1H_1F_1$로 만들어진 ✕모양의 도형에 색칠하여 얻은 그림을 R_1이라 하자.

그림 R_1에서 두 선분 B_1H_1, C_1G_1이 만나는 점을 I_1이라 하자. 선분 B_1I_1 위의 점 A_2, 선분 C_1I_1 위의 점 D_2, 선분 B_1C_1 위의 두 점 B_2, C_2를 $\overline{A_2B_2} : \overline{A_2D_2}=4:3$인 직사각형 $A_2B_2C_2D_2$가 되도록 잡는다. 그림 R_1을 얻는 것과 같은 방법으로 직사각형 $A_2B_2C_2D_2$에 ✕모양의 도형을 그리고 색칠하여 얻은 그림을 R_2라 하자.

이와 같은 과정을 계속하여 n번째 얻은 그림 R_n에 색칠되어 있는 부분의 넓이를 S_n이라 할 때, $\lim\limits_{n \to \infty} S_n$의 값은? [3점]

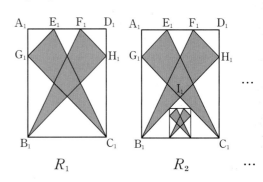

R_1 　　　 R_2 　　 $\cdots$

① $\dfrac{347}{64}$ 　　　② $\dfrac{351}{64}$

③ $\dfrac{355}{64}$ 　　　④ $\dfrac{359}{64}$

⑤ $\dfrac{363}{64}$

28

$0<a<1$인 실수 a에 대하여 구간 $\left[0, \dfrac{\pi}{2}\right)$에서 정의된 함수 $y=\sin x$, $y=a\tan x$의 그래프로 둘러싸인 부분의 넓이를 $f(a)$라 할 때, $f'\left(\dfrac{1}{e^2}\right)$의 값은? [4점]

① $-\dfrac{5}{2}$ ② -2

③ $-\dfrac{3}{2}$ ④ -1

⑤ $-\dfrac{1}{2}$

29

그림과 같이 반지름의 길이가 5이고 중심각의 크기가 $\dfrac{\pi}{2}$인 부채꼴 OAB에서 선분 OB를 $2:3$으로 내분하는 점을 C라 하자. 점 P에서 호 AB에 접하는 직선과 직선 OB의 교점을 Q라 하고, 점 C에서 선분 PB에 내린 수선의 발을 R, 점 R에서 선분 PQ에 내린 수선의 발을 S라 하자. $\angle POB=\theta$일 때, 삼각형 OCP의 넓이를 $f(\theta)$, 삼각형 PRS의 넓이를 $g(\theta)$라 하자.

$80 \times \displaystyle\lim_{\theta \to 0+} \dfrac{g(\theta)}{\theta^2 \times f(\theta)}$의 값을 구하시오.

$\left(단, \ 0<\theta<\dfrac{\pi}{2}\right)$ [4점]

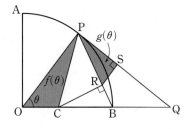

30

최고차항의 계수가 -2인 이차함수 $f(x)$와 두 실수 $a(a>0)$, b에 대하여 함수

$$g(x)=\begin{cases} \dfrac{f(x+1)}{x} & (x<0) \\ f(x)e^{x-a}+b & (x \geq 0) \end{cases}$$

이 다음 조건을 만족시킨다.

(가) $\displaystyle\lim_{x \to 0-} g(x)=2$이고 $g'(a)=-2$이다.

(나) $s<0 \leq t$이면 $\dfrac{g(t)-g(s)}{t-s} \leq -2$이다.

$a-b$의 최솟값을 구하시오. [4점]

기하(23~30)

23

좌표공간에서 점 $P(2, 1, 3)$을 x축에 대하여 대칭이동한 점 Q에 대하여 선분 PQ의 길이는? [2점]

① $2\sqrt{10}$ ② $2\sqrt{11}$

③ $4\sqrt{3}$ ④ $2\sqrt{13}$

⑤ $2\sqrt{14}$

24

그림과 같이 평면 α 위에 $\angle BAC = \dfrac{\pi}{2}$이고 $\overline{AB}=1$, $\overline{AC}=\sqrt{3}$인 직각삼각형 ABC가 있다. 점 A를 지나고 평면 α에 수직인 직선 위의 점 P에 대하여 $\overline{PA}=2$일 때, 점 P와 직선 BC 사이의 거리는? [3점]

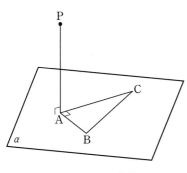

① $\dfrac{\sqrt{17}}{2}$ ② $\dfrac{\sqrt{70}}{4}$

③ $\dfrac{3\sqrt{2}}{2}$ ④ $\dfrac{\sqrt{74}}{4}$

⑤ $\dfrac{\sqrt{19}}{2}$

25

타원 $\dfrac{x^2}{16}+\dfrac{y^2}{9}=1$과 두 점 $A(4, 0)$, $B(0, -3)$이 있다. 이 타원 위의 점 P에 대하여 삼각형 ABP의 넓이가 k가 되도록 하는 점 P의 개수가 3일 때, 상수 k의 값은? [3점]

① $3\sqrt{2}-3$ ② $6\sqrt{2}-7$

③ $3\sqrt{2}-2$ ④ $6\sqrt{2}-6$

⑤ $6\sqrt{2}-5$

26

그림과 같이 정삼각형 ABC에서 선분 BC의 중점을 M이라 하고, 직선 AM이 정삼각형 ABC의 외접원과 만나는 점 중 A가 아닌 점을 D라 하자. $\overrightarrow{AD}=m\overrightarrow{AB}+n\overrightarrow{AC}$일 때, $m+n$의 값은? (단, m, n은 상수이다.) [3점]

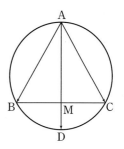

① $\dfrac{7}{6}$ ② $\dfrac{5}{4}$

③ $\dfrac{4}{3}$ ④ $\dfrac{17}{12}$

⑤ $\dfrac{3}{2}$

27

그림과 같이 두 초점이 F, F'인 쌍곡선 $ax^2-4y^2=a$ 위의 점 중 제1사분면에 있는 점 P와 선분 PF' 위의 점 Q에 대하여 삼각형 PQF는 한 변의 길이가 $\sqrt{6}-1$인 정삼각형이다. 상수 a의 값은? (단, 점 F의 x좌표는 양수이다.) [3점]

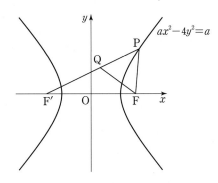

① $\dfrac{9}{2}$ ② 5

③ $\dfrac{11}{2}$ ④ 6

⑤ $\dfrac{13}{2}$

28

점 F를 초점으로 하고 직선 l을 준선으로 하는 포물선이 있다. 포물선 위의 두 점 A, B와 점 F를 지나는 직선이 직선 l과 만나는 점을 C라 하자. 두 점 A, B에서 직선 l에 내린 수선의 발을 각각 H, I라 하고 점 B에서 직선 AH에 내린 수선의 발을 J라 하자.

$\dfrac{\overline{BJ}}{\overline{BI}}=\dfrac{2\sqrt{15}}{3}$이고 $\overline{AB}=8\sqrt{5}$일 때, 선분 HC의 길이는? [4점]

① $21\sqrt{3}$ ② $22\sqrt{3}$

③ $23\sqrt{3}$ ④ $24\sqrt{3}$

⑤ $25\sqrt{3}$

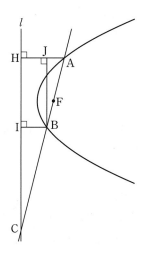

29

좌표공간에 점 $(4, 3, 2)$를 중심으로 하고 원점을 지나는 구

$$S: (x-4)^2+(y-3)^2+(z-2)^2=29$$

가 있다. 구 S 위의 점 $P(a, b, 7)$에 대하여 직선 OP를 포함하는 평면 α가 구 S와 만나서 생기는 원을 C라 하자. 평면 α와 원 C가 다음 조건을 만족시킨다.

> (가) 직선 OP와 xy평면이 이루는 각의 크기와 평면 α와 xy평면이 이루는 각의 크기는 같다.
> (나) 선분 OP는 원 C의 지름이다.

$a^2+b^2<25$일 때, 원 C의 xy평면 위로의 정사영의 넓이는 $k\pi$이다. $8k^2$의 값을 구하시오. (단, O는 원점이다.) [4점]

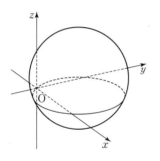

30

좌표평면 위의 세 점 $A(6, 0)$, $B(2, 6)$, $C(k, -2k)$ $(k>0)$과 삼각형 ABC의 내부 또는 변 위의 점 P가 다음 조건을 만족시킨다.

> (가) $5\overrightarrow{BA} \cdot \overrightarrow{OP} - \overrightarrow{OB} \cdot \overrightarrow{AP} = \overrightarrow{OA} \cdot \overrightarrow{OB}$
> (나) 점 P가 나타내는 도형의 길이는 $\sqrt{5}$이다.

$\overrightarrow{OA} \cdot \overrightarrow{CP}$의 최댓값을 구하시오. (단, O는 원점이다.) [4점]

There is nothing like a dream to create the future.
미래를 창조하기 위해서 꿈만 한 것은 없다.

– 빅토르 위고(Victor Hugo)

MeMo

MeMo

MeMo

MeMo

2026

육사 | 해사 | 공사 | 국군간호사관

사관학교 기출문제

국어·영어·수학

3 개년 총정리
2025 ~ 2023

2025학년도

국어영역

01 ①	02 ③	03 ⑤	04 ⑤	05 ④
06 ④	07 ①	08 ③	09 ③	10 ②
11 ⑤	12 ②	13 ①	14 ⑤	15 ③
16 ①	17 ②	18 ④	19 ①	20 ④
21 ⑤	22 ③	23 ①	24 ④	25 ⑤
26 ②	27 ②	28 ②	29 ②	30 ⑤

영어영역

01 ②	02 ④	03 ④	04 ③	05 ①
06 ⑤	07 ④	08 ③	09 ②	10 ②
11 ①	12 ④	13 ③	14 ②	15 ⑤
16 ①	17 ②	18 ①	19 ②	20 ②
21 ③	22 ④	23 ④	24 ⑤	25 ①
26 ⑤	27 ③	28 ④	29 ③	30 ⑤

수학영역

01 ④	02 ⑤	03 ③	04 ②	05 ⑤
06 ①	07 ②	08 ②	09 ③	10 ⑤
11 ④	12 ②	13 ③	14 ①	15 ③
16 10	17 25	18 36	19 64	20 118
21 19	22 156			

[확률과 통계]

23 ⑤	24 ②	25 ③	26 ④	27 ④
28 ②	29 165	30 13		

[미적분]

23 ①	24 ③	25 ③	26 ④	27 ④
28 ⑤	29 15	30 30		

[기하]

23 ⑤	24 ⑤	25 ①	26 ①	27 ③
28 ②	29 220	30 40		

2024학년도

국어영역

01 ②	02 ④	03 ⑤	04 ⑤	05 ⑤
06 ⑤	07 ③	08 ②	09 ①	10 ④
11 ②	12 ④	13 ⑤	14 ②	15 ④
16 ②	17 ①	18 ④	19 ①	20 ④
21 ③	22 ①	23 ④	24 ④	25 ⑤
26 ④	27 ④	28 ⑤	29 ①	30 ⑤

영어영역

01 ②	02 ②	03 ⑤	04 ①	05 ②
06 ①	07 ④	08 ④	09 ②	10 ⑤
11 ②	12 ①	13 ⑤	14 ④	15 ①
16 ①	17 ②	18 ③	19 ②	20 ③
21 ⑤	22 ③	23 ④	24 ①	25 ④
26 ⑤	27 ③	28 ⑤	29 ③	30 ④

수학영역

01 ④	02 ②	03 ④	04 ③	05 ①
06 ⑤	07 ④	08 ③	09 ②	10 ①
11 ②	12 ④	13 ⑤	14 ①	15 ⑤
16 62	17 16	18 184	19 12	20 11
21 29	22 54			

[확률과 통계]

23 ③	24 ①	25 ②	26 ④	27 ⑤
28 ④	29 8	30 166		

[미적분]

23 ⑤	24 ②	25 ③	26 ①	27 ④
28 ③	29 20	30 13		

[기하]

23 ④	24 ⑤	25 ①	26 ②	27 ③
28 ⑤	29 23	30 17		

국어영역

01 ④	02 ①	03 ③	04 ①	05 ③
06 ②	07 ③	08 ③	09 ⑤	10 ④
11 ②	12 ①	13 ④	14 ④	15 ⑤
16 ⑤	17 ④	18 ①	19 ②	20 ⑤
21 ④	22 ③	23 ②	24 ①	25 ③
26 ⑤	27 ④	28 ⑤	29 ⑤	30 ②

영어영역

01 ④	02 ④	03 ⑤	04 ③	05 ④
06 ④	07 ②	08 ①	09 ③	10 ①
11 ②	12 ①	13 ⑤	14 ④	15 ③
16 ⑤	17 ①	18 ①	19 ②	20 ③
21 ⑤	22 ⑤	23 ④	24 ①	25 ②
26 ②	27 ⑤	28 ③	29 ⑤	30 ④

수학영역

01 ③	02 ②	03 ④	04 ④	05 ①
06 ⑤	07 ③	08 ②	09 ④	10 ②
11 ⑤	12 ①	13 ④	14 ②	15 ⑤
16 8	17 6	18 10	19 64	20 14
21 35	22 11			

[확률과 통계]

23 ②	24 ③	25 ④	26 ③	27 ①
28 ④	29 25	30 27		

[미적분]

23 ②	24 ③	25 ①	26 ④	27 ⑤
28 ②	29 49	30 4		

[기하]

23 ①	24 ⑤	25 ④	26 ③	27 ②
28 ⑤	29 261	30 7		

2025 정답 및 해설

국어영역

01 독서 – 사회

정답 ①

핵심주제 글의 중심 내용 파악하기

✏️ 정답 해설

제시문에 따르면 매클루언은 인간이 세계를 지각하는 방식과 사회적 소통구조에 미치는 매체의 영향력에 주목하였고, 플루서는 매체 그 자체의 특성뿐만 아니라 매체를 활용한 소통 방식에 주목하였다. 즉, 제시문은 매체의 서로 다른 측면에 주목하는 두 학자의 논의를 대비하여 제시하고 있다.

🧽 오답 해설

② 매체의 개념을 둘러싼 두 학자의 각기 다른 논의를 제시하고 있으나, 두 학자의 논쟁과 그 결과를 요약적으로 제시하고 있지는 않다.

③ 매체의 개념이나 특징에 대한 서술은 나타나 있지만, 매체의 역사나 미래의 매체에 대한 예측은 나타나 있지 않다.

④ 플루서가 매체를 담론적 매체와 대화적 매체로 구분하고 있으나, 그 적절성에 대한 두 학자의 견해는 나타나 있지 않다.

⑤ 매체의 특징에 대한 두 학자의 서로 다른 견해를 밝히고 있으나, 이를 바탕으로 한 글쓴이의 견해를 밝히고 있지는 않다.

02 독서 – 사회

정답 ③

핵심주제 글의 세부 내용 이해하기

✏️ 정답 해설

1문단에서 매클루언은 매체의 변화에 따른 지각 방식의 변화가 인간이 사고하고 소통하는 방식에 변화를 가져온다고 주장하였다. 그러므로 ㉠을 매체가 지닌 기술적 특징이 사회적 소통구조에 일으킨 변화에 주목해야 함을 의미하는 것으로 이해하는 것은 적절하다.

🧽 오답 해설

① 2문단에서 ㉠은 매체가 사회적 소통구조를 일방적으로 결정하는 것으로 이해할 수 있다. 그러므로 매체가 전달하는 메시지가 인간의 사고방식에 의해 좌우됨을 의미하는 것은 아니다.

② 1문단에서 ㉠은 매체의 변화에 따른 지각 방식의 변화가 인간이 사고하고 소통하는 방식에 변화를 가져오는 것으로 이해할 수 있다. 그러므로 매체가 지닌 기술적 특징이 인간의 소통방식에 의해

변화될 수 있다고 보는 것은 정반대의 의미이다.

④ 2문단에서 ㉠은 매체를 활용하는 방식이나 개별 매체가 전달하는 메시지의 내용이 아닌, 매체 자체에 초점을 맞춰야 하는 것으로 이해할 수 있다. 그러므로 매체가 사고방식에 미치는 영향이 해당 매체가 전달하는 메시지에 의해 결정됨을 의미하는 것은 아니다.

⑤ 매체로 전달할 메시지를 선택하는 과정에서 주체적이고 비판적인 태도가 필요하다는 설명은 제시문에 드러나 있지 않다.

03 독서 – 사회

정답 ⑤

핵심주제 글의 세부 내용 이해하기

✏️ 정답 해설

3문단에서 담론적 매체에서는 개별적인 송신자가 분산된 여러 수용자들에게 '다발 회로도'를 통해 정보를 송신하는 방식으로 소통한다고 설명하고 있다. 즉, 메시지를 전달하는 방식이 다를 뿐, 담론적 매체와 대화적 매체 모두 송신자가 수용자에게 메시지를 전달할 수 있다. 그러므로 담론적 매체와 달리 대화적 매체에서는 송신자가 수용자에게 메시지를 전달할 수 있다고 이해하는 것은 적절하지 않다.

🧽 오답 해설

① 3문단에서 담론적 매체에서는 수용자 개개인들끼리 연결될 수 있는 채널도 갖고 있지 못하다고 서술하고 있다. 그러므로 담론적 매체에서는 수용자 간의 직접적 연결이 불가능하다고 이해하는 것은 적절하다.

② 3문단에서 담론적 매체는 송신자와 수용자가 명확히 구분된 상태에서 일방향적인 소통이 이루어지는 매체라고 소개하고 있다. 그러므로 대화적 매체와 달리 담론적 매체에서는 소통이 일방향적으로 이루어진다고 이해하는 것은 적절하다.

③ 3문단에서 대화적 매체에서는 메시지의 전달과 그에 대한 답변이 매체를 통해 직접적으로 오가는 과정에서 소통 주체의 역할이 계속 변한다고 설명하고 있다. 그러므로 대화적 매체에서는 같은 매체 내에서 소통 주체의 역할이 고정되어 있지 않다고 이해하는 것은 적절하다.

④ 4문단에서 플루서는 하나의 매체가 그것이 활용되는 방식이나 목적 등에 따라 다른 유형으로 분류될 수 있다고 보았다. 그러므로 소통 주체가 특정 매체를 활용하는 방식에 따라 해당 매체의 유형이 달라질 수 있다고 이해하는 것은 적절하다.

04 독서 – 사회

정답 ⑤

핵심주제 부적절한 반응 고르기

정답 해설

㉰의 '텔레비전'은 '라디오'와 마찬가지로 송신자와 수용자가 명확히 구분된 상태에서 일방향적인 소통이 이루어지는 담론적 매체에 해당한다. 그러므로 플루서가 ㉰의 '텔레비전'이 '라디오'와 달리 대화적 매체에 해당하기 때문에 세상과 더 생생하게 연결되는 느낌을 준다고 보는 것은 적절하지 못한 반응이다.

오답 해설

① ㉮의 '새로운 제지 기술의 등장'은 1문단에서 구텐베르크의 인쇄술이 불러온 인쇄 문화의 확장에 필적하므로, 매클루언이 이를 계기로 더 많은 사람들이 문자를 통해 대상을 추상화하여 인식하는 방식을 합리적인 것으로 여기게 되었다고 보는 것은 적절한 반응이다.

② ㉮의 '상업 광고 지면'은 3문단에서 수신자가 정보를 일방적으로 수용하는 담론적 매체에 해당하므로, 플루서가 '상업 광고 지면'의 확대를 담론과 대화가 균형을 이루는 사회적 소통구조를 형성하는 데 기여하지 못한다고 보는 것은 적절한 반응이다.

③ ㉮의 '신문'은 3문단에서 수용자들이 송신자와 역으로 연결될 수 있는 채널을 소유하지 못할 뿐만 아니라 수용자 개개인들끼리 연결될 수 있는 채널도 갖지 못한 담론적 매체에 해당하므로, 플루서가 '신문'의 독자층 확대가 신문이라는 담론적 매체의 의사소통 회로도를 다른 유형으로 바꾸지는 못한다고 보는 것은 적절한 반응이다.

④ ㉰의 '텔레비전'은 1문단에서 문자 언어를 매개하지 않고 감각을 통합적으로 활용하게 함으로써 인쇄 문화 시대에 파괴된 감각의 균형을 복원하는 역할을 한다고 하였으므로, 매클루언이 '텔레비전'이 메시지를 전달하는 과정에서 문자 언어에만 의존하지 않는다는 점에서 인쇄 문화 시대에 파괴된 감각의 균형을 복원하는 데 기여할 수 있다고 보는 것은 적절한 반응이다.

05 독서 – 사회

 문맥상 단어의 의미 파악하기 | 정답 ④ |

정답 해설

ⓓ의 '이루어지다'는 '어떤 대상에 의하여 일정한 상태나 결과가 생기거나 만들어지다.'는 뜻으로, '어떤 일을 실제로 해 나가다'는 뜻의 '행(行)하다'로 바꾸어 쓸 수 있다. '결성(結成)되다'는 '조직이나 단체 따위가 짜여 만들어지다.'는 뜻이다.

오답 해설

① ⓐ의 '가져오다'는 '어떤 결과나 상태를 생기게 하다.'는 뜻으로, '일이나 사건 따위를 끌어 일으키다.'는 의미의 '야기(惹起)하다'로 바꾸어 쓸 수 있다.

② ⓑ의 '불러오다'는 '어떤 행동이나 감정 또는 상태를 일어나게 하다.'는 뜻으로, '어떤 일을 당하여 감정, 충동 따위가 일어나다.'는 의미의 '촉발(觸發)하다'로 바꾸어 쓸 수 있다.

③ ⓒ의 '보다'는 '대상을 평가하다'는 뜻으로, '상태, 모양, 성질 따위가 그와 같다고 보거나 그렇다고 여기다.'는 의미의 '간주(看做)하다'로 바꾸어 쓸 수 있다.

⑤ ⓔ의 '지니다'는 '바탕으로 갖추고 있다.'는 뜻으로, '어떤 성질이나

뜻 따위를 속에 품다.'는 의미의 '내포(內包)하다'로 바꾸어 쓸 수 있다.

06 독서 – 법률

 부적절한 질문 내용 고르기 | 정답 ④ |

정답 해설

3문단에서 저작, 강연, 연주, 연극 등을 할 채무는 민사 집행법에 따른 강제 집행이 불가능한 채무에 해당한다고 규정하고 있지만, 그에 따른 채권자의 피해 구제를 위한 방법은 무엇인지 제시문에 밝히고 있지는 않다.

오답 해설

① 1문단에서 민사 집행법은 채무자가 채무를 이행하지 않을 경우에 채권자의 신청에 따라 국가가 강제력을 행사하여 채권자의 권리를 실현하는 법적 절차인 강제 집행에 대해 규정하고 있다고 서술하고 있다.

② 1문단에서 강제 집행의 방법으로 직접 강제, 대체 집행, 간접 강제를 인정하고 있다고 서술하고 있다.

③ 2문단에서 하는 채무는 물건의 인도 이외의 채무자의 행위를 목적으로 하여 직접 강제로는 그 목적을 달성할 수 없다고 서술하고 있다.

④ 4문단에 채권자가 간접 강제 신청을 할 때 신청서에 명시해야 할 내용을 열거하고 있다.

07 독서 – 법률

 부적절한 내용 파악하기 | 정답 ① |

정답 해설

2문단에서 제삼자가 채무를 대신 이행할 수 있어 대체 집행이 가능한 대체적 작위 채무와 달리, 제삼자가 대신할 수 없는 부대체적 작위 채무의 경우에는 간접 강제만 허용된다고 설명하고 있다. 그러므로 직접 강제가 불가능한 작위 채무가 모두 대체 집행의 대상이 되는 것은 아니다.

오답 해설

② 1문단에서 채무의 성질상 직접 강제나 대체 집행을 할 수 없는 것만이 간접 강제의 대상이 된다고 하였으므로, 채무의 성질상 직접 강제를 할 수 있는 경우에는 간접 강제가 배제된다는 설명은 적절하다.

③ 1문단에서 직접 강제와 대체 집행은 채무자의 의사와 무관하게 이행의 강제를 실현한다고 하였으므로, 국가의 강제력을 통해 채무자의 의사에 반하는 채권자의 권리 실현이 가능하다는 설명은 적절하다.

④ 2문단에서 대체적 작위 채무는 제삼자가 채무를 대신 이행할 수 있어 대체 집행이 가능하다고 하였으므로, 작위 채무에 대한 강제 집행 시 실제로 채무를 이행하는 주체가 채무자가 아닐 수 있다는

설명은 적절하다.

⑤ 1문단에서 민사 집행법 제261조 제1항은 채무의 성질이 간접 강제를 할 수 있는 경우에 간접 강제를 명하는 결정을 한다는 규정을 제시하고 있다고 하였으므로, 민사 집행법 제261조 제1항이 하는 채무 중 일부에 대한 강제 집행 방법을 규정하고 있다는 설명은 적절하다.

08 독서 - 법률

 지시 대상 이해하기

정답 ③

정답 해설

ⓒ의 '저작, 강연, 연주, 연극 등을 할 채무'는 채무의 이행에 채무자 고유의 예술적 또는 학문적 기능을 필요로 하는 채무로, 채무자에게 심리적 강제를 가하면 채무의 본래 취지에 적합한 채무자의 행위가 실현되지 않기 때문에 제삼자가 대신 이행한다면 채무자가 한 것과 동일한 작위 결과를 달성할 수 없다.

오답 해설

① ㉠의 '특정 물건을 인도하는 채무'는 물건의 인도를 목적으로 하는 주는 채무에 해당하므로, 채무자가 특정한 행위를 하지 않을 것을 내용으로 하는 것은 아니다.

② ㉡의 '어음 등에 서명할 채무'는 채무자 자신이 하지 않으면 효과가 생기지 않는 채무이므로, 채권자가 채무자를 대신하여 채무의 내용을 실현할 수 있는 것은 아니다.

④ ㉠의 '특정 물건을 인도하는 채무'는 집행관이 직접 채무자로부터 빼앗아 채권자에게 인도함으로써 채무를 이행할 수 있지만, ㉡의 '어음 등에 서명할 채무'는 채무자 자신이 하지 않으면 효과가 생기지 않는 채무이므로 국가 기관이 유형력을 행사하여 채무의 내용을 실현할 수 없다.

⑤ ㉡의 '어음 등에 서명할 채무'는 채무자에게 심리적 압박을 주어 집행을 강제하는 간접 강제가 허용되지만, ⓒ의 '저작, 강연, 연주, 연극 등을 할 채무'는 채무자에게 심리적 강제를 가하면 채무의 본래 취지에 적합한 채무자의 행위가 실현되지 않으므로 간접 강제가 허용되지 않는다.

09 독서 - 법률

지시 대상 이해하기

정답 ③

정답 해설

3문단에서 부작위 채무의 위반 결과 남아 있는 유체물의 제거, 장래에 위반 행위를 반복하는 것을 막기 위한 물적 설비의 설치 등은 부작위 채무 자체에 대한 강제 집행이 아니라고 하였다. 즉, 부작위 채무 위반에서 유래한 유체물의 제거 및 장래에 대한 조치는 부작위 채무로부터 파생하는 별개의 대체적 작위 채무이기 때문에 대체 집행에 의하는 것이다.

10 독서 - 법률

 부적절한 내용 고르기

정답 ②

정답 해설

1문단에 따르면 간접 강제는 채무자에게 심리적 압박을 주어 집행을 강제하는 것이므로, 채무자가 채무를 이행하지 않겠다는 의사에 따른 선택권을 부당히 제한할 우려가 있게 된다고 설명하고 있다. 즉, 채무자가 채무를 이행하고자 하는 의사를 부당히 제한하는 것이 아니다. 그러므로 법원이 갑이 신청한 간접 강제가 자신의 채무를 이행하고자 하는 을의 의사를 부당히 제한한다고 판단한 것은 아니다.

오답 해설

① 〈보기〉에서 갑은 을이 누수 방지 공사를 이행하지 않을 경우를 대비하여 간접 강제를 신청하였으나, 법원은 갑이 제출한 증거만으로는 을이 누수 방지 공사를 이행하지 않을 것이라고 단정할 수 없다고 하였다. 그러므로 법원은 을이 누수 방지 공사를 이행하지 않을 개연성에 대해 갑과 판단을 달리한 것이다.

③ 〈보기〉에서 재판부는 갑이 제출한 증거만으로는 을이 누수 방지 공사를 이행하지 않을 것이라고 단정할 수 없다고 하였다. 그러므로 법원은 갑이 제출한 증거가 을의 누수 방지 공사 이행을 강제하는 집행의 필요성을 소명하는 데에는 충분치 않다고 판단한 것이다.

④ 〈보기〉에서 재판부는 민사 집행법 제261조 제1항에 따라 누수 방지 공사 이행에 대한 채무가 간접 강제에 의한 강제 집행의 대상이 될 수 없다고 밝혔다. 이는 법원이 을의 채무를 대체적 작위 채무로 판단한 것으로, 법원은 을이 이행해야 할 채무가 부작위 채무나 부대체적 작위 채무가 아니라고 보고 갑의 간접 강제 신청을 받아들이지 않은 것이다.

⑤ 〈보기〉에서 재판부는 갑이 신청한 월 백만 원이 적정한 배상액인지 판단할 수 있는 근거 자료도 부족하다고 하였다. 그러므로 법원은 갑의 첨부 자료만으로는 을이 채무를 이행하지 않을 경우 갑에게 지급할 배상금이 신청서의 액수에 부합함을 증명할 수 없다고 판단한 것이다.

11 독서 - 과학

 부적절한 내용 고르기

정답 ⑤

정답 해설

5문단에서 멜라닌 소체의 내부에 합성된 멜라닌의 양이 많아지면 지연 색소 침착이 나타난다고 하였다. 그러므로 지연 색소 침착이 멜라닌 합성을 끝낸 멜라닌 소체가 각질 형성 세포로 이동하면서 일어난다는 설명은 적절하지 않다.

오답 해설

① 4문단에서 시스테인과 결합하여 합성되는 페오멜라닌은 수용성인 멜라닌이라고 하였다. 그러므로 시스테인과 결합해 합성된 멜라닌이 물에 녹는 성질이 있다는 설명은 적절하다.

② 2문단에서 세포핵 주위에 분포하던 멜라닌 소체가 멜라닌 세포

의 가지 돌기 주변으로 이동하여 피부가 일시적으로 검어지는 현상인 즉시 색소 침착이 나타난다고 하였다. 그러므로 멜라닌 세포 내 멜라닌 소체의 위치 변화로도 피부가 검게 변할 수 있다는 설명은 적절하다.

③ 4문단에서 피부색은 멜라닌의 비율과 양에 의해 결정되며, 멜라닌 세포의 수와 밀도는 피부색과 무관하다고 하였다. 그러므로 멜라닌 세포의 수가 많고 밀도가 높다고 해서 피부색이 어두운 것은 아니라는 설명은 적절하다.

④ 5문단에서 멜라닌으로 가득 차서 더 이상 멜라닌의 합성이 일어나지 않게 된 멜라닌 소체는 멜라닌 세포의 가지 돌기를 통해 각질 형성 세포로 이동한다고 하였다. 그러므로 멜라닌 소체 내에 멜라닌이 가득 차게 되면 더 이상 멜라닌의 합성이 일어나지 않는다는 설명은 적절하다.

12 독서 - 과학

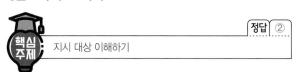

정답 ②

핵심주제 지시 대상 이해하기

 정답 해설

> ㉠ 첫 번째 단계 : 수산화물을 생성하는 단계
> ㉡ 두 번째 단계 : 수산화물이 산화되는 단계

㉠에서 티로시나아제의 구리 원자 중 하나는 티로신의 수산화물과 결합하지만 다른 하나는 결합하지 못하고 남아 있기 때문에 티로시나아제와 티로신은 불안정한 결합을 이룬다고 하였다. 하지만 수산화물이 산회되는 두 번째 단계인 ㉡에서는 이러한 불안정한 결합이 나타나지 않는다. 그러므로 ㉠에는 ㉡과 달리 티로시나아제와 티로신의 결합이 불안정한 상태가 존재한다고 이해하는 것은 적절하다.

오답 해설

① ㉠과 ㉡은 모두 멜라닌 소체 내에서 일어난다.
③ ㉠에서는 ㉡에서와 달리 티로시나아제의 구리 원자가 티로신의 수산화물과 결합한다.
④ ㉡에서는 ㉠에서와 달리 티로신에서 떨어져 나온 두 수소 원자가 티로시나아제에 남아 있던 산소 원자와 반응해 물 분자를 형성한다.
⑤ ㉡에서는 ㉠과 달리 티로시나아제의 산소 원자가 티로신에서 떨어져 나온 수소 원자와 반응한다.

13 독서 - 과학

정답 ①

핵심주제 부적절한 내용 고르기

정답 해설

5문단에서 각질 형성 세포 중 일부는 계속 분열하여 그 수를 늘리며, 일부는 칼슘 이온의 세포 내 유입으로 인해 기저층을 떠나 각화 과정을 시작한다고 하였다. 그러므로 분열 과정에서 칼슘 이온이 작용해 그 수가 증가하는 것은 아니다.

오답 해설

② 5문단에서 멜라닌 소체는 멜라닌 세포의 가지 돌기를 통해 각질 형성 세포로 이동한다고 하였다. 그러므로 각질 형성 세포가 멜라닌 세포의 가지 돌기를 통해 멜라닌 세포와 연결되어 있다는 설명은 적절하다.

③ 5문단에서 각화 과정은 각질 형성 세포가 가시층과 과립층을 거쳐 각질 세포가 되는 과정이며, 과립층에서 각질 형성 세포는 세포핵이 분해되어 없어진 각질 세포가 된다고 하였다. 그러므로 각질 형성 세포가 기저층을 떠나 가시층, 과립층을 거쳐 무핵 세포인 각질 세포가 된다는 설명은 적절하다.

④ 5문단에서 각질 형성 세포는 가시층에서 지방 등의 유기물인 지질을 포함하게 되며, 각질 형성 세포끼리는 접착제 역할을 하는 탄탄한 단백질 구조에 의해 밀착된다고 하였다. 그러므로 각질 형성 세포가 가시층에서 지질을 포함하게 되며 단백질 구조를 통해 서로 밀착된다는 설명은 적절하다.

⑤ 2문단에서 각질 형성 세포에서는 단백질 p53이 활성화되며, 이들 중 일부는 세포핵 안으로 이동한 후 POMC 단백질의 발현을 유도한다고 하였다. 또한 POMC 단백질은 작은 조각으로 나뉘어 멜라닌 세포 자극 호르몬을 형성하고, 이 호르몬은 세포 외부로 분비되어 멜라닌 세포의 수용체와 결합한다고 하였다. 그러므로 각질 형성 세포가 멜라닌 세포의 수용체와 결합하는 멜라닌 세포 자극 호르몬을 분비하는 곳이라는 설명은 적절하다.

14 독서 - 과학

정답 ⑤

핵심주제 부적절한 내용 고르기

정답 해설

피부가 자외선에 노출되면 각질 형성 세포에서는 단백질 p53이 활성화된다는 제시문의 내용에 비추어 볼 때, 피부 표면에서 자외선을 산란시키는 성분인 ㉮가 각질 형성 세포 내 p53의 활성화를 저해한다는 점에서 멜라닌의 합성 과정을 억제할 거라고 예상하는 것은 적절하다. 그러나 피부 표면에서 각질 세포끼리 밀착시키는 단백질 구조를 분해하는 성분인 ㉯는 각질 세포의 탈락과 함께 멜라닌의 탈락에 관여하며, 이는 멜라닌의 합성 과정과는 무관하다. 따라서 ㉯가 각화 과정을 활성화한다는 점에서 멜라닌 합성 과정을 억제할 거라고 예상하는 것은 적절하지 못하다.

오답 해설

① <보기>에서 ㉮의 '산화 아연'은 피부 표면에서 자외선을 산란시키는 성분이라고 하였다. 그러므로 색소 침착에 관여하는 멜라닌 세포가 자외선을 산란하거나 흡수하는 멜라닌을 합성시킨다는 제시문의 내용에 비추어 볼 때, ㉮가 피부에 미치는 자외선의 영향을 감소시킨다는 점에서 색소 침착을 억제할 수 있을 거라고 예상하는 것은 적절하다.

② <보기>에서 ㉯의 '알부틴'은 티로신과 마찬가지로 곁사슬에 수산화물을 가지고 있어서 티로시나아제의 활성 부위에 결합할 수 있는 성분이라고 하였다. 그러므로 티로신이 곁사슬에 수산화물을 가지고 있어 이를 통하여 티로시나아제와 결합한다는 제시문의 내용에 비추어 볼 때, ㉯가 티로신과 티로시나아제의 결합을 방해함으로써 산화 반응이 일어나는 티로신의 비율을 감소시킬 거라

고 예상하는 것은 적절하다.

③ 〈보기〉에서 ㉱의 '알파 하이드록시산'은 피부 표면에서 각질 세포끼리 밀착시키는 단백질 구조를 분해하는 성분이라고 하였다. 그러므로 각질 세포의 탈락과 함께 멜라닌도 피부 바깥으로 탈락한다는 제시문의 내용에 비추어 볼 때, ㉱는 각질 세포가 피부에서 떨어져 나가게 하면서 이에 포함된 멜라닌의 탈락을 유발할 수 있겠다고 예상하는 것은 적절하다.

④ 제시문에서 피부가 자외선에 노출되면 각질 형성 세포에서는 단백질 p53이 활성화되고 이들 중 일부가 POMC 단백질의 발현을 유도하며, 이는 멜라닌 세포 자극 호르몬을 형성하고 티로시나아제의 발현을 유도한다고 하였다. 그러므로 ㉮가 멜라닌 세포 자극 호르몬의 형성 가능성을 낮춘다는 점에서 티로시나아제의 발현 가능성을 억제할 거라고 예상하는 것은 적절하다. 또한 제시문에서 티로신의 수산화물과 티로시나아제의 구리 원자와의 결합 반응으로 인해 티로신은 도파퀴논으로 전환된다고 하였다. 그러므로 ㉯의 수산화물이 티로시나아제의 구리 원자와 결합하여 티로신이 도파퀴논으로 전환되는 것을 억제할 거라고 예상하는 것은 적절하다.

15 독서 - 과학

 단어의 문맥상 의미 파악하기

정답 ③

정답 해설

ⓐ의 '지나다'와 '사춘기가 지나 부모님과의 갈등이 줄어들었다.'에서 '지나다'는 모두 '시간이 흘러 그 시기에서 벗어나다.'라는 뜻이다.

오답 해설

① '해가 수평선을 지나 떠오르고 있었다.'에서 '지나다'는 '어디를 거치어 가거나 오거나 하다.'라는 뜻이다.

② '그는 아들의 말을 무심코 지나 버렸다.'에서 '지나다'는 '어떤 일을 그냥 넘겨 버리다.'라는 뜻이다.

④ '화물차가 교차로를 지나 고속도로로 들어섰다.'에서 '지나다'는 '어디를 거치어 가거나 오거나 하다.'라는 뜻이다.

⑤ '전력 사용량이 정해진 한계를 지나 경고가 내려졌다.'에서 '지나다'는 '어떤 시기나 한도를 넘다.'라는 뜻이다.

[16~18] 현대 시

┌─────────────────────────────────
(가) 김기림, 「길」
- **갈래** : 자유시, 서정시, 산문시
- **성격** : 애상적, 회고적, 감각적
- **제재** : 길
- **주제** : 상실의 추억, 길 위에 어린 추억과 떠나 버린 사람들에 대한 그리움
- **특징**
  – 시간의 흐름에 따라 시상을 전개하여 시적 화자의 정서에 관심을 집중시킴
  – 감각적 이미지와 절제된 어휘 선택, 점층적인 구조 표현이 돋보임
└─────────────────────────────────

┌─────────────────────────────────
(나) 함민복, 「박수 소리 1」
- **갈래** : 자유시, 서정시, 산문시
- **성격** : 회상적
- **제재** : 박수 소리
- **주제** : 가난 때문에 겪은 유년시절의 부끄러운 경험
- **특징**
  – 쉼표의 잦은 사용을 통해 급박한 분위기를 자아냄
  – 청각적 심상을 사용하여 내면 심리를 부각시킴
└─────────────────────────────────

16 현대 시

 작품 간 공통점 파악하기

정답 ①

정답 해설

(가)는 '돌아오지 않는'이라는 시구를 반복하여 떠나 버린 사람들에 대한 그리움을 부각하고 있고, (나)는 '박수 소리'라는 시구를 반복하여 가난 때문에 겪어야 했던 유년시절의 부끄러움을 부각하고 있다.

오답 해설

② (나)는 쉼표의 잦은 사용을 통해 단박의 박수 소리처럼 호흡을 끊음으로써 급박한 분위기를 자아내고 있으나, (가)는 '봄이, 여름이, 가을이, 겨울이'에서 계절을 구분하기 위한 부호로 쉼표를 사용하고 있다.

③ (가)와 (나) 모두 자연물을 의인화하여 대상의 이상적 모습을 강조하고 있는 부분은 나타나 있지 않다.

④ (나)는 '박수 소리'라는 명사로 문장을 종결하여 중심 대상으로 초점을 모으고 있으나, (가)에는 이러한 부분이 나타나 있지 않다.

⑤ (나)는 '오, 나의 유년!!'이라는 감탄사의 사용을 통해 유년시절에 가난 때문에 겪었던 부끄러움을 회고하고 있으나, (가)에는 감탄사를 사용한 부분이 나타나 있지 않다.

✓ 핵심노트

┌─────────────────────────────────
(가) 김기림, 「길」
- **갈래** : 자유시, 서정시, 산문시
- **성격** : 애상적, 회고적, 감각적
- **제재** : 길
- **주제** : 상실의 추억, 길 위에 어린 추억과 떠나 버린 사람들에 대한 그리움
- **특징**
  – 시간의 흐름에 따라 시상을 전개하여 시적 화자의 정서에 관심을 집중시킴
  – 감각적 이미지와 절제된 어휘 선택, 점층적인 구조 표현이 돋보임

(나) 함민복, 「박수 소리 1」
- **갈래** : 자유시, 서정시, 산문시
- **성격** : 회상적
- **제재** : 박수 소리
- **주제** : 가난 때문에 겪은 유년시절의 부끄러운 경험
- **특징**
  – 쉼표의 잦은 사용을 통해 급박한 분위기를 자아냄
  – 청각적 심상을 사용하여 내면 심리를 부각시킴
└─────────────────────────────────

17 현대 시

지시 대상 이해하기

정답 ②

✏️ 정답 해설

ⓒ의 '버드나무 밑'은 '할아버지도 언제 난 지를 모른다'는 점에서 화자가 과거의 기억을 현재로 끌어오는 공간으로서의 역할을 한다. 그러므로 ⓒ이 과거의 기대를 유지하기가 어려움을 부각하고 있다는 이해는 적절하지 않다.

✏️ 오답 해설

① ㉠의 '감기'는 떠나버린 사람들에 대한 상실의 경험이 축적되면서 생겨난 '어두운 내 마음'이 육체의 증상으로 표면화된 것이다.
③ ⓒ의 '잠자리 머리'는 박수 소리에 '등 떠밀려 조회단 앞에 선' 화자가 자신을 향한 수많은 시선을 의식하고 있는 것이다.
④ ㉣의 '낙하산 그물'은 '악식으로 부글거리는 어머니'와 연결되어 박수를 받으며 아이들 앞에서 라면 박스를 받아야 하는 상황에서 벗어날 수 없음을 강조한 것이다.
⑤ ㉤의 '파르란 연기'는 '등 뒤에 아이들의 눈동자'가 자신을 주시하는 데에서 비롯된 고통을 시각화한 것이다.

18 현대 시

부적절한 감상 내용 고르기

정답 ④

✏️ 정답 해설

(가)에서 화자가 '강가로 내려갔다가도 노을에 함뿍 자줏빛으로 젖어서 돌아오곤' 한 것은 상실의 슬픔을 달래기 위한 행동으로, 아픔을 극복하고자 했던 당시의 시도가 결국 무위로 돌아갔음을 드러내고 있다.
(나)에서 화자가 '팽이'에서 '내려서고 싶'지만 그러지 못했던 것은 화자가 부끄러운 상황에서 벗어날 수 없음을 나타낸 것이지, 그런 상황을 견디고자 하는 마음이 사라졌음을 드러낸 것은 아니다.

[19~22] 고전 시가

(가) 박선장, 「오륜가」
- **갈래** : 평시조, 연시조
- **성격** : 계몽적, 교훈적, 유교적
- **제재** : 오륜
- **주제** : 유교의 윤리 권장
- **특징**
  – 인간 관계에서 지켜야 할 도리를 노래한 교훈적인 가사임
  – '오륜'이라는 관념적 주제를 은유, 환유, 설의법을 적절히 구사하여 전달함
  – 작품의 형상성과 정감성 및 호소력을 강화함으로써 오륜가 계열의 작품 중 가장 뛰어난 작품으로 평가받음

(나) 허전, 「고공가」
- **갈래** : 가사, 경세가, 풍자가
- **성격** : 풍자적, 비유적, 우의적, 현실비판적
- **제재** : 일을 게을리하는 머슴
- **주제** : 관리들의 탐욕과 정치적 무능 비판
- **특징**
  – 청유형과 명령형 문장을 통해 머슴으로서 해야 할 일을 당부함
  – 은유법, 대구법, 대조법, 설의법 등 다양한 표현법을 활용하여 설득력을 높임
  – 나랏일을 집안의 농사일로, 관리들을 머슴에 비유함

19 고전 시가

부적절한 설명 고르기

정답 ①

✏️ 정답 해설

㉠은 대구를 활용하여 한 핏줄로 태어난 형제지간에 혈육의 중요성을 일깨우고 있다. 그러므로 ㉠이 혈육 간의 위계가 중시되는 세태를 경계하고 있는 것은 아니다.

✏️ 오답 해설

② ㉡은 요순시대에서 한나라·당나라·송나라로 이어지는 시간의 경과를 제시하여 세상 변화의 불가피함을 드러내고 있다.
③ ⓒ은 '흘깃흘깃'이라는 음성 상징어를 활용하여 고공들이 서로 시기하고 반목하는 행태를 보여주고 있다.
④ ㉣은 '화강도'가 집에 들어와 가산을 탕진했다는 원인과 그로 인해 집이 불타고 먹을 것이 전혀 없다는 결과를 제시하며 집 안에 큰 변고가 생겼음을 알리고 사태의 심각성을 강조하고 있다.
⑤ ㉤은 '아니하랴', '시기하랴' 등의 의문형 표현을 반복하여 서로 시기하고 질투하는 고공들을 질책하는 태도를 부각하고 있다.

✅ 핵심노트

(가) 박선장, 「오륜가」
- **갈래** : 평시조, 연시조
- **성격** : 계몽적, 교훈적, 유교적
- **제재** : 오륜
- **주제** : 유교의 윤리 권장
- **특징**
  – 인간 관계에서 지켜야 할 도리를 노래한 교훈적인 가사임
  – '오륜'이라는 관념적 주제를 은유, 환유, 설의법을 적절히 구사하여 전달함
  – 작품의 형상성과 정감성 및 호소력을 강화함으로써 오륜가 계열의 작품 중 가장 뛰어난 작품으로 평가받음

(나) 허전, 「고공가」
- **갈래** : 가사, 경세가, 풍자가
- **성격** : 풍자적, 비유적, 우의적, 현실비판적
- **제재** : 일을 게을리하는 머슴
- **주제** : 관리들의 탐욕과 정치적 무능 비판
- **특징**
  – 청유형과 명령형 문장을 통해 머슴으로서 해야 할 일을 당부함
  – 은유법, 대구법, 대조법, 설의법 등 다양한 표현법을 활용하여 설득력을 높임
  – 나랏일을 집안의 농사일로, 관리들을 머슴에 비유함

2025학년도

20 고전 시가

정답 ④

핵심주제: 지시 대상 이해하기

정답 해설

ⓐ의 '옷밥'은 '가숙당서' 즉, 배우고 익히는 일의 중요성을 간과하게 하는 '실생활의 문제'를 의미하며, ⓑ의 '옷밥'은 '도적'의 침입에 대비해 화살을 준비하는 일이 시급함에도 불구하고 '의복' 즉, '눈앞의 이익'만을 다투는 것을 의미한다.

21 고전 시가

정답 ⑤

핵심주제: 부적절한 감상 내용 고르기

정답 해설

(가)의 〈제8수〉에서 '이웃이 미우면 갈 데 없어'는 청자에게 공동체의 지속과 번영을 위해 이웃을 미워하지 말라는 덕목을 실천할 것을 주문하고 있다. 그러나 (나)에서 '자손에 전계하야 대대로 나려오니'는 큰 집과 논밭이 대대로 자손에 전해진 집안의 내력을 설명한 것으로, 공동체의 지속과 번영을 위한 덕목 실천 행위와는 거리가 멀다.

오답 해설

① (가)의 〈제1수〉에서는 자식을 '풀'에 부모를 '봄 이슬'에 비유하여 부모에 대한 효를 나타내고 있고, (나)에서는 과거 큰 집을 짓고 논밭을 일군 '고공'의 바람직한 모습을 들어 근검을 덕목으로 제시하고 있다.

② (가)의 〈제4수〉에서는 혈육의 중요성을 모르면 짐승과 다를 바가 없다며 혈육의 중요성을 사람됨의 기본으로 강조하고 있고, (나)에서는 일곱 구멍을 가진 사람이라면 오륜을 알아야 한다며 오륜을 사람됨의 기본으로 강조하고 있다.

③ (나)의 '한마음 한뜻으로 농사를 짓자꾸나'와 '너희네 데리고 새 살림 살자 하니'에서 화자는 스스로를 청자와 함께 덕목 실천의 주체로 설정함으로써 실천의 당위성을 강조하고 있다.

④ (가)의 〈제7수〉에서 화자는 '보고 들으면 배울 것이 있으리'라고 훈계하며 청자에게 '배움'의 덕목을 수용할 것을 설득하고 있고, (나)에서 화자는 '크나큰 세사를 어찌하여 치르려뇨'라고 훈계하며 청자에게 큰 제사를 지내기 위해 '근검'의 덕목을 수용할 것을 설득하고 있다.

22 고전 시가

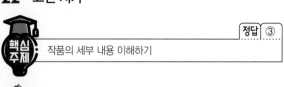

정답 ③

핵심주제: 작품의 세부 내용 이해하기

정답 해설

[A]에서는 화자가 '우리 집 기별'을 아느냐 모르냐며 고공들에게 '비 오는 날 일 없을 때 새끼 꼬며' 알려주겠다고 말하고 있고, [B]에서는 화자가 서로 반목만 하며 게으름을 피우는 고공들을 비꼬며 '너희 일

애달파하면서 새끼 한 사리 다 꼬겠구나'라고 말하고 있다. 그러므로 '우리 집 기별'에서 시작하여 애달픈 '너희 일'로 이어지는 이야기의 흐름이 새끼를 꼬는 특정 행위가 지속되는 시간에 조응하고 있음을 알 수 있다.

오답 해설

① [B]에서 화자가 '생각 깊은 새 머슴'을 어느 때 얻어 집일을 맡기고 시름을 잊겠냐고 한탄하는 것으로 보아, (나)에는 미래에 대한 긍정적인 전망이 드러나 있지 않다.

② [A]의 '저 고공'은 못나고 마음이 올바르지 못한 고공을 의미하고, [B]의 '너희네'는 제 욕심만 차리는 게으른 고공을 의미한다. 즉, '저 고공'과 '너희네' 둘 다 화자가 비판하는 대상이므로, 인물들의 지위가 역전되는 양상을 보이고 있지는 않다.

④ [A]의 '들먹은'은 못나고도 마음이 올바르지 못한 고공의 특성을 의미하고, [B]의 '제 일만 하려 하니'는 주인의 은혜는 생각하지 않고 자기 일만 하려는 고공의 이기적인 특성을 나타낸다. 그러므로 특정 인물에 대한 평가가 달라지는 양상을 보이는 것이 아니라, 특정 인물에 대한 비판적 평가를 더욱 공고히 하고 있다.

⑤ [A]의 '아느냐 모르느냐'에서 화자는 우리 집 내력을 아느냐며 고공을 추궁하고 있고, [B]의 '시름을 잊으려뇨'에서 화자는 생각 깊은 머슴을 언제 얻어 집일을 맡기고 시름을 잊겠냐며 고공에 대한 근심을 드러내고 있다. 그러므로 고공에 대한 화자의 갈등과 근심이 해소 된 것은 아니다.

[23~26] 현대 소설

황정은, 「백(百)의 그림자」
• 갈래 : 장편 소설
• 성격 : 사실적, 상징적, 묘사적
• 시점 : 1인칭 주인공 시점
• 제재 : 전구
• 주제 : 철거 지역 사람들의 소외된 삶의 모습과 성찰
• 특징
　– 섬세한 문체와 독특한 서사로 철거 지역 사람들의 삶의 방식을 그려냄

23 현대 소설

정답 ①

핵심주제: 글의 서술상 특징 이해하기

정답 해설

[A]는 노인이 자신만의 패턴대로 전구를 판매하는 과정을 세분화하여 서술함으로써 '오무사'란 낡고 오래된 공간에 대한 인상을 부연하여 묘사하고 있다.

오답 해설

② [A]에서 서술자는 전구를 파는 노인의 행동을 관찰하고 있을 뿐, 서술자인 인물의 내면이 공간의 이동에 따라 변화해 가는 양상을 보여 주고 있지는 않다.

③ [A]에 노인의 외양과 행동은 묘사되어 있으나, 노인의 내적 갈등

은 드러나 있지 않다.

④ [A]에서는 과거형의 서술을 활용하여 전구를 파는 노인의 행동을 느리고 낡은 것으로 묘사하고 있다.

⑤ [A]에서는 중간에 서술자가 교체됨이 없이 처음부터 끝까지 서술자인 '나'가 관찰 대상인 노인의 행동에 담긴 의미를 해석하고 있다.

 핵심노트

황정은, 「百(백)의 그림자」
• 갈래 : 장편 소설
• 성격 : 사실적, 상징적, 묘사적
• 시점 : 1인칭 주인공 시점
• 제재 : 전구
• 주제 : 철거 지역 사람들의 삶에 대한 고찰
• 특징
 – 섬세한 문체와 독특한 서사로 철거 지역 사람들의 삶의 방식을 그려냄

24 현대 소설

부적절한 내용 고르기 　　　　　정답 ④

정답 해설

ㄹ은 '잘린 것처럼'이라는 비유적 표현을 통해 나동과 서로 육박해 있는 어색한 공원의 모습을 부각하고 있다. 즉, 이질적인 속성의 두 대상이 조화롭게 어우러진 모습을 부각하고 있는 것은 아니다.

오답 해설

① ㄱ에서는 각 문단을 하나의 짧은 문장으로 구성하여, 죽음으로 인한 노인의 부재를 시각적으로 인식하도록 하였다.

② ㄴ은 '여 씨 아저씨'와 '나'의 발화를 구분하지 않음으로써 노인의 죽음을 아쉬워하는 두 인물 간의 공감대를 드러내고 있다.

③ ㄷ은 전자 상가의 '가 동'이 철거된 자리에 대신 들어선 공원의 외적 특징을 언급함으로써 변화된 공간에 대한 서술자의 소감을 밝히고 있다.

⑤ ㅁ은 전자 상가의 '가 동'에서 헤맸던 과거의 경험과 결부시켜 그 자리에 조성된 공원이 매우 넓을 거라는 예측과 달리 그렇지 않은 실상 간의 차이를 드러내고 있다.

25 현대 소설

작품의 세부 내용 이해하기 　　　　　정답 ⑤

정답 해설

ⓐ에서 '나'가 숨이 조금 갑갑했던 이유는 '안개' 때문이며, ⓑ에서도 '풀벌레'가 날개가 무거워서 제대로 날지 못하는 이유도 '안개' 때문이라고 '나'가 여기고 있다. 즉, 공원에서 갑갑함을 느끼는 '나'와 제대로 날지 못하는 '풀벌레'의 이유가 '안개'로 동일하다고 '나'가 판단한 것으로 보아, '나'는 '풀벌레'에게서 자신과의 유사성을 발견하고 있음을 알 수 있다.

26 현대 소설

부적절한 감상 내용 고르기 　　　　　정답 ②

정답 해설

'나'는 오무사의 노인이 죽은 후 '오래되어서 귀한 것을 오래되었다고 모두 버리지는 않을까'라며 오무사의 전구들이 모두 버려질 것을 염려하고 있다. 그러므로 '나'는 '오무사'로 상징되는 느리고 낡은 삶의 방식에 대해 회의감을 느끼는 것이 아니라, 보존할 만한 가치가 있는 것으로 여기고 있음을 알 수 있다.

오답 해설

① 손님들에게 '그의 패턴'대로 서두르는 법 없이 전구를 판매하는 '오무사의 노인'의 모습은 〈보기〉에서 빠름과 새로움이 주는 효율을 중시하는 자본주의 사회의 논리에 어긋난다고 볼 수 있다.

③ '칠십 년대'부터 이어져 온 전자 상가가 사라지고 그 자리에 대신 들어선 '공원'은 〈보기〉에서 철거와 재개발로 삶의 흔적을 지우는 사회의 모습이 담겨 있다고 볼 수 있다.

④ '나'가 '단발머리 할머니의 종이 상자 병풍'을 떠올리고 '무재 씨'와 이에 대해 이야기하는 것은 〈보기〉에서 사라진 삶을 기억하는 등의 방식으로 배제의 논리에 대응하고 있는 것으로 볼 수 있다.

⑤ '신문이며, 사람들'이 전자 상가 부근을 '슬럼'으로 명명한 것은 〈보기〉에서 전자 상가에 존재하는 다양한 인물들의 삶의 흔적을 지우고 개별성을 '슬럼'이라는 명칭으로 획일화하는 것으로 볼 수 있다.

[27~30] 고전 소설

작자미상, 「강도몽유록」
• 갈래 : 고전 소설, 한문 소설, 몽유 소설
• 성격 : 전기적, 비판적, 비현실적
• 배경 : 공간 – 강화도 / 시간 – 병자호란
• 시점 : 전지적 작가 시점
• 주제 : 병자호란의 국치를 가져온 집권층에 대한 신랄한 비판
• 특징
 – 꿈속에서 일어난 일을 주축으로 하는 몽유록계 작품
 – 초월적 존재의 말을 인용하여 절절을 부각시킴
 – 인과응보의 가치관이 반영되고, 전란의 시련을 비유적으로 표현함
 – 목격담의 형식을 빌리고 무고하게 희생된 원혼들을 등장시켜 부조리와 역사적 모순을 부각시킴

27 고전 소설

작품의 서술 방식 이해하기 　정답 ②

정답 해설

현실 상황에서는 "저 강도는 더욱 심하게 짓밟혀 ~ 매장해 줄 사람이 없었다."에서 그리고 꿈속에서는 "선사가 더 다가가서 자세히 보니 ~ 이루 다 기록할 수도 없었다."에서처럼 구체적인 장면 묘사를 통해 전쟁으로 인한 참혹함을 부각하고 있다.

오답 해설

① 꿈과 현실 상황을 교차하고 있으나, 과거와 현재를 교차하여 장면의 전환을 시도하고 있지는 않다.
③ 어떤 대상을 빗대거나 풍자하기 위한 우의적 소재를 활용하고 있지는 않다.
④ 병자호란 당시 무고하게 희생된 원혼들을 등장시켜 부조리와 역사적 모순을 부각시키고 있으나, 시간의 흐름에 따라 인물의 내적 갈등이 해소되는 과정은 나타나 있지 않다.
⑤ 서술자는 꿈속 목격담을 통해 인물들을 관찰하고 있으나, 이 인물들의 행위에 대한 논평과 판단을 하고 있지는 않다.

☑ 핵심노트

작자미상, 「강도몽유록」
• 갈래 : 고전 소설, 한문 소설, 몽유 소설
• 성격 : 전기적, 비판적, 비현실적
• 배경 : 공간 – 강화도 / 시간 – 병자호란
• 시점 : 전지적 작가 시점
• 주제 : 병자호란의 국치를 가져온 집권층에 대한 신랄한 비판
• 특징
　– 꿈속에서 일어난 일을 주축으로 하는 몽유록계 작품
　– 초월적 존재의 말을 인용하여 정절을 부각시킴
　– 인과응보의 가치관이 반영되고, 전란의 시련을 비유적으로 표현함
　– 목격담의 형식을 빌리고 무고하게 희생된 원혼들을 등장시켜 부조리와 역사적 모순을 부각시킴

28 고전 소설

작품의 세부 내용 파악하기 　정답 ②

정답 해설

'선사'가 한밤중에 웃고 울고 노래하는 소리를 따라가 보니(청각으로 환기된 호기심) 한 곳에 여자들이 모여 있었고, '선사'가 몹시 기이하게 여겨 다가가서 엿보니(거리의 조정), 줄지어 모여 앉은 이들이 죄다 여자였다(시각적 확인). 이는 청각으로 환기된 호기심이 거리의 조정을 거쳐 시각적으로 확인되는 과정을 제시하고 있는 것이다.

오답 해설

① 등장한 여자들의 외양 묘사가 주류를 이루고 있을 뿐, 이들 간에 복합적 관계가 형성될 것임을 예고하고 있지는 않다.
③ '선사'가 백발인 여자, 검푸른 머리가 풍성한 여자 등 여러 여자들의 관찰 내용을 설명하고 있지만, 상황을 반전시키기 위한 분위기

를 형성하고 있지는 않다.
④ '선사'가 관찰한 여자들에 대한 기대가 처음과 다르게 나타나는 과정은 제시되어 있지 않다.
⑤ '선사'가 관찰한 여러 여자들의 외양을 일관되게 주관적으로 판단하여 설명하고 있다.

29 고전 소설

부적절한 내용 고르기 　정답 ②

[정답해설]

ⓒ은 자문자답의 형식을 통해 운명을 달리한 이유가 바로 남편에게 있다고 즉답하고 있다. 그러므로 자문자답의 형식을 사용하여 답을 찾기까지의 어려움을 강조하고 있는 것은 아니다.

오답 해설

① ⓐ은 '수심에 잠긴 구름', '서글픈 바람', '처량한 밤기운'과 같은 배경 제시를 통해, 앞으로 전개될 이야기가 서글프고 처량한 성격임을 암시하고 있다.
③ ⓒ은 강이 깊고 성이 높은 유리한 조건에도 불구하고 대사를 그르친 부정적 결과에 근거하여 아들을 부정적으로 평가하고 있다.
④ ⓓ은 천 년 동안 남을 악명을 온 바다를 기울여도 씻을 수 없다는 과장된 표현을 사용하여 아들의 죄를 강조하고 있다.
⑤ ⓔ은 도원수 김자점이 한 번의 전투도 벌이지 않고 몸을 숨긴 채 목숨을 부지했음에도 왕법이 시행되지 않고 도리어 은총이 더해진 점을 들어 상황의 부조리함을 드러내고 있다.

30 고전 소설

부적절한 감상 내용 고르기 　정답 ⑤

정답 해설

'한 부인'이 '이런 상황'에서 남편이 '홀로 사형을 당'한 것이 원통하다고 말한 것은 이민구, 김자점, 심기원 등이 전쟁 중에 나라의 은혜를 저버렸건만 군법에 회부되지 않고 도리어 총애와 녹봉을 받았기 때문이다. 즉, 절의를 저버린 가장에게 의존했던 과거를 후회하고 있는 것은 아니다.

영어영역

01 어법상 틀린 것 고르기

정답 ②

관계대명사 ⇒ 접속사 + 대명사(종속절)
지시대명사 ⇒ 앞에 나온 명사를 대신해서 사용

정답 해설

What → It

'What'이 관계대명사로 사용되었다면 '접속사+대명사'의 역할을 해야 하며, 해당 문장은 종속절이 없고 'is'가 본동사이므로 'What'은 앞의 'illuminance(조도)'를 받는 3인칭 단수 대명사 'It'으로 바꿔 써야 옳다.

오답 해설

① 'measured(측정된)'는 앞의 'the quantity of light(빛의 양)'을 수식하여 '측정된 빛의 양'이란 수동의 의미를 지니므로, 과거분사의 형태를 사용한 것은 적절하다.

③ 'allow + 목적어 + to부정사' 구문에서 목적보어에 해당하는 to부정사가 A or B 형태가 되어, 'to navigate or (to) perform'으로 사용된 것은 적절하다.

④ 'the ways'를 선행사로 하고 종속절 이하의 문장이 완전하므로, '전치사 + 관계대명사'의 형태인 'in which'를 사용한 것은 적절하다. 해당 문장에서 'in which'는 관계부사 'how'로 바꾸어 쓸 수 있다.

⑤ 주격 관계대명사 that 앞의 선행사인 'a quantity of light or energy(빛이나 에너지의 양)'가 3인칭 단수이므로, 종속절의 동사로 3인칭 단수 현재시제의 형태인 'ensures'를 사용한 것은 적절하다.

핵심 어휘

- illuminance : 조도
- emit : 내뿜다, 발산[방출]하다
- footcandle :피트 촉광(조도의 단위)
- metric system : 미터법
- nuanced : 미묘한 차이가 있는
- spatial composition :공간배치, 평면구성요소
- intensity : 강도, 세기
- crescendo : 크레센도, 점점 커짐, 최고조
- phenomenological : 현상학적인, 현상론의
- critical : 비판적인, 중요한
- intrinsic : 고유한, 본질적인
- gravitation : 중력, 만유인력
- reassurance : 안심, 안도감
- administer : 주다, 부여하다
- appropriate : 적절한, 타당한
- sustenance : 지속, 유지
- recipient : 수령인, 수취인

해석

조도는 특정 표면적에 도달한 광원이 방출하는 빛의 양을 피트인 촉광 또는 미터인 럭스로 측정하여 간단히 나타낸다. 건축 환경에서, 조도는 미묘한 공간 배치에 형태와 명확성을 부여하는 특성이다. 그것은 시각적 극단의 강도, 즉 복잡한 공간의 층을 드러내고 숨길 수 있는 명암의 세기를 조절할 수 있다. 이 원리는 건축 조명 설계에서 매우 실제적이고 현상학적으로 중요한데, 그것은 우리가 공간을 탐색하거나 그 안에서 작업을 수행할 수 있도록 해주기 때문이다. 또한 조도는 공간에 대한 우리의 감정적 반응에 중요한 역할을 한다. 즉, 어둠이나 빛을 향한 중력에 대한 우리의 본질적인 두려움은 우리 사회가 안전을 확립하고 정서적 안정을 제공하기 위한 수단으로 빛에 대한 믿음을 두는 방식에 영향을 미쳤다. 마지막으로, '조도'라는 용어는 적절한 수준으로 투여될 때 생명 유지를 보장하지만, 극단으로 몰릴 때 수신자에게 육체적 손상을 유발할 수 있는 빛이나 에너지의 양을 의미한다는 점을 잊지 말아야 한다.

02 어법상 틀린 것 고르기

정답 ④

require A of B ⇒ B로부터 A를 요구하다

정답 해설

is required → requires

해당 문장은 'require A of B(B로부터 A를 요구하다)' 구문에서 목적어인 'a murderous resolve'가 뒤로 후치한 문장이다. 따라서 해당 문장은 주어가 'logic of inquiry'인 3형식 능동태 문장이므로, 본동사 'is required'를 3인칭 단수 현재 시제의 형태인 'requires'로 고쳐 써야 옳다.

오답 해설

① 'to believe'는 앞의 명사 'reason'을 수식하는 to부정사의 형용사적 용법으로 옳게 사용되었다.

② 'devote oneself to'는 '~에 전념하다'는 뜻으로 재귀대명사를 목적으로 취한다. 따라서 앞의 'scientists'를 대신하는 재귀대명사 'themselves'를 사용한 것은 적절하다.

③ 'essentially(본질적으로)'의 품사가 부사이므로 be동사인 'is' 다음에 위치한 것은 적절하다. 일반 동사일 경우에는 앞에 위치한다.

⑤ 조건의 부사절이 문두로 와서 주어와 동사가 도치된 구문이다. 'science'가 주어이며, 조동사 'will' 다음에 본동사 'progress'를 동사원형의 형태를 사용한 것은 적절하다.

핵심 어휘

- radical : 급진적인, 과격한
- disprove : 틀렸음을 입증하다, 반증하다
- there is no point in ~ing : ~하는 것은 소용이 없다, ~하는 것은 의미가 없다
- devote oneself to : ~에 전념하다, ~골몰[몰두]하다
- pool : 풀(공동 이용 자금이나 물자)
- refute : 반박하다, 부인하다
- disproof : 반증, 반박
- disprover : 오류를 증명하는 사람, 반증자
- debunker : 폭로자, 비난자
- personnel : 인원, 인력
- murderous : 살인의, 죽일 것 같은

- **resolve** : 결심, 결의, 각오
- **liquidate** : 폐지하다, 제거하다
- **single-mindedly** : 하나의 마음으로, 한 목표로 매진하여
- **slaughter** : 도살하다, 학살하다
- **speculation** : 추측, 짐작

해석

Karl Popper가 어떤 이론도 확실하게 진실로 증명될 수 없음을 주장했다고 때때로 말한다. 그러나 그는 이보다 훨씬 더 급진적인 견해를 가지고 있었다. 즉, 그는 아직 긍정적으로 반증되지 않은 이론들에 대해 다른 이론보다 더 믿을 이유가 전혀 없다고 생각했다. 최고의 이론조차도 확실하게 증명될 수 없다는 것이 아니라. 오히려 '최고의 이론' 같은 것은 없으며 '생존한 이론'만 존재하며 모든 생존한 이론은 동등하다는 것이다. 따라서 Popper의 견해에 따르면, 하나의 생존한 이론을 뒷받침하는 증거를 다른 이론 이상으로 수집하려고 노력하는 것은 소용이 없다. 과학자들은 결과적으로 가능한 한 많은 아이디어를 반박하여 생존 이론의 규모를 줄이는 데 전념해야만 한다. 과학적 탐구는 본질적으로 반증의 과정이며, 과학자들은 반증자, 폭로자, 파괴자이다. Popper의 탐구 논리는 과학자들에게 살인적인 각오를 요구한다. 이론을 보려면 그들의 첫 번째 생각은 이론을 이해한 다음 폐지하는 것이다. 과학자들이 모든 추측의 학살에 하나의 마음으로 몰두해야만 과학이 발전할 수 있다.

03 문맥상 부적절한 낱말 고르기

정답 ④

decreases : 감소시키다 ⇔ increases : 증가시키다

정답 해설

decreases → increases

제시문에서 지나친 마음챙김 명상은 스트레스 호르몬(코르티솔)을 증가시켜 신체와 정신 상태를 악화시키는 부작용을 낳는다고 설명하고 있다. 그러므로 ④의 'decreases(감소시키다)'는 'increases(증가시키다)'로 고쳐 써야 옳다.

핵심 어휘

- **mindset** : 사고방식, 마음가짐
- **mindfulness** : 마음 챙김(개인의 내적 환경이나 외부세계의 자극과 정보를 알아차리는 의식적 과정)
- **get rid of** : ~을 제거하다[없애다]
- **appropriate** : 적절한, 타당한
- **intensive** : 철저한, 집중적인
- **effortful** : 노력한, 힘이 드는
- **fatigue** : 피곤, 피로
- **cortisol** : 코티솔(스테로이드 호르몬의 일종)
- **deteriorate** : 악화되다, 더 나빠지다
- **adverse event** : 부작용
- **meditation** : 명상, 묵상
- **retreat period** : 수련 기간

해석

마음챙김을 통해 모든 생각을 정화하기 위해서는 강한 정신 통제가 필요하다는 사고방식은 그렇게 함으로써 의식과 무의식 속에서 자신의 생각을 적으로 삼아 그것을 없애고 싶어지기 때문에 옳지 않다. 그러나 사고는 실제로 신체적, 정신적 상태를 정확하게 반영한다. 신체적, 정신적 상태가 변하지 않으면 사고 패턴은 그대로 유지된다. 사실 올바른 노력과 적절한 통제는 효율적인 마음챙김 학습과 연습의 핵심이다. 우리는 마음챙김을 연습할 때마다 호흡, 사고 과정, 신체 느낌 또는 감각과 같은 목표에 상당한 노력을 기울인다. 그러나 집중적이고 힘든 연습은 마음을 쉽게 피로하게 만들고 스트레스 호르몬(코르티솔)을 감소시켜(→ 증가시켜) 신체와 뇌/정신 상태를 악화시키고 손상시킬 수 있다. 일부 연구에 따르면 수련 기간 동안 집중적인 마음챙김 명상을 하면 부작용이 발생할 수 있다고 한다. 따라서 마음챙김을 위해 정신 통제만하는 것은 우리의 마음과 마음챙김 연습을 위한 자연스러운 방법이 아니다.

04 문맥상 부적절한 낱말 고르기

정답 ③

active : 활동적인 ⇔ inactive : 비활동적인

정답 해설

active → inactive

마인드볼 게임은 뇌가 이완될(relaxed) 때 생성되는 알파파와 세타파의 조합에 의해 공에 정신적으로 힘을 가하는 원리이다. 이것이 선수들이 게임 중에 눈을 감고 깊게 숨을 쉬며 마음의 평정을 잃지 않으려고 애쓰는 이유이며, 마지막 문장에서 '하지 않으려고 애쓰는 것이 얼마나 어려운가'라며 반문하고 있다. 그러므로 ③의 'active(활동적인)'은 'inactive(비활동적인)'로 고쳐 써야 옳다.

핵심 어휘

- **opposite** : 다른 편의, 반대편의
- **electrode** : 전극
- **motive force** : 원동력, 추진력
- **magnet** : 자석
- **theta wave** : 세타파
- **exert on** : ~에 힘을 가하다
- **essentially** : 근본[기본/본질]적으로
- **vaguely** : 애매하게, 막연하게
- **yogic posture** : 요가 자세
- **panic** : 극심한 공포, 공황 상태
- **overeagerness** : 과욕, 극성
- **alternately** : 교대로, 번갈아
- **lose one's cool** : 냉정함을 잃다
- **condensed** : 요약한, 간결한
- **illustration** : 실례, 설명

해석

나의 지역 과학 박물관에는 마인드볼이라는 멋진 게임이 있다. 두 선수가 긴 테이블의 반대편 끝에 앉아 있다. 각 선수는 뇌 표면의 일반적인 전기 활동 패턴을 포착할 수 있도록 설계된 전극이 장착된 머리띠를 착용한다. 선수들 사이에는 금속 공이 있다. 목표는 이 공을 테이블 반대편까지 정신적으로 밀어내는 것이며, 먼저 밀어내는 선수가 이긴다. 각 선수의 전극에 의해 측정되어 테이블 밑에 숨겨진 자석에 의해 공에 전달되는 원동력은 뇌가 이완될 때 생성되는 알파파와 세타파의 조합이다. 즉, 알파파와 세타파를 더 많이 생성할수록, 공에 정신적으로 더 많은 힘을 가하게 된다. 기본적으로 마인드볼은 누가 가장 활동적일(→ 비활동적일) 수 있는지를 겨루는 대회이다. 보는 재미가 있다. 선수들은 눈을 감고 깊게 숨을 쉬며 애매하게 요가 자세를 취하며 긴장을 풀기 위해 고군분투한다. 공이 테이블 끝에 가까워질수록 그들이 느끼기 시작하는 공포는 보통 상대 선수의 과욕으로 인해 균형을 이루는데, 두

선수 모두 큰 금속 공이 앞뒤로 굴러가면서 번갈아 가며 냉정함을 잃는다. 하지 않으려고 애쓰는 것이 얼마나 어려운지에 대해, 이보다 더 요약된 설명은 바랄 수 없다.

05 글의 요지 파악하기

 실제 현실의 사회적 활동과 같은 가상 게임 정답 ①

정답 해설

제시문에 따르면 게이머는 현실 세계와 마찬가지로 게임 속에서 새로운 사람들을 만나고 우정과 연인 관계를 발전시키며 감성적 경험을 포함한 실제 사회적 경험을 하게 된다고 서술하고 있다. 그러므로 가상 게임은 실제 현실과 같은 사회적 활동이라는 ①의 설명이 제시문의 요지로 가장 적절하다.

핵심 어휘

- make a sharp distinction : 엄격하게 구별하다
- technology-mediated : 기술 매개의
- agency : 발동력, 힘, 작용
- contemporary : 동시대의, 현대의
- involve : 참여시키다
- mere : 단순한, 순전한
- engagement : 관계함, 참여
- phenomenologically : 현상학적으로

해석

오늘날의 테크노 라이프 세계에서는 더 이상 현실과 가상을 엄격하게 구분할 수 없다. 이것이 게임에는 어떤 의미가 있을까? 게임은 오늘날 다른 어떤 기술 매개 관행만큼이나 현실적이라는 의미이다. 게이머는 새로운 세상에서 원동력과 개성을 발휘한다. 게이머의 경험과 행동은 현실적이다. 게임은 또한 사회적이다. 즉, 현대의 게임은 종종 많은 플레이어가 참여하고 인터랙티브하며 롤플레잉이 필요하다. 게이머는 새로운 사람들을 만나고 우정과 연인 관계를 발전시킨다. 따라서 게이머는 감성적 경험을 포함한 실제 사회적 경험을 하게 된다. 이러한 경험은 화면이나 무대에서 일어나는 일에 대한 단순한 반응이 아니라, 게이머가 게임 환경에서 다른 사람들과 상호작용한 결과이다. 게이머의 생각, 상호작용, 관계, 감정은 허구적이거나 가상적이지 않으며 완전히 현실적이다. 따라서 현상학적으로 게이머는 이 세상을 떠나 다른 세상으로 향하지 않는다.

06 글의 요지 파악하기

 과학과 인문학의 학제 간 교류 정답 ⑤

정답 해설

제시문에서 인문학적 전문 지식이 과학 탐구의 결과를 안내하고 해석하는 데 중요한 역할을 하려면 인문학과 자연과학 분야의 양측 학자들이 기꺼이 서로 대화할 때만 가능하며, 이전 분야의 양쪽 연구자들이 근본적으로 더 학제적일 필요가 있다고 설명하고 있다. 그러므로 과학적 발견에 대한 인문학의 기여는 학제 간 교류를 통해 이루어질 수 있다는 ⑤의 설명이 제시문의 요지로 가장 적절하다.

오답 해설

① 인문학의 사변 이론은 실증적 연구를 통해 입증될 수 있다.
② 자연과학과 인문학은 각각 자신의 분야와 경로에 집중해야 한다.
③ 자연 과학자들은 인문학 연구를 통해 철학적 내용을 강화해야 한다.
④ 자연과학과 인문학의 진정한 통합은 서로에게 내재시킴으로써 가능하다.

핵심 어휘

- humanist : 인문주의자
- reverse : 정반대, 역
- cognitive science : 인지과학
- blur : 흐려지다, 모호해지다
- disciplinary : 학과의, 학문상의
- domain : 영역, 범위
- discipline : 지식 분야
- grope : 더듬으며 가다[찾다]
- reinvent the wheel : 쓸데없이 시간을 낭비하다
- expertise : 전문 지식[기술]
- crucial : 중대한, 결정적인
- evident : 분명한, 눈에 띄는
- viable : 실행 가능한, 성공할 수 있는
- radically : 근본적으로, 철저하게
- interdisciplinary : (여러 학문 분야가 관련된) 학제간의, 학제적인
- speculative theory : 이론적 이론, 사변 이론
- empirical : 경험에 의한, 실증적인
- respectively : 각자, 각각
- reinforce : 강화하다, 보강하다
- integration : 통합, 융합
- embed : 끼워 넣다, 내재하다

해석

우리 인문학자들이 자연과학에서 배울 것이 많다면, 그 반대의 경우도 또한 마찬가지이다. 즉, 인문학자들은 과학 연구에 기여할 수 있는 것이 많다. 생물학 및 인지 과학에서의 발견이 전통적인 학문의 경계를 모호하게 만들기 시작하면서, 이 분야의 연구자들은 전통적으로 핵심 인문학 분야의 영역이었던 고차원적인 문제들과 접촉하게 되었고, 이 영역에서의 공식적인 훈련 부족으로 인해 그들은 종종 어둠 속을 더듬거나 쓸데없이 시간 낭비하는 일을 시도하게 된다. 인문학적 전문 지식이 과학 탐구의 결과를 안내하고 해석하는 데 중요한 역할을 할 수 있는 곳은 바로 여기이며, 이는 인문학-자연과학 분야의 양측 학자들이 기꺼이 서로 대화할 때만 가능하다. 전통적으로 인문학과 자연과학의 명확한 구분이 더 이상 실행 가능하지 않다는 것이 점차 분명해지고 있으며, 이는 이전 분야의 양쪽 연구자들이 근본적으로 더 학제적일 필요가 있다.

07 밑줄 친 문장의 의미 파악하기

 공동의 이익을 추구하는 인간의 특성 정답 ④

정답 해설

제시문에서 인간은 제한된 방식으로만 협력하도록 진화되었기 때문

에 다른 사람에게 조종당하거나 속거나 착취당할 위험에 대해 예민하게 경고하는 유인원의 특성을 보이지만, 그럼에도 불구하고 공동의 이익을 위해 기꺼이 목숨을 희생하기도 한다고 설명하고 있다. 그러므로 밑줄 친 'hammer a square primate peg into a circular social insect hole(사각형 영장류를 원형 사회 곤충 구멍에 망치로 박아 넣다)'은 공동의 이익을 추구하기 위해 유인원으로서의 특성을 억제하는 것을 의미한다.

오답 해설
① 유인원과 개미에 대한 인간의 우월성을 격하하기
② 유인원과 사회성 곤충 간의 협력을 강화하기
③ 벌집 곤충을 유인원과 같은 특성을 가지도록 조작하기
⑤ 유인원의 신체적 능력을 극대화하여 공익에 기여하기

핵심 어휘
- primate : 영장류
- freakishly : 이상할 정도로, 변덕스럽게
- obediently : 순순히, 얌전히
- pull off : 해내다, 성사시키다
- hive : 벌집, 벌떼
- no-brainer : 쉽게 할 수 있는 일, 쉬운 결정
- gene : 유전자
- common good : 공익, 공리
- tribe : 부족, 집단
- acutely : 날카롭게, 예민하게
- manipulate : 조정하다, 조작하다
- mislead : 속이다, 현혹시키다
- exploit : 이용하다, 착취하다
- conform : 따르다, 순응하다
- enthusiasm : 열광, 열정
- peg into : 박아 넣다, 쑤셔 넣다
- be bound to : 반드시 ~하다, ~할 수밖에 없다
- superiority : 우월성, 우세
- collaboration : 협업, 협력
- suppress : 진압하다, 억제하다
- communal : 공동의, 집단의

해석
다른 영장류에 비해, 우리는 이상할 정도로 사회적이고 협력적이다. 비행기에 순순히 앉아 있을 뿐만 아니라, 집을 짓기 위해 집단적으로 노력하고, 다양한 기술을 전문으로 하며, 집단 내 특정 역할에 따라 움직이는 삶을 살아간다. 가장 최근의 진화 역사를 고려한다면, 이는 영장류가 해낸 패나 믿기 못할 일이다. 벌집 생활은 (말 그대로) 개미에게는 쉬운 일이다. 즉, 개미는 같은 유전자를 공유하기 때문에, 공동의 이익을 위해 희생하는 것은 실제로 희생이 아니며, 내가 개미라면 공동의 이익은 그저 나의 이익일 뿐이다. 비록 인간은 유인원으로, 가까운 친척이나 동료 부족원들과 제한된 방식으로만 협력하도록 진화되었기 때문에, 다른 사람에게 조종당하거나 속거나 착취당할 위험에 대해 예민하게 경고한다. 그럼에도 불구하고 우리는 열병식에서 행진하고, 순종적인 줄로 앉아 교훈을 암송하고, 사회 규범에 순응하며, 때로는 병정 개미를 수치심에 빠뜨릴 수 있는 열정으로 공동의 이익을 위해 목숨을 희생하기도 한다. 사각형 영장류를 원형 사회 곤충 구멍에 망치로 박으려는 시도는 어려울 수밖에 없다.

08 전체 흐름과 관계없는 문장 고르기

정답 ③

대수의 법칙

정답 해설
제시문은 금융 회사들의 보험 및 연금 상품의 가격 책정 및 카지노가 도박하는 고객으로부터 수익을 낼 수 있는 확률을 예시로 들며 확률 이론과 통계학의 기초 중의 하나인 대수의 법칙에 대해 설명하고 있다. 그런데 ③은 "도박꾼의 오류"에 대해 설명하고 있으므로 제시문의 전체 흐름과 어울리지 않는다.

핵심 어휘
- the law of large number : 대수의 법칙
- probability theory : 확률 이론
- statistics : 통계학
- guarantee : 보장하다, 보증하다
- accuracy : 정확성, 정확도
- insurance : 보험
- pension : 연금, 수당
- fallacy : 틀린 생각, 오류
- expected value : 기댓값

해석
대수의 법칙은 확률 이론과 통계학의 기초 중 하나이다. ① 그것은 장기적으로 미래 사건의 결과를 합리적인 정확도로 예측할 수 있도록 보장한다. ② 예를 들어, 이는 금융 회사들이 보험 및 연금 상품의 가격을 책정할 수 있는 확신을 제공하며, 지불할 확률을 알고 있어서 카지노가 결국 도박하는 고객으로부터 항상 수익을 낼 수 있도록 보장한다. ③ 그러나 그것은 각각의 시도 결과가 연결되어 있다고 생각하는 "도박꾼의 오류"이다. ④ 그 법칙에 따르면, 사건이 일어나는 것을 더 많이 관찰할수록 그 결과의 측정 확률(또는 기회)은 관찰이 시작되기 전에 계산된 이론적 확률에 훨씬 더 가까워진다. ⑤ 바꾸어 말하면, 많은 시도에서 얻은 평균은 확률 이론을 사용하여 계산한 것과 같은 기댓값과 거의 일치하며, 시도 횟수가 증가하면 그 평균은 훨씬 더 가까워질 것이다.

09 글의 제목 유추하기

정답 ②

비즈니스 윤리의 태생적 도전 과제

정답 해설
제시문은 더 이상 비즈니스를 사회에서 도덕규범을 조건으로 하는 분리된 기관으로 볼 여유가 없다는 점에서 그리고 비즈니스가 도덕적으로 의심스러운 상태에서 시작된다는 가정을 결코 벗어나지 못한다는 점에서 비즈니스 윤리가 지닌 근원적인 문제점에 대해 밝히고 있다. 그러므로 ②의 'Innate Challenges of Business Ethics(비즈니스 윤리의 태생적 도전 과제)가 제시문의 제목으로 가장 적절하다.

오답 해설
① 스캔들은 잊어버리고, 혁신합시다!
③ 인적 기관의 피할 수 없는 장애물

④ 비즈니스 윤리: 최근의 학문적 규범
⑤ 성공을 위한 마법의 총알, 비즈니스 윤리

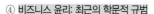 **핵심 어휘**

- ethics : 윤리학, 도덕 원리
- scandal : 스캔들, 추문
- regenerate : 재건하다, 재생되다
- subject to : ~을 조건으로
- moral code : 도덕률, 도덕규범
- situate : 놓다, 자리 잡게 하다
- commonplace : 아주 흔한, 진부한
- narrative : 묘사, 서술, 이야기
- presumption : 가정, 추정
- get credit for : ~으로 명성을 얻다, ~으로 공로를 인정받다
- unquestionably : 의심의 여지없이
- problematic : 문제가 있는
- violate : 위반하다, 침해하다
- norm : 표준, 규범
- innate : 타고난, 선천적인
- unavoidable : 불가피한, 어쩔 수 없는
- obstacle : 장애, 장애물
- emerging : 최근 생겨난, 신생의
- scholarly : 학자의, 학문적인
- bullet : 총알, 탄환

해석

비즈니스 윤리는 스캔들에서 탄생했다. 그것은 스캔들이 계속될 때마다 스스로 되살아나는 것처럼 보인다. 그리고 여기에는 두 가지 문제가 있다. 첫 번째는 우리 세계가 너무 상호 연결되어 있어 더 이상 비즈니스를 사회에서 도덕 규범을 조건으로 하는 분리된 기관으로 볼 여유가 없다는 것이다. 비즈니스는 사회에서 철저히 자리 잡아야 한다. 이는 이제 더 이상 사업가들이 경제적 이익을 극대화하는 것 외에 다른 건 없다는 다소 진부한 이야기를 더 이상 받아들일 수 없다는 것을 의미한다. 비즈니스는 우리 사회에 정착되고 전 세계 곳곳에서 상호 연결된 매우 인간적인 기관이다. 두 번째 문제는 비즈니스 윤리가 스캔들로 다시 태어나면서, 비즈니스가 도덕적으로 의심스러운 상태에서 시작된다는 가정을 결코 벗어나지 못한다는 것이다. 비즈니스 윤리는 그것이 세상에 가져온 좋은 점에 대한 어떤 공로도 인정받지 못하고 단지 나쁜 점에 대한 의문만 남는 것 같다. 사실 자본주의는 우리가 지금껏 발명한 가장 위대한 사회적 협력 시스템일 수도 있다. 그러나 만약 그렇다면, 그것을 더 좋게 만들기 위해서라도 최고의 사상가들의 비판적인 시험을 견뎌내야만 한다. 단순히 자본주의가 의심의 여지없이 도덕적으로 선하거나 혹은 의심의 여지없이 도덕적으로 문제가 있다고 가정하는 것은 학문적 규범과 실천적 규범을 둘 다 위반하는 것이다.

10 글의 제목 유추하기

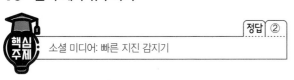 **핵심주제** 소셜 미디어: 빠른 지진 감지기   정답 ②

 정답 해설

제시문에 따르면 소셜 미디어를 활용한 지진 조기 감지는 지진 감지 패러다임의 급격한 변화를 보여주며, 소셜 네트워크가 전달하는 정보는 지진파보다 훨씬 빠르기 때문에 진원지로부터 수분 이내에 신속하고 믿을만한 감지가 가능하다고 설명하고 있다. 그러므로 ②의 'Social Media: Quick Earthquake Detectors(소셜 미디어: 빠른 지진 감지기)'가 제시문의 제목으로 가장 적절하다.

오답해설

① 재난 구호에 소셜 미디어를 이용하라!
③ 지진학 분야의 데이터 마이닝은 아직 오지 않았다
④ 하향식 정보 도구로서의 시민
⑤ 소셜 미디어를 통해 퍼지는 지진 관련 소문

핵심 어휘

- seismological : 지진학의
- implement : 시행하다, 이행하다
- in situ : 원래 장소의, 현장의
- eyewitness : 증인, 목격자
- impact assessment : 영향 평가
- detection : 간파, 탐지
- data mining : 데이터 마이닝(대규모 자료를 토대로 새로운 정보를 찾아내는 것)
- geological : 지질학의
- seismic wave : 지진파
- reliable : 믿을 수 있는, 믿을 만한
- an earthquake's origin : 진원지, 진앙지
- perception : 지각, 인식
- disaster relief : 재난 구조

해석

유럽 지중해 지진 센터(EMSC)는 목격자로부터 지진 영향에 관한 현장 관측을 신속하게 수집하는 방법을 최근 시행했다. 이는 지진에 관한 신속한 영향 평가에서 불확실성을 줄이는 데 확실히 기여하기 때문에 매우 중요하다. 소셜 미디어(예를 들면 페이스북, 트위터 등)는 지진 감지를 위한 유용한 네트워크로 간주될 수 있다. 소셜 네트워크의 데이터 마이닝은 지진 발생 지역을 감지하고 결정하는 데 사용되었으며, 미국 지질 조사국에서 개발된 트위터 지진 감지기(TED)의 개발로 이어졌다. 이러한 미디어를 사용한 지진 조기 감지는 근본적인 지진 감지 패러다임의 급격한 변화를 보여준다. 소셜 네트워크가 전달하는 정보는 지진파보다 훨씬 빠르게 이동하여, 진원지로부터 수분 이내에 신속하고 믿을만한 감지가 가능하다. 이탈리아 지역에서는 2012년부터 TwiFelt라는 소프트웨어 시스템을 사용할 수 있다. 그것의 목표는 트위터 스트림 분석을 통해 실시간 지진 인식 지도를 제공하는 것이다.

11 글의 주제 파악하기

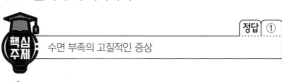 **핵심주제** 수면 부족의 고질적인 증상   정답 ①

 정답 해설

제시문에서 많은 연구들이 수면 부족이 위험하다는 사실을 밝히고 수면이 부족한 사람들에게서 나타나는 증상을 여러 실험을 통해 상세히 설명하고 있다. 그러므로 ①의 'troublesome manifestations of sleep deprivation(수면 부족의 고질적인 증상)'이 제시문의 주제로 가장 적절하다.

오답 해설

② 출퇴근 운전자에게 미치는 심각한 수면 부족의 영향

③ 술에 취한 사람과 수면이 부족한 사람의 유사점

④ 서구 산업화 사회의 전통적인 수면 습관

⑤ 수면이 부족한 사람들의 알코올 의존 증가율

핵심 어휘

- drowsy : 졸리는
- routinely : 일상적으로, 정례적으로
- sleep deprivation : 수면 부족
- sleep disorder : 수면 장애
- microsleep : 미세 수면(깨어 있을 때의 순간적인 잠)
- burn the candle at both ends : (아침부터 밤늦게까지 일하
  느라) 몹시 지치다
- norm : 표준, 일반적인 것
- simulator : 모의실험 장치
- coordination : 합동, 협업
- intoxicated : 취한, 중독된
- magnify : 확대하다, 증대시키다
- fatigued : 피로한, 피곤한
- impaired : 손상된, 장애가 있는
- manifestation : 징후, 증상
- commuting : 통근, 출퇴근
- conventional : 전통적인, 재래식의
- dependency : 의존, 종속

해석

전문가들은 활발하지 않은 활동을 하는데도, 낮에 졸리면 충분한 수면을 취하지 못한 거라고 말한다. 누워 있다가 5분 이내에 늘 잠이 들면 심각한 수면 부족, 심지어 수면 장애가 있을 가능성이 있다. 마이크로 수면, 즉 깨어 있는 사람의 아주 짧은 수면 에피소드도 수면 부족의 또 다른 징후이다. 대부분의 경우 사람들은 자신이 마이크로 수면을 경험하고 있다는 사실을 인식하지 못한다. 서구의 산업화된 사회에서 "아침부터 밤늦게까지 지치도록 일하는" 관행이 만연하면서 수면 부족의 과다로 이제는 정말 비정상적인 졸음이 거의 일상화되고 있다. 많은 연구에서 수면 부족이 위험하다는 사실을 밝히고 있다. 모의실험 운전 장치를 사용하거나 손과 눈의 협업 작업을 수행함으로써 시험을 치르는 수면이 부족한 사람들은 술에 취한 사람들만큼 좋지 못하거나 더 안 좋은 수행 결과를 보인다. 수면 부족은 또한 신체에 미치는 알코올의 영향을 증대시키기 때문에, 술을 마신 피곤한 사람이 잘 쉰 사람보다 훨씬 더 많은 장애를 겪게 된다.

12 글의 목적 파악하기

핵심주제: 도서관의 무료영화 상영행사 안내 | 정답 ④

정답 해설

제시문은 군 도서관의 최신 행사로 금주 주말부터 연말까지 매주 토요일 오후 6시에 무료 영화 상영을 계획하고 있으며, 영화 상영은 3층 Eisenhower Community 실에서 진행된다고 설명하고 있다. 그러므로 제시문의 목적은 도서관의 무료 영화 상영 행사를 안내하기 위해서이다.

오답 해설

① 새로 개봉하는 전쟁 영화를 홍보하려고 → 도서관의 무료 영화 상영 계획을 설명하고 있고, 상영 목록은 매월 첫째 날에 업로드되므로 전쟁 영화에 국한되지 않음

② 퇴역 군인을 위한 정기 후원을 요청하려고 → 재향군인의 날을 축하한다는 인사말만 언급되어 있을 뿐, 퇴역 군인을 위한 정기 후원 내용은 서술되어 있지 않음

③ 홍보 영상 촬영으로 인한 휴관을 알리려고 → 홍보 영상이 아닌 무료 영화 상영 계획을 설명하고 있으며, 휴관 내용은 서술되어 있지 않음

⑤ 책 나눔 행사를 도울 자원봉사자를 모집하려고 → 지난 번 도서 증정 행사가 큰 성공을 거두었다는 소식을 전하고 있지만, 자원봉사자를 모집한다는 내용은 서술되어 있지 않음

핵심 어휘

- Veteran's Day : 재향군인의 날
- giveaway : 경품, 증정품
- huge : 거대한, 엄청난
- instrumental : 중요한, 도움이 되는
- delight : 기쁘게 하다, 즐겁게 하다

해석

재향군인의 날을 축하합니다! 이 메시지가 잘 전달되기를 바랍니다. 군 도서관장으로서, 지난 도서 증정 행사가 큰 성공을 거두었다는 소식을 전하게 되어 매우 기쁩니다. 여러 지역 사회의 문화 활동에 중요한 역할을 해온 도서관을 대표하게 되어 큰 자부심을 느낍니다. 또한 저희 도서관의 최신 행사를 알려드리게 되어 기쁩니다. 이번 주말부터 연말까지 매주 토요일 오후 6시에 무료 영화 상영을 계획하고 있습니다. 영화 상영은 3층 Eisenhower Community 실에서 진행됩니다. 일반인에게 공개됩니다. 상영 목록은 매월 첫째 날에 저희 웹사이트에 업로드될 예정입니다. 이번 주 토요일에 상영되는 첫 번째 영화는 Black Hawk Down입니다. 오셔서 무료 영화를 즐겨주세요!

13 필자의 주장 이해하기

핵심주제: 유아에게 미치는 언어 상호작용의 중요성 | 정답 ③

정답 해설

제시문에서 필자는 유아에게 미치는 언어 상호작용의 중요성을 이해하고, 부모는 아기와 대화하기를 열망하는 공감적이고 적극적인 양육인을 찾아야 한다고 주문하고 있다. 그러므로 필자가 주장하는 바는 ③의 '부모는 유아와 공감하며 언어적 상호작용에 적극적인 양육자를 찾아야 한다.'이다.

오답 해설

① 부모는 유아의 보모를 찾을 때 정서적 수용력을 우선 고려해야 한다. → 정서적 수용력은 언급되어 있지 않으며, 언어적 상호작용이 고려 대상임

② 부모와의 애착을 강화하기 위해 유아의 기본 요구를 세심하게 살펴야 한다. → 유아와 양육자 간의 언어 상호작용의 중요성에 대해 설명함

④ 또래 아이와의 지속적인 상호작용을 통해 유아의 언어 발달을 촉진해야 한다. → 또래 아이와의 상호작용이 아닌 유아와 양육자 간의 상호작용에 대해 설명함

⑤ 부모는 유아의 언어 학습 능력을 향상시키기 위해 텔레비전 시청을 줄여야 한다. → 제시문에 부모의 텔레비전 시청을 언급한 적은 없음

핵심 어휘

- **infant** : 유아, 아기
- **alert** : 경계하는, 조심하는
- **vital** : 중요한, 필수적인
- **meager** : 빈약한, 미미한
- **caregiver** : 간병인, 양육인
- **baby-sitter** : 아기 보는 사람
- **engage in** : ~에 종사하다, ~에 관여하다
- **diaper** : 기저귀
- **custodial care** : 관찰[보호] 간호
- **job description** : 직무 분석
- **empathic** : 감정이입의, 공감하는

해석

언어 상호작용의 중요성을 알면 부모의 행동과 결정을 구체화할 수 있다. 유아가 반응을 보일 때, 유아와 상호작용하고 이에 반응하여 그들이 상호작용하고 있다는 점을 존중하며 우리가 말하는 것에서 의미를 찾기 위해 노력하는 것은 중요하다. 이를 행하는 한 가지 방법은 대화에 대한 그들의 기여를 인정하는 것이다(아무리 미미하더라도). 부모는 양육인과 베이비시터가 이러한 종류의 상호작용에 관여한다는 증거를 또한 찾을 수 있다. 베이비시터가 유아와 함께 있을 때 텔레비전을 보거나 아기가 깨어 있을 때도 전화로 많은 시간을 보내는 것은 드문 일이 아니다. 병과 깨끗한 기저귀 이상의 것이 필요하다. 상호작용하는 유아에 대한 새로운 관점은 아기를 돌보는 데 관찰 간호 이상이 필요하다는 것을 의미한다. 돌봄에 대한 새로운 직무 설명에는 "민감하고 반응적인 행동의 형태로 필요한 양육인 자극"이 추가될 수 있다. 부모는 아기와 대화하기를 열망하는 공감적이고 적극적인 양육인을 찾아야 한다. 연구에 따르면 텔레비전의 언어 자극은 유아가 언어를 학습을 할 수 있는 준비가 되지 않는다. 오직 사람들과의 대화만 가능하다.

14 내용과 불일치 문장 고르기

정답 ②

핵심 주제 노벨 생리의학상 수상자 Maurice Wilkins

정답 해설

제시문에 따르면 Maurice Wilkins는 물리학을 공부하기 위해 1935년에 케임브리지의 St. John's College에 진학했고, 1938년에 문학 학사 학위를 받았다고 서술되어 있다. 그러므로 1935년에 St. John's College에서 학위를 받았다는 ②의 설명은 제시문의 내용과 일치하지 않는다.

오답 해설

① 뉴질랜드에서 의사의 아들로 태어났다. → 뉴질랜드에서 태어났고, 그의 아버지는 의사임

③ 2차 세계대전 중 2년간 Manhattan Project에 참여했다. → 제2차 세계 대전 중에 캘리포니아의 Berkely 대학교에서 Manhattan Project에 2년간 참여함

④ University of St. Andrews에서 강의했다. → 영국으로 돌아오자마자 스코틀랜드에 있는 St. Andrews 대학에서 강의함

⑤ DNA 분자구조 연구로 노벨상을 공동 수상했다. → James Watson, Francis Crick과 함께 DNA 분자 구조 결정에 기여한 공로로 노벨 생리의학상을 수상함

핵심 어휘

- **a Bachelor of Arts degree** : 문학 학사 학위

- **participate** : 참가하다, 참여하다
- **horrify** : 반감[혐오]를 느끼게 하다
- **branch** : 분파, 분야
- **biophysics** : 생물물리학
- **investigation** : 수사, 조사
- **diffraction** : 회절
- **physiology** : 생리학
- **determination** : 결정, 확인
- **molecular structure** : 분자 구조

해석

Maurice Wilkins는 뉴질랜드에서 태어났고, 그의 아버지는 의사였다. Wilkins 가족은 그가 6살 때, 영국 버밍엄으로 이사했다. 그는 물리학을 공부하기 위해 1935년에 케임브리지의 St. John's College에 진학했고, 1938년에 문학 학사 학위를 받았다. 제2차 세계 대전 중에는 캘리포니아의 Berkely 대학교에서 Manhattan Project에 2년간 참여했다. 전쟁이 끝난 후 원자폭탄의 영향에 혐오감을 느낀 Wilkins는 다른 과학 분야로 옮기기로 결심했다. 영국으로 돌아오자마자, Wilkins는 스코틀랜드에 있는 St. Andrews 대학에서 강의했다. 1946년에 King's College의 생물물리학 부서에 합류했고 1970년부터 1980년까지 부서장으로 재직했다. 거기서 그는 DNA에 관한 X선 회절 연구를 시작했다. James Watson, Francis Crick과 함께 DNA 분자 구조 결정에 기여한 공로로 노벨 생리의학상을 수상했다.

15 빈칸 추론하기

정답 ⑤

핵심 주제 환경에서 탐험의 다차원적인 도전

정답 해설

제시문에서 북서항로를 항해하는 것은 모든 차원에서 도전 과제였으며, 이러한 매우 가변적이고 예측할 수 없는 환경에서 탐험을 주도하는 것은 다차원적인 도전이었다고 서술하고 있다. 그러므로 북서항로의 도전을 불리한 환경에 대한 도전으로 그 의미를 축소하는 것은 일차원적인 평가이다. 따라서 빈칸에 들어갈 말은 ⑤의 'oversimplify(지나치게 단순화하다)'이다.

오답 해설

① 무효화하다
② 유도하다
③ 직면하다
④ 해결하다

핵심 어휘

- **Northwest Passage** : 북서 항로(북대서양에서 캐나다 북극해로 빠져 태평양으로 가는 항로)
- **hostile** : 적대적인, 좋지 못한
- **differentiate** : 구별하다, 구분 짓다
- **dimension** : 규모, 관점, 차원
- **variability** : 가변성, 변동성
- **predictability** : 예언할 수 있음, 예측 가능성
- **hazard** : 위험, 모험
- **duration** : 지속, 기간
- **availability** : 유효성, 유용성

- **lethal** : 치명적인, 죽음을 초래하는
- **intervention** : 간섭, 개입
- **rule out** : 제외시키다, 배제하다
- **nullify** : 무효화하다, 효력 없게 만들다
- **induce** : 유도하다, 유인하다
- **confront** : 맞서다, 직면하다
- **resolve** : 풀다, 해결하다
- **oversimplify** : 지나치게 단순화하다

북서항로의 도전을 불리한 환경에 대한 도전으로 축소하는 것은 지나치게 단순화하는 것이다. 도전적인 환경은 매우 경쟁적인 시장에서 전장에 이르기까지 다양한 형태로 나타날 수 있다. 하나의 도전 맥락을 다른 도전 맥락과 비교할 때, 위험의 변동성, 예측 가능성 및 심각성, 외부 도움의 유효성, 노출 기간 등 여러 차원에서 구분할 수 있다. 이러한 모든 변수가 높은 리더십 환경을 찾는 것은 드물다. 화재 진압은 위험한 일이지만, 훈련된 소방관에게는 예측 가능한 방식으로 화재가 이동하고 위험에 노출되는 기간도 상대적으로 짧다. 핀테크 스타트업을 시작하려면 매우 가변적이고 예측할 수 없는 환경에 직면해야 하지만, 더 많은 투자를 호소할 수 있는 옵션이 항상 존재한다. 북서항로를 항해하는 것은 모든 차원에서 도전 과제였다. 즉, 위협은 다양한 형태로 발생했고, 매우 예측할 수 없는 성격이었으며, 모두 치명적일 가능성이 높았던 반면, 외부 개입이 배제되고 장기간 노출되었다. 따라서 이러한 환경에서 탐험을 주도하는 것은 다차원적인 도전이었다.

16 빈칸 추론하기

정답 ①

핵심주제 : 1830년대와 1840년대 유럽국가들의 통계학 부흥

정답 해설

제시문에서는 1830년대와 1840년대에 통계 학회와 학술지가 설립되고 정부 기관이 동원되어 사회 데이터를 수집, 평가 및 저장된 사실들을 프랑스와 영국의 사례를 들어 설명하고 있다. 그러므로 제시문의 빈칸에 들어갈 말로는 ①의 '통계에 대한 열정에 사로잡혔다'가 가장 적절하다.

오답 해설
② 데이터 수집에 관한 규제를 시작했다
③ 시민들에게 국가 소유의 데이터에 대한 자유로운 접근을 허용했다.
④ 압도적인 통계에 의해 공포에 사로잡히다
⑤ 경제적 불평등을 극복하기 위해 헌신했다

핵심 어휘

- **entity** : 실체, 존재
- **emergence** : 출현, 등장
- **commitment** : 전념, 헌신
- **statistical society** : 통계 학회
- **be called into** : 소집되다, 동원되다
- **institute** : 도입하다, 시작하다
- **prefecture** : 도청(프랑스, 이탈리아 등 일부 국가의 지방 행정 구역)
- **inroad** : 침입, 침투, 진출
- **accurate** : 정확한, 정밀한

- **bureaucracy** : 관료제, 관료 체제
- **parliamentary government** : 의회 정치, 의회 정부
- **extensive** : 폭넓은, 광범위한
- **empirical** : 경험에 의거한, 실증적인
- **all manner of things** : 모든 종류의 것
- **sanitation** : 위생 시설[관리]
- **district** : 지구, 구역
- **ad hoc** : 즉석의, 임시의
- **royal commission** : 왕립위원회(영국 정부 심의회)
- **grip** : 움켜잡다, 사로잡다
- **regulation** : 규정, 규제
- **terror-stricken** : 공포에 사로잡힌
- **overwhelming** : 압도적인, 강력한
- **dedicate** : 바치다, 헌신하다

해석

1830년대와 1840년대에, 몇몇 유럽 국가들은 통계에 대한 열정에 사로잡혔다. 이를 통해 이전에는 숨겨져 있거나 당연하게 여겨졌던 것들을 볼 수 있게 되었다. 가난한 사람들은 숫자로 세어질 때만 사회적 실체로 나타났고, 그 결과 추상적인 개념으로 '빈곤'이 등장하면서 도덕적 헌신을 불러일으켰다. 통계 학회와 학술지가 설립되고 정부 기관이 동원되어 사회 데이터를 수집, 평가 및 저장했다. 정치는 그 어느 때보다 정확한 정보에 의존했다. 프랑스에서는 1801년에 도청 차원에서 체계적이고 정기적인 데이터 수집이 시작되었다. 나폴레옹 국가는 시민 사회에 깊숙이 침투하기 위해 가능한 한 많은 정확한 정보가 필요했다. 영국 또한 지역 관료제가 훨씬 덜 발달했음에도 불구하고, 의회 정부는 노동자 구역의 위생 시설부터 군대 병사의 의료 상태에 이르기까지 모든 종류의 실증적 사실을 폭넓게 활용했다. 이러한 수집은 임시 왕립 위원회에 맡겨졌으며, 당시 정부와 비평가들 모두 그 결과물들을 공개적으로 이용할 수 있었다.

17 빈칸 추론하기

정답 ②

핵심주제 : 우크라이나와의 전쟁 준비가 미숙한 러시아 군대

정답 해설

제시문에 따르면 러시아군은 우크라이나 군과의 갑작스러운 전투에 보급 및 수송 작전이 실패하여 충분한 식량을 조달하지 못했고, Kyiv로 진군하던 러시아군의 대열은 완전히 교착상태에 빠졌다고 서술되어 있다. 그러므로 ②의 '러시아 군대가 얼마나 준비되어 있지 않았는지'가 빈칸에 들어갈 말로 가장 적절하다.

오답 해설
① 신병들이 전쟁터에서 어떻게 도망쳤는지
③ 러시아가 왜 수송 작전에 실패했는지
④ 정보 전쟁에서 우크라이나의 불리한 점은 무엇인지
⑤ 러시아와 우크라이나 간의 긴장감이 얼마나 심각했는지

핵심 어휘

- **troop** : 병력, 군대
- **angst** : 불안, 고뇌
- **deceive** : 속이다, 기만하다
- **exploit** : 이용하다, 착취하다

- amateurism : 아마추어 정신
- recruit : 신병, 신입
- tuck away : ~을 숨기다
- geolocate : 지리적인 위치를 파악하다
- Pentagon : 펜타곤(미 국방부 건물)
- snarl : 혼란에 빠뜨리다, 교란시키다
- backlog : 밀리다, 지연되다
- sustain : 존재하게 하다, 지탱하게 하다
- stall : 교착상태에 빠지다, 지연되다
- flee : 달아나다, 도망하다
- logistical : 병참의, 수송의
- warfare : 전투, 전쟁

해석

러시아 군대가 얼마나 준비되어 있지 않았는지에 대한 증거가 많았다. Belarus와 러시아 내부에서 '훈련' 중이라고 생각한 러시아 군대는 우크라이나 네트워크를 통해 자신의 휴대폰을 사용하여 집으로 전화를 걸어 가족과 여자 친구들에게 그들이 속아서 갑자기 실제 전투에 나섰다는 불안감을 표출했다. 다른 사람들은 틱톡이나 인스타그램에 댓글을 올렸다. 우크라이나인들은 다시 한 번 이러한 아마추어리즘을 이용할 수 있는 위치에 있었다. 은폐된 감시 센터에 숨은 신병들은 전화 통화와 소셜 미디어 전화의 지리적 위치를 파악하고 그 정보를 군대와 공유하며 정밀 공격을 시작하느라 분주했다. 미국방부 관리들은 침공이 전개되는 것을 지켜보았고, 러시아의 보급 및 수송 작전이 절망적으로 교란과 지연을 겪고 있다는 사실에 또한 충격을 받았다. 러시아군은 며칠 이상의 전투를 견딜 수 있을 만큼 충분한 식량을 가져오지 못했을 뿐만 아니라, Kyiv로 진군하던 러시아군의 대열은 완전히 교착상태에 빠져 있었다.

18 빈칸 추론하기

불학실성이 가져온 기술적 진보

정답 ①

정답 해설

제시문에 따르면 불확실성을 극복하고 안정을 갈망하는 인간의 욕망은 물질, 기술 및 사회적 보호에 뿌리를 두고 있으며, 이는 자본주의 사회에서의 다양하고 체계적인 시도 덕택에 가능했다고 서술하고 있다. 그러므로 빈칸에 들어갈 말은 ①의 '불확실성 측면에서 불안감 줄이기'이다.

오답 해설

② 과학 분야에서 선구자들을 능가하기
③ 확실성에 대한 해석상의 오류를 무효화하기
④ 인간 추론의 잠재력을 최소화하기
⑤ 과부하된 정보의 세계에서 살아남기

핵심 어휘

- uncertainty : 불확실성
- pervasive : 만연한, 널리 퍼진
- script : 대본, 원고
- craving : 갈망, 열망
- stem : 막다, 저지하다
- grasp : 이해하다, 파악하다

- interplay : 상호작용
- strive : 싸우다, 분투하다
- inscribe : 쓰다, 새기다
- as old as the hills : 아주 오래된, 고대의
- indebt : 빚을 지게 하다, 은혜를 입히다
- improvement : 향상, 개선
- Enlightenment : 계몽주의
- insecurity : 불안정, 불확실
- negate : 무효화하다, 부인하다

해석

여러 면에서 불확실성은 만연한 것으로 이해할 수 있으며, 바로 인생의 대본에 기록될 수 있다. 이로 인해 확실성에 대한 갈망은 아직 파악될 수 없고 나아가 통제될 수 없는 현상의 지각된 흐름을 막는 수단이 되었을 뿐이다. 결과적으로 불확실성을 극복하고 대신 확실성을 향해 노력하려는 욕망 사이의 상호작용은 현재와 미래에 영향을 미치는 방식으로 인간과 사회에 새겨지게 되었다. 이러한 상호작용은 아주 오래되었으며 안정에 대한 인간의 희망과 생존, 안락, 복지에 필요한 것으로 여겨지는 물질, 기술 및 사회적 보호에 뿌리를 두고 있다. Mokyr는 서구 자본주의 사회가 불확실성 측면에서 불안감을 줄이려는 모든 체계적인 시도에 얼마나 빚을 지고 있는가를 보여준다. Mokyr에 따르면, 기술적 진보에 대한 강한 믿음과 삶의 다양한 측면의 지속적인 개선은 계몽주의 철학 운동에서 등장하고 발전한 추론에 뿌리를 두고 있는데, 이는 인간의 '알고자 하는 욕구'를 위해 다양한 활동을 실질적으로 실험한 '공간'을 만든 것이다.

19 빈칸 추론하기

민주주의의 가치를 지탱하는 사회 의사소통 도구 : 미디어

정답 ②

정답 해설

제시문은 민주주의의 가치를 지탱하는 조건은 미디어를 통해 촉진되는 사회의 의사소통 도구에 의해 결정되고, 시민들의 집단적 의사결정은 서로를 설득하는 태도에 달렸다며 의사소통 문화의 중요성을 강조하고 있다. 그러므로 ②의 '민주주의는 그들의 의사소통 문화에 의해 정의된다'가 빈칸에 들어갈 말로 가장 적절하다.

오답 해설

① 미디어는 곧 민주주의에서 의사소통 문제를 해결할 것이다
③ 개성과 집단성 사이의 갈등은 불가피하다
④ 민주주의는 끝없는 공개 담론보다는 질서 위에서 번영한다
⑤ 민주주의는 사회경제적 역학을 중시함으로써 유지될 수 있다

핵심 어휘

- legislative : 입법의, 입법부의
- valence : 원자가, 결합가
- prop up : 지탱하다, 받쳐주다
- affirm : 긍정하다, 지지하다
- facilitate : 촉진하다, 조장하다
- privilege : 특권을 부여하다
- ecology : 생태, 생태학
- foremost : 가장 중요한, 맨 앞에 위치한
- practitioner : 전문가, 실무자

• orient : 지향하게 하다, 맞추다
• collectivity : 집합성, 집단성
• inevitable : 불가피한, 필연적인
• discourse : 담론, 담화

해석

민주주의에 대한 많은 설명은 입법 과정이나 혹은 정책 결과를 강조하지만, 이는 종종 소통과 정치 문화 간의 깊은 관계를 놓치는 경우가 많다. 문화에 대해 논의할 때, 흔히 자유민주주의적 가치의 맥락에서 이루어진다. 하지만 우리가 묻고자 하는 질문은 무엇이 이러한 가치의 값을 결정하는가이다. 민주주의가 그 가치를 지탱하는 문화의 질을 유지하거나 떨어뜨린다면, 어떤 조건에서 그 가치가 긍정되고 거부되는지 알아야 한다. 우리는 이러한 조건이 미디어를 통해 촉진되는 사회의 의사소통 도구에 의해 결정된다고 믿는다. 실제로 민주주의는 그들의 의사소통 문화에 의해 정의된다. 민주주의가 시민들이 집단적으로 무엇을 해야 하는지 결정하는 것으로 구성되어 있다면, 그들이 서로를 설득하는 태도가 그 이후의 거의 모든 것을 결정한다. 그리고 이는 정치학의 대가로서 미디어 생태학에 특권을 부여한다. 우리의 미디어 환경이 정치학자나 사회학자들보다 훨씬 더 잘 이해한다고 느낀다. Marshall McLuhan과 Neil Postman과 같은 몇몇 최고의 실무자들은 정치학자나 사회학자들보다 훨씬 더 잘 알고 있으며, 우리의 미디어 환경이 우리가 주목하는 것뿐만 아니라 세상에서 우리가 생각하고 지향하는 방식도 결정한다고 느낀다.

20 글의 배열순서 정하기

정답 ②

부주의한 관리 : 아프리카 세계 문화유산의 위기

정답 해설

글 (B)의 'There'가 주어진 글에서 알카에다 무장 세력이 진입한 고대 도시인 Timbuktu를 가리키므로, 주어진 글 다음에 (B)가 와야 한다. 또한 글 (A)의 'the event(그 사건)'는 글 (B)에서 알카에다 무장 세력이 '3만 권의 기록물이 있는 중세 도서관에 불을 지른 일'을 의미하므로 글 (B) 다음에 글 (A)가 와야 한다. 마지막으로 글 (A)에서 Bamako 시장이 주장한 사실과 달리 그 고서들은 방치되어 높은 습도로 썩을 위험에 처해있다고 서술하고 있으므로, 글 (A) 다음에 글 (C)가 와야 한다. 따라서 주어진 글 다음에 (B) - (A) - (C) 순으로 이어지는 것이 전체적인 글의 흐름상 가장 적절하다.

핵심 어휘

• militant : 교전자, 병사
• manuscript : 원고, 기록물
• heritage : 유산
• astronomy : 천문학
• geography : 지리학
• range : 포함하다, 다양하다
• continent : 대륙
• assortment : 모음, 종합
• leave out : 버리다, 방치하다
• molder : 썩다, 사라지다
• humidity : 습도
• rescue : 구하다, 구출하다
• ruse : 계략, 책략

• jeopardy : 위험, 위태로움

해석

2013년 1월 26일, 알카에다 무장 세력이 사하라 사막 남쪽 끝에 위치한 고대 도시 Timbuktu에 진입했다.

(B) 그곳에서 그들은 아랍어와 여러 아프리카 언어로 쓰여진 3만 권의 기록물이 있는 중세 도서관에 불을 질렀는데 천문학에서 지리, 역사, 의학에 이르기까지 주제가 다양했다. 서양에 알려지지 않았던 이 기록물은 대륙 전체에서 수집된 지혜이며, 아프리카에 목소리가 전혀 없던 것으로 여겨지던 당시 아프리카의 목소리였다.

(A) 이 사건을 목격한 Bamako 시장은 기록물들을 불태운 것을 두고 "세계 문화유산에 대한 범죄"라고 주장했다. 그리고 그 역시 거짓말을 하고 있는 게 사실이 아니라면 옳은 말이었을 것이다.

(C) 사실, 바로 직전에 아프리카 학자들은 고서들을 무작위로 수집하여 테러리스트들이 불태울 수 있도록 방치했다. 오늘날 이 수집품은 말리의 수도인 Bamako에 숨겨져 있으며, 높은 습도 속에 썩어가고 있다. 계략으로 구출된 것이 이번에는 기후로 인해 다시 한 번 위험에 처해 있다.

21 글의 배열순서 정하기

정답 ③

거래적 인간 관계의 신뢰성 고찰

정답 해설

글 (B)에서 언급한 소시지에 지불하는 돈에 대한 일련의 가정들이 글 (C)에 열거되어 있다. 그러므로 글 (B) 다음에 글 (C)가 와야 한다. 또한 글 (C)에서 거래관계가 신뢰를 배경으로 하는 것은 명시적으로 설명된 것이 아니지만 너무 당연하게 여겨지기 때문에, 글 (A)에서 이를 위반했을 때 악평이 자자한 이유라고 설명하고 있다. 그러므로 글 (C) 다음에 글 (A)가 와야 한다. 따라서 전체적인 글의 흐름상 주어진 글 다음에 (B) - (C) - (A) 순으로 이어지는 것이 가장 적절하다.

핵심 어휘

• transactional : 업무적인, 거래적인
• commitment : 헌신, 책무
• interdependence : 상호 의존
• caregiver : 간병인, 돌보는 사람
• occasional : 가끔의, 뜻밖의
• violation : 위반, 위해
• scandalous : 악평이 자자한, 비방의
• funny money : 가짜 돈, 장난감 돈
• lurid : 선정적인, 야단스러운
• tabloid : 타블로이드판 신문
• merely : 단지, 단순히
• reinforce : 강화하다, 강조하다
• rest upon : ~에 달려 있다[의지하다]
• assumption : 가정, 추측
• implicit trust : 절대적인 신뢰, 암묵적인 신뢰
• street vendor : 노점상
• wiener : 소시지
• exhaustively : 완전히, 철저하게

- **deliberately** : 고의로, 일부러
- **contaminate** : 오염시키다, 불결하게 하다
- **counterfeit** : 위조의, 모조의
- **explicitly** : 분명하게, 명확하게
- **spell out** : 판독하다, 상세히[명백히] 설명하다

해석

거래적 인간 관계에서 신뢰의 필요성은 자명하다. 헌신과 상호 의존에 의해 주도되는 다른 비거래적 관계, 즉 고전적으로 부모–자녀 관계 그리고 환자와 간병인 사이의 관계에서도 또한 분명하다.

(B) 미처 깨닫고 있지 못하지만 표면상으로는 순전히 거래적인 것처럼 보이는 상호작용조차도 암묵적인 신뢰라는 더 깊은 배경에서만 일어날 수 있다. 노점상에서 핫도그 한 개를 4달러에 구입할 때, 소시지에 지불하는 돈은 너무나 긴 일련의 가정에 의존하기 때문에 완전히 나열하는 것은 불가능하다.

(C) 핫도그는 제대로 익었다. 고의로 불결하게 된 것은 아니다. 내가 건네주는 달러 지폐는 위조된 것이 아니다. 핫도그에는 개고기가 아닌 소고기나 돼지고기가 (적어도 대부분) 들어 있다. 이 모든 것이 명시적으로 설명된 것은 아니지만. 그럼에도 불구하고 이 모든 것이 너무나 당연하게 여겨진다.

(A) 이것이 바로 이러한 신뢰를 배경으로 하는 물품 중의 하나가 가끔 위반이 발견되면 악평이 자자한 이유이기도 하다. 동네 노점상의 핫도그에 개고기가 들어 있다! 공원에서 장난감 돈을 건네는 동네 어르신! 선정적인 타블로이드판 신문의 헤드라인은 우리가 이러한 기본적인 배경이 되는 가정을 얼마나 깊이 신뢰하고, 얼마나 드물게 위반되는지를 그저 강조할 뿐이다.

22 주어진 문장의 위치 찾기

정답 ④

신경과학을 통해 분석한 독서가 뇌에 미치는 영향

정답 해설

④ 이후의 문장에서 '이러한 연결(these connections)'은 주어진 문장의 '보통 분리되어 있는 우리 뇌의 일부를 연결하는 것'을 의미한다. 그러므로 전체적인 글의 흐름상 주어진 문장은 ④에 들어가는 것이 가장 적절하다.

핵심 어휘

- **neuroscience** : 신경 과학
- **paradigmatic** : 계열적인, 전형적인
- **shift** : 이동, 변화, 전환
- **by lack of precedents** : 전례가 없는
- **innate** : 타고난, 선천적인
- **vanish** : 사라지다, 없어지다
- **destine** : 운명 짓다, 정해지다
- **selfie** : 셀피(스마트폰 등으로 찍은 자신의 사진)

해석

그리고 신경과학이 보여주는 것처럼. 독서는 보통 분리되어 있는 우리 뇌의 일부를 연결한다.

단순히 이미지가 훨씬 더 사용하기 쉽고 복잡한 생각을 필요로 하지 않는다는

이유로 단어를 죽이는 새로운 세상이 탄생했다. 편지에서 이메일로, 이메일에서 페이스북으로, 마지막으로 페이스북에서 인스타그램으로 이어지는 통신 수단의 진화는 매우 계열적이다. (①) 시간이 필요한 글귀에서 어린아이도 다룰 수 있는 도구인 그림, 동영상, 이모티콘으로의 전환은 믿을 수 없을 정도의 빠른 속도뿐만 아니라 전례가 없다는 점에서도 특징적인 과정이다. (②) 사실 지난 천 년 동안 인류의 발전은 복잡한 생각에 기반을 두어왔고, 이는 단어를 필요로 하며 단어는 읽기를 필요로 한다. (③) 그러나 읽기는 타고난 것이 아니라 문화적 산물이다. (④) 단어의 읽기와 쓰기가 끝난다는 것은 이러한 연결이 사라지는 것을 의미하며, 다른 뇌의 등장은 더 빠르고 멀티태스킹이 가능하지만 더 깊은 생각과 이해에는 단어와 시간이 필요하기 때문에 외견상 남아있을 운명이다. (⑤) 그림, 셀피, 이모티콘 또는 간단한 문장을 사용하여 시, 소설, 과학 논문을 쓰는 것은 불가능하다!

23 주어진 문장의 위치 찾기

정답 ④

실현 가능한 문화 혁신을 위해 필요한 사고방식

정답 해설

주어진 문장이 접속사 'But'으로 시작하므로, 앞 문장의 내용은 주어진 문장과 상반되는 내용이 와야 한다. ③ 다음의 '기이하고 왜곡된 레고 세계'는 주어진 문장의 '지금 사회가 정말 필요로 한 것'과 반대되는 내용이고, ④ 다음의 문장에서 '실현 가능한 문화 혁신을 극대화하는 목표'는 주어진 문장의 '새로운 백신과 더 효율적인 리튬 이온 배터리'를 수단으로 한다. 그러므로 전체적인 글의 흐름상 주어진 문장은 ④에 들어가는 것이 가장 적절하다.

핵심 어휘

- **primate** : 영장류
- **crucially** : 결정적으로, 중요하게
- **lateral thinking** : 수평적 사고
- **novel** : 새로운, 신기한
- **reorganization** : 재편성, 재구성
- **prefrontal cortices** : 전전두피질
- **in this regard** : 이런 점에서, 이런 면에서
- **render** : 되게 하다, 만들다
- **pragmatic** : 실용적인, 실천적인
- **perspective** : 관점, 시각
- **goal-oriented** : 목표 지향적인
- **bizarrely** : 특이하게, 기이하게
- **distorted** : 왜곡된, 기형의
- **post-apocalyptic** : 종말 이후의
- **scavenged-parts** : 고물, 폐부품
- **menagerie** : 전시장
- **figurine** : (장식용) 작은 조각상, 피규어
- **stuffie** : 봉제 인형
- **out-of-the-box** : 발군의, 격이 다른
- **implementable** : 이행할 수 있는, 실현가능한
- **downregulated** : 하향 조정된, 저하된
- **cognitive control** : 인지 제어
- **heighten** : 높이다, 고조시키다
- **prone to** : ~하는 경향이 있는, ~하기 쉬운

> **해석**
>
> 하지만 지금 사회가 정말 필요로 한 것은 새로운 백신과 더 효율적인 리튬 이온 배터리이다.

창의적인 영장류로서, 인간은 수평적 사고에 결정적으로 의존한다. 우리는 지속적인 새로운 통찰력의 흐름과 기존 지식의 끊임없는 재구성이 필요하다. (①) 전전두피질이 발달하지 않은 어린이는 이런 면에서 슈퍼스타이다. (②) 하지만 아이들을 그렇게 창의적으로 만드는 것은 적어도 목표 지향적인 성인의 실용적인 관점에서 보면 대부분의 창작물을 쓸모없게 만든다. (③) 바비 인형 머리를 한 레고 사람들이 운전하는 종말 이후의 폐 부품 차량, 혹은 슈퍼히어로 피규어와 공식적인 영국식 티 파티복으로 꾸민 봉제 인형 전시장이 특징인 기괴하게 왜곡된 레고 세계는 인상적인 발군의 사고방식을 반영한다. (④) 실현 가능한 문화 혁신을 극대화하는 것이 목표라면, 이상적인 사람은 성인의 몸을 가졌으나 잠시 동안은 아이의 마음을 가진 사람일 것이다. (⑤) 인지 제어가 저하되고 경험에 대한 개방성이 고조되며 예측할 수 없는 방향으로 방황하기 쉬운 마음을 가진 사람 말이다.

24 한 문장으로 요약하기

정답 ⑤

핵심 주제 의도치 않은 미디어의 부정적 기능

정답 해설

(A) 글의 서두에서 미국의 민주주의가 언론과 출판의 자유로운 표현에 기반을 두고 있다고 밝힌 것처럼, 자유롭고 개방적인 아이디어 교환은 미국 민주주의의 근본임을 알 수 있다. 그러므로 (A)에 들어갈 말은 'cornerstone(초석)' 또는 'foundation(기초)'이다.

(B) 1938년 H. G. Wells의 소설 '세계대전'이 라디오 방송을 통해 생중계 되면서 큰 이슈가 되었는데, 이것은 의도치 않은 허위 사실의 공표로 인한 사례에 해당한다. 그러므로 (B)에 들어갈 말은 'circulation(유포)' 또는 'disclosure(폭로)'이다.

오답 해설

① 기둥 ………… 도피
② 강조 ………… 검열
③ 기초 ………… 은폐
④ 반영 ………… 폭로

핵심 어휘

- shibboleths : 상투적인 어구
- wisdom : 타당성
- public sphere : 공론의 장
- contain : 억누르다, 억제하다
- perpetually : 영구히, 끊임없이
- troupe : 공연단, 극단
- garner : 얻다, 모으다
- coverage : 보도, 취재
- regulation : 규정, 규제
- the Federal Communications Commission : 연방통신위원회
- confront : 맞서다, 대립하다
- unintended : 의도하지 않은

- untruth : 거짓말, 허위 사실
- pillar : 기둥, 기념비
- elusion : 도피, 회피
- censorship : 검열
- concealment : 숨김, 은폐
- disclosure : 발각, 폭로
- cornerstone : 주춧돌, 초석
- circulation : 순환, 유통, 유포

> **해석**
>
> 당시나 지금이나, 미국 문화의 위대한 신화는 민주주의가 언론과 출판의 자유로운 표현에 기반을 두고 있다는 것이다. 비록 아이디어 시장에서 상투적인 어구로 포장되었지만, 이러한 신화에 장점이 없는 것은 아니다. 자유로운 표현이 원칙의 문제이자 권력에 대한 견제로서 그 자체로 정당화된다는 생각은 타당하다. 그러나 때로는 그 대가가 과하다. 진실은 항상 승리하지 못하고 공론의 장은 억제될 수 없다. 이는 새로운 미디어 기술이 정보 공간을 범람시키면서 끊임없이 재학습된 교훈이다. 1938년, Orson Welles와 그의 Mercury Theater 극단은 H. G. Wells의 소설 '세계대전'의 라디오 공연을 생중계했다. 이 프로그램이 실제 공황을 촉발했다는 증거는 많지 않지만, Welles는 방송의 시작과 끝에 그것이 실제 사건에 대한 뉴스 보도가 아닌 드라마 공연이었다는 사실을 밝혔음에도, 이 방송이 주요 신문의 취재를 받은 것으로 알고 있다. 이 라디오는 이미 1934년에 결성된 연방통신위원회의 규제를 받고 있었지만, 한 매체(라디오)가 다른 매체(신문)와 대립하였다.
>
> ↓
>
> 보통 자유롭고 개방적인 아이디어 교환이 미국 민주주의의 (A) 초석이라고 믿어왔지만, 1938년 라디오 생방송의 경우처럼 새로운 미디어를 통해 의도치 않고 통제할 수 없는 허위 사실 (B) 유포가 대가를 치를 수 있다.

[25~26]

핵심 어휘

- emit : 내다, 방출하다
- ultrasonic : 초음파의
- frequency : 진동수, 주파수
- echo : 울림, 반향
- intensity : 강도, 세기
- sensitivity : 감도, 민감도
- constant frequency(CF) : 일정 주파수
- broadband : (주파수의) 광대역
- modulated : 변조된
- chirp : 짹짹[찍찍]거리다, 지저귀다
- non-linear : 비선형의
- the Allied powers : 연합국
- with respect to : ~에 관하여, ~에 대해서
- rectangular : 사각형의, 장방형의
- resolution : 해상도
- discrimination : 식별, 차별
- compression : 압축, 응축
- bang : 쾅[탕]하고 치다[때리다]
- echolocation : 반향 위치 측정, 전자파 반사법
- aviation : 비행, 항공
- receptor : 수용기, 감각기

해석

자연 진화는 오늘날에도 큰 관심을 받고 있는 신호 유형과 탐지 및 위치 파악 기술을 만들어냈다. 박쥐는 지속적인 연구의 대상이다. 박쥐는 입(일부는 코로)으로 칩(chip)이라고 불리는 단거리 초음파 신호(100kHz를 훨씬 넘는 주파수)를 방출하거나, 수 미터 떨어져 있는 물체를 클릭(click)하여 반향을 듣는다. 박쥐의 뇌는 각 귀가 감지하는 반향의 지연, 주파수 및 세기를 기반으로 물체의 정확한 위치를 재구성한다. 박쥐의 주요 먹이인 곤충의 위치를 알아내기 위해서는 수 미터 떨어진 거리에서도 큰 민감도가 필요하다. 방출되는 신호는 좁은 대역의 일정 주파수(CF)와 광대역(주파수 변조, FM 또는 Chirp) 요소를 모두 가지고 있다. 선형 주파수 변조 신호인 Chirp(비선형 변조로의 진화를 포함)는 박쥐가 방출하는 신호 중 하나로, 1942년부터 1942년까지 독일과 연합군 모두에서 레이더 응용을 위해 연구해 왔다. 박쥐가 방출하는 신호에 대한 최초의 분석은 불과 4~5년 전으로 거슬러 올라간다는 점에서 주목할 만하다. 평균 지속 시간과 에너지의 일반적인 장방형 펄스와 관련하여, 이러한 유형의 신호는 거리 측정에서 식별과 같은 범위 해상도 능력을 극적으로 향상시킬 수 있다. 신호뿐만 아니라 박쥐가 장애물과 먹이를 찾는 과정도 레이더 시점에서 큰 관심을 끌 수 있다. 전하는 바에 따르면 Chirp(새의 짹짹거리는 소리를 식별하는)이란 명칭은 1950년대에 펄스 압축을 개발한 미국의 실험가들 중 한 명인 B.M. Oliver가 레이더는 "쾅 소리가 아니라 짹짹 소리로 방출해야 한다"고 말한 것에서 유래했다.

25 글의 제목 파악하기

핵심주제 박쥐가 짹짹거릴 때, 레이더에 대해 배운다

정답 ①

정답 해설

제시문에 따르면 박쥐는 칩(Chip)이라고 불리는 단거리 초음파 신호를 방출하고, 수 미터 떨어져 있는 물체를 클릭(Click)하여 반향을 듣고, 독일과 연합군 모두에서 레이더 응용을 위해 연구된 선형 주파수 변조 신호인 처프(Chirp)를 방출한다고 설명하고 있다. 그러므로 ①의 'When Bats Chirp, We Learn about Radar(박쥐가 짹짹거릴 때, 레이더에 대해 배운다)'가 제시문의 제목으로 가장 적절하다.

오답 해설

② 군비 경쟁: 레이더 기술의 어머니
③ 안타깝네요! 박쥐가 레이더에 관해 보여준 것을 간과하다니
④ 박쥐의 반향 위치: 먹이 탐지 및 포획을 위한 적응
⑤ 칩, 클릭, 처프: 군사 정보를 위한 동물의 활용

26 빈칸 추론하기

핵심주제 박쥐가 짹짹거릴 때, 레이더에 대해 배운다

정답 ⑤

정답 해설

제시문에 박쥐가 방출하는 칩(Chip), 클릭(Click), 처프(Chrip)의 신호 유형과 먹이나 장해물을 탐지하고 그 위치를 파악하는 기술은 오늘날의 레이더 기술에 접목되어 큰 관심을 보이고 있다고 서술되어 있다. 그러므로 ⑤의 '신호 유형과 탐지 및 위치 파악 기술을 만들어냈다'가 빈칸에 들어갈 말로 가장 적절하다.

오답 해설

① 항공 부문에서 공기 장치의 가치를 강조했다
② 깊이 인식, 탐색 및 시각 해상도를 가르쳤다
③ 수동 수용기를 사용하여 전기 신호를 감지하는 방법을 밝혀냈다
④ 기술의 진정한 정의와 올바른 기능을 소개했다

[27~28]

핵심 어휘

• reservoir : 저장소, 저장고
• succeeding generation : 다음 세대
• discursive : 담론의
• artefact : 인공물[가공품], 유물
• conviction : 신념, 확신
• posterity : 후세, 후대
• stable : 안정적, 고정적 ↔ unstable 불안정적, 유동적
• sentiment : 정서, 감성
• continual : 거듭되는, 끊임없는
• biography : (위인) 전기
• cultural competence : 문화 역량
• transition : 전환, 변환, 전이
• designate : 지정하다, 임명하다
• criteria : 규준, 표준, 기준

해석

문화유산은 좁은 의미에서 보존 가치가 있고 다음 세대로 전승될 가치가 있다고 인정되는 문화적 요소의 저장소로 이해할 수 있다. 그러나 넓은 의미의 문화유산은 과거의 문화 자원과 그 중요성이 사회적 상호작용을 통해 구성되는 역동적인 담론 영역으로 이해된다. 이 담론 영역에서 (a) 추출되면, 저장소는 다양한 형태로 내재된 공허하고 무의미한 유물과 아이디어의 집합체에 불과하다. 이러한 문화유산에 대한 이해는 Maurice Halbwachs가 소개한 (b) 집단 기억이라는 개념에 뿌리를 두고 있다. 그는 과거에 대한 우리의 기억이 사회적으로 구성되어 있다고 주장한다. 어느 정도 사회적 조건은 우리가 무엇을 어떻게 기억하는지를 결정한다. Eric Hobsbawn과 Terence Ranger는 전통과 문화유산이 사회적으로 결정되는 현상을 강조하며, 그는 전통이 재현되는 것이 아니라 (c) 창조되는 것으로 생각한다.

문화유산의 담론적 성격에 대한 믿음은 어떤 유물과 행동 패턴이 후손에게 전승되어야 하는지를 결정하는 기준이 (d) 고정적(→ 유동적)이라는 확신에 기반을 둔다. 한편으로, 문화유산의 저장소는 선택의 대상이 되며 글로벌 흐름, 신기술, 경제, 문화 정책 또는 의사 결정자의 정서에 의해 결정된다. 다른 한편으로, 이러한 저장소는 문화에 참여하는 개인의 사회적 위치, 배경, 전기, 문화 역량에 의해 영향을 받는 끊임없는 재해석의 대상이다. 사회적 상호작용은 문화유산 전환의 (e) 본질이다.

27 글의 주제 파악하기

핵심주제 사회 구성으로서의 문화유산의 담론적 특성

정답 ③

정답 해설

제시문의 서두에서 넓은 의미의 문화유산은 과거의 문화 자원과 그 중요성이 사회적 상호작용을 통해 구축되는 역동적인 담론 영역으로 이해된다고 설명하고 있다. 또한 문화유산의 이해에 대해 과거에 대한 우리의 기억이 사회적으로 구성되어 있다고 주장한 Maurice Halbwachs의 '집단 기억'을 소개하고 있다. 그러므로 ③의 '사회 구성으로서의 문화유산의 담론적 특성'이 제시문의 주제로 가장 적절하다.

오답 해설

① 문화유산 보존의 중요성
② 문화유산 유물의 저장소 건설 절차
④ 세계유산 지정을 위한 사회단체들의 담론적 노력
⑤ 역사적 가치를 기준으로 유물을 분류하는 확립된 기준

28 문맥상 부적절한 낱말 고르기

암기박사 stable : 고정적 ⟷ unstable : 유동적

정답 ④

stable → unstable

해당 문장에서 어떤 유물과 행동 패턴이 후손에게 전승되어야 하는지를 결정하는 기준은 다음 문장에서 문화유산의 저장소가 선택의 대상이 되며 글로벌 흐름, 신기술, 경제, 문화 정책 또는 의사 결정자의 정서에 의해 결정된다고 하였다. 즉, 불변하는 것이 아니라 여러 요인에 의해 변화될 수 있으므로, (d)의 'stable(고정적)'은 글의 흐름상 'unstable(유동적)'으로 고쳐 써야 옳다.

[29~30]

핵심 어휘

• **without a sliver of doubt** : 의심이 여지 없이
• **hatch a plan to** : ~할 계획을 세우다[도모하다]
• **reasoning** : 추리, 추론
• **flunk** : 낙제하다, 떨어지다
• **be cut out to** : ~에 자질이 있다
• **drop out** : 중퇴하다
• **perturbed** : 혼란스러운, 동요된
• **peer** : 또래, 동료
• **a small bump in the road** : 사소한 문제, 스쳐가는 시련
• **supportive** : 지원하는, 지지하는
• **accolade** : 표창, 수상
• **more than one occasion** : 여러 번, 한번 이상
• **stereotype** : 고정 관념
• **cut out for** : ~에 적합하여
• **career path** : 출세의 길, 유망한 직업
• **minor setback** : 사소한 좌절[실패]
• **midterm** : 중간의, 중간고사의

• **upset** : 속상하게 만들다, 마음이 상하다
• **shrug off** : 어깨를 움츠리다, 대수롭지 않게 여기다
• **juggling** : 저글링, 곡예
• **sorority** : 여학생 클럽
• **obligation** : 의무, 책무

해석

(A)

Sarah는 의사가 되는 꿈을 꾸었다. 초등학교 때부터, 그녀는 자신이 의학 박사가 되리라는 사실을 조금도 의심치 않았다. 어느 날, 어릴 때 친구인 Amanda가 (a) 그녀의 집을 방문했다. 그녀 또한 의학 분야에서 경력을 쌓고 싶다는 꿈을 갖고 있었기 때문에, 두 사람은 같은 아이비리그 학교에 다니기로 계획을 세웠다. Sarah와 Amanda의 부모님은 두 친구가 대학에 진학하는 것에 동의했지만, 딸이 선택한 길에 상당히 다른 태도를 보였다.

(C)

Sarah의 부모님은 지지해 주셨다. 그들은 인생의 성공을 학교 성적과 수상에 두기 보단 자신의 개인적 가치관을 파악하고 이해하도록 당부했다. Sarah는 Amanda의 부모님이 그녀의 계획에 대해 어떻게 생각하는지 물었다. 그녀는 부모님이 여러 번 우려를 표명했다고 밝혔다. 이것은 Amanda가 학업에 재능이 있었기 때문에 (d) 그녀를 놀라게 했다. '여자 아이는 과학을 못 한다'는 고정관념이 있는 문화에서 딸을 키우기 때문에, Amanda의 부모님이 그녀가 그 진로에 적합한지 아닌지 의문을 품었다.

(D)

대학에 입학한 후, 그 친구들은 처음으로 사소한 좌절을 경험했다. 그들은 중간고사 생물학 시험에서 나쁜 성적을 받았다. Amanda는 속이 상했다. 그녀는 좋지 못한 성적으로 인해 부모님이 줄곧 말씀하신 게 옳다고 느꼈다. Sarah는 실망했지만 그저 대수롭지 않게 여겼다. 그녀는 친구에게 (e) 그녀가 저글링 수업, 사교 행사, 여학생 클럽 가입 의무가 있는 새로운 장소에서 생애 처음으로 가족과 떨어져 살고 있다는 사실을 상기시켰다.

(B)

Amanda는 여전히 (b) 그녀의 논리에 설득되지 않았다. 그녀가 그런 기본적인 시험에 낙제한다면, 의사가 될 자질이 없는 것이 분명하지 않을까? 그녀는 진로를 변경하는 것을 고려했고, 심지어 중퇴하는 것까지도 생각했다. Sarah는 동의하지 않았다. 그녀의 개인적인 가치관은 단지 (c) 그녀가 '과학을 못한다'는 이유로 학우들만큼 학업을 잘 수행하지 못한다는 위험한 문화적 견해에 빠지지 않도록 보호했다. 이것은 사소한 문제일 뿐이며 Sarah는 몇 년 후 두 친구 모두 의사의 꿈을 이루게 될 거라고 믿고 있었다.

29 글의 배열순서 정하기

핵심주제 꿈을 이루는데 영향을 미치는 긍정적 태도와 부정적 태도의 비교

정답 ③

정답 해설

글 (A)에서 의사가 꿈인 Sarah와 Amanda의 진로 선택에 대해 각 부모님들은 다른 태도를 보였다고 서술하고 있고, 글 (C)에서 Sarah

의 부모님은 지지해 주셨지만 Amanda의 부모님은 우려를 표명했다고 서술하고 있다. 그러므로 글 (A) 다음에 글 (C)가 와야 한다. 또한 글 (D)에서 대학에 입학한 후 치른 생물학 시험을 잘 못 본 것에 대해 Sarah는 대수롭지 않게 여기는 반면, 글 (B)에서 Amanda는 중퇴하는 것까지 고려하며 전혀 다른 입장차를 보인다. 그러므로 글 (D) 다음에 글 (B)가 와야 한다. 따라서 전체적인 글의 흐름상 글 (A) 다음에 (C) – (D) – (B) 순으로 이어져야 한다.

30 지칭 대상과 다른 것 고르기

 정답 ⑤

꿈을 이루는데 영향을 미치는 긍정적 태도와 부정적 태도의 비교

정답 해설

(a), (b), (c), (d)는 모두 Sarah를 가리키나, (e)의 'she'는 Amanda를 가리킨다.

수학영역

01 지수

지수의 계산 　　　　　　　　　정답 ④

$$\left(3^{-1}+3^{-2}\right)^{\frac{1}{2}}=\left(\frac{1}{3}+\frac{1}{9}\right)=\left(\frac{4}{9}\right)^{\frac{1}{2}}=\frac{\sqrt{4}}{\sqrt{9}}=\frac{2}{3}$$

02 미분

미분계수 　　　　　　　　　　정답 ⑤

$$\lim_{h\to 0}\frac{f(1+h)-f(1)}{h}=f'(1),\ f'(x)=6x-1$$
$$\therefore f'(1)=6-1=5$$

03 등비수열

등비수열의 계산 　　　　　　　정답 ③

등비수열 $\{a_n\}$의 첫째항부터 제n항까지의 합이 S_n이므로
$$\frac{S_7-S_4}{S_3}$$
$$=\frac{(a_7+a_6+a_5+a_4+a_3+a_2+a_1)-(a_4+a_3+a_2+a_1)}{(a_3+a_2+a_1)}$$
$$=\frac{a_7+a_6+a_5}{a_3+a_2+a_1}$$
등비수열 $\{a_n\}$의 첫째항을 a, 공비를 r이라 하면
$\{a_n\}$의 일반항은 ar^{n-1}이므로
$$\frac{a_7+a_6+a_5}{a_3+a_2+a_1}=\frac{ar^6+ar^5+ar^4}{ar^2+ar+a}=\frac{ar^4(r^2+r+1)}{a(r^2+r+1)}$$
$$=r^4=\frac{1}{9}$$
따라서, $\dfrac{a_5}{a_7}=\dfrac{ar^4}{ar^6}=\dfrac{1}{r^2}$이므로
$$\therefore \frac{1}{r^2}=3$$

> **☑ 핵심노트**
>
> **등비수열의 합**
>
> 첫째항이 a_1, 공비가 r인 등비수열 $\{a_n\}$의 첫째항부터 제 n항까지의 합을 S_n이라 하면,
> $$S_n=\frac{a_1\times(r^n-1)}{r-1}$$

04 미분법

곱의 미분 　　　　　　　　　　정답 ②

$g(x)=(x^3+2x+2)f(x)$에서
$g'(x)=(3x^2+2)f(x)+(x^3+2x+2)f'(x)$
이때, $g'(1)=10$이므로
$g'(1)=(3+2)f(1)+(1+2+2)f'(1)=5f(1)+5f'(1)$
$\qquad=10$
$\therefore f(1)+f'(1)=2$

> **☑ 핵심노트**
>
> **곱의 미분**
>
> $h(x)=f(x)g(x)$일 때,
> $h'(x)=f'(x)g(x)+f(x)g'(x)$이다.

05 삼각함수

삼각함수의 정의 　　　　　　　정답 ⑤

함수 $y=a\sin ax+b$(단, $a>0$)에서
주기는 $\dfrac{2\pi}{|a|}$이고, 최솟값은 $-a+b$이므로
$$\frac{2\pi}{|a|}=\pi,\ a=2$$
$$-a+b=-2+b=5,\ b=7$$
$$\therefore a+b=9$$

> **☑ 핵심노트**
>
> **삼각함수의 최대, 최소**
>
> ㉠ $y=a\sin(\omega x+b)+c$
>
> 　최댓값: $|a|+c$, 최솟값: $-|a|+c$, 주기: $\dfrac{2\pi}{|\omega|}$
>
> ㉡ $y=a\cos(\omega x+b)+c$
>
> 　최댓값: $|a|+c$, 최솟값: $-|a|+c$, 주기: $\dfrac{2\pi}{|\omega|}$
>
> ㉢ $y=a\tan(\omega x+b)+c$
>
> 　최댓값: 없다, 최솟값 : 없다, 주기 : $\dfrac{\pi}{|\omega|}$

06 함수의 극한

함수의 추론 　　　　　　　　　정답 ①

다항함수 $f(x)$에서 $\displaystyle\lim_{x\to\infty}\frac{x^2}{f(x)}=2$이므로

$f(x)$는 최고차항의 계수가 $\dfrac{1}{2}$인 이차함수이다.

또한 $\displaystyle\lim_{x\to 3}\frac{f(x-1)}{x-3}=4$에서 $f(2)=0$이므로

$f(x)$는 $(x-2)$를 인수로 가진다.

따라서 $f(x)=\frac{1}{2}(x-2)(x-k)$이므로

$$\lim_{x\to 3}\frac{f(x-1)}{x-3}=\lim_{x\to 3}\frac{\frac{1}{2}(x-1-2)(x-1-k)}{x-3}$$

$$=\lim_{x\to 3}\frac{\frac{1}{2}(x-3)(x-1-k)}{x-3}=\lim_{x\to 3}\frac{1}{2}(x-1-k)$$

$$=\frac{1}{2}(2-k)=4, \ k=-6$$

따라서 $f(x)=\frac{1}{2}(x-2)(x+6)$이므로

$$\therefore f(4)=\frac{1}{2}\times(4-2)\times(4+6)=10$$

07 수열

 $\sum$의 활용
정답 ②

$\sum_{k=1}^{10}(2a_k+b_k+k)=60$, $\sum_{k=1}^{10}(a_k-2b_k+1)=10$에서

$\sum_{k=1}^{10}a_k=A$, $\sum_{k=1}^{10}b_k=B$라고 하면

$$\sum_{k=1}^{10}(2a_k+b_k+k)=2\sum_{k=1}^{10}a_k+\sum_{k=1}^{10}b_k+\frac{10\times 11}{2}$$

$$=2A+B+55=60$$

$$\therefore 2A+B=5$$

$$\sum_{k=1}^{10}(a_k-2b_k+1)=\sum_{k=1}^{10}a_k-2\sum_{k=1}^{10}b_k+10$$

$$=A-2B+10=10$$

$$\therefore A=2B$$

따라서 $A=2$, $B=1$

$$\therefore \sum_{k=1}^{10}(a_k+b_k)=\sum_{k=1}^{10}a_k+\sum_{k=1}^{10}b_k=A+B=3$$

08 적분

 부정적분
정답 ②

이차함수 $f(x)$는 최고차항의 계수가 3이므로 $f(x)$의 부정적분인 $F(x)$는 최고차항의 계수가 1인 삼차함수임을 알 수 있다.

또한 $f(1)=F'(1)=0$, $F(1)=0$이므로

$$\therefore F(x)=(x-1)^2(x-k)$$

$$F(2)=(2-1)^2(2-k)=4, \ k=-2$$

따라서 $F(x)=(x-1)^2(x+2)$이므로

$$F(3)=(3-1)^2\times(3+2)=20$$

09 적분법

 적분의 활용
정답 ③

두 점 P, Q의 시각 $t(t\geq 0)$에서의 속도가 각각 $v_1(t)$, $v_2(t)$이므로

이때의 거리를 각각 $x_1(t)$, $x_2(t)$라 하면

$x_1(t)$, $x_2(t)$는 속도 $v_1(t)$, $v_2(t)$를 적분한 값으로 다음과 같다.

$x_1(t)=2t^3-9t^2+7t+9$, $x_2(t)=t^2+t+1$

두 점 P, Q사이의 거리가 $f(t)$이므로

$$f(t)=|x_1(t)-x_2(t)|$$

$$=|(2t^3-9t^2+7t+9)-(t^2+t+1)|$$

$$=|2t^3-10t^2+6t+8|$$

이때, $g(t)=2t^3-10t^2+6t+8$라 하면

$g'(t)=6t^2-20t+6=2(3t-1)(t-3)$이므로

함수 $g(t)$는 $\frac{1}{3}$에서 극댓값을 갖고, 3에서 극솟값을 갖는다.

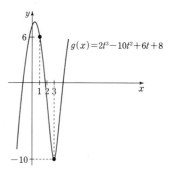

함수 $f(x)$는 위의 그래프에 절댓값을 씌운 함수이므로 닫힌구간 [1, 3]에서 함수 $f(t)$의 최댓값은

$$f(3)=|-10|=10$$

 핵심노트

속도와 위치의 관계

수직선 위를 움직이는 점 P의 시각 t에서의 속도를 $v(t)$라 하면 시각 t에서의 위치는 $\int_0^t v(t)dt$이다.

10 로그함수

 로그함수의 그래프
정답 ⑤

두 곡선 $y=\log_2(x+1)$, $y=\log_{\frac{1}{2}}(-x)+1$에 $x=t$를 대입하여 점 A, B의 좌표를 구하면

$A(t, \log_2(t+1))$, $B(t, \log_{\frac{1}{2}}(-t)+1)$

이때, $\overline{AB}=\log_2 9$이므로

$$\overline{AB}=\log_{\frac{1}{2}}(-t)+1-\log_2(t+1)$$

$$=-\log_2(-t)+1-\log_2(t+1)=\log_2 9$$

따라서,

$$\log_2(-t)+\log_2(t+1)+\log_2 9=1,$$

$$\log_2 9(-t)(t+1)=1, \ -9t^2-9t=2$$

$$9t^2+9t+2=0, \ (3t+2)(3t+1)=0$$

이때, t의 범위가 $-\frac{1}{2}<t<0$이므로 $t=-\frac{1}{3}$

따라서 점 B의 좌표는 $B\left(-\frac{1}{3}, \log_{\frac{1}{2}}\left(\frac{1}{3}\right)+1\right)$이다.

점 B와 점 C의 y의 좌표가 동일함으로 점 C의 x좌표를 k라 하면

$$\log_2(k+1)=\log_{\frac{1}{2}}\left(\frac{1}{3}\right)+1=\log_2 3+\log_2 2=\log_2 6$$

$$\therefore k=5$$

따라서 선분 $\overline{BC}$의 길이는 $\dfrac{1}{3}+5=\dfrac{16}{3}$

11 다항함수

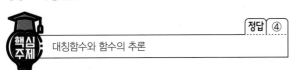

정답 ④

핵심주제 | 대칭함수와 함수의 추론

주어진 조건을 활용하여 함수 $f(x)$를 구해보면,

(i) 사차함수 $f(x)$는 최고차항의 계수가 -1이다.

(ii) 조건 (가)에서
모든 실수 x에 대하여 $f(3-x)=f(3+x)$이므로
$f(x)$는 $x=3$에서 대칭인 함수이다.

(iii) 조건 (나)에서
함수 $f(x)$의 최댓값을 $g(t)$라 할 때, $-1\leq t\leq 1$인 모든 실수 t에 대하여 $g(t)=g(1)$이므로 이는 즉, $-1\leq t\leq 1$범위 사이에 있는 모든 t의 값에서 함수 $f(x)$의 최댓값이 $g(1)$로 고정됨을 의미한다.
t의 값에 $-1\leq t\leq 1$범위의 실수를 대입해보면
$t=1$일 때, 닫힌구간 $[0,\,2]$에서의 최댓값,
$t=-1$일 때, 닫힌구간 $[-2,\,0]$에서의 최댓값,
$t=0$일 때, 닫힌구간 $[-1,\,1]$에서의 최댓값,
...

따라서 $-1\leq t\leq 1$인 모든 실수 t에 대하여 닫힌구간 $[t-1,\,t+1]$은 항상 0을 포함하므로 $f(0)$일 때 최댓값을 갖고, 이는 닫힌구간 $[0,\,2]$에서의 최댓값이므로, 함수 $f(x)$는 $x=0$에서 극댓값을 갖는다.
위의 (i), (ii), (iii)을 조합한 함수 $f(x)$의 그래프는 다음과 같다.

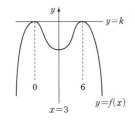

따라서 $f(x)=-x^2(x-6)^2+k$이고 $f(2)=0$이므로
$f(2)=-2^2\times(2-6)^2+k=-4\times 16+k=0,\ k=64$
$\therefore f(5)=-5^2\times(5-6)^2+64=-25\times 1+64=39$

12 거듭제곱과 제곱근

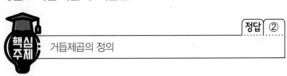

정답 ②

핵심주제 | 거듭제곱의 정의

2이상의 자연수 n에 대하여 $-(n-k)^2+8$의 n제곱근 중 실수인 것의 개수가 $f(n)$이므로
$x^n=-(n-k)^2+8$이라 하면
n이 홀수인 경우 $-(n-k)^2+8$의 부호와 관계없이 n제곱근 중 실수인 것의 개수는 1개이다.
따라서

$f(3)+f(4)+f(5)+f(6)+f(7)$
$=1+f(4)+1+f(6)+1=7,\ f(4)+f(6)=4$
또한, n이 짝수인 경우 $-(n-k)^2+8$의 n제곱근 중 실수인 것의 개수는 0개 or 1개 or 2개 이므로
$f(4)=2,\ f(6)=2$이 되어야 한다.
따라서 이를 만족하기 위해서는
(i) $-(4-k)^2+8>0,\ (4-k)^2<8$이므로
가능한 자연수 $k=2,\ 3,\ 4,\ 5,\ 6$
(ii) $-(6-k)^2+8>0,\ (6-k)^2<8$이므로
가능한 자연수 $k=4,\ 5,\ 6,\ 7,\ 8$
이때, (i)과 (ii)를 모두 만족하는 자연수 k는 4, 5, 6이므로
$4+5+6=15$

13 함수의 연속

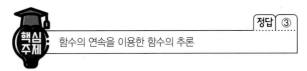

정답 ③

핵심주제 | 함수의 연속을 이용한 함수의 추론

x에 대한 방정식 $\{f(x)-t\}\{f(x-1)-t\}=0$에서
$f(x)=t,\ f(x-1)=t$이고, $f(x)$의 그래프를 x축의 방향으로 $+1$만큼 이동하면 $f(x-1)$의 그래프가 된다.
이때, $f(x)=2x(2-x)$이므로 $f(x),\ f(x-1)$을 그래프로 나타내면 $0\leq x\leq 3,\ -6\leq t\leq 2$의 범위에서 다음과 같다.

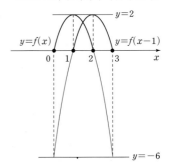

함수 $g(t)$는 $\{x\,|\,0\leq x\leq 3\}$에 속하는 가장 큰 값과 가장 작은 값의 차이 이므로 $g(t)$의 그래프는 위의 그래프에서 x축을 기준으로
$t>0$일 때 $y=t=2$에서 $2-1=1$이고, $y=t=0$에 가까워지면서 점점 1보다 커지다가 최종적으로 $y=t=0$에서 $3-0=3$의 값을 가지게 되고,
$t<0$일 때 $y=t=-6$에서 $3-0=3$이고, $y=t=0$에 가까워지면서 점점 3보다 작아지다가 최종적으로 $y=t=0$에서 $2-1=1$의 값을 가지게 된다.
따라서 함수 $g(t)$가 불연속이 되는 t의 값은 $a=0$이다.
$\therefore \lim\limits_{t\to a-}g(t)+\lim\limits_{t\to a+}g(t)=(2-1)+(3-0)=4$

14 수열

정답 ①

핵심주제 | 수열의 추론

주어진 조건 (나)에서
2이상의 모든 자연수 n에 대하여 $\displaystyle\sum_{k=1}^{n}a_k=2\,|\,a_n\,|$이므로 $n=2$를 대입

하면 $a_1+a_2=2|a_2|$

이때, 조건 (가)에서 $a_2=27$이므로

$a_1+a_2=2|a_2|$, $a_1+27=2\times27$

$\therefore a_1=27$

또한, $\sum_{k=1}^{n}a_k=2|a_n|$에 $n=3$을 대입하면

$a_1+a_2+a_3=2|a_3|$, $27+27+a_3=2|a_3|$

이때, $a_3>0$일 때, $a_3<0$일 때로 경우를 나누면

(i) $a_3>0$일 때

$54+a_3=2a_3$, $\therefore a_3=54$

$\sum_{k=1}^{n}a_k=2|a_n|$에 $n=4$를 대입하면

$a_1+a_2+a_3+a_4=2|a_4|$, $27+27+54+a_4=2|a_4|$

이때, 조건 (가)에서 $a_3a_4>0$이므로 a_3과 a_4의 부호는 같고 $a_3>0$

이므로 $a_4>0$이어야 한다.

따라서 $108+a_4=2a_4$, $\therefore a_4=108$

이어서 $\sum_{k=1}^{n}a_k=2|a_n|$에 $n=5$를 대입하면

$a_1+a_2+a_3+a_4+a_5=2|a_5|$,

$27+27+54+108+a_5=2|a_5|$

$a_5>0$이면, $216+a_5=2a_5$, $\therefore a_5=216$

$a_5<0$이면, $216+a_5=-2a_5$, $\therefore a_5=-72$

(ii) $a_3<0$일 때

$54+a_3=-2a_3$, $\therefore a_3=-18$

$\sum_{k=1}^{n}a_k=2|a_n|$에 $n=4$를 대입하면

$a_1+a_2+a_3+a_4=2|a_4|$, $27+27-18+a_4=2|a_4|$

상기 (i)에서와 마찬가지로 a_3과 a_4의 부호가 같고 $a_3<0$이므로

$a_4<0$이어야 한다.

따라서 $36+a_4=-2a_4$, $\therefore a_4=-12$

이어서 $\sum_{k=1}^{n}a_k=2|a_n|$에 $n=5$를 대입하면

$a_1+a_2+a_3+a_4+a_5=2|a_5|$,

$27+27-18-12+a_5=2|a_5|$

$a_5>0$이면, $24+a_5=2a_5$, $\therefore a_5=24$

$a_5<0$이면, $24+a_5=-2a_5$, $\therefore a_5=-8$

(i), (ii)을 종합하면 $a_5=216$, 24, -8, -72

$|a_5|$의 최댓값과 최솟값이 각각 M, N이므로

$M=|216|=216$, $N=|-8|=8$

$\therefore M+N=216+8=224$

15 도함수

 핵심주제 함수의 미분가능성 　　　　　　정답 ③

삼차함수 $f(x)$는 최고차항의 계수가 1이고

$f'(0)=f'(2)=0$이므로

$f'(x)=3x(x-2)=3x^2-6x$, $f(x)=x^3-3x^2+C$

또한, 양수 p와 함수 $f(x)$에 대하여 함수

$g(x)=\begin{cases} f(x) & (f(x)\geq x) \\ f(x-p)+3p & (f(x)<x) \end{cases}$

이므로 이는, 함수 $y=f(x)$와 직선 $y=x$를 비교하여

$f(x)\geq x$이면, 함수 $f(x)$의 그래프가 그려지고

$f(x)<x$이면, 함수 $f(x)$를 x축으로 p만큼, y축으로 $3p$만큼 이동

시킨 그래프가 그려진다.

이때, 함수 $g(x)$가 실수 전체의 집합에서 미분이 가능하려면 함수

$f(x)$의 그래프는 다음과 같아야 한다.

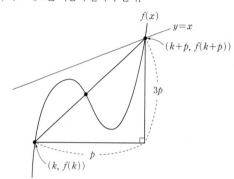

위의 그래프에서 점 $(k, f(k))$과 점 $(k+p, f(k+p))$의 기울기가

동일해야 하므로

$f'(k)=f'(k+p)$, $3k^2-6k=3(k+p)^2-6(k+p)$,

$3k^2-6k=3k^2+6kp+3p^2-6k-6p$,

$6kp+3p^2-6p=0$,

$\therefore p=-2k+2$

또한, $f(k+p)-f(k)=3p$ 이므로

$k^3+3k^2p+3kp^2+p^3-3k^2-6kp-3p^2+C-k^3+3k^2-C=3p$,

$3k^2p+3kp^2+p^3-6kp-3p^2=3p$

$\therefore 3k^2+3kp+p^2-6k-3p=3$

이때, $p=-2k+2$를 대입하면

$3k^2+3k(-2k+2)+(-2k+2)^2-6k-3(-2k+2)=3$,

$3k^2-6k^2+6k+4k^2-8k+4-6k+6k-6-3=0$,

$k^2-2k-5=0$, $k=1\pm\sqrt{6}$

만약, $k=1+\sqrt{6}$이라면 $p=-2\sqrt{6}$로 음수가 되므로

$\therefore k=1-\sqrt{6}$, $p=2\sqrt{6}$

이때, 점 $(k+p, f(k+p))$는 직선 $y=x$위에 있으므로

점 $(1+\sqrt{6}, 1+\sqrt{6})$로 표현할 수 있다.

따라서 $f(x)=x^3-3x^2+C$에서

$f(1+\sqrt{6})=(1+\sqrt{6})^3-3(1+\sqrt{6})^2+C=1+\sqrt{6}$,

$1+3\sqrt{6}+18+6\sqrt{6}-3-6\sqrt{6}-18+C=1+\sqrt{6}$,

따라서 $C=3-2\sqrt{6}$이므로

$\therefore f(0)=3-2\sqrt{6}$

16 지수

 핵심주제 지수의 부등식 　　　　　　정답 10

$4^x-9\times2^{x+1}+32\leq0$에서 $2^{2x}-18\times2^x+32\leq0$

$2^x=t$라고 하면

$t^2-18t+32\leq0$, $(t-2)(t-16)<0$,

$2\leq t\leq16$, $2\leq2^x\leq16$이므로

이를 만족하는 $x=1$, 2, 3, 4이다.

따라서 모든 정수 x의 값의 합은 10

17 등차수열

핵심주제: 등차수열의 정의

정답 25

등차수열 $\{a_n\}$의 공차가 0이 아니므로
$|a_5|=|a_{13}|$에서 $a_5=-a_{13}$, $a_5+a_{13}=0$이다.
$\therefore 2a_9=0$, $a_9=0$
또한, $a_{12}=5$이므로 등차수열 $\{a_n\}$의 공차를 d라고 하면 $3d=5$
$\therefore a_{24}=a_{12}+12d=5+20=25$

18 우함수

핵심주제: 우함수의 정적분

정답 36

함수 $f(x)$는 최고차항의 계수가 1이고 조건 (가)에서 모든 실수 x에 대하여 $f(-x)=-f(x)$이므로 원점 대칭인 기함수임을 알 수 있다.
따라서 $f(x)=x^3+ax$라 하면
조건 (나)에서
$2\displaystyle\int_0^2 xf(x)dx=2\int_0^2 (x^4+ax^2)dx=\dfrac{144}{5}$,
$\dfrac{1}{5}\times 2^5+\dfrac{1}{3}a\times 2^3=\dfrac{72}{5}$, $\dfrac{32}{5}+\dfrac{8}{3}a=\dfrac{72}{5}$
$\dfrac{8}{3}a=\dfrac{40}{5}$, $a=3$
따라서 $f(x)=x^3+3x$이므로,
$\therefore f(3)=27+9=36$

19 삼각함수

핵심주제: 삼각함수의 활용

정답 64

$\triangle ABC$에서 선분 $\overline{AP}=\overline{QC}=k$, $\angle BAC=\theta$라 하고 코사인법칙을 이용하면
$13^2=10^2+7^2-2\times 7\times 10\times \cos\theta$,
$169=100+49-140\times \cos\theta$, $\cos\theta=-\dfrac{1}{7}$
따라서 $\sin\theta=\sqrt{1-\dfrac{1}{49}}=\dfrac{4\sqrt{3}}{7}$
$\triangle APQ=\triangle ABC-\square PBCQ$이므로
$\triangle APQ=\dfrac{1}{2}\times 7\times 10\times \dfrac{4\sqrt{3}}{7}-14\sqrt{3}$
$=20\sqrt{3}-14\sqrt{3}=6\sqrt{3}$
이때, 선분 $\overline{AQ}$의 길이는 $10-k$이므로
$\triangle APQ=\dfrac{1}{2}\times k\times (10-k)\times \dfrac{4\sqrt{3}}{7}=6\sqrt{3}$,
$k^2-10k+21=0$, $(k-3)(k-7)=0$
$\therefore k=3$
따라서
$\overline{PQ}^2=3^2+7^2-2\times 3\times 7\times \left(-\dfrac{1}{7}\right)=9+49+6=64$

 핵심노트

제2 코사인법칙

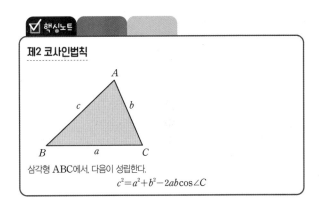

삼각형 ABC에서, 다음이 성립한다.
$$c^2=a^2+b^2-2ab\cos\angle C$$

20 도함수

핵심주제: 접선의 기울기

정답 118

최고차항의 계수가 1인 삼차함수 $f(x)$에 대하여 함수 $f'(x)$는 조건 (가)에서 직선 $x=2$에 대하여 대칭이므로 함수 $f(x)$는 점 $(2, f(2))$에 대하여 점대칭이고, $f'(x)=3(x-2)^2+b$라 할 수 있다.
또한 함수 $g(x)=|f(x)|$일 때, 조건 (나)에서 함수 $g(x)$는 $x=5$에서 미분가능하고, 점 $(5, g(5))$에서의 접선이 $(0, g(0))$에서 접함으로 이를 만족하는 함수 $g(x)$의 그래프는 다음과 같다.

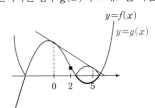

위의 그래프에서 점 $(0, g(0))$와 점 $(5, g(5))$에서의 기울기가 같으므로 $f'(0)=-f'(5)$, $12+b=-27-b$,
$\therefore b=-\dfrac{39}{2}$

이때, 접선의 기울기는 $f'(0)=12-\dfrac{39}{2}=-\dfrac{15}{2}$이고
점 $(0, g(0))$에서의 접선 $y=-\dfrac{15}{2}(x-0)+f(0)$과
점 $(5, g(5))$에서의 접선 $y=-\dfrac{15}{2}(x-5)-f(5)$이 같으므로 위의 두 식을 전개하면
$y=-\dfrac{15}{2}x+f(0)$, $y=-\dfrac{15}{2}x+\dfrac{75}{2}-f(5)$이다.
따라서 $f(0)=\dfrac{75}{2}-f(5)$
함수 $f(x)=(x-2)^3-\dfrac{39}{2}x+C$라고 할 때,
$f(0)=-8+C$ 이고 $\dfrac{75}{2}-f(5)=108-C$이므로
$\therefore C=58$
$g(8)=|f(8)|$이므로
$|f(8)|=\left|(8-2)^3-\dfrac{39}{2}\times 8+58\right|$
$=|216-156+58|=118$

21 삼각함수

핵심주제 삼각함수의 그래프

정답 19

함수 $f(x)=\cos^2\left(\dfrac{13}{12}\pi-2x\right)+\sqrt{3}\cos\left(2x-\dfrac{7}{12}\pi\right)-1$

에서 $\left(2x-\dfrac{7}{12}\pi\right)=k$라고 하면

$f(x)=\cos^2\left(\dfrac{13}{12}\pi-2x\right)+\sqrt{3}\cos\left(2x-\dfrac{7}{12}\pi\right)-1$

$=\cos^2\left(\dfrac{\pi}{2}+k\right)+\sqrt{3}\cos k-1$

$=\sin^2 k+\sqrt{3}\cos k-1$

$=1-\cos^2 k+\sqrt{3}\cos k-1$

$=-\cos^2 k+\sqrt{3}\cos k$

$=-\left(\cos^2 k-\sqrt{3}\cos k+\dfrac{3}{4}\right)+\dfrac{3}{4}$

$=-\left(\cos k-\dfrac{\sqrt{3}}{2}\right)^2+\dfrac{3}{4}$

이때, $-1\leq\cos k\leq1$이므로 $\cos k=\dfrac{\sqrt{3}}{2}$일 때 최댓값을 갖고,

$\cos k=-1$일 때 최솟값을 갖는다.

$0\leq x\leq2\pi$에서 $-\dfrac{7}{12}\pi\leq k\leq\dfrac{41}{12}\pi$이므로

함수 $f(x)$는 $k=-\dfrac{1}{6}\pi$일 때 최댓값을 갖고, $k=3\pi$일 때 최솟값을

갖는다.

$k=-\dfrac{1}{6}\pi$에서 $2x-\dfrac{7}{12}\pi=-\dfrac{1}{6}\pi$, $x=\dfrac{5}{24}\pi$

$k=3\pi$에서 $2x-\dfrac{7}{12}\pi=3\pi$, $x=\dfrac{43}{24}\pi$

$\therefore \alpha=\dfrac{5}{24}\pi$, $\beta=\dfrac{43}{24}\pi$

따라서

$\dfrac{12}{\pi}\times(\beta-\alpha)=\dfrac{12}{\pi}\times\left(\dfrac{43}{24}\pi-\dfrac{5}{24}\pi\right)=\dfrac{12}{\pi}\times\dfrac{38}{24}\pi=19$

22 삼차함수

핵심주제 삼차함수의 그래프 추론

정답 156

실수 전체의 집합에서 연속인 함수 $h(x)$는

조건 (가)에서 모든 실수 x에 대하여

$\{h(x)-f(x)\}\{h(x)-g(x)\}=0$이므로 $h(x)=f(x)$ 또는 $h(x)=g(x)$이다. 즉, 함수 $h(x)$는 함수 $f(x)$와 함수 $g(x)$의 교점을 기준으로 둘 중 하나의 함수를 선택적으로 갖는다.

조건 (나)에서 $h(k)h(k+2)\leq0$을 만족시키는 서로 다른 실수 k의 개수가 3이므로 경우를 나누어 생각해보면 다음과 같다.

(ⅰ) 어떤 실수 x에 대하여 함수 $h(x)$가 음수의 값을 갖는 경우

$h(k)h(k+2)\leq0$을 만족시키는 k의 값이 무수히 많아지므로 서로 다른 실수 k의 개수가 3인 조건에 어긋난다.

(ⅱ) 모든 실수 x에 대하여 함수 $h(x)$가 음수의 값을 갖지 않는 경우

$h(k)h(k+2)<0$을 만족하는 k의 값은 존재하지 않으나 $h(k)h(k+2)=0$을 만족할 수는 있고, 그때의 서로 다른 실수 k의 개수를 3개라 할 수 있다.

이때, 함수 $f(x)=x^2-2x=x(x-2)$는 $f(0)=0$, $f(2)=0$이므로 $k=-2$일 때 $h(-2)h(0)=0$, $k=0$일 때 $h(0)h(2)=0$, $k=2$일 때 $h(2)h(4)=0$을 만족하므로 서로 다른 실수 k는 -2, 0, 2로 3개이다.

또한 함수 $f(x)$는 $0<x<2$의 범위에서 음수이므로 함수 $h(x)$는 $0<x<2$의 범위에서 $g(x)$의 그래프가 그려지고 이때, 함수 $g(x)$는 최고차항의 계수가 1인 삼차함수 이므로 $x<0$의 범위에서는 $f(x)$의 그래프가 그려지는 것을 알 수 있다. 그리고 $h(10)>80$이므로 $x=10$일 때 함수 $h(x)$는 함수 $g(x)$의 그래프가 그려진다.

따라서 함수 $h(x)$의 그래프는 다음과 같은 두 가지 개형을 가질 수 있다.

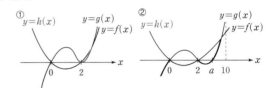

위의 그래프 ①에서 함수 $g(x)=x(x-2)^2$이므로

$\displaystyle\int_{-3}^{2}h(x)dx=26$을 이용하면

$\displaystyle\int_{-3}^{2}h(x)dx=\int_{-3}^{0}f(x)dx+\int_{0}^{2}g(x)dx$

$\displaystyle=\int_{-3}^{0}(x^2-2x)dx+\int_{0}^{2}x(x-2)^2dx$

$=\left[\dfrac{1}{3}x^3-x^2\right]_{-3}^{0}+\dfrac{1}{3\times4}(2-0)^4$

$=18+\dfrac{4}{3}\neq26$

따라서 그래프 ①의 개형은 채택할 수 없다.

한편, 위의 그래프 ②는 함수 $g(x)=x(x-2)(x-a)$이므로

$\displaystyle\int_{-3}^{2}h(x)dx=26$을 이용하면

$\displaystyle\int_{-3}^{2}h(x)dx=\int_{-3}^{0}f(x)dx+\int_{0}^{2}g(x)dx$

$\displaystyle=\int_{-3}^{0}(x^2-2x)dx+\int_{0}^{2}x(x-2)(x-a)dx$

$\displaystyle=18+\int_{0}^{2}\{x^3-(a+2)x^2+2ax\}dx=26$

$\displaystyle\therefore \int_{0}^{2}\{x^3-(a+2)x^2+2ax\}dx=8$

$\left[\dfrac{1}{4}x^4-\dfrac{a+2}{3}x^3+ax^2\right]_{0}^{2}=4-\dfrac{8(a+2)}{3}+4a=8$

$3-2(a+2)+3a=6$ $\therefore a=7$

따라서 함수 $g(x)=x(x-2)(x-7)$이고

$h(1)+h(6)+h(9)$의 값을 구하면

$h(1)+h(6)+h(9)=g(1)+f(6)+g(9)$

$=6+24+126=156$

확률과 통계

23 이항분포

정답 ⑤

이항분포의 정의

확률변수 X가 이항분포 $B\left(49, \dfrac{3}{7}\right)$를 따르므로

X의 분산 $V(X)=49\times\dfrac{3}{7}\times\dfrac{4}{7}=12$이고

$V(2X)=4V(X)$이므로 $4V(X)=48$

24 독립사건

정답 ②

독립사건의 정의

두 사건 A와 B는 서로 독립이므로

$P(A|B)=P(A)=\dfrac{1}{2}$이고

$P(A\cup B)=P(A)+P(B)-P(A\cap B)=\dfrac{7}{10}$이므로

$\dfrac{1}{2}+P(B)-\dfrac{1}{2}P(B)=\dfrac{7}{10}$

$\therefore P(B)=\dfrac{2}{5}$

25 이항정리

정답 ③

이항정리의 성질

$(x^2+y)^4$에서 x^2을 n번 뽑는다면, y는 $4-n$번 뽑게 되므로 이를 식으로 표현하면 $_4C_n(x^2)^ny^{4-n}$이다.

마찬가지로 $\left(\dfrac{2}{x}+\dfrac{1}{y^2}\right)^5$에서 $\dfrac{2}{x}$를 m번 뽑는다면 $\dfrac{1}{y^2}$은 $5-m$번 뽑게 되므로 이를 식으로 표현하면 $_5C_m\left(\dfrac{2}{x}\right)^m\left(\dfrac{1}{y^2}\right)^{5-m}$이다.

따라서 $\dfrac{x^4}{y^5}$의 계수를 구하기 위해서는

$2n-m=4$, $(4-n)-(10-2m)=5$이어야 하므로
두 식을 연립하면 $n=3$, $m=2$이고 이때 계수를 구하면
$_4C_3\cdot {}_5C_2\cdot 2^2=4\times10\times4=160$

☑ 핵심노트

이항정리의 성질

$(a+b)^n={}_nC_0+{}_nC_1\cdot a^{n-1}+{}_nC_2a^{n-1}b^2$

$\qquad +{}_nC_na^0b^n=\displaystyle\sum_{i=0}^{n}{}_nC_ia^{n-i}b^i$

26 정규분포

정답 ④

정규분포의 표준화

사관학교 생도의 일주일 수면 시간을 확률변수 X라 하면 평균이 45 시간이고 표준편차가 1시간인 정규분포를 따르므로 $X\sim N(45, 1^2)$이고, 사관생도 중 36명을 임의추출 했으므로 표본평균 $\overline{X}\sim N\left(45, \left(\dfrac{1}{6}\right)^2\right)$라 할 수 있다. 이때 사관생도 36명의 일주일 수면 시간의 표본평균이 44시간 45분 이상, 45시간 20분 이하일 확률을 구해야 하므로

$P\left(44+\dfrac{3}{4}\leq X\leq 45+\dfrac{1}{3}\right)$,

$P\left[\dfrac{44+\dfrac{3}{4}-45}{\dfrac{1}{6}}\leq Z\leq \dfrac{44+\dfrac{1}{3}-45}{\dfrac{1}{6}}\right]$

$=P(-1.5\leq Z\leq 2)$

따라서 $P(-1.5\leq Z\leq 0)+P(0\leq Z\leq 2)$이므로

$\therefore 0.4332+0.4772=0.9104$

27 집합

정답 ④

집합의 활용

조건 (나)에서 치역의 원소의 개수가 2이므로 집합 $X=\{1, 2, 3, 4, 5\}$에서 원소 2개를 고르는 경우의 수는 $_5C_2=10$

조건 (가)에서 $x=1, 2, 3$일 때 $f(x)\leq f(x+1)$이므로

$f(1)\leq f(2)\leq f(3)\leq f(4)$이다.

따라서 이를 경우를 나누어 생각해보면

(i) $f(1)=f(2)=f(3)=f(4)$일 때
$f(1)$부터 $f(4)$까지는 치역 2개 중 하나의 값을 갖고
$f(5)$가 나머지 하나의 값을 가지므로 이때의 경우의 수는 2가지이다.

(ii) $f(1)$부터 $f(4)$까지가 치역 2개의 값을 가질 때
$f(1)\neq f(4)$이므로 필연적으로 $f(1)$과 $f(4)$는 치역 2개 중 각각 작은 값과 큰 값을 가지며, 이어서 $f(2)$, $f(3)$은 두 가지 모두 작은 값으로 가는 경우, 큰 값으로 가는 경우, 각각의 값으로 가는 경우의 총 3가지 경우가 존재한다. 이때 $f(5)$는 치역 2개 중 작은 값과 큰 값을 자유롭게 고를 수 있으므로 2가지이다.
따라서 $3\times2=6$가지

$\therefore 10\times(2+6)=80$

28 순열

정답 ②

경우의 수

숫자들을 더할 때 홀수가 짝수개 있으면 그 값은 짝수가, 홀수가 홀수개 있으면 그 값은 홀수가 나온다.

따라서 $a+b+c+d+e+f$의 값이 짝수가 되기 위해서는, a, b, c, d, e, f중 홀수의 개수가 짝수개 필요함을 알 수 있다.

한편, 숫자카드들 중 짝수인 2, 2, 4, 4, 4를 먼저 나열하고 남은 두 장의 숫자카드1을 위 카드 사이에 배분하면 다음과 같은 경우들이 발생한다.

(i) 2, 2, 4, 4, 4에서 두 장의 숫자카드1을 이웃하게 하여 한곳에 배분하는 경우

양 끝 중 어느 한곳에 배분한다면 a, b, c, d, e, f 중 홀수의 개수가 1개 생기므로 $a+b+c+d+e+f$의 값이 홀수가 된다.

반면, 양 끝을 제외한 숫자들 사이에 배분한다면 a, b, c, d, e, f 중 홀수의 개수가 2개 생기므로 $a+b+c+d+e+f$의 값이 짝수가 된다.

$$\therefore \frac{5!}{3!2!} \times {}_4C_1 = 40$$

(ii) 2, 2, 4, 4, 4에서 양 끝을 제외한 숫자들 사이에 배분하는 경우

a, b, c, d, e, f 중 홀수의 개수가 2개씩 총 4개 생기므로 $a+b+c+d+e+f$의 값이 짝수가 된다.

$$\therefore \frac{5!}{3!2!} \times {}_4C_2 = 60$$

(iii) 2, 2, 4, 4, 4에서 한 장은 양 끝 중 한곳에, 남은 한 장은 숫자들 사이에 배분하는 경우

a, b, c, d, e, f 중 홀수의 개수가 총 3개 생기므로 $a+b+c+d+e+f$의 값이 홀수가 된다.

(iv) 2, 2, 4, 4, 4에서 두 장을 양 끝에 배분하는 경우

a, b, c, d, e, f 중 홀수의 개수가 총 2개 생기므로 $a+b+c+d+e+f$의 값이 짝수가 된다.

$$\therefore \frac{5!}{3!2!} \times 1 = 10$$

따라서 $a+b+c+d+e+f$의 값이 짝수가 되도록 카드를 나열하는 경우의 수는 $40+60+10=110$

29 조합

조합과 확률변수 정답 165

서로 다른 색깔의 공이 4개가 들어있는 주머니에서 임의로 하나의 공을 꺼내어 색을 확인한 후 다시 넣는 시행을 4번 반복함으로, 가능한 총 경우의 수는 $4^4 = 256$이다.

이때 확률변수 X를 경우를 나누어보면 다음과 같다.

(i) $X=1$인 경우

4번 시행 시 모두 같은 색깔의 공이 나오는 경우의 수는 4가지이므로, $\therefore \frac{4}{256}$

(ii) $X=2$인 경우

우선 4개의 색깔 중 2개의 색깔이 나와야 함으로 이때의 경우의 수는 ${}_4C_2$이다. 또한 나온 두 개의 색깔이 각각 1개, 3개일 때와 2개, 2개일 때로 구분하면

1개, 3개일 때에는 $\frac{4!}{3!}$이므로 $\frac{4!}{3!} \times 2$

2개, 2개일 때에는 $\frac{4!}{2!2!}$이므로

$$\therefore {}_4C_2 \times \left(\frac{4!}{3!} \times 2 + \frac{4!}{2!2!} \right) = \frac{84}{256}$$

(iii) $X=4$인 경우

4번 시행 시 모두 다른 색깔의 공이 나오는 경우의 수는 4!이므로

$$\therefore \frac{4!}{256} = \frac{24}{256}$$

(iv) $X=3$인 경우

전체확률 1에서 $X=1, 2, 4$일 때의 확률을 모두 제외하면 $\therefore$

$$1 - \frac{4+84+24}{256} = \frac{144}{256}$$

따라서

$$E(X) = 1 \times \frac{4}{256} + 2 \times \frac{84}{256} + 3 \times \frac{144}{256} + 4 \times \frac{24}{256}$$
$$= \frac{175}{64}$$

$$E(64X-10) = 64E(X) - 10 = 64 \times \frac{175}{64} - 10 = 165$$

30 확률

경우의 수를 통한 확률의 계산 정답 13

주머니에 남아 있는 공의 색의 종류의 수가 처음으로 2가 되면 시행을 멈추고, 흰 공의 개수가 1개이므로 꺼낸 공 중에 흰 공이 있으려면 흰 공은 반드시 4번째에 뽑혀야 한다. 또한 검은 공의 개수는 6개이므로 검은 공을 모두 뽑는 것은 불가능하다.

이러한 조건을 고려할 때 주머니에 남아 있는 공의 색의 종류의 수가 처음으로 2가 되려면 4번째에 뽑히는 공은 노란 공 또는 흰 공이다.

(1) 4번째에 뽑히는 공이 노란 공인 경우

1회부터 3회까지 검은 공 2개, 노란 공 1개가 뽑혀야 하고 그 순서가 바뀔 수 있으므로

$$\therefore {}_3C_2 \times \frac{6}{9} \times \frac{5}{8} \times \frac{2}{7} \times \frac{1}{6} = \frac{5}{84}$$

(2) 4번째에 뽑히는 공이 흰 공인 경우

노란 공이 주머니에 한 개는 남아있어야 함으로 다시 경우를 나누어보면

(i) 노란 공이 2개 남아 있는 경우

1회부터 3회까지 검은 공 3개가 뽑혀야 함으로

$$\therefore \frac{6}{9} \times \frac{5}{8} \times \frac{4}{7} \times \frac{1}{6} = \frac{5}{126}$$

(ii) 노란 공이 1개 남아 있는 경우

1회부터 3회까지 검은 공 2개, 노란 공 1개가 뽑혀야 하고 그 순서가 바뀔 수 있으므로

$$\therefore {}_3C_2 \times \frac{6}{9} \times \frac{5}{8} \times \frac{2}{7} \times \frac{1}{6} = \frac{5}{84}$$

따라서 꺼낸 공 중에 흰 공이 있을 확률은

$$\frac{\frac{5}{126} + \frac{5}{84}}{\frac{5}{84} + \frac{5}{126} + \frac{5}{84}} = \frac{\frac{5}{3} + \frac{5}{2}}{\frac{5}{2} + \frac{5}{3} + \frac{5}{2}} = \frac{10+15}{15+10+15}$$
$$= \frac{5}{8}$$

$$\therefore p+q = 8+5 = 13$$

미적분

23 극한

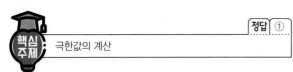

극한값의 계산 <정답> ①

$$\lim_{n \to \infty} n\left(\sqrt{4+\frac{1}{n}}-2\right) = \lim_{n \to \infty} \frac{n\left(\sqrt{4+\frac{1}{n}}-2\right)\left(\sqrt{4+\frac{1}{n}}+2\right)}{\left(\sqrt{4+\frac{1}{n}}+2\right)}$$

$$= \lim_{n \to \infty} \frac{1}{\sqrt{4+\frac{1}{n}}+2} = \frac{1}{\sqrt{4}+2} = \frac{1}{4}$$

24 무한급수

무한급수의 계산 <정답> ③

$$\lim_{n \to \infty} \sum_{k=1}^{n} \frac{k}{n^2} f\left(\frac{k}{n}\right) = \lim_{n \to \infty} \sum_{k=1}^{n} \frac{k}{n} f\left(\frac{k}{n}\right) \times \frac{1}{n}$$

$$= \int_1^0 xf(x)dx = \int_0^1 xe^{x^2}dx$$

$$= \frac{1}{2} \int_0^1 2xe^{x^2}dx = \frac{1}{2}[e^{x^2}]_0^1 = \frac{1}{2}e - \frac{1}{2}$$

☑ 핵심노트

무한급수

$\lim_{n \to \infty} \frac{p}{n} \sum_{k=1}^{n} f\left(a+\frac{p}{n}k\right) = \int_a^b f(x)dx$ 이다.

(단, $p = b-a$)

25 미분법

역함수와 미분 <정답> ③

함수 $h(x) = \{g(x)\}^2$의 양변을 미분하면
$h'(x) = 2g(x) \cdot g'(x)$이므로
따라서 $h'(\ln 4) = 2g(\ln 4) \cdot g'(\ln 4)$
한편, $f(x) = \ln(e^x+2)$의 역함수가 $g(x)$일 때,
$f(\ln 2) = \ln 4$ 이므로 $g(\ln 4) = \ln 2$
또한 $f'(x) = \frac{e^x}{e^x+2}$이므로 $f'(\ln 2) = \frac{2}{2+2} = \frac{1}{2}$
$\therefore h'(\ln 4) = 2g(\ln 4) \cdot g'(\ln 4) = 2 \times \ln 2 \times \frac{1}{\frac{1}{2}} = 4\ln 2$

26 극한

삼각함수의 극한 <정답> ④

점 $A(t, 0)$일 때, 점 $B\left(t, \sin\frac{t}{2}\right)$이므로

$$\therefore f(t) = \frac{1}{2} \times t \times \sin\frac{t}{2} = \frac{t}{2}\sin\frac{t}{2}$$

또한 $g(t) = \Delta OAC - \Delta OAD$이고 $C\left(t, \tan\frac{t}{2}\right)$이므로

$$\therefore g(t) = \frac{t}{2}\tan\frac{t}{2} - \frac{t}{2}\sin\frac{t}{2}$$

따라서

$$\lim_{t \to 0+} \frac{g(t)}{\{f(t)\}^2} = \lim_{t \to 0+} \frac{\frac{t}{2}\tan\frac{t}{2} - \frac{t}{2}\sin\frac{t}{2}}{\left(\frac{t}{2}\sin\frac{t}{2}\right)^2}$$

$$= \lim_{t \to 0+} \frac{\frac{t}{2}\sin\frac{t}{2} \times \left[\frac{1}{\cos\frac{t}{2}}-1\right]}{\left(\frac{t}{4}\sin\frac{t}{2}\right)^2}$$

$$= \lim_{t \to 0+} \frac{1}{\frac{t}{2}\sin\frac{t}{2}} \times \left(\frac{1-\cos\frac{t}{2}}{\cos\frac{t}{2}}\right) \times \left(\frac{1+\cos\frac{t}{2}}{1+\cos\frac{t}{2}}\right)$$

$$= \lim_{t \to 0+} \frac{1}{\frac{t}{2}\sin\frac{t}{2}} \times \left[\frac{\sin^2\frac{t}{2}}{\cos\frac{t}{2}}\right] \times \frac{1}{\left(1+\cos\frac{t}{2}\right)}$$

$$= 1 \times \frac{1}{1(1+1)} = \frac{1}{2}$$

☑ 핵심노트

삼각함수의 극한

(1) $\lim_{x \to 0} \frac{\sin x}{x} = 1$

(2) $\lim_{x \to 0} \frac{\tan x}{x} = 1$

(3) $\lim_{x \to 0} \frac{1-\cos x}{x^2} = \frac{1}{2}$

27 정적분

정적분과 부피 <정답> ④

$$\int_1^3 \frac{\ln(1+x)}{x^2} = \left[-\frac{1}{x}\ln(1+x)\right]_1^3 + \int_1^3 \left(\frac{1}{x} \times \frac{1}{1+x}\right)dx$$

$$= -\frac{1}{3}\ln 4 + \ln 2 + \int_1^3 \left(\frac{1}{x} - \frac{1}{x+1}\right)dx$$

$$= \frac{1}{3}\ln 2 + [\ln x - \ln(x+1)]_1^3$$

$$= \frac{1}{3}\ln 2 + \ln\frac{3}{4} - \ln\frac{1}{2}$$

$$= \frac{1}{3}\ln\frac{27}{4}$$

28 정적분

핵심주제: 정적분의 넓이
정답 ⑤

$\int_0^x (x-t)f(t)dt = e^{2x} - 2x + a$에서 $x=0$을 대입하면

$0 = 1 - 0 + a$, $\therefore a = -1$

$x\int_0^x f(t)dt - \int_0^x tf(t)dt = e^{2x} - 2x - 1$의 양변을 x에 대하여 미분하면,

$\int_0^x f(t) + xf(x) - xf(x) = 2e^{2x} - 2$,

$\therefore \int_0^x f(t) = 2e^{2x} - 2$

이를 한번 더 미분하면

$\therefore f(x) = 4e^{2x}$

곡선 $y = f(x)$위의 점 $(-1, f(-1))$에서의 접선을 l이라 할 때,

$f'(x) = 8e^{2x}$이므로 l의 식을 구하면

$y = 8e^{-2}(x+1) + 4e^{-2} = 8e^{-2}x + 12e^{-2}$

곡선 $y = f(x)$와 직선 l및 y축으로 둘러싸인 부분의 넓이를 그래프로 그리면 다음과 같다.

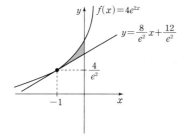

따라서 구하고자하는 넓이는

$\int_{-1}^0 4e^{2x} - (8e^{-2}x + 12e^{-2})dx$

$= [2e^{2x} - 4e^{-2}x^2 - 12e^{-2}x]_{-1}^0 = 2 - 10e^{-2}$

29 극값

핵심주제: 극값의 추론
정답 15

x에 대한 방정식 $x^2 + ax + b = 0$의 두 근이 α, β이므로 $\alpha + \beta = -a$, $\alpha\beta = b$, $(x-\alpha)(x-\beta) = 0$이라고 표현할 수 있다.

이때, $t = x^2 + ax + b = (x-\alpha)(x-\beta)$라 하면 함수 t는 최고차항의 계수가 1이고, 아래로 볼록하며, $\frac{\alpha+\beta}{2}$에서 최솟값을 가진다.

위 식에 $x = \frac{\alpha+\beta}{2}$를 대입하면

$\frac{\beta-\alpha}{2} \times \frac{\alpha-\beta}{2} = \frac{-(\alpha^2 + 2\alpha\beta + \beta^2)}{4} = -\frac{1}{4}(\alpha-\beta)^2$

$(\alpha-\beta)^2 = \frac{34}{3}\pi$이므로, $\therefore -\frac{1}{4}(\alpha-\beta)^2 = -\frac{17}{6}\pi$

이어서, 함수 $f(x) = \sin(x^2 + ax + b)$에서 $f(x)$의 양변을 x에 대하여 미분하면

$f'(x) = (2x+a) \times \cos(x^2 + ax + b)$이고 열린구간 (α, β)사이에서 $2x+a = 0$ 또는 $\cos(x^2 + ax + b) = 0$을 만족하는 x값을 찾

아야 한다.

(i) $2x + a = 0$인 경우

$2x + a = 0$에서 $x = -\frac{a}{2} = \frac{\alpha+\beta}{2}$이므로 이때의 함숫값은 $-\frac{17}{6}\pi$이다. $\therefore c = -\frac{17}{6}\pi$

(ii) $\cos(x^2 + ax + b) = 0$인 경우

$t = x^2 + ax + b$이므로 함수 t는 열린구간 (α, β)사이의 값이므로 $-\frac{17}{6}\pi \le t < 0$인 범위이고 이때, $\cos t = 0$을 만족하는 t의 값은 $-\frac{\pi}{2}$, $-\frac{3\pi}{2}$, $-\frac{5\pi}{2}$이다.

이때, $t = -\frac{\pi}{2}$, $-\frac{3\pi}{2}$, $-\frac{5\pi}{2}$를 갖는 x의 값은 각각 2개씩 이므로 c는 6개이다.

따라서 (i), (ii)에 따라 c는 총 7개이므로 $n = 7$

$\therefore (1-n) \times \sum_{k=1}^n f(c_k) = -6 \sum_{k=1}^7 f(c_k)$

$= -6\{f(c_1) + f(c_2) + f(c_3) + f(c_4) + f(c_5) + f(c_6) + f(c_7)\}$

$= -6\left\{\sin\left(-\frac{\pi}{2}\right) + \sin\left(-\frac{3\pi}{2}\right) + \sin\left(-\frac{5\pi}{2}\right) + \sin\left(-\frac{17\pi}{6}\right)\right.$

$\left.+ \sin\left(-\frac{17\pi}{6}\right) + \sin\left(-\frac{5\pi}{2}\right) + \sin\left(-\frac{3\pi}{2}\right) + \sin\left(-\frac{\pi}{2}\right)\right\}$

☑ 핵심노트

이차방정식의 근과 계수의 관계

이차방정식 $ax^2 + bx + c = 0$의 두 근을 α, β라고 하면

1) 두 근의 합 : $\alpha + \beta = -\frac{b}{a}$

2) 두 근의 곱 : $\alpha\beta = \frac{c}{a}$

30 함수의 연속

핵심주제: 함수의 연속 활용
정답 30

함수 $g(x)$에 대하여 경우를 나누어보면 다음과 같다.

(1) $|x-2| > 1$인 경우 ($x < 1$, $x > 3$의 범위)

$g(x) = \lim_{n\to\infty} \frac{|x-2|^{2n+1} + f(x)}{|x-2|^{2n} + k}$

$= \frac{|x-2| + 0}{1 + 0} = |x-2|$

(2) $|x-2| < 1$인 경우 ($1 < x < 3$의 범위)

$g(x) = \lim_{n\to\infty} \frac{|x-2|^{2n+1} + f(x)}{|x-2|^{2n} + k}$

$= \frac{0 + f(x)}{0 + k} = \frac{f(x)}{k}$

(3) $|x-2| = 1$인 경우 ($x = 1$, $x = 3$)

$g(x) = \frac{|f(x+1)|}{k+1}$

이때, 함수 $g(x)$는 실수 전체의 집합에서 연속이므로 $x = 1$, $x = 3$일 때 연속이어야 한다.

(i) $x = 1$일 때 연속성 확인

$\lim_{x\to 1-} g(x) = \lim_{x\to 1-} |x-2| = 1$

$\lim_{x\to 1+} g(x) = \lim_{x\to 1+} \frac{f(x)}{k} = \frac{f(1)}{k}$

$$g(1)=\frac{|f(2)|}{k+1}$$

따라서 $1=\frac{f(1)}{k}=\frac{|f(2)|}{k+1}$이므로

$$\therefore f(1)=k,\ |f(2)|=k+1$$

(ii) $x=3$일 때 연속성 확인

$$\lim_{x\to 3-}g(x)=\lim_{x\to 3-}\frac{f(x)}{k}=\frac{f(3)}{k}$$

$$\lim_{x\to 3+}g(x)=\lim_{x\to 3+}|x-2|=1$$

$$g(3)=\frac{|f(4)|}{k+1}$$

따라서 $\frac{f(3)}{k}=1=\frac{|f(4)|}{k+1}$이므로

$$\therefore f(3)=k,\ |f(4)|=k+1$$

(i), (ii)를 이용하여 최고차항의 계수가 a인 이차함수 $f(x)$를 $f(x)=a(x-1)(x-3)+k$라 하면 a의 부호에 따라 $f(x)$의 그래프 개형이 달라진다.

① $a>0$인 경우

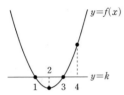

함수 $f(x)=a(x-1)(x-3)+k$에 $x=2$, 4를 대입하면 $f(2)=-a+k$, $f(4)=3a+k$

이때, $|f(2)|=k+1$, $|f(4)|=k+1$이므로 $f(2)=-k-1$, $f(4)=k+1$

따라서 이들을 연립하여 a, k의 값을 구하면 $a=\frac{1}{3}$, $k=-\frac{1}{3}$이므로 k가 양수라는 조건을 만족하지 못한다.

② $a<0$인 경우

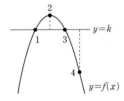

함수 $f(x)=a(x-1)(x-3)+k$에 $x=2$, 4를 대입하면 $f(2)=-a+k$, $f(4)=3a+k$

이때, $|f(2)|=k+1$, $|f(4)|=k+1$이므로 $f(2)=k+1$, $f(4)=-k-1$

따라서 이들을 연립하여 a, k의 값을 구하면 $a=-1$, $k=1$이므로 k가 양수라는 조건을 만족한다.

즉, 함수 $f(x)$는 $f(x)=-(x-1)(x-3)+1$이다.

닫힌구간 $[1, 3]$에서 함수 $f(g(x))$의 최댓값과 최솟값을 구하면 $1\le x\le 3$에서 함수 $g(x)$의 범위는 $1\le g(x)\le 2$이고 함수 $f(g(x))$의 범위는 $1\le f(g(x))\le 2$이다.

따라서 최댓값 $M=2$, 최솟값 $m=1$이므로

$$\therefore 10(M+m)=10\times 3=30$$

23 좌표공간

정답 ⑤

좌표공간의 대칭

좌표공간 점 $A(1, -2, 3)$을 y축에 대하여 대칭이동하면 점 $P(-1, -2, -3)$가 되고, 점 $A(1, -2, 3)$를 zx평면에 대하여 대칭이동하면 점 $Q(1, 2, 3)$이 된다.

$$\therefore \overline{PQ}=\sqrt{2^2+4^2+6^2}=\sqrt{56}=2\sqrt{14}$$

24 벡터

정답 ⑤

벡터와 각의 크기 계산

법선벡터 $\vec{n}=(1, -2)$인 직선 m을 방향벡터로 바꾸면 $\vec{u'}=(2, 1)$로 둘 수 있다.

$$\cos\theta=\frac{|\vec{u}\cdot\vec{u'}|}{|\vec{u}||\vec{u'}|}=\frac{|6+1|}{\sqrt{10}\cdot\sqrt{3}}=\frac{7}{5\sqrt{2}}=\frac{7\sqrt{2}}{10}$$

25 내분점

정답 ①

정육면체와 선분의 내분점

정육면체 $ABCD-EFGH$에서 선분 EH를 2:1로 내분하는 점이 P, 선분 EF를 1:2로 내분하는 점이 Q이고 한 모서리의 길이가 3이므로 $\overline{EP}=2$, $\overline{EQ}=1$이고 $\overline{PQ}=\sqrt{5}$임을 알 수 있다.

한편, 점 E에서 직선 PQ에 수직으로 내린 수선과 직선 PQ의 접점을 M이라 하면

$$\sqrt{5}\times\overline{EM}=2\times 1,\ \overline{EM}=\frac{2}{\sqrt{5}}$$

점 A와 직선 PQ사이의 거리는 $\overline{AM}$이므로

$$\therefore \overline{AM}=\sqrt{3^2+\left(\frac{2}{\sqrt{5}}\right)^2}=\sqrt{9+\frac{4}{5}}=\sqrt{\frac{49}{5}}=\frac{7\sqrt{5}}{5}$$

✔핵심노트

선분의 내분점

좌표공간의 두 점 $A(x_1, y_1, z_1)$, $B(x_2, y_2, z_2)$에 대하여 선분 AB를 $m:n$ ($m>0$, $n>0$)으로 내분하는 점은 다음과 같다.
$$\left(\frac{mx_2+nx_1}{m+n},\ \frac{my_2+ny_1}{m+n},\ \frac{mz_2+nz_1}{m+n}\right)$$

26 포물선

정답 ①

포물선의 접점과 접선의 방정식

포물선 $y^2=-16x$의 초점이 F이므로 $F(-4, 0)$이다.

한편, 포물선 $(y+2)^2=16(x-8)$은 포물선 $y^2=-16x$를 x축의 방향으로 8만큼, y축의 방향으로 -2만큼 평행이동시킨 것이므로 이때의 초점은 $(12, -2)$임을 알 수 있다.

따라서 초점 $(12, -2)$에서 포물선 $y=-16x$에 그은 두 접선의 접점을 $P(x_1, y_1)$, $Q(x_2, y_2)$라 하고 이를 그래프로 그리면 다음과 같다.

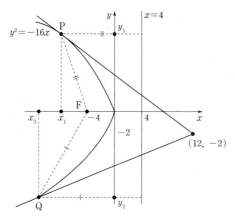

위의 그래프에서 선분 $\overline{PF}$, 선분 $\overline{QF}$의 길이는 각각 점 P, Q에서 $x=4$에 수직으로 내린 선분의 길이와 같으므로 $\overline{PF}+\overline{QF}=(4-x_1)+(4-x_2)=8-(x_1+x_2)$이다.

점 $(12, -2)$에서 포물선 $y^2=-16x$에 그은 접선의 방정식을 구하면 접점 $P(x_1, y_1)$이므로 $y_1y=-8(x+x_1)$이고 $(12, -2)$을 대입하면 $-2y=-8(x+12)$이므로 $y=4(x+12)$이다.

이때, 양변을 제곱하면 $y^2=16(x+12)^2$이므로

$-16x=16(x+12)^2$, $-x=x^2+24x+144$,

$\therefore x^2+25x+144=0$

근과 계수의 관계를 이용하면 $x_1+x_2=-25$이므로

$\therefore \overline{PF}+\overline{QF}=8+25=33$

✔ 핵심노트

포물선의 방정식

$y^2=4px$ $(p\neq0)$에 대하여

㉠ 초점이 $F(p, 0)$이고 준선이 $x=-p$

㉡ 초점이 x축 위에 있고, 준선이 y축에 평행

㉢ $p>0$이면 왼쪽, $p<0$이면 오른쪽으로 볼록

---

27 벡터

 정답 ③

벡터의 내적 계산

$\angle PAR=\theta_1$, $\angle QAR=\theta_2$라고 하여 구하고자 하는 값 $\overrightarrow{AR}\cdot(\overrightarrow{AB}+\overrightarrow{AC})$를 정리하면 다음과 같다.

$\overrightarrow{AR}\cdot(\overrightarrow{AB}+\overrightarrow{AC})=\overrightarrow{AR}\cdot\overrightarrow{AB}+\overrightarrow{AR}\cdot\overrightarrow{AC}$

$=|\overrightarrow{AR}||\overrightarrow{AB}|\cos\theta_1+|\overrightarrow{AR}||\overrightarrow{AC}|\cos\theta_2$

$=\overrightarrow{AB}\cdot\overrightarrow{AP}+\overrightarrow{AC}\cdot\overrightarrow{AQ}$

한편, $\angle ABC=\theta$라 하면 코사인 공식을 이용하여

$\cos\theta=\dfrac{9^2+7^2-8^2}{2\times9\times7}=\dfrac{81+49-64}{126}=\dfrac{11}{21}$이다.

또한 $\triangle ABQ$와 $\triangle ACP$에서 $\overline{AQ}$와 $\overline{AP}$의 길이를 구하면

$\therefore \overline{AQ}=9\cos\theta=9\times\dfrac{11}{21}=\dfrac{33}{7}$

$\therefore \overline{AP}=7\cos\theta=7\times\dfrac{11}{21}=\dfrac{11}{3}$

따라서

$\overrightarrow{AB}\cdot\overrightarrow{AP}+\overrightarrow{AC}\cdot\overrightarrow{AQ}=9\times\dfrac{11}{3}+7\times\dfrac{33}{7}$

$=33+33=66$

---

28 쌍곡선

 정답 ②

타원과 쌍곡선

쌍곡선의 정의를 이용하면

$\overline{PF'}-\overline{PF}=\overline{QF'}=2a$

$\overline{QF}-\overline{QF'}=\overline{QF}-2a=2a$

$\therefore \overline{QF}=4a$

$\overline{PQ}=k$라고 하면 조건 (가)에 따라 $\overline{PQ}=\overline{PF}=k$이고 $k+\overline{PF'}=2k+2a=18$, $k+a=9$이므로 $\therefore k=9-a$

또한 조건 (나)에서 삼각형 PQF의 둘레의 길이가 20이므로 $2k+4a=20$

따라서 $2(9-a)+4a=20$, $\therefore a=1$, $k=8$

한편, 타원 $\dfrac{x^2}{81}+\dfrac{y^2}{75}=1$에서 두 점 F, F'이 초점이므로 $F(\sqrt{6}, 0)$, $F'(-\sqrt{6}, 0)$이다.

점 P에서 x축까지 수직인 직선을 그렸을 때 x축과 만나는 점을 H라 하고, $\overline{PH}=\beta$, $\overline{FH}=\alpha$라 하면 다음과 같이 그릴 수 있다.

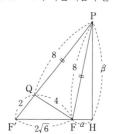

위의 그림에서 $\alpha^2+\beta^2=64$, $(\alpha+2\sqrt{6})^2+\beta^2=100$이므로 이를 연립하면 $\alpha=\dfrac{\sqrt{6}}{2}$이므로 점 P의 x좌표를 구하면

$\therefore \sqrt{6}+\dfrac{\sqrt{6}}{2}=\dfrac{3}{2}\sqrt{6}$

29 정사영

정답 220

정사영 활용

$\overline{OA}=\overline{OB}=\overline{OC}=\overline{OD}=2$이고 선분 $\overline{OA}$의 중점이 M이므로
$\overline{AM}=\overline{OM}=1$임을 알 수 있다.
또한 $\overline{AB}=2$이므로 $\triangle OAB$는 한 변의 길이가 2인 정삼각형이다.
따라서 선분 $\overline{BM}$의 길이를 구하면
$\overline{AM}:\overline{AB}:\overline{BM}=1:2:\sqrt{3}$, $\therefore \overline{BM}=\sqrt{3}$

한편, 점 A에서 $\triangle OBD$에 수직인 선분을 내릴 때 만나는 점을 P
라 하면 선분 $\overline{AP}$는 직사각형 $ABCD$위에 다음과 같이 그려진다.

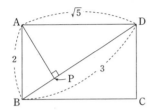

위 그림에서 $\overline{AP}=\dfrac{2\sqrt{5}}{3}$이고

$\triangle OAP:\triangle OMH=2:1$이므로 $\overline{MH}=\dfrac{\sqrt{5}}{3}$

따라서 $\triangle BMH$에서 $k^2+\left(\dfrac{\sqrt{5}}{3}\right)^2=(\sqrt{3})^2$이므로

$k^2=3-\dfrac{5}{9}=\dfrac{22}{9}$

$\therefore 90k^2=90\times\dfrac{22}{9}=220$

☑핵심노트

정사영

평면 위에 있지 않은 한 점에서 평면 에 내린 수선의 발을 라 할 때, 점 를 평면 위로의 정사영이라고 한다.

30 벡터

정답 40

평면벡터와 내적

한 변의 길이가 $4\sqrt{2}$인 정삼각형 OAB에 대하여
조건 (가)에서 $|\overrightarrow{AC}|=4$이고 조건 (나)에서 $\overrightarrow{OA}\cdot\overrightarrow{AC}=0$,
$\overrightarrow{AB}\cdot\overrightarrow{AC}>0$이므로 점 C는 선분 OA에 수직인 위치에 존재하고
$\angle BAC$는 예각임을 알 수 있다.
또한 $(\overrightarrow{OP}-\overrightarrow{OC})\cdot(\overrightarrow{OP}-\overrightarrow{OA})=\overrightarrow{CP}\cdot\overrightarrow{AP}=0$이므로
선분 $\overline{AC}$를 지름으로 하는 원 위에 점 P가 존재하는 것을 알 수 있다.

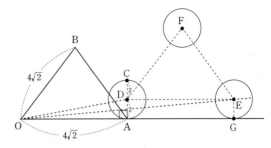

위의 그림에서 점 Q가 삼각형 OAB의 변 위를 움직임에 따라 점 P
의 자취는 점 Q를 따라 $4\sqrt{2}$만큼 동일하게 움직임으로 $|\overrightarrow{OP}+\overrightarrow{OQ}|$
의 최댓값과 최솟값을 구하면 다음과 같다

(i) $|\overrightarrow{OP}+\overrightarrow{OQ}|$의 최솟값
선분 $\overline{OD}$에서 원의 반지름을 뺀 값이 최소가 되므로
$\triangle OAD$에서 $\overline{OD}^2=2^2+(4\sqrt{2})^2$, $\overline{OD}=6$
$\therefore 6-2=4$

(ii) $|\overrightarrow{OP}+\overrightarrow{OQ}|$의 최댓값
점 O에서 점 E까지의 거리와 점 O에서 점 F까지의 거리를 비
교하면 점 E까지의 거리가 더 먼 것을 알 수 있으므로, 선분 $\overline{OE}$
에서 원의 반지름을 더한 값이 최대가 된다.
$\triangle OGE$에서 $\overline{OE}^2=(8\sqrt{2})^2+2^2$, $\overline{OE}=2\sqrt{33}$
$\therefore 2\sqrt{33}+2$
따라서 $|\overrightarrow{OP}+\overrightarrow{OQ}|$의 최댓값과 최솟값의 합은
$2\sqrt{33}+2+4=6+2\sqrt{33}$이므로
$\therefore p^2+q^2=36+4=40$

2024 정답 및 해설

국어영역

01 독서 – 인문

핵심주제 : 글의 내용 파악하기

정답 ②

정답 해설

제시문은 목표 영역을 근원 영역으로써 개념화하는 인지 전략인 개념적 은유를 근원 영역과 목표 영역이 결합하는 양상에 따라 방향적 은유, 존재론적 은유, 구조적 은유로 분류하고 각각의 사례를 들어 각 유형의 개념을 정의하고 있다. 그러므로 제시문은 특정 개념의 유형을 분류하고 각 유형의 사례를 제시하고 있다고 볼 수 있다.

오답 해설

① 정합성 분석 → X

개념적 은유에 대한 정의는 있으나, 그 개념에 논리적 모순이 없는지 그 정합성을 분석하고 있지는 않다.

③ 이론의 변천 과정 및 전망 → X

개념적 은유에 대한 이론의 변천 과정이나 앞으로의 전망을 제시하고 있지는 않다.

④ 가설 제시 및 타당성 검증 → X

개념적 은유를 설명하기 위한 가설을 제시하거나 그 개념이 이치에 맞는지 타당성을 검증하고 있지는 않다.

⑤ 개념적 은유 → 인지언어학적 개념

대표적인 인지언어학자인 레이코프의 개념적 은유에 대해 설명하고 있으므로, 상반된 견해를 절충하여 새로운 이론을 제시하고 있는 것은 아니다.

02 독서 – 인문

핵심주제 : 내용과 일치하지 않는 것 고르기

정답 ④

정답 해설

선개념적 경험이란 신체로부터 비롯되는 개념 형성 이전의 경험으로, 대표적인 인지언어학자인 레이코프는 이러한 선개념적 경험을 바탕으로 개념화가 이루어지는 과정을 근원 영역과 목표 영역을 통해 설명하였다. 그러므로 인지언어학자인 레이코프가 선개념적 경험을 신체적 경험과 무관한 것으로 본 것은 아니다.

오답 해설

① 은유 → 대상의 유사성에 근거한 언어적 표현

은유란 유사성에 근거하여 한 대상을 다른 대상에 빗대어 나타내는 언어적 표현으로 간주되어 왔다.

② 일상 언어 → 은유와 밀접한 관련

인지언어학자들은 언어적 표현이 은유라는 사고의 틀을 거쳐 만들어지는 것이기 때문에 일상 언어는 대부분 은유의 결과물로 보고 있다.

③ 객관주의 → 사고와 신체의 분리 / 체험주의 → 사고와 신체의 연관

변형생성언어학자들은 사고와 신체를 분리하는 객관주의를 표방하였고, 반면에 인지언어학자들은 사고와 신체를 관련시키는 체험주의를 전제하였다.

⑤ 개념적 은유 → 익숙한 것으로써 낯선 것을 개념화하는 인지 전략

대표적인 언어학자인 레이코프는 익숙한 구성 요소로 이루어진 목표 영역을 낯선 구성 요소로 이루어진 근원 영역으로 개념화하는 인지 전략을 개념적 은유라고 칭하였다.

03 독서 – 인문

핵심주제 : 글의 세부 내용 이해하기

정답 ⑤

정답 해설

레이코프는 개념적 은유가 목표 영역에 접근하는 데 도움을 주지만 인식의 불균형을 초래한다고 지적하였다. 즉, 개념적 은유가 목표 영역에 접근하는 데 도움을 주는 효율적인 인식을 가능하게 하지만, 동시에 인식의 불균형을 초래함으로써 인식을 제약한다고 볼 수 있다.

오답 해설

① 개념적 은유 → 개념 인식과 가치 판단의 연관성

개념적 은유가 부정적 가치 판단을 유도하는 경우도 있으므로, 개념 인식과 가치 판단은 분리되어 있는 것이 아니라 서로 연관되어 있다.

② 개념적 은유 → 목표 영역에 대한 부정적 인식 강화

개념적 은유가 부정적 가치 판단을 유도함으로써 목표 영역에 대한 부정적 인식을 강화한다.

③ 개념적 은유 → 목표 영역의 축소

개념적 은유가 목표 영역의 특정 부분만을 부각하고 개념화되지 않은 다른 부분을 은폐하는 것은 목표 영역을 축소하는 것에 해당한다.

④ 개념적 은유 → 목표 영역에 대한 부분적 인식 가능

개념적 은유가 목표 영역의 특정 부분만을 부각하는 경우도 있으므로, 목표 영역에 대한 총체적인 인식을 가능하게 하는 것은 아니다.

04 독서 - 인문

핵심 주제   지시 대상 파악하기   정답 ⑤

정답 해설

방향적 은유는 목표 영역이 방향과 관련된 선개념적 경험으로 이루어진 근원 영역과 결합하는 것이다. ⑩의 '저축률이 높다'에서 '높다'는 목표 영역이 아닌 근원 영역에 해당하며, '저축률'은 목표 영역에 해당한다. 또한 ⑩은 '높다'라는 근원 영역이 결합할 평가 대상도 없으므로 방향적 은유에 해당되지 않는다.

오답 해설

① ㉠ → 구조적 은유

구조적 은유는 근원 영역과 목표 영역의 구조적 유사성을 바탕으로 개념화하는 것으로, ㉠의 '약점을 공략했다'는 '전쟁'이라는 근원 영역과 '선거'라는 목표 영역의 구조적 유사성을 바탕으로 도출된 구조적 은유에 해당된다.

② ㉡ → 방향적 은유

방향적 은유는 목표 영역이 방향과 관련된 선개념적 경험으로 이루어진 근원 영역과 결합하는 것으로, ㉡의 '수영에서만큼은 동생이 내 앞은 '앞'이라는 근원 영역이 '동생'의 수영 실력에 대한 평가에 결합한 방향적 은유에 해당한다.

③ ㉢ → 존재론적 은유

존재론적 은유는 근원 영역이 지닌 존재의 자격을 목표 영역에 부여하는 것으로, ㉢의 '가벼운 농담'은 '농담'이라는 목표 영역에 무게가 있는 실체의 자격을 부여한 존재론적 은유에 해당한다.

④ ㉣ → 존재론적 은유

㉣의 '경제가 성장하면'은 '경제'라는 목표 영역에 생명체의 자격을 부여하고 있으므로 존재론적 은유에 해당한다.

05 독서 - 인문

핵심 주제   문맥상 유사한 의미 고르기   정답 ⑤

정답 해설

ⓐ의 '보았다'와 ⑤의 '볼'은 '대상을 평가하다'라는 의미로 사용되었다.

```
〈보다〉 - '대상을 평가하다'
예 어쩐지 그의 행동을 실수로 보아 줄 수가 없었다.
예 도대체 사람을 뭐로 보고 그런 말씀을 하십니까?
예 그는 상대를 만만하게 보는 나쁜 버릇이 있다.
예 이 사태를 적당히 보아 넘길 수는 없다.
예 그들은 증인이 말한 내용을 거짓말이라고 보고 있습니다.
예 날씨가 좋을 것으로 보고 우산을 놓고 나왔다.
예 나는 그것이 가능하리라고 보고 있다.
```

오답 해설

① 밑줄 친 '보았다'는 '어떤 일을 당하거나 겪거나 얻어 가지다'의 의미로 사용되었다.

② 밑줄 친 '보았다'는 '어떤 결과나 관계를 맺기에 이르다'는 의미로 사용되었다.

③ 밑줄 친 '보았다'는 '눈으로 대상을 즐기거나 감상하다'는 의미로 사용되었다.

④ 밑줄 친 '보아'는 '고려의 대상이나 판단의 기초로 삼다'라는 의미로 사용되었다.

06 독서 - 사회

핵심 주제   글의 내용 파악하기   정답 ⑤

정답 해설

가입자의 연금을 소득에 비례시켜 지급하게 되면 저소득층보다 고소득층에게 더 많은 연금을 지급해야 하므로, 저소득층의 생활을 보장하기 위해서는 동일한 시기에 퇴직하는 가입자 모두에게 동일하게 지급하는 균등 지급 방식이 적절하다. 즉, 균등 부분을 포함함으로써 저소득층의 소득 대체율이나 연금 수익률을 높이고, 고소득층의 소득 대체율이나 연금 수익률을 낮출 수 있다. 그리고 이에 따라 빈부 격차가 줄어드는 수직적 소득재분배가 발생한다.

오답 해설

① 공적 연금 제도 → 빈부 격차 완화 효과

사회 보장 제도로서 공적 연금 제도는 빈부 격차를 완화하는 효과가 있다.

② 연금 수급 대상 → 기여금 납부 국민

기여금을 납부한 국민은 일정한 연령에 도달하면 국가로부터 연금을 수급한다.

③ 공적 연금 제도 → 의무 가입

국가는 경제 활동을 하는 국민을 공적 연금 제도에 의무적으로 가입시켜 소득의 일부를 기여금으로 납부하게 한다.

④ 공적 연금 제도 → 국민의 노후 생활 보장

사회 보장 제도로서 공적 연금 제도는 국민의 노후 생활을 보장한다.

07 독서 - 사회

핵심 주제   글의 세부 내용 이해하기   정답 ③

정답 해설

제시문에 따르면 국민 소득이 증가하면 기여율을 올리지 않아도 기여금이 늘어나므로, ㉠의 적립 방식이든 ㉡의 부과 방식이든 국민 소득의 증가가 경제 활동 인구가 납부하는 기여금 총액의 증가로 이어진다.

오답 해설

① 출산율의 변화 → 부과 방식(○) / 적립 방식(X)

출산율의 변화는 부과 방식에만 영향을 미치고 적립 방식에는 영향을 미치지 않으므로, ㉠의 적립 방식에서는 출산율 감소가 연금 지급 부담을 증가시키지 않는다.

② 적립 방식 → 수급자의 기여금 + 국가의 투자 수익

③의 적립 방식에서는 연금 수급자가 경제 활동 시기에 적립한 기여금과 이를 국가가 투자하여 얻은 수익으로 연금 지급에 사용되는 자금을 조달한다.

④ 부과 방식 : 기여율 인상 → 연금 지급액 인상

ⓒ의 부과 방식에서는 기여율(소득 대비 기여금의 비율)을 높여 현재의 연금 지급액을 높일 수 있다.

⑤ 부과 방식 : 기여금 → 현재의 경제 활동 인구가 납부

ⓒ의 부과 방식에서는 현재의 경제 활동 인구가 납부한 기여금으로 현재 퇴직 상태인 노령 인구에게 연금을 지급하는 것이다.

08 독서 - 사회

 글의 세부 내용 이해하기　　　　　정답 ②

✏️ 정답 해설

기여금 납부 기간을 늘리거나 연금 수급 기간을 줄여서 연금 수익률을 낮출 수 있기 때문에, 연금 지급에 필요한 자금이 부족해지면 국가는 기여금 납부를 종료하는 시점이나 연금 수급이 시작되는 시기를 변경할 수도 있다. 즉, 연금 수익률은 가입자가 납부한 기여금의 총액 대비 수급하는 연금 총액의 비율로, 가입자의 기여금 납부 기간을 늘리면 납부한 기여금의 총액이 늘어나므로 연금 수익률은 떨어진다. 또한 연금 수급 기간을 줄이면 가입자가 수급하는 연금 총액이 줄어들므로 연금 수익률은 떨어진다.

09 독서 - 사회

 글의 세부 내용 이해하기　　　　　정답 ①

✏️ 정답 해설

〈보기〉의 연금 산정 공식에서 '개인의 퇴직 전 월 평균 소득'(B)이 높은 가입자일수록 전체 가입자보다 기여금을 낸 것에 비해 연금을 적게 받으므로 평균 소득 대비 연금 수급액의 비율인 소득 대체율은 낮아진다.

✏️ 오답 해설

② A > B → 균등 부분 > 소득 비례 부분

A가 B보다 큰 가입자는 전체 가입자의 연금 기여율이 가입자 개인의 연금 기여율보다 크므로 수급하는 연금에서 균등 부분이 소득 비례 부분보다 크다.

③ A 연장 → 연금 지출 총액 감소

가입자의 월 평균 소득이 꾸준히 증가하는 상태에서 A를 '가입자가 퇴직하기 직전 9년간 전체 가입자의 월 평균 소득'으로 수정하면 갑국의 기여금 총액이 감소하므로 연금 지출 총액도 감소한다.

④ 가입자 수명과 B가 비례 → 수직적 소득 재분배 효과 감소

B는 가입자의 소득에 비례하여 연금을 지급하기 때문에 가입자의 수명이 B와 비례할 때 빈부 격차가 줄어드는 수직적 소득 재분배 효과는 더 작아진다.

⑤ 기여금 증가 → 연금 수급액 증가

연금 산정 공식에 '가입자 개인의 퇴직 전 월 평균 소득'(B)이 포함

되어 있으면 소득에 따라 기여금을 더 많이 적립한 가입자가 당연히 더 많은 연금을 받게 된다.

10 독서 - 사회

 문맥상 틀린 의미 고르기　　　　　정답 ④

✏️ 정답 해설

ⓓ의 '초래하므로'는 일의 결과로서 어떤 현상을 생겨나게 하는 것으로, '불러오는'으로 바꿔 쓸 수 있다. '끼치므로'는 영향, 해, 은혜 따위를 당하거나 입게 하는 것을 의미한다.

✏️ 오답 해설

① ⓐ의 '구분할'은 일정한 기준에 따라 전체를 몇 개로 갈라 나누는 것으로, '나눌'로 바꿔 쓸 수 있다.

② ⓑ의 '발생하고'는 어떤 일이 일어나거나 사물이 생겨나는 것으로, '일어나고'로 바꿔 쓸 수 있다.

③ ⓒ의 '지불해야'는 돈을 내어 주거나 값을 치르는 것으로, '내야'로 바꿔 쓸 수 있다.

⑤ ⓔ의 '구성된'은 몇 가지 부분이나 요소들이 모여 일정한 전체가 짜여 이루어지는 것으로, '이루어진'으로 바꿔 쓸 수 있다.

11 독서 - 과학

 글의 내용 파악하기　　　　　정답 ②

✏️ 정답 해설

암세포는 비정상적으로 빠르게 증식하는 세포로, 유전자 변이가 축적되면 정상 세포와 달리 저절로 사멸하지 않고 계속해서 분열한다. 그러므로 암세포에서는 정상 세포에서보다 유전자 변이 속도가 빠르다고 할 수 있다.

✏️ 오답 해설

① 자가 면역 질환 → 암 발병 확률 증가(X)

세 번째 문단에서 인체는 면역 세포가 정상 세포를 비정상 세포로 오인하여 공격하는 자가 면역 질환을 막기 위해, 면역 반응을 억제하는 장치인 면역 관문을 갖추고 있다고 설명하고 있다. 그러므로 자가 면역 질환이 심해질수록 암이 발병할 확률이 높아지는 것은 아니다.

③ 세포 분열 과정 반복 → 암세포 발생 확률 증가

첫 번째 문단에서 반복되는 세포의 분열 과정에서 유전자 변이가 축적되면 정상 세포와 달리 저절로 사멸하지 않고 계속해서 분열하는 암세포가 발생한다고 하였으므로, 세포의 분열 과정이 반복될수록 암세포가 발생할 확률은 높아진다.

④ 종양 제거 → 암 재발

네 번째 문단에서 다른 장기로 전이되기 전에 종양을 제거하더라도 혈액 속 암세포에 의해 암이 재발할 수 있다고 하였다. 그러므로 다른 장기로 전이되기 전에 종양을 제거하면 암이 재발하지 않는 것은 아니다.

⑤ 악성 종양 → 양분과 산소의 증가(X)

두 번째 문단에서 암세포는 자신이 얻을 수 있는 양분과 산소에 비해 항상 과도하게 증식하여 보통 괴사한다고 하였다. 그러므로 악성 종양이 발생하면 주변 조직에 공급되는 양분과 산소가 증가하는 것은 아니다.

12 독서 - 과학

 글의 세부 내용 이해하기 　　　정답 ④

정답 해설

면역 관문은 면역 반응을 억제하는 장치로 T 세포의 PD-1 수용체에 PD-L1 단백질이 결합하면 면역 관문이 활성화되며, 따라서 T 세포가 항원을 인식하더라도 해당 항원을 지닌 세포를 정상 세포로 판단해서 공격하지 않는다.

오답 해설

① 수지상 세포 → 항원 조각으로 분해

암세포가 사멸하면서 방출되는 암 항원이 면역 세포인 수지상 세포에 의해 포식되면, 수지상 세포는 포식한 암 항원을 항원 조각으로 분해한다.

② T 세포 → 항원 조각 인식

T 세포는 T 세포 수용체(TCR)를 통해 수지상 세포에 부착된 항원 조각을 인식하여 활성화된다.

③ TCR → 암세포 인식

T 세포는 혈관을 통해 인체를 돌아다니다가 TCR를 통해 암 항원을 인식하여 암세포를 찾아낸다.

⑤ PD-L1 → 암세포를 정상 세포로 오인

암세포 표면에 PD-L1을 부착시키는 유전자 변이가 나타나면, T 세포가 암세포를 정상 세포로 오인하기 때문에 암세포가 T 세포의 공격을 회피할 수 있게 되어 악성 종양으로 발전한다.

13 독서 - 과학

 글의 세부 내용 이해하기 　　　정답 ⑤

정답 해설

ⓒ(세포 독성 항암제), ⓓ(표적 항암제), ⓔ(면역 항암제) 중 암세포의 특성을 이용해 암세포를 직접 공격하는 항암제는 ⓓ(표적 항암제)이다. 표적 항암제는 암세포만의 독특한 분자를 표적으로 삼아 암세포를 공격하는 약제이다.

오답 해설

① ㉠, ㉡ → 위치가 확인된 종양

㉠(외과 수술)과 ㉡(방사선 치료)은 종양이 주변 장기로 전이되거나 암세포가 혈액에 퍼진 경우에는 적용이 어려우므로, 위치가 확인된 종양에 대해서만 적용이 가능하다.

② ㉡ → 절개 없이 종양 제거

㉠(외과 수술)과 달리 ㉡(방사선 치료)은 강력한 방사선을 인체에 관통시켜 암세포를 사멸시키기 때문에 절개 없이 인체 내부의 종양을 제거할 수 있다.

③ ㉢ → 작용 범위 : 특정 부위에 국한되지 않음

㉡(방사선 치료)과 달리 ㉢(세포 독성 항암제)은 작용 범위가 특정 부위에 국한되지 않고 인체 곳곳의 미세한 암세포를 사멸시킬 수 있다.

④ ㉣ → 암 종류의 제한 적음

ⓓ(표적 항암제)에 비해 ㉤(면역 항암제)은 인체의 면역 반응을 이용하기 때문에 적용되는 암 종류에 대한 제한이 적다.

14 독서 - 과학

 밑줄 친 문장의 이유 찾기 　　　정답 ②

정답 해설

종양의 크기가 클수록 암세포가 기하급수적으로 증식하기 때문에, 종양의 크기가 지나치게 큰 경우 면역 항암제의 치료 효과가 제한된다. 그러므로 방사선 치료, 세포 독성 항암제 투약 등의 치료가 병행되면 암세포의 총량이 감소할 뿐 아니라 암세포의 사멸로 암 항원이 방출되기 때문에 면역 항암제의 치료 효과가 높아질 수 있다.

15 독서 - 과학

글의 세부 내용 이해하기 　　　정답 ④

정답 해설

ⓑ(암세포의 유전자 변이 정도)가 높은 경우, 암세포만의 독특한 분자가 존재할 가능성이 높으므로 표적 항암제의 치료가 효과적일 수 있으나, 표적 항암제는 표적 분자에 민감해 약제마다 적용 가능한 암 종류가 제한적이고 쉽게 내성이 생기는 문제가 있어 그 효과가 오래 지속될 지의 여부는 장담할 수 없다.

오답 해설

① ⓐ가 낮은 경우 → 면역 항암제 : 치료 효과 작음

ⓐ(MMR에 나타난 유전자 변이의 정도)가 낮은 경우, 암세포에 유전자 변이가 많을 가능성이 낮으므로 암 항원이 적게 만들어지고, 따라서 면역 항암제의 치료 효과가 작을 수 있다.

② ⓐ가 높은 경우 → 세포 독성 항암제 : 치료 효과 높음

ⓐ(MMR에 나타난 유전자 변이의 정도)가 높은 경우, 암세포의 분열 속도가 빠를 가능성이 높으므로 비정상적으로 빠르게 증식하는 세포를 공격하는 약제인 세포 독성 항암제를 투약하면 치료 효과가 높을 수 있다. 하지만 세포 독성 항암제는 매일 머리카락을 만들어내는 모낭 세포, 위장 안에서 음식물을 소화하는 점막 세포와 같이 증식 속도가 비교적 빠른 정상 세포까지 공격하므로, 탈모나 소화 불량 등의 부작용이 발생할 수 있다.

③ ⓑ가 낮은 경우 → 면역 항암제 : 치료 효과 작음

ⓑ(암세포의 유전자 변이 정도)가 낮은 경우, 암세포에서 암 항원이 만들어질 가능성이 낮으므로 T 세포에 의한 암세포 공격을 유도하는 약제인 면역 항암제의 치료 효과가 작을 수 있다.

⑤ ⓒ가 높은 경우 → 면역 항암제 : 치료 효과 높음

ⓒ(암세포에 PD-L1 단백질이 발현된 정도)가 높은 경우, T 세포가 암세포를 정상 세포로 오인하여 공격하지 않음으로써 암세포

가 면역 반응을 회피할 가능성이 높아지고, 따라서 면역 항암제의
치료 효과가 높을 수 있다.

16 현대 시

작품 내용 이해하기

정답 ②

정답 해설

(가)는 '유성 → 조치원 → 공주 → 온양 → 서울'로 가는 공간의 이동
에 따라 나무에 대한 묘사의 초점을 바꾸고 있고, (나)는 '늪'이라는
하나의 공간 내에서 흰빰검둥오리에 대한 묘사의 초점을 바꾸고 있다.

오답 해설

① (가) → 독백적 / (나) → 단정적

(가)는 독백하는 어조를 통해 시적 화자의 깨달음을 청자에게 전
달하고 있고, (나)는 단정하는 어조로 시적 대상에서 느낀 점을
청자에게 전달하고 있다.

③ (가) → 점층적(X) / (나) → 과장적

(가)에서는 점층적 표현을 사용하고 있지 않으며, (나)에서는 '새
들은 십만 리쯤 치솟는다네'라는 과장적 표현을 통해 대상의 역동
성을 부각하고 있다.

④ (가) → 상승 이미지(X) / (나) → 상승 이미지

(가)에서는 상승 이미지를 활용하고 있지 않으며, (나)에서는 흰빰
검둥오리가 물을 박차고 비상하는 상승 이미지를 활용하여 시적
공간의 변화를 보여 주고 있다.

⑤ (가) → 이미지의 대립 / (나) → 색채어의 대비

(가)에서는 수도승, 과객, 파수병 등 이미지의 대립을 통해 대상의
변화를 구체적으로 형상화하고 있고, (나)에서는 검은 부리와 흰
빰이라는 색채어의 대비를 통해 어두운 세상에서의 맑은 영혼을
표현하고 있다.

✔ 핵심노트

(가) 박목월, 「나무」
• 갈래 : 자유시, 서정시, 산문시
• 성격 : 사색적, 비유적, 감각적, 실존적
• 제재 : 나무
• 주제 : 나무를 통한 삶의 성찰과 깨달음
• 특징
  – 의인화된 나무의 모습을 통한 삶의 의미 발견
  – 비유적 표현들을 통해 화자의 관념을 시각화함
  – 시간의 흐름과 장소의 이동에 따른 시상 전개
  – 외부에서 내면으로 사상의 전환
  – 여행의 경험을 통한 인식의 전환

(나) 송재학, 「흰빰검둥오리」
• 갈래 : 자유시, 서정시, 산문시
• 성격 : 성찰적, 관조적, 사색적
• 제재 : 흰빰검둥오리
• 주제 : 흰빰검둥오리를 통한 희고 맑은 영혼의 투영
• 특징
  – 청각적 이미지를 사용한 시적 대상의 비상 표현
  – 색상 대비를 통한 영속적 영혼의 세계 표현

17 현대 시

작품의 세부 내용 이해하기

정답 ①

정답 해설

㉠(어느)은 꼭 집어 말할 필요가 없는 막연한 것을 의미하므로, ㉠(어
느)이 나무를 만난 '들판'이라는 장소의 구체성을 드러내고 있지는
않다.

오답 해설

② ㉡ → '늙은 나무'에서 떠올린 인상

㉡(묵중하게)은 말이 적고 몸가짐이 신중한 '수도승'의 모습과 연
결하여 시적 화자가 '늙은 나무'에서 떠올린 인상을 드러내고 있
다.

③ ㉢ → 하늘과의 경계

㉢(하늘 문)은 나무들이 서 있는 '산마루'가 하늘과 맞닿아 있을 만
큼 높은 경계라는 화자의 인식을 반영하고 있다.

④ ㉣ → 화자의 뒤늦은 자각

㉣(놀랍게도)은 '이미'와 연결되면서, 여행길에서 느낀 나무들의
인상이 여행이 끝난 후 화자의 내면에 자리잡게 되었음을 화자가
뒤늦게 자각한 것이다.

⑤ ㉤ → 나무에서 발견한 화자의 속성

㉤(기르게 되었다)은 여행길에서 만난 늙은 나무의 고독감을 시적
화자에게서 '뽑아낼 수 없는' 것으로 수용하게 되었음을 드러내고
있다.

18 현대 시

작품 내용 이해하기

정답 ④

정답 해설

'거울'을 '산산조각나기 위해 팽팽한' 상태로 표현한 것은 물을 박차고
비상하는 새들의 움직임에 언제 깨질지 모르는 고요한 늪의 상태와
마찬가지로, 겉으론 평온해 보이나 삶은 팽팽한 긴장의 연속이라는
진실을 보여주고 있다.

오답 해설

① 물방울, 흰빰검둥오리 → 감각적 탐색 대상

'거미줄에 매달린 물방울'의 모습은 시각적 이미지가, 흰빰검둥오
리가 물을 박차고 비상할 때의 '퍼들껑' 소리는 청각이 이미지가
활용되고 있다. 시인은 이러한 감각적 이미지들을 활용하여 늪의
대상들을 탐색하고 있다.

② '날개 소리'가 '내 몸 속에서 먼저 들린' → 물아일체

'날개 소리'가 '내 몸 속에서 먼저 들린'다고 표현한 것은, 시인과
늪이 물아일체가 되어 하나로 어울려 있음을 드러낸 것이다.

③ 흰빰검둥오리가 떠메고 가는 것 → 영혼의 자유로운 비상

'흰빰검둥오리가 떠메고 가는 것'의 '반쯤은 내 영혼이리라'라는 말
은, 날아오르는 새들을 바라보며 그들과 마찬가지로 영혼의 자유
로운 비상을 꿈꾸는 시적 화자의 동경이 표현된 것이라고 할 수
있다.

⑤ 구겨지다가 반듯해지네 → 긴장과 평온의 연속

늪의 '수면'이 '그 모든 것에 일일이 구겨지다가 반듯해지네'라는 말은, 삶의 모든 국면 역시 '고요한 외침'처럼 긴장과 평온의 연속이라는 진실을 드러낸 것이라 할 수 있다.

19 현대 소설

 작품의 서술상 특징 이해하기

정답 ①

정답 해설

해당 작품은 1인칭 주인공 시점으로, 주인공이면서 동시에 서술자인 작품 속의 '나'가 독백적 진술을 중심으로 인물의 내면 흐름을 드러내고 있다. 이러한 시점은 심리 묘사에 적합하며, 독자가 등장인물에게 친근감을 느끼게 하는 데 효과적이다.

오답 해설

① 빈번한 장면 전환 → X

빈번한 장면 전환은 나타나지 않고 사건 전개의 중심이 버스 내부에 고정되어 있으며, 등장인물 간의 대화를 통해 긴박한 분위기를 조성하고 있다.

③ 감각적인 배경 묘사 → X

버스 내부에서 벌어지는 사건 장면을 주로 묘사하고 있을 뿐 감각적인 배경 묘사는 나타나고 있지 않다.

④ 전해 들은 이야기 전달 → X

전해 들은 과거 사건의 이야기를 전달하는 방식이 아니라, '나'가 버스 안에서 겪은 현재의 상황을 직접적으로 전달하고 있다.

⑤ 삽화 형식의 인물 경험 → X

인물의 경험을 삽화 형식으로 제시하는 것이 아니라, 내면의 감정을 묘사하는 자기 고백적 서술 방식을 택하고 있다.

✔ 핵심노트

김숨, 「뿌리 이야기」
• 갈래 : 현대 소설, 중편 소설
• 성격 : 상징적, 묘사적, 사실적
• 시점 : 1인칭 주인공 시점
• 주제 : 산업화와 근대화로 인해 삶의 터전과 인간성을 상실한 현대인의 불안과 방황
• 특징
　– 인간을 나무로 비유하여 표현함
　– 구체적 지명을 사용하여 사실감을 높임
　– 우리 사회의 부정적 단면을 제시하여 반성하도록 함

---

20 현대 소설

 작품의 내용 이해하기

정답 ④

정답 해설

고모할머니는 살아생전 위안부 등록을 하지 않았는데, "어머니는 그녀가 위안부 등록을 하지 않은 것에 대해, 그래서 정부에서 지원해 주는 생활 안정 지원금을 받지 못한 것에 대해 아쉬워했다."라는 대목에서 고모할머니가 자신들의 체면을 걱정하는 가족들의 만류로 인

해 위안부 등록을 하지 못한 것은 아니라는 것을 알 수 있다.

오답 해설

① 전시실 → 오래된 한옥을 개조해 만듦

'그'가 나무뿌리로 만든 작품을 전시한 곳은 경복궁 근저 백 년도 더 된 오래된 한옥을 개조해 만든 전시실이었다.

② 나무뿌리의 출처 → '나'가 단박에 앎

부엌을 개조해 만든 전시실, 공중 곡예를 하듯 허공에 위태롭게 매달려 있는 그 뿌리가 영동에서 구해온 뿌리라는 것을, 나는 단박에 알아차렸다.

③ '그'가 작업에 신중을 기하는 이유 → '나'가 추측함

"다른 뿌리들에 비해 뒤틀림이 심한 포도나무 뿌리로 촛농을 고르게 떨어뜨리는 일은 고도의 집중을 요구했을 것이다."라고 '나'는 재료의 특성과 관련지어 '그'가 작업에 신중을 기하는 이유를 추측하였다.

⑤ 목욕탕 거울에 비친 '나'의 얼굴 → 고모할머니의 모습을 떠올림

'그'가 철거될 모과나무 아래에 서 있을 때 '나'는 목욕탕 탈의실 거울을 들여다보고 있었고, 거울 속 얼굴은 뜻밖에도 고모할머니인 그녀를 닮아 있었다.

21 현대 소설

 작품의 감상 내용 이해하기

정답 ③

정답 해설

고모할머니가 '나'의 손을 더듬어 찾던 것이 실은 '품어 줄 한 줌의 흙'을 찾고 있었던 것이라고 한 데서, '나'는 어린 시절 고모할머니가 자신의 손을 잡았던 이유를 이해하게 된다. 그러나 '그'의 작품을 본 '나'가 자신의 뿌리를 고모할머니에게서 찾은 것은 아니다.

오답 해설

① 뿌리를 구함 → '그'의 천착

'뿌리를 구하러 그가 철거촌도 뒤지고 다닌다'는 것은, 어릴 적 친부모로부터 버림을 받아 뽑혀 나온 뿌리에 대한 '그'의 천착이 행동으로 드러난 것임을 알 수 있다.

② 뽑혀 나올 모과나무 → 자신의 존재 확인

'그'가 '철거'라는 글자가 자신의 '심장을 지져오는 것 같'다고 한 것은, '그'가 뽑혀 나올 모과나무와의 동일시를 통해 태어날 때부터 부모로부터 버려진 자기 존재를 확인한 것으로 볼 수 있다.

④ '그'의 작업 → 타인에 대한 이해

뿌리에 촛농이 떨어져 굳는 순간을 '생전 만날 일 없던 두 존재가 만나는 순간'으로 본 것은, '그'의 작업이 어릴 때 일본군 위안부로 끌려갔다온 후 평생 친척집을 떠돈 자신과 비슷한 처지의 고모할머니를 이해하는 과정이었음을 '나'가 깨닫게 된 것으로 볼 수 있다.

⑤ '뿌리들 너머'의 '그' → '나'가 다가갈 수 있는 가능성

'나'가 '뿌리들 너머'에 '그'가 있을 것이라 생각하면서 '그에게 닿을 수 있을 것 같'다고 한 데서, '나'가 소원했던 '그'에게 다가갈 수 있는 가능성을 발견하고 있음을 알 수 있다.

22 현대 소설

 작품의 세부 내용 이해하기
정답 ①

정답 해설

'그'가 철거될 모과나무 아래에 서서 어릴 적 친부모로부터 버려진 자신의 존재를 확인한 것처럼, '나'는 목욕탕 탈의실 거울을 들여다보며 고모할머니와 닮은 자신의 모습을 발견하게 된다. 즉, ⓐ는 두 인물의 서로 다른 경험을 연결하여 두 경험의 의미를 밀접하게 관련짓고 있다.

23 고전시가

 작품의 공통점 이해하기
정답 ④

정답 해설

(가)에서는 '~웨(왜)라', '~하노라', (나)에서는 '~로다', '~구나'라는 유사한 문장 구조를 반복하여 운율을 형성하고 화자의 심정을 강조하고 있다.

오답 해설

① (가), (나) → 계절의 변화(X)

(가)와 (나) 모두 계절의 변화를 중심으로 시상을 전개하고 있지 않다.

② (가) → 자연과 인간을 대비한 교훈

(가)에서는 자연(갈매기와 백로)과 인간(벗)을 대비하여 '유정'과 '무심'이 주는 교훈, 즉 어제는 그르다고 한 것이 이제는 옳다는 깨달음을 전달하고 있으나, (나)에서는 그렇지 않다.

③ (가), (나) → 명령형 문장(X)

(가)와 (나) 모두 명령형 문장을 활용하여 화자의 포부를 드러내고 있지 않다.

⑤ (가), (나) → 원경에서 근경으로의 시선 이동(X)

(가)에서는 시선의 이동이 나타나고 있지 않으며, (나)에서는 유배지로의 이동을 통한 시상이 전개되고 있으나, 원경에서 근경으로 시선을 이동하여 자연의 모습을 다채롭게 그려 낸 것은 아니다.

☑ 핵심노트

(가) 안서우, 「유원십이곡」
• 갈래 : 평시조, 연시조
• 성격 : 비판적, 의지적, 풍류적
• 주제 : 속세에 대한 비판과 자연적 삶에 대한 추구
• 특징
 – 12수로 이루어진 연시조이지만, '서사'를 포함하면 13수로 이루어짐
 – 자연 친화적이면서도 벼슬에 대한 미련이 나타남
 – 내적 갈등과 그 해소로 인한 즐거움이 드러남
 – 전 6수에서는 화자가 자연을 선택하게 된 동기가 나타나며, 후 6수에는 자연을 선택하기까지의 갈등과 정착 과정을 보임

(나) 김진형, 「북천가」
• 갈래 : 양반 가사, 유배 가사, 기행 가사
• 성격 : 회고적, 체험적, 사실적, 풍류적
• 주제 : 유배지에서의 풍류와 가족에 대한 그리움

• 특징
 – 공간 이동에 따른 시상 전개
 – 여정, 견문, 감상이 드러난 기행 가사
 – 체험을 바탕으로 한 사실적 묘사와 서술이 돋보임
 – 자연과의 교감, 기생과의 유희 등 유배지에서의 풍류 생활을 드러냄

24 고전시가

 작품의 세부 내용 이해하기
정답 ④

정답 해설

〈제7장〉에서 초장의 '흰 구름'과 중장의 '기러기'에 대한 화자의 감흥, 즉 자연을 느끼는 즐거움이 종장에서 '내 벗'으로 집약되고 있다.

오답 해설

① '문장'을 향한 의지 → 약화

〈제1장〉의 초장과 중장에서 드러난 '문장'을 향한 화자의 의지는 종장에서 태평성대에 농사나 짓겠다고 말하는 것으로 보아 약화되고 있다.

② '홍진'과의 절교 의지 → 강화

'홍진'은 속세를 의미하고, '녹수 청산'은 자연을 의미한다. 〈제3장〉의 중장에서 자연에서 시름없이 늙어가겠다는 화자의 다짐은 초장에 드러난 '홍진'을 향한 화자의 미련이 해소되는 것이 아니라, '홍진'과 절교하고자 하는 화자의 의지를 강화하고 있다.

③ '낚시' → 생계 수단

〈제4장〉에서 논밭을 일궈 밥을 하고, 낚시를 하여 반찬으로 삼고, 낫으로 땔나무를 하는 것은 시적 화자가 자연과 더불어 살아가기 위한 생계 수단이다. 즉, '낚시'는 생계를 유지하기 위한 하나의 수단일 뿐이므로, 초장에 드러난 '낚시'에 대한 화자의 관심이 중장에서 구체화되고 있는 것은 아니다.

⑤ '유정'과 '무심' → 교훈

〈제8장〉의 초장에 드러난 '유정'과 '무심'에 대한 화자의 의문은 중장에서 갈매기와 백로라는 자연물과 비교하여 종장에서 그 교훈을 화자가 깨닫게 된다.

25 고전시가

 작품 내용 이해하기
정답 ⑤

정답 해설

'본관의 성덕과 주인의 정성'을 통해 화자가 유배 중에도 북관의 수령과 주인으로부터 공경과 보살핌을 받고 있음을 드러내고 있는 것이지, 임금에 대한 변치 않는 화자의 충정을 드러내고 있는 것은 아니다.

오답 해설

① '명천이 천리' → 유배지에 대한 화자의 거리

'명천이 천리로다'를 통해 화자가 이주하게 될 유배지인 명천에 대한 화자의 거리감을 부각하고 있다.

② '문관의 명성' → 화자에 대한 선비들의 반응

'문관의 명성 듣고 한사코 달려드니'를 통해 화자가 아무리 사양해도 배우기를 청하는 선비들의 반응을 제시하고 있다.

③ '기러기 처량하고' → 화자의 서글픈 심정

'기러기 처량하고'를 통해 고향으로 돌아가지 못하고 유배지에서 생활하는 화자의 서글픈 심정을 자연물에 투영하여 나타내고 있다.

④ '개가죽 상하의', '조밥 피밥 기장밥' → 화자가 관찰한 생활상

'개가죽 상하의'와 '조밥 피밥 기장밥'을 통해 화자가 관찰한 유배지의 생활상을 보여 주고 있다.

26 고전시가

핵심주제 작품의 감상 내용 이해하기 정답 ④

정답 해설

(나)에서는 '내 일'을 '슬프다'라고 한 것을 통해 유배로 인해 느끼게 되는 화자의 고독감과 슬픔을 읽어낼 수 있다. 그러나 (가)에서 강호에서의 생활을 '헌ᄉ 홀가 두려웨라'라고 한 것은 자연 속에서 사는 나의 즐거움을 세상 사람들이 알게 될까 걱정하고 있으므로, 강호 생활에 대한 화자의 만족감을 읽어낼 수 있다.

오답 해설

① '이제야 작비금시' → 삶에 대한 성찰

(가)에서 '이제야 작비금시' 즉, '어제는 그르다고 한 것이 이제는 옳다'는 깨달음을 통해 새로운 공간에서 삶에 대해 성찰하는 화자의 모습을 발견할 수 있다.

② '사고무친 고독단신' → 이주로 인한 우려

(나)에서 '사고무친 고독단신 죽는 줄 그 누가 알겠느냐고 한 것을 통해 유배지로의 이주를 앞둔 상황에서 의지할 만한 사람도 도와줄 사람도 없는 화자의 우려를 읽어낼 수 있다.

③ '종이 위의 자자획획' → 가족에 대한 그리움

(나)에서 '종이 위의 자자획획'이 '눈물'이라고 한 것을 통해 유배지에서 받은 편지의 한 글자 한 획에 가족에 대한 그리움이 서려 있음을 읽어낼 수 있다.

⑤ '밭과 나무', '시와 술' → 변화된 삶의 모습

(가)에서 '밭을 갈고 '깊은 산의 나무'를 하며 지냈다고 한 것과 (나)에서 '시와 술'에 마음을 붙이고 '문밖'으로 나가지 않는다고 한 것을 통해 새로운 곳에서 적응해 가는 화자의 변화된 삶의 모습을 발견할 수 있다.

27 고전 소설

핵심주제 작품에 대한 이해 정답 ④

정답 해설

한담은 선사의 계책을 듣고 충렬을 진문(진영으로 드나드는 문)으로 유인하였고, 충렬은 적의 장대(장수가 올라서서 지휘하기 위해 쌓은 대)에 달려들었으나 한담이 파놓은 함정임을 알게 된다. 그러므로 한담이 장대에서 충렬과 자웅을 겨룬 것은 아니다.

오답 해설

① 충렬 → 한담을 사로잡으려 함

원수가 맞아 칼로 치게 되면 반합에 죽을 것이로되 사로잡아 죄목을 묻고 원수를 갚고자 하여 장성검을 높이 들고 한담을 치려하였다는 대목에서 충렬은 죄를 묻고 원수를 갚기 위해 한담을 사로잡으려 하였음을 알 수 있다.

② 한담 → 말이 거꾸러지는 바람에 위기에 처함

한담이 원수를 급히 쫓아오다가 한담의 말이 거꾸러지거늘 원수가 장성검을 높이 들어 한담의 목을 치니 목은 아니 맞고 투구만 벗어졌다는 대목에서 충렬을 쫓던 한담은 말이 거꾸러지는 바람에 위기에 처하게 됨을 알 수 있다.

③ 한담 → 본진에 돌아온 후에 자신이 투구가 사라진 것을 앎

본진에 돌아온 한담이 적장의 칼에 투구가 깨져 위태로운 한담을 보고 징을 쳐 군사를 거두었다는 선사의 말에 대겁하여 머리를 만져 보고 그제야 투구가 없다는 사실을 알아차렸다.

⑤ 충렬 → 한담의 계책에 당한 것을 깨달음

충렬이 안손법을 베풀어 진중을 살펴보니 한담이 토굴 깊이 함정을 파놓은 것을 보고 그제야 한담의 계책에 당한 것을 깨달았다.

> ☑ 핵심노트
>
> 작자미상, 「유충렬전」
> • 갈래 : 국문 소설, 영웅 소설, 군담 소설
> • 성격 : 영웅적, 전기적, 비현실적
> • 배경 : 중국 명나라
> • 시점 : 전지적 작가 시점
> • 주제 : 유충렬의 고난과 영웅적 행적
> • 특징
>   – 귀족적 영웅소설의 대표작
>   – 전형적인 영웅 일대기 속에서 사건이 전개됨
>   – 천상계와 지상계의 이원적 공간 설정
>   – 표면적으로는 국가에 대한 충성심을 강조하고, 이면적으로는 몰락한 계층의
>   권력 회복 의지를 드러냄

28 고전 소설

핵심주제 작품의 세부 내용 이해하기 정답 ⑤

정답 해설

㉠은 도사가 충렬의 장성검에 투구가 벗겨진 한담을 불러들여 위기에서 벗어나게 한 것이고, ㉡은 한담이 도사의 계략에 따라 함정을 파고 충렬을 자극하여 위기에 빠지게 한 것이다.

오답 해설

① ㉠ → 한담의 군대 패배 / ㉡ → 충렬의 방심 원인

㉠은 한담의 군대가 패배한 것을 의미하며, ㉡은 충렬을 방심하게 하는 원인이다.

② ㉠ → 도사의 단독 결정 / ㉡ → 도사와 한담의 결정

㉠은 도사가 한담을 구하기 위해 단독으로 결정한 일이며, ㉡은 한담이 도사의 계략에 따라 결정한 일이다.

③ ㉠ → 한담: 미래의 사건 예측(X) / ㉡ → 충렬: 한담의 군대가 퇴각한 과거의 기억

㉠이 한담이 미래의 사건을 예측하게 한 것은 아니며, ㉡은 충렬이 한담의 군대가 퇴각한 과거의 기억을 떠올리게 한 것이다.

④ ㉠ → 충렬: 아쉬운 계기 / ㉡ → 충렬: 의심 유발 계기

㉠은 충렬에게 다 잡은 한담을 놓치게 된 아쉬운 계기이고, ㉡은 충렬에게 싸우다가 도망가는 한담의 군대에 의심을 유발하는 계기이다.

29 고전 소설

 작품의 세부 내용 이해하기　　　정답 ①

✏️ 정답 해설

[A]에서는 전장에서 가까스로 살아 돌아온 한담이 충렬을 물리칠 방법을 선사에게 물으며 도움을 청하고 있고, [B]에서는 천자와 태자가 목숨을 구해달라는 아버지의 편지가 사실일리가 없다며 충렬을 안심시키고 있다.

🖊️ 오답 해설

② [A] → 칭찬(X) / [B] → 능력 부족 지적(X)

[A]에서는 한담이 적장인 충렬의 능력을 인정하고 있으나 이를 칭찬하는 것은 아니며, [B]에서는 천자와 태자가 충렬을 안심시키고 있을 뿐 능력 부족을 지적하고 있지는 않다.

③ [A] → 억울함 호소(X) / [B] → 슬픔 공감(X)

[A]에서는 한담이 충렬을 잡지 못한 것을 안타까워하고 있으나 억울해하는 것은 아니며, [B]에서는 천자와 태자가 충렬을 안심시키고 있으나 슬픔에 공감하고 있는 것은 아니다.

④ [A] → 제안 거절(X) / [B] → 생각 수정(X)

[A]에서는 선사가 충렬을 잡을 방책을 한담에게서 요청받고 있으나 제안을 거절한 것은 아니며, [B]에서는 천자와 태자가 자신의 목숨을 구해달라는 아버지의 편지가 사실일리 없다고 추측하고 있으나 충렬의 생각을 고치려 한 것은 아니다.

⑤ [A] → 갈등 간파(X) / [B] → 갈등 부각(X)

[A]에서는 선사가 충렬을 잡을 수 있도록 도와달라는 한담의 요청을 받고 있으나 갈등을 간파하고 있는 것은 아니며, [B]에서는 충렬이 천자와 태자에게 목숨을 구해달라는 아버지의 편지를 보여주고 있으나 자신이 겪고 있는 갈등을 부각하고 있는 것은 아니다.

30 고전 소설

 작품의 세부 내용 이해하기　　　정답 ⑤

✏️ 정답 해설

충렬이의 마음이 심란한 것은 목숨을 구해달라는 아버지의 편지가 한담이 보낸 가짜 편지임을 알지만, 이미 돌아가신 아버지가 혹시나 살아계실까 하는 기대감 때문이다. 즉, 충렬이는 윤리성을 상실한 적도 없으며, '심란'한 '마음'을 이겨내고 한담을 '도성' 안으로 물리친 것이 윤리적 정당성을 회복하기 위한 것도 아니다.

🖊️ 오답 해설

① 한담을 잡아 부친의 충묘당에 제사 → 효의 윤리성 실현

충렬이 한담을 잡아 육신을 포를 떠서 종묘에 제사 지내고 남은 고기는 가져다가 '부친의 충묘당'에 제사를 지내겠다고 말한 것은 주인공이 효의 윤리성을 실현하는 것이라고 볼 수 있다.

② 충렬과 한담의 대립 → 숙명적 대결

천상계에서 천신인 대장성과 익성이 인간계에서 유충렬과 정한담으로 환생하여 서로가 '천신'임을 알아보고 대립하는 것은 두 인물의 숙명적 대결임을 알 수 있다.

③ 한담의 거짓 편지 → 효에 관한 윤리성 이용

한담이 충렬의 아버지를 사칭하여 목숨을 구해달라는 거짓 편지를 보낸 것은 효에 관한 충렬의 윤리성을 이용한 계책이라 볼 수 있다.

④ 한담의 배신 → 충에 관한 윤리성 바탕

천상계에서의 대결이 '천자와 태자'를 모시는 충렬과 이를 배신하고 반대편에 선 한담 간의 대결로 지속되고 있는 것은 충(忠)의 윤리성에 바탕을 둔 숙명적 대결로 볼 수 있다.

영어영역

01 어법상 틀린 것 고르기

정답 ②

관계대명사 ⇒ 불완전한 문장 / 관계부사 ⇒ 완전한 문장
관계부사 where = 전치사(in / at / to) + 관계대명사 which

정답 해설

which는 관계대명사로 선행사 markets를 수식하기 위한 형용사절을 이끈다. 그런데 뒤에 완전한 문장이 왔으므로, '전치사+관계대명사'의 형태인 in which로 고쳐 쓰거나 장소를 나타내는 관계부사 where로 고쳐 써야 옳다.

오답 해설

① it은 앞의 단수 보통명사 money를 가리키는 지시대명사로 옳게 사용되었다.
③ to earn은 앞의 명사 income을 수식하는 to부정사의 형용사적 용법으로 옳게 사용되었다.
④ that은 앞의 It is와 함께 It is ~ that의 강조구문으로 옳게 사용되었다.
⑤ 주격 관계대명사 that 다음의 동사는 선행사 purpose와의 수의 일치에 따라 3인칭 단수 현재의 형태인 transcends를 사용한 것은 적절하다.

핵심 어휘

- **component** : (구성) 요소, 부품
- **isolation** : 고립, 분리, 격리
- **coherently** : 밀착하여, 시종 일관하여
- **configuration** : (각 요소의) 상대적 배치, 배열
- **facilitate** : 가능하게 하다, 용이하게 하다
- **distribution** : 분배, 배분, 유통
- **transcend** : 초월하다, 능가하다

해석

경제 체제의 필수적인 구성요소들과 그것들이 어떻게 작동하는지는 분리하여 보았을 때가 아니라, 오히려 더 큰 사회적 그리고 문화적 환경과 연결되어 있을 때 가장 잘 이해가 된다. 돈은 어떤 경제의 필수적인 구성요소이지만, 그것으로 살 수 있는 어떤 것이 기업에 의해 생산되지 않는 한 그것은 그 자체로 아무런 도움이 되지 않는다. 기업도 핵심적인 역할을 하지만, 그들의 상품을 살 의지와 능력이 있는 가계들이 없고, 상품을 사고 팔 수 있는 시장이 없다면, 그들은 이익을 낼 수 없다. 시장에서 소비할 돈을 벌 수입원이 없는 가계는 미국의 경제 체제에서 소비자가 될 수 없다. 그것들이 경제적인 생산, 분배, 그리고 소비를 가능하게 하는 것은 오직 돈, 시장, 기업, 그리고 가계가 특정한 배치로 일관되게 합쳐질 때이다. 그것들은 하나의 체제를 구성하고 그 체제는 구성요소 그 자체의 특정 목적을 능가하는 더 넓은 목적에 도움을 준다.

02 어법상 맞는 것 고르기

정답 ②

(A) compare A with B ⇒ A와 B는 동일 형태
(B) 복수 지시대명사 ⇒ those
(C) 행위 주체 : 사람 ⇒ 능동형

정답 해설

(A) compare A with B 구문에서 A와 B는 동일 형태가 와야 한다. 해당 문장에서 B에 동명사인 moving이 쓰였으므로 A에도 동명사의 형태인 placing을 쓰는 것이 적절하다.
(B) 투명한 병에 담긴 초콜릿과 불투명한 병에 담긴 초콜릿을 비교하는 것이므로, chocolates를 대신하는 지시대명사 those를 쓰는 것이 적절하다.
(C) 연구원들이 실험을 통해 음식이 과잉 공급된 가정에서 두 배의 비율로 소비된 사실을 발견하였다. 즉, 행위의 주체인 사람이 주어이므로 능동태 동사인 discovered를 쓰는 것이 적절하다.

핵심 어휘

- **experimenter** : 실험자
- **strategically** : 전략상, 전략적으로
- **transparent** : 투명한, 명료한
- **opaque** : 불투명한, 흐릿한
- **principle** : 원리, 원칙
- **apply to** : ~에 적용되다
- **stock** : 채우다, 갖추다
- **moderate** : 보통의, 중간의
- **quantity** : 양, 다량
- **ready-to-eat** : 즉석의, 바로 먹을 수 있는
- **overstocked** : 공급 과잉의, 필요 이상의

해석

단지 음식이나 음료를 눈에 보이지 않게 두거나 그것을 몇 피트 떨어진 곳에 두는 것이 소비에 큰 영향을 미칠 수 있음을 연구에서 보여준다. 일련의 연구에서, 실험자들은 전략적으로 사무실 주변에 초콜릿 병을 놓아두고 얼마나 많이 소비되었는지 신중하게 숫자를 세었다. 한 조건에서, 그들은 사람들의 책상 위에 병을 놓는 것과 그것들을 단지 6피트 떨어진 곳에 놓는 것을 비교했다. 다른 조건에서, 그들은 초콜릿을 투명한 병 또는 불투명한 병 중 하나에 담았다. 사람들의 책상 위에 초콜릿을 놓아 둔 것은 직원 일인당 매일 평균 6개의 초콜릿을 더 소비하는 결과를 낳았고, 투명한 병에 있는 초콜릿은 불투명한 병에 있는 것보다 46% 더 빨리 소비됐다. 비슷한 원리가 집 주위의 음식에도 적용된다. 다른 연구에서, 연구원들은 사람들의 가정에 많은 양 또는 적당한 양 중 하나의 즉석 식사를 제공했고, 음식이 과잉 공급된 가정에서 두 배의 비율로 소비된 것을 발견했다.

03 문맥상 부적절한 낱말 고르기

정답 ⑤

slower : 더 느리게 ⇒ faster : 더 빠르게

정답 해설

제시문에 따르면 지구와 달리 화성과 금성에서 활성산소가 축적되지 않은 결정적인 이유는 활성산소의 생성 속도에 있다고 하였다. 즉,

새로운 암석과 광물이 노출되어 산화되는 속도보다 산소가 더 빠르게 생성되어야만 공기 중에 산소가 축적될 수 있으므로, ⑤의 slower는 faster로 고쳐 써야 옳다.

핵심 어휘

- ultraviolet radiation : 자외선 방사[복사]
- cost : 잃게 하다, 희생시키다
- sterile : 불모의, 메마른
- crust : 지각, 껍질
- oxidize : 산화시키다, 녹슬게 하다
- carbon dioxide : 이산화탄소
- a trace of : 약간의, 소량의
- free oxygen : 활성 산소
- critical : 대단히 중요한, 결정적인
- weathering : 풍화(작용)
- volcanic activity : 화산 활동

해석

수십 억 년에 걸쳐, 자외선 방사의 영향으로 인한 물의 손실로 화성과 금성이 바다를 잃은 것으로 생각된다. 오늘날, 두 행성 모두 건조하고 메마르며, 지각은 산화되고 대기는 이산화탄소로 가득 차 있다. 두 행성 모두 서서히 산화되었고, 대기에 소량의 활성 산소조차 결코 축적되지 않았다. 왜 이런 일이 화성과 금성에서는 일어나고, 지구에서는 일어나지 않았을까? 결정적인 차이는 산소의 생성 속도에 있었을 수도 있다. 풍화와 화산 활동에 의해 새로운 암석, 광물, 그리고 가스가 노출되는 속도보다 산소가 더 빠르지 않게 천천히 생성된다면, 이 모든 산소는 공기 중에 축적되는 대신 지각에 의해 소모될 것이다. 지각은 천천히 산화시킬 것이지만, 산소는 결코 공기 중에 축적되지 않을 것이다. 새로운 암석과 광물이 노출되는 속도보다 산소가 더 느리게(→ 더 빠르게) 생성되어야만 그것이 공기 중에 축적되기 시작할 수 있다.

04 문맥에 맞는 낱말 고르기

정답 ①

(A) evident ⇒ 분명한
(B) relevant ⇒ 관련 있는
(C) included ⇒ 포함하다

정답 해설

(A) 작가들이 명확한 언급 없이 독자로 하여금 이야기를 추론하고, 결론 내리고, 예측하도록 충분한 단서를 제공하는 글쓰기 장르는 미스터리 소설이 가장 확실하므로, (A)에 들어갈 말은 'evident(분명한, 명백한)'가 적절하다.

(B) 미스터리 소설의 독자들은 스스로 단서를 찾아 본문의 퍼즐을 짜 맞추기를 원하지만, 작가가 그 이야기와 관련된 정보를 바로 밝힌다면 독자들은 그 소설을 읽는 것을 상당히 지루해할 것이다. 그러므로 (B)에 들어갈 말은 'relevant(관련 있는)'가 적절하다.

(C) 미스터리 소설에서 독자가 추론과 결론을 내리는 동안, 작가는 독자를 그 방향으로 이끌 수 있는 단서들을 이미 제공해 왔으므로, (C)에 들어갈 말은 'included(포함하다)'가 적절하다.

핵심 어휘

- there are times when : ~할 때가 있다.
- explicitly : 명쾌하게, 명료하게, 분명하게
- state : 말하다, 언급하다, 진술하다

- genre : 장르
- evident : 분명한, 명백한
- inference : 추론, 추리, 추정
- prediction : 예측, 예견
- forthcoming : 기꺼이 말하는[밝히는]
- relevant : 관련 있는, 의의가 있는
- irrelevant : 무관한, 상관없는
- take A out of B : B에서 A를 제거하다
- savvy : 잘 아는, 박식한
- piece ~ together : ~을 조립하다[짜 맞추다]
- figure out : 이해하다, 생각해 내다
- identify : 알아보다, 확인하다
- unfold : 펼치다, 전개하다

해석

작가들은 우리가 특정한 메시지를 결정하고 그것을 명확하게 언급함이 없이 우리를 올바른 방향으로 인도하기 위한 충분한 단서를 제공하기를 바랄 때가 있다. 아마도 이것이 가장 (A) 분명한 글쓰기 장르는 미스터리 소설이다. 작가는 독자로 하여금 추론 후에 추론, 결론 후에 결론, 그리고 예측 후에 예측을 하도록 하는 단서들의 그물망을 만든다. 만일 작가가 가장 (B) 관련 있는 정보를 바로 밝힌다면 미스터리 이야기를 읽는 것이 얼마나 지루할지 상상해 보라. 그것은 모든 재미를 없앨 것이다. 박식한 독자로서, 우리는 단서를 찾아 마음속으로 본문의 퍼즐을 짜 맞추기를 원한다. 등장인물이 식별할 수 없거나 상황이 전개되기 전에 결과를 아는 것에 대한 해결책을 생각해 내는 것보다 독자에게 더 만족스러운 것은 없다. 기억하라, 독서는 계속되는 대화이다. 그것은 독자가 추론과 결론을 내리는 동안, 작가가 독자를 그 방향으로 이끌 수 있는 단서를 (C) 포함해 왔다는 것을 의미한다.

05 글의 요지 파악하기

정답 ②

꾸준한 습관 유지 방법: 훈련을 통한 강화

정답 해설

제시문에 따르면 습관의 지속성을 유지하기 위해서는 어떤 외부 요인이나 그날의 성향과 기분에 따라 좌지우지되지 않고, 마치 근육처럼 처음부터 습관을 강하게 길러 깨지지 않도록 할 것을 주문하고 있다. 그러므로 습관을 꾸준히 유지하려면 훈련을 통해 처음부터 강화해야 한다는 ②의 설명이 제시문의 요지로 가장 적절하다.

핵심 어휘

- prove to be : ~임이 판명[입증]되다, ~임이 드러나다
- fragile : 깨지기 쉬운, 허약한
- predictably : 예측[예견]할 수 있게
- regret : 후회하다, 유감스럽게 생각하다
- continuity : 지속성, 연속성
- muscle : 근육, 힘
- external factor : 외부 요인
- disposition : 기질, 성향
- vulnerable : 취약한, 연약한
- interruption : 중단, 가로막음
- by all means : 기어코, 반드시
- per se : 그 자체로

• **a bunch of** : 다수의

습관은 우리의 삶에서 변화가 예측 가능하거나 예측 불가능하게 나타날 때 종종 꽤 깨지기 쉬운 것으로 드러난다. 누군가가 결혼 전 '시간이 있을 때' 자신의 '좋은 취미'에 대해 불평하거나 후회하는 것을 몇 번이나 들어본 적이 있는가? 나는 그 소리를 수십 번 들었고 사람들은 항상 지속성이 부족한 것에 대한 구실을 찾으려고 한다. 그게 우리가 하는 행동이다. 우리는 변명을 찾아낸다. 하지만 우리가 어떻게 기능하고 습관이 어떻게 기능하는지를 생각하고 이해하려고 노력하는 데 시간을 좀 쓴다면, 마치 근육이 그런 것처럼 습관을 강화하는 훈련이 필요하다는 것을 알 수 있고, 습관들이 어떤 외부 요인이나 혹은 유지해야 할 성향과 기분에 더 의존하면 할수록, 습관이 중단에 더 취약하다는 것을 알 수 있다. 처음부터 여러분의 습관을 강하게 길러라. 조깅을 시작하고 싶다면, 날씨가 좋을 때, 바람이 불거나 비가 올 때, 행복할 때, 그리고 반드시 슬플 때 하라. 그것은 수행해야 할 다수의 조건들을 충족시키는 것을 넘어 그 자체로 즐거움의 영역과 연결하는 것이다.

06 글의 요지 파악하기

 행복을 얻는 가장 좋은 방법: 욕망 억누르기

정답 ①

정답 해설

제시문의 마지막 문장에서 사려 깊은 사람들은 행복을 얻는 가장 좋은 방법이 우리의 욕망을 지배하는 것이라고 주장해 왔지만, 보통 사람들은 이 충고를 무시해왔다고 서술하고 있다. 그러므로 많은 사람들은 욕망을 통제하는 것이 우리를 행복하게 할 수 있다는 생각을 쉽게 묵살한다는 ①의 설명이 제시문의 요지로 가장 적절하다.

오답 해설

② 일반적인 믿음과 달리, 우리의 욕망을 지배하는 것은 거의 불가능하다.
③ 행복은 사랑하는 사람들의 도움 없이는 거의 이루어지지 않는다.
④ 우리의 욕망이 자라는 것은 바로 우리 환경 안에서 이다.
⑤ 아무것도 원하지 않으면, 아무것도 얻지 못한다.

핵심 어휘

• **unanimously** : 이의 없이, 만장일치로
• **convince** : 납득시키다, 설득하다
• **enhance** : 강화하다, 증진시키다
• **suppress** : 진압하다, 억압하다
• **eradicate** : 근절하다, 없애다
• **master** : 참다, 억누르다
• **dismiss** : 묵살하다, 일축하다
• **contrary to** : ~에 반해서
• **breed** : 기르다, 양육하다

해석

사람들은 보통 행복을 얻는 가장 좋은 방법은 그들의 환경 즉, 집, 옷, 차, 직업, 교유관계를 바꾸는 것이라고 생각한다. 그러나 욕망에 관해 면밀하게 생각한 사람들은 지속적인 행복을 얻는 가장 좋은 방법은 아마도 정말 유일한 방법이지만, 우리 주변의 세상 또는 그 안에서 우리의 위치를 바꾸는 것이 아니라 우리 스스로를 변화시키는 것이라는 결론을 만장일치로 도출했다. 특히, 우리가 이미 소유한 것을 원한다고 스스로를 설득할 수 있다면, 우리 환경에 아무런 변화 없이 우리의 행복을 극적으로 증진시킬 수 있다. 만족은 우리 내부에서 발견한 욕망을 충족시키기 위해 일하는 것이 아니라 우리의 욕망을 선택적으로 억압하거나 없앰으로써 얻는 게 최선이라는 사실은 일반인들에게 떠오르지 않는다. 시대와 문화를 통해, 사려 깊은 사람들은 행복을 얻는 가장 좋은 방법이 우리의 욕망을 억누르는 것이라고 주장해 왔지만, 시대와 문화를 통해, 보통 사람들은 이 충고를 무시해왔다.

07 밑줄 친 문장의 의미 파악하기

당신의 행동을 설득력 있게 정당화하기

정답 ④

정답 해설

제시문에서 '긴 녹색 탁자 앞에 서다'는 말의 요점은 긴 녹색 탁자에 둘러앉아 있는 장교들에게 좋은 주장을 펼칠 수 없다면, 여러분의 행동을 재고하라고 서술되어 있다. 그러므로 'stand before the long green table(긴 녹색 탁자 앞에 서다)'는 말은 ④의 "권위 있는 인사들에게 당신의 행동을 설득력 있게 정당화하다"이다.

오답 해설

① 지속적으로 변화하는 현장 조건에 맞게 전략을 수정하다
② 더 많은 지식이 있는 사람들에게 업무에 대한 도움을 요청하다
③ 동료의 승인 없이 용기 있게 계획을 실행하다
⑤ 그들의 캠페인 전략이 현실적이지 않다고 동료들을 설득하다

핵심 어휘

• **serve the military** : 군복무를 하다
• **conference table** : 회의 탁자
• **boardroom** : 중역 회의실, 이사회실
• **felt** : 펠트(모직이나 털을 압축해서 만든 천)
• **formal proceeding** : 공식적인 절차
• **adjudicate** : 판결하다, 심판하다
• **make a good case** : 좋은 사례를 들다, 좋은 주장을 펼치다
• **reconsider** : 재고하다, 다시 생각하다
• **take a step** : 조치를 취하다
• **courageously** : 용감하데, 대담하게
• **approval** : 승인, 인정
• **peer** : 또래, 동료
• **convincingly** : 설득력 있게, 납득이 가도록
• **authority figure** : 권위 있는 인사, 실세

해석

군 복무를 할 때, 나는 이 말에 굳게 의지하여 내 행동을 인도했다. 어려운 결정을 내릴 때마다, 나는 "긴 녹색 탁자 앞에 설 수 있습니까?"라고 스스로에게 물었다. 제2차 세계대전 이후, 군 회의실에서 사용되는 회의 탁자는 녹색 천으로 덮인 길고 폭이 좁은 가구로 만들어졌다. 여러 명의 장교들이 어떤 문제를 판단해야 하는 공식적인 절차가 진행될 때마다, 장교들은 탁자 주변에 모이곤 했다. 그 말의 요점은 간단하다. 긴 녹색 탁자에 둘러앉아 있는 장교들에게 좋은 주장을 펼칠 수 없다면, 여러분의 행동을 재고해야만 한다. 중요한 결정을 내리려고 할 때마다, 나는 "긴 녹색 탁자 앞에 서서 내가 정말 올바른 행동을 했다고 만족할 수 있을까?"라고 스스로에게 물었다. 이것은 지도자가 스스로에게 물어야 하는 가장 근본적인 질문 중 하나이다. 그리고 그 옛 격언은 내가 어떤 조치를 취해야 하는지 기억하도록 도와주었다.

08 전체 흐름과 관계 없는 문장 고르기

정답 ④

핵심주제 피카소의 대표작인 '게르니카'의 작품 의도와 제목 유래

정답 해설

제시문은 피카소의 대표작인 '게르니카'가 그려진 의도와 그 이름이 붙여진 유래 등에 대해 서술하고 있다. 그런데 말년에 피카소가 새로운 양식과 기법으로 실험을 하면서 계속해서 관심에 변화를 주었다는 ④의 설명은 피카소의 말년 화풍의 변화에 대해 설명하고 있으므로, 제시문의 전체 흐름과 어울리지 않는다.

핵심 어휘

• mastery : 숙련, 숙달, 통달
• name after : ~의 이름을 따다
• dump : 버리다, 덤핑하다
• range : (범위가) 이르다, 다양하다
• puzzlement : 어리둥절함, 혼란
• confusion : 혼란, 혼동
• direction : 지시, 지휘, 지도
• presumably : 아마, 짐작건대

해석

피카소의 강렬한 그림 '게르니카'를 처음 보는 사람을 생각해 보자. 누구나 이 그림에서 기술적 숙련도와 매우 감성적인 내용을 볼 수 있다. ① 그러나 우리가 '게르니카'를 처음 보는 사람에게 이 그림은 그가 18세였을 때 피카소를 차버린 소녀의 이름을 따서 붙여졌다고 말했다. ② 이 그림에 대한 관람객의 감정은 어리둥절하고 혼란스러울 수도 있다. 즉, 작품의 규모와 내용을 고려할 때, 그것은 약간의 과잉반응처럼 보일 것이다. ③ 그런 다음 우리는 관람객에게 이 그림이 1937년 4월 프랑코 지휘 하의 스페인 민족주의자들의 요청에 따라 독일과 이탈리아의 연합 파시스트 군대에 의해 심하게 폭격을 당한 작은 바스크 마을을 기념하기 위해 그려졌다고 말한다. ④ 심지어 말년에도, 피카소는 새로운 양식과 기법으로 실험을 하면서, 계속해서 관심에 변화를 주었다. ⑤ 아마도, 관람객의 감정은 바뀔 것이고 피카소는 그 그림을 관람하는 사람들이 의도했던 감정을 더 많이 반영할 것이다.

09 글의 제목 유추하기

정답 ②

핵심주제 더 온화한 사람들: 진화 전쟁의 승리자들

정답 해설

진화 인류학적 관점에서 신체 구성과 얼굴 형태가 더 부드럽고 온화하게 변한 것은 폭력으로부터 벗어난 진화의 일부였으며, 성공한 집단들은 폭력적이고 파괴적인 사람들을 제거하고 남은 더 온화한 사람들의 성공을 보장했다고 설명하고 있다. 그러므로 제시문의 제목으로 ②의 "더 온화한 사람들: 진화 전쟁의 승리자들"이 적절하다.

오답 해설

① 원시 인류의 온화함: 인류학적 신화
③ 화석 증거에 의해 드러난 폭력적인 인간의 본성
④ 성공적인 전쟁 캠페인 개최: 멋진 예술

---

⑤ 인간의 갈등을 끝내는데 방해가 되는 것은 무엇인가?

핵심 어휘

• aversion : 싫음, 혐오
• recognition : 알아봄, 인식
• evolutionary anthropology : 진화 인류학
• body composition : 신체 구성
• blunt : 무딘, 뭉툭한
• claw : 손[발]톱
• brow-ridge : 눈 위의 뼈가 돌출한 부분
• violence : 폭력, 폭행
• sophisticated : 지적인, 학식 있는
• shelter : 주거지, 은신처
• bound up with : ~와 밀접한 관련이 있는
• weed out : 잡초를 뽑다, 제거하다
• disruptive : 분열시키는, 파괴적인
• intertwine : 엮이다, 뒤얽히다
• ensure : 보장하다, 보증하다
• fossil : 화석
• obstacle : 장애, 방해

해석

아마도 전쟁은 근본적으로 나쁜 것이며, 이는 서서히 우리에게 하나의 종(種)으로 분명해지고 있다. 아마도 전쟁에 대한 혐오, 심지어 그것이 나쁘다는 인식조차 인간 조건에 깊이 내재한다. 진화 인류학에서 이러한 생각을 지지하는 이들이 있다. 지능이 높은 유인원에서 호모 사피엔스에 이르기까지 신체 구성과 얼굴 형태의 변화 즉, 더 부드러운 피부, 더 무른 치아와 발톱, 더 낮은 눈썹 위 뼈는 폭력으로부터 벗어난 진화의 일부였을지도 모른다. 사냥하고, 채집하고, 집을 짓고, 아이들을 기르는 지적인 방식으로 협력하는 것이 점점 더 잘 되어감에 따라, 개인들의 성공은 그 집단의 성공과 밀접하게 연관되었다. 성공한 집단들은 폭력적이고 파괴적인 사람들을 제거한 집단이었다. 사회적 진화와 생물학적 진화는 그렇게 뒤얽혔고, 남은 더 온화한 사람들의 성공을 보장했다.

10 글의 제목 유추하기

정답 ⑤

핵심주제 즉각적인 소비문화를 조성하는 신용카드

정답 해설

제시문에 신용카드의 출현은 현금을 필요로 하지 않는 편이성 때문에 소비의 지혜에 대한 신중한 평가보다 충동적인 소비 본능의 고양이라는 결과를 낳았다고 서술되어 있다. 그러므로 제시문의 제목으로는 ⑤의 '즉각적인 소비문화를 조성하는 신용카드'가 적절하다.

오답 해설

① 신용카드: 사회적 불안정의 씨앗
② 미국 파산의 외부 기원
③ 건전한 신용: 재정적 행복으로 가는 길
④ 개인주의를 신장시키는 신용카드의 폭발적 증가

핵심 어휘

• anti-thrift : 반절약, 소비

- take on debt : 부채를 떠안다, 빚을 책임지다
- emerge : 출현하다, 나타나다
- distribute : 분배[배포]하다, 유통시키다
- usher : 도입하다, 안내하다
- hard cash : 현금
- gratification : (욕구의) 충족, 만족감
- regulate : 규제하다, 조절하다
- behavioral : 행동의, 행동에 관한
- elevation : 승진, 승격, 고양
- impulsive : 충동적인, 감정에 끌린
- evaluation : 평가, 감정
- instability : 불안정, 변덕
- imported : 수입된, 외부에서 들어온
- bankruptcy : 파산, 파탄
- explosion : 폭발, 폭파
- boost : 신장시키다, 북돋우다
- foster : 조성하다, 발전시키다

핵심 어휘

- vulnerability : 취약성, 상처[비난]받기 쉬움
- arms-length : 공정한, 독립한, 대등한
- transaction : 거래, 매매
- head office : 본사
- outsourcing : 아웃소싱, 외주처리
- athletic shoes : 운동화
- confectionary : 제과의, 과자 제조의
- ship lines : 선박 회사
- harbor : 마음속에 품다
- tarnish : 손상하다, 흐려지다, 퇴색하다
- allegation : (증거 없는) 주장, 혐의
- unethical : 비윤리적인, 비도덕적인
- top executives : 고위 간부, 최고 경영자
- reputational : 평판의, 명성이 있는
- resource shortage : 자원 부족

해석

개인적인 채무를 지려는 광범위한 의향이 없었다면 소비문화의 출현은 불가능했을 것이고, 신용카드의 개발이 없었다면 그러한 의지는 출현하지 않았을 것이다. 1958년과 1970년 사이에 1억 장의 신용카드가 미국 전역에 배포되었는데, 이것은 구매 패턴뿐만 아니라 미국인들이 그들 자신과 그들의 욕망을 경험하기 시작한 방식에 있어서 중대한 변화로 드러났다. 신용카드는 구매를 뒷받침하는데 현금이 필요하지 않은 새로운 시대에 사용의 편의성을 도입했고, 결과적으로 소비자들 사이의 즉각적인 만족감 때문에 폭넓은 욕망과 기대로 이어졌다. 이러한 편리함은 역사적으로 그것을 방해함으로써 즉각적인 만족감을 규제했던 사회적, 자연적, 경제적 환경과 대조적으로 나타났다. 지난 한 세기 동안, 우리 문화는 흔히 우리가 원하는 것을 바로 얻는데 행동적 장애가 거의 없도록 바뀌었고, 소비의 지혜에 대한 신중한 평가보다 충동적인 소비 본능의 고양이라는 결과를 낳았다.

해석

2000년대 초에 기업들은 세계화로 인해 발생하는 새로운 위험에 직면해 있다는 사실을 깨닫기 시작했다. 유력 글로벌 브랜드는 이익뿐만 아니라 취약성의 근원이 될 수 있는 것으로 드러났다. 그러한 브랜드를 소유하고 있는 기업들은 보통 외국 공급업체들과 독립된 거래를 하고 있다고 생각했지만, 소비자들은 본사로부터 수마일 떨어진 곳에 있는 공급망, 관련 업체를 통틀어 노동 및 환경 조건에 대한 책임을 그들에게 물었다. 운동화 생산을 인도네시아에 있는 공장에 외주처리하거나 스위스에 있는 무역회사를 통해 가나에서 재배된 코코아를 구입하는 것도 신발 및 제과업체들의 근로 조건 및 환경 영향에 대한 책임을 덜어주지는 못했다. 심지어 선박 회사 및 플라스틱 제조업체와 같이 소비자와 직접적으로 거래하지 않은 회사들도 기업 고객들이 비슷한 기대를 품고 있다는 사실을 알았다. 인터넷 시대에, 기업의 브랜드는 최고 경영자들이 결코 들어보지 못한 회사들에서 비윤리적인 행동을 했다는 주장들로 인해 쉽게 퇴색될 수 있었고, 그러한 평판의 손상은 되돌리기 어려웠다.

11 글의 주제 파악하기

핵심 주제 : 글로벌 기업에 닥친 확대된 윤리적 책임

정답 ②

정답 해설

제시문에 따르면 글로벌 기업들은 보통 외국 공급업체들과 독립된 거래를 하고 있다고 생각했지만, 소비자들은 공급망과 하청 업체들의 근로 조건 및 환경 영향에 대한 책임도 글로벌 기업에게 물었고, 결국 인터넷 시대에 글로벌 기업들은 한 번도 들어보지 못한 관련 회사들의 비윤리적인 행동으로 인해 브랜드 평판이 손상되는 위험에 직면하게 되었다고 설명하고 있다. 그러므로 ②의 '글로벌 기업에 닥친 확대된 윤리적 책임'이 제시문의 주제로 가장 적절하다.

오답 해설

① 해외 공장에서의 작업 환경 관리의 어려움
③ 구매 결정에 미치는 브랜드 평판의 영향 감소
④ 글로벌 제조업에 대한 자원 부족 위험 증가
⑤ 글로벌 기업이 사용하는 위험 관리 전략

12 글의 목적 파악하기

핵심 주제 : 제품 회수 및 환불 조치에 관한 안내

정답 ①

정답 해설

버니 미니 제품을 생산하는 ABC 토이 컴퍼니가 피부 발진을 일으킬 수 있다는 안전상의 문제로 제품을 전량 회수하고, 고객에게 환불받는 방법에 대해 안내하고 있다. 그러므로 제시문의 목적은 제품의 회수 및 환불 조치에 관해 알리기 위해서이다.

오답 해설

② 새로운 상품의 예약 구매 방법을 안내하려고 → 신상품의 예약 판매가 아니라 기존 상품의 회수와 환불에 대한 공지임
③ 인기 장난감의 빠른 품절에 대해 사과하려고 → 품절에 대한 사과가 아니라 회수와 환불에 대한 사과임
④ 변경된 환불 및 제품 보증 정책을 공지하려고 → 환불 및 제품 보증 정책이 변경된 것은 아님
⑤ 판매 실적에 따른 고객 감사 행사를 홍보하려고 → 고객 감사 행사에 대한 홍보가 아니라 회수와 환불에 대한 사과 공고임

핵심 어휘

- **appreciate** : 감사하다, 고마워하다
- **loyalty** : 충실, 충성
- **attention** : 주의, 관심
- **skin rash** : 피부 발진
- **precautionary** : 예방 조치, 선제적 조치
- **refund** : 환불
- **disappointment** : 실망, 낙심
- **assure** : 확신하다, 보장하다

해석

아이들에게 재미와 즐거움을 주는 믿을 만한 기업으로 ABC 토이 컴퍼니를 선택해 주셔서 감사합니다. 우리 브랜드에 대한 지속적인 지지와 충성에 감사드립니다. 하지만 주의를 받은 안전 문제에 대해 알려드리게 되어 유감입니다. 우리는 최근에 버니 미니 인형이 사용된 페인트로 인해 피부 발진을 일으킬 수 있다는 사실을 알았습니다. 고객의 안전과 건강이 최우선이기에, 우리는 이 문제를 매우 심각하게 받아들이고 있습니다. 선제적 조치로, 우리는 버니 미니 제품을 시장에서 전량 회수하고 있습니다. 만약 이 장난감을 구매하셨다면, 그 제품을 매장 중 한 곳으로 가져가 환불받기를 요청 드립니다. 우리 장난감을 사랑하는 아이들에게 특히 실망을 줄 수 있다는 것을 이해합니다. 우리는 이 상황을 신속하게 해결하기 위해 모든 필요한 조치를 취하고 있음을 확신합니다.

13 필자의 주장 이해하기

반려견과의 진정한 소통: 그들의 본능과 직감을 존중하라

정답 ⑤

정답 해설

제시문에 따르면 반려견은 동물로서 인간과 달리 모든 직관과 본능을 그대로 가지고 있으므로, 그들의 비범한 능력을 존중하고 이에 맞춘다면 반려견과 진정한 소통을 할 수 있다고 설명하고 있다. 그러므로 제시문에서 필자가 주장하는 바는 ⑤의 '반려견과의 진정한 소통을 위해 그들의 본능과 직감을 존중해야 한다.'이다.

오답 해설

① 반려견을 입양하기 전에 가족 구성원의 동의를 구해야 한다. → 반려견의 입양에 대한 내용은 제시문에 나타나 있지 않음

② 반려견의 건강한 삶을 위해 함께 활동하는 시간을 늘려야 한다. → 반려견에 대한 존중과 진정한 소통에 대해 다루고 있음

③ 반려견의 개별적 특성을 고려하여 행동 교정 훈련을 해야 한다. → 반려견의 비범한 능력을 존중하라고 설명하고 있으나, 반려견의 행동 교정 훈련에 대한 설명은 나타나 있지 않음

④ 반려견이 자연과 교감할 수 있도록 다양한 기회를 제공해야 한다. → 반려견과 자연과의 교감이 아니라 반려견과 사람과의 교감임

핵심 어휘

- **breed** : 품종
- **furry** : 털로 덮인, 털 같은
- **intuition** : 직관, 직감
- **intact** : 그대로의, 완전한, 온전한
- **tune** : 음을 맞추다, 조율하다
- **veneer** : 겉치장, 허식

해석

많은 사람들이 자신의 개를 아기로 대하는 실수를 저지른다. 개에게 이것 이상의 더 많은 부분이 있다는 것을 인정하는 한 그것은 문제가 되지 않는다. 먼저 동물을 존중해야 하고, 그 다음에 개를 존중해야 하며, 그 다음에 품종을 존중하고, 마지막으로 개별 반려동물을 존중해야 한다. 만일 이렇게 할 수 있다면, 일대일 긴밀한 의사소통은 그 다음 단계이다. 당신의 개가 그저 작고 털 많은 사람이 아니라, 그 이상이라는 것을 인정해라. 그 개는 동물로서 인간과 달리 모든 직관과 본능을 그대로 가지고 있다. 그 개는 당신보다 훨씬 더 예민한 후각과 청각을 가지고 있고, 따라서 당신보다 자연 세계에 대해 훨씬 더 잘 알고 있다. 이것은 당신의 개가 대부분의 시간을 당신과 다른 세계에 존재하므로, 비범한 능력을 존중하고, 할 수 있는 한 당신 자신의 본능과 직관의 많은 부분을 다시 조율해야 한다는 것을 의미한다. 우리는 아직도 이러한 능력을 가지고 있다. 그것들은 단지 우리의 문명화된 겉치장 밑에 묻혀 있을 뿐이다.

14 내용과 불일치 문장 고르기

플로렌스 핀치의 생애

정답 ④

정답 해설

제시문에 따르면 플로렌스 핀치는 1945년 미군에 의해 석방된 후 미국으로 이주해 미국 시민이 되었고, 2016년에 뉴욕 이타카에서 101세의 나이로 사망했다. 그러므로 1945년에 미군에 의해 풀려난 후 필리핀에 남아 여생을 마쳤다는 ④의 설명은 제시문의 내용과 일치하지 않는다.

오답 해설

① 필리핀에서 태어나 마닐라에 주둔한 U.S. Army에서 근무했다. → 1915년 필리핀에서 필리핀인 어머니와 미국인 아버지의 딸로 태어났으며, 마닐라에 있는 미 육군에서 근무함

② Philippine Liquid Fuel Distributing Union에서 직업을 구했다. → 마닐라가 1942년에 일본에 함락된 후, 일본이 통제하는 필리핀 액체 연료 배급 단체에서 직업을 구함

③ 연료를 저항군에게 빼돌리고 미군 포로에게 음식을 몰래 제공했다. → 필리핀 지하조직과 긴밀히 협력하면서, 저항군에게 연료 공급을 전용했고 굶주린 미국인 전쟁 포로들에게 몰래 음식을 구해다 줌

⑤ 필리핀에서의 공적을 인정받아 Medal of Freedom을 받았다. → 1947년에 미국인 포로들을 구하고 필리핀에서 다른 저항 행동들을 수행한 것으로 자유 훈장을 받음

핵심 어휘

- **prior to** : ~에 앞서, ~이전에
- **fall to** : ~에게 무너지다[함락되다]
- **disguise** : 변장하다, 위장하다
- **liquid** : 액체
- **distributing** : 분배의, 배급의
- **Philippine Underground** : 필리핀 지하조직
- **divert** : 전용하다, 전환시키다, 우회시키다
- **starve** : 굶주리다, 굶어 죽다
- **interrogate** : 심문하다, 추궁하다
- **liberate** : 해방하다, 자유롭게 하다
- **pass away** : 죽다, 사망하다, 없어지다
- **funeral** : 장례식

플로렌스 핀치는 1915년 필리핀에서, 필리핀인 어머니와 미국인 아버지의 딸로 태어났다. 일본의 침략 이전에, 핀치는 마닐라에 있는 미 육군에서 근무했다. 마닐라가 1942년에 일본에 함락된 후, 핀치는 미국과의 관계를 위장했고 일본이 통제하는 필리핀 액체 연료 배급 단체에서 직업을 구했다. 필리핀 지하조직과 긴밀히 협력하면서, 그녀는 저항군에게 연료 공급을 전용했고 굶주린 미국인 전쟁 포로들에게 몰래 음식을 구해다 주었다. 1944년에 그녀는 일본 군대에 의해 체포되었고 심문을 받았지만 어떤 정보도 밝히기를 거부했다. 1945년 미군에 의해 석방된 후, 그녀는 미국으로 이주해 시민이 되었고 미국 해안 경비대에 입대했다. 1947년에 그녀는 미국인 포로들을 구하고 필리핀에서 다른 저항 행동들을 수행한 것으로 자유 훈장을 받았다. 그녀는 2016년에 뉴욕 이타카에서 101세의 나이로 사망했고, 최고의 명예 군 장례식을 수여했다.

15 빈칸 추론하기

 정답 ①

핵심 주제: 실패는 성공을 위한 자연스러운 과정

정답 해설

아기가 걸음마를 배울 때 넘어지는 것은 일어서려고 노력하는 과정의 일부로서 너무나 자연스러운 행동인 것처럼, 우리가 성공하는 법을 배우려고 할 때 실패도 성공하려고 노력하는 과정의 일부로서 너무나 자연스러운 행동인 것이다. 그러므로 제시문의 빈칸에 들어갈 말은 ①의 'natural(자연스러운)'이 가장 적절하다.

오답 해설

② 사교적인
③ 지능적인
④ 지략이 풍부한
⑤ 신뢰할 수 있는

핵심 어휘

- positiveness : 명백함, 긍정적 태도
- in itself : 실질상, 본질적으로
- integrate : 통합하다, 통일하다
- persistence : 고집, 끈기, 인내
- manage to : 간신히 ~하다, 그럭저럭 ~하다
- to a great extent : 대부분은, 상당 부분은
- in a way : 어느 정도는, 어떤 면에서는
- sociable : 사교적인, 붙임성 있는
- resourceful : 지략이 풍부한, 수완이 좋은
- trustworthy : 신뢰할 수 있는, 믿을 수 있는

긍정성, 더 정확하게는 항상 균형을 잘 유지하는 것은 본질적으로 결코 현장을 떠나지 않는 기본 목표이다. 아기 때 바닥에 수십 번 넘어진 후 다시 일어서려고 노력하지 않는 것과 같은 그런 가능성이 결코 존재한다고 생각하지 않을 것이다. 넘어지는 것은 일어서려고 노력하는 과정의 일부로서 너무나 자연스럽게 통합되어 있어서 아무도 "불쌍한 아기, 서려고 너무 많이 실패했어!"라고 생각하지 않을 것이다. 우리는 인내심과 이미 올바른 사고방식을 가지고 태어나는데 – 절대 포기하지 않고, 항상 탐험하고, 항상 그것을 할 수 있다고 믿지만 – 어떻게든 도중에 그것들을 '그럭저럭' 잃어버린다. 그래서 성

공하는 법을 배우려고 할 때 실제 우리가 하고 있는 것은 대부분 태어날 때 우리에게 주어진 일련의 기술들을 다시 배우거나 기억하는 행위이다. 더 생산적이고자 하는 우리의 목표는 어떻게 보면 더 자연스러워지려는 우리의 목표가 된다.

16 빈칸 추론하기

 정답 ①

핵심 주제: 감정을 말로 표현하기 어려운 이유

정답 해설

우리가 사랑하는 감정을 말로 표현하기가 매우 어려우며 "그냥 느낌이 그렇기" 때문이라고 빙빙 돌려 말하거나 이치에 맞지 않는 말을 하는 것은 우리의 감정을 조절하는 뇌의 부분에 어떤 능력이 없기 때문이다. 그러므로 제시문의 빈칸에 들어갈 말은 ①의 '언어 능력이 없다'이다.

오답 해설

② 우리의 운동 능력을 방해하다
③ 기억과 별개로 작동하다
④ 어떠한 도덕적 판단도 하지 않다
⑤ 의사 결정이 차단되어 있다

핵심 어휘

- disconnection : 단절, 분리
- put into words : 말로 표현하다, 말로 형용하다
- talk around : 빙빙 돌려서 말하다, 에둘러 말하다
- rationalize : 합리화하다, 이론적으로 설명하다
- obviously : 확실히, 분명히
- personality : 성격, 개성
- competence : 능력, 능숙함
- make rational sense : 이치에 맞다
- capacity : 용량, 능력, 지위
- obstruct : 막다, 방해하다
- motor function : 운동 기능
- independently : 독립하여, 자주적으로, 별개로

우리의 감정을 조절하는 뇌의 부분은 언어 능력이 없다. 우리의 감정을 말로 표현하는 것을 매우 어렵게 만드는 것은 바로 이러한 단절이다. 예를 들어, 우리는 왜 우리가 결혼했던 사람과 결혼했는지 설명하는 데 어려움이 있다. 우리는 그들을 사랑하는 진짜 이유를 말로 표현하기 위해 애쓰며, 그것을 빙빙 돌려 말하거나 혹은 합리화한다. "그녀는 재미있고, 똑똑합니다."라고 시작한다. 그러나 세상에는 재미있고 똑똑한 사람들이 많이 있지만, 우리는 그들을 사랑하지 않으며 결혼하고 싶어하지 않는다. 분명 사랑에 빠지는 것은 단지 성격과 능력 이상의 것이 있다. 이성적으로, 우리의 설명이 진짜 이유가 아니라는 것을 알고 있다. 그것이 사랑하는 사람들이 우리가 느끼도록 하는 방법이지만, 그러한 감정들은 말로 표현하기는 정말 어렵다. 그래서 추궁할 때, 우리는 그것을 빙빙 돌려 말하기 시작한다. 심지어 이치에 맞지 않는 말을 할 수도 있다. 예를 들어, "그녀가 나를 완전하게 합니다"라고 말할 수도 있다. 그 말이 무슨 의미하고 어떻게 그렇게 말하는 사람을 찾아 결혼할 수 있을까? 왜냐하면 그것은 "그냥 느낌이 그렇기" 때문에 우리가 오직 사랑을 찾았을 때만 아는 사랑의 문제이다.

17 빈칸 추론하기

정답 ②

핵심주제: 무리의 개체수를 파악하는 동물들의 생존 이점

정답 해설

제시문에서 공격자보다 방어자가 더 많으면 방어자들이 남아서 싸우는 것이 타당하고, 공격자가 더 많으면 재빨리 달아나는 것이 더 현명한 전략임이 사자들의 실험을 통해 입증되었다. 이는 사자들에게 어느 무리가 더 많은 지 그 개체수를 파악하는 능력이 있기 때문이므로, 빈칸에는 ②의 '무리 지은 개체수를 비교하다'가 빈칸에 들어갈 말로 가장 적절하다.

오답 해설

① 무리들과 효율적으로 소통하다
③ 움직이는 물체의 방향을 확인하다
④ 위장하여 주위 환경에 어울리다
⑤ 다른 종(種)의 울음소리를 흉내 내다

핵심 어휘

- obvious : 분명한, 확실한
- territory : 영역, 구역, 지역
- retreat : 후퇴하다, 물러나다
- make sense : 타당하다, 이치가 맞다
- make a bolt for it : 재빨리 달아나다, 쏜살같이 달아나다
- colleague : 동료
- roar : 으르렁거리다, 포효하다
- exceed : 낫다, 능가하다, 초과하다
- intruder : 침입자, 불청객
- versus : 대(對), ~에 비해
- efficiently : 효율적으로, 능률적으로
- collection : 무리, 더미
- identify : 찾다, 확인하다
- blend into : ~와 뒤섞이다
- disguise : 변장[가장]하다, 위장하다
- mimic : 모방하다, 흉내 내다

해석

무리지은 개체수를 비교할 수 있는 한 가지 분명한 생존 이점은 한 무리의 동물들이 공격으로부터 그들의 영역을 방어할 것인지 아니면 후퇴할 것인지를 알 수 있도록 도와준다는 것이다. 만약 공격자보다 방어자가 더 많다면 방어자들이 남아서 싸우는 것이 타당할 수 있고, 만약 공격자가 더 많다면 가장 현명한 전략은 재빨리 달아나는 것일 수도 있다. 이러한 의견은 Karen McComb와 그녀의 동료들에 의해 몇 년 전에 시험되었다. 그들은 탄자니아의 세렝게티 국립공원에서 작은 무리의 암컷 사자들에게 포효하는 사자들의 테이프 녹음을 재생시켰다. 포효하는 다른 사자의 수가 그 무리의 사자 수를 초과할 때는 암컷들이 물러났지만, 암컷들이 더 많을 때는 땅에 서서 침입자들을 공격할 준비를 했다. 그들은 두 가지 다른 감각을 통해 숫자를 비교할 수 있는 것 같았다. 즉, 그들이 들은 포효하는 사자의 수 대 그들이 관찰한 암사자의 수로, 꽤 추상적인 숫자 감각을 필요로 하는 일처럼 보인다.

18 빈칸 추론하기

정답 ③

핵심주제: 기능을 상실한 친밀한 사람과의 관계 설정 이해하기

정답 해설

제시문에 우리는 기능을 상실한 사람들이 존엄성을 위협하지 않도록 지원할 힘이 있고, 여전히 헌신적인 만남과 친밀함을 유지하고 있다고 서술하고 있다. 그러므로 ③의 '우리가 그들과 맺고 있는 방식을 바꾸지는 못한다'가 빈칸에 들어갈 말로 가장 적절하다.

오답 해설

① 그들에게 굴욕을 참으라고 강요하다
② 남의 도움을 필요로 하지 않다
④ 우울증에 대한 그들의 회복력을 약화시키다
⑤ 그들이 인생에서 가치 있게 여기는 것을 극적으로 변화시키다

핵심 어휘

- faculty : (신체 또는 정신의) 기능, 능력
- dignity : 존엄성, 자존감
- paralysed : 마비된
- tremor : 떨림, 전율
- dizziness : 어지럼증, 현기증
- in and of itself : 그것 자체로
- autonomy : 자주성, 자율성
- powerlessness : 무기력, 무력감
- humiliation : 굴욕, 수치, 수모
- committed : 헌신적인, 열성적인
- entanglement : 복잡한 관계, 얽힘
- uphold : 지탱하다, 유지하다
- intimacy : 친밀, 친분
- diminish : 줄이다, 약화시키다
- resilience : 회복력, 쾌활성
- depression : 우울증, 우울함

해석

우리 삶의 한 부분이었던 사람들이 점차 이전의 기능을 잃어가는 일이 일어날 수 있다. 이 과정의 여러 면이 고통을 수반하지만 존엄성을 위협하지는 않는다. 장님이나 귀머거리가 되거나, 마비되거나, 떨림을 겪거나, 더 이상 집을 떠날 수 없을 정도로 심한 고통, 불안 또는 어지러움을 감당해야 하는 이 모든 일은 끔찍하고 때로는 참을 수 없지만, 이미 그 자체로 존엄성을 위협하는 것은 아니다. 이 모든 것은 자율성의 상실과 더불어 다양한 의존성의 경험을 수반하며, 때로는 이러한 의존성이 무력감으로 경험되기도 한다. 그러나 우리는 이를 겪는 사람들이 그들의 무력감이 굴욕이 되고 그들의 존엄성을 위협하지 않도록 지원할 힘이 있다. 우리는 여전히 그들과 헌신적인 만남을 하고 있고, 지적이고 감정적인 얽힘은 우리 관계의 친밀함을 유지한다. 그들의 기능 상실이 우리가 그들과 맺고 있는 방식을 바꾸지는 못한다.

19 빈칸 추론하기

정답 ②

핵심주제: 포식자의 보수적인 자연 선택

✏️ **정답 해설**

포식자가 단 한 끼의 단기적인 이익보다 생존이라는 장기적인 이익을 선호하도록 진화한 것처럼, 야생 버섯을 먹을지 말지 결정할 때도 목숨 값은 지불하기에 너무 큰 대가이므로 절대적인 확신이 없다면 응당 먹지 않는 게 낫다는 뜻이다. 그러므로 ②의 '맛있는 보상품 생각에 자신을 희생시키지 마라'가 빈칸에 들어갈 말로 가장 적절하다.

✒️ **오답 해설**

① 절망적인 시기를 위해 지금 할 수 있는 한 많은 음식을 비축하라
③ 생존의 이름으로 과감히 도전하라
④ 누군가에겐 독이지만 다른 누군가에겐 즐거움이라는 것을 잊지 마라
⑤ 사냥하는 포식자를 조심하라.

핵심 어휘

- predator : 포식자, 육식 동물
- spot : 찾다, 발견하다
- of the essence : 중요한, 절대적으로 필요한
- twist : 전환, 반전
- venomous : 독이 있는
- coral snake : 산호 뱀
- non-venomous : 독이 없는
- tradeoff : 거래, 교환
- favor : 편들다, 선호하다
- conservative : 보수적인
- mimic : 모방하다, 흉내 내다
- evolutionary arms race : 진화적 군비[무기] 경쟁
- fall prey to : ~의 먹이가 되다, ~의 희생물이 되다
- desperate : 절망적인, 자포자기의

해석

당신을 포식자, 아마도 매라고 상상해보라. 높은 곳에서, 당신은 맛있는 뱀으로 보이는 것을 발견한다. 만약 단 몇 초 동안이라도 망설이면, 식사는 사라질지도 모른다. 시간은 절대적으로 필요하고, 당신은 빨리 행동해야 한다. 그러나 중대한 반전이 있다. 만일 독이 있는 산호 뱀을 독이 없는 왕 뱀으로 착각한다면, 그것은 당신의 목숨을 빼앗을 것이다. 식사와 목숨의 거래에서, 그 선택은 명백하다. 포식자에게 자연 선택은 보수적인 선택 즉, 단 한 끼의 단기적인 이익보다 생존이라는 장기적인 이익을 선호하도록 의사 결정 과정을 형성했다. 따라서 왕 뱀이 진화론적 무기 경쟁의 라운드에서 이기기 위해 산호 뱀의 색깔을 완벽하게 모방할 필요는 없다. 똑같은 논리가 야생 버섯을 먹을지 말지를 결정할 때 적용된다. 만일 절대적인 확신이 없다면, 맛있는 보상품 생각에 자신을 희생시키지 마라. 목숨 값은 지불하기에 너무 큰 대가일 것이다.

20 글의 배열순서 정하기

정답 ③

HDTV와 온라인 동영상 공유 플랫폼의 참여 규칙 비교하기

✏️ **정답 해설**

주어진 문장에서 HDTV와 온라인 동영상 공유 플랫폼의 참여 방식이 어떻게 변화했는지 비교해 볼 것을 제안하고 있다. 그런데 (C)에서 'on the other hand(반면에)'로 시작하며 동영상 공유 플랫폼의 참여 방식에 대해 서술하고 있으므로, HDTV의 참여 방식에 대해 서술한 (B) 다음에 와야 함을 알 수 있다. 그리고 마지막으로 (A)에서

동영상 공유 플랫폼의 참여 방식에 대해 추가적으로 설명하고 있으므로, 주어진 글 다음에 (B)-(C)-(A) 순으로 배열되어야 글의 흐름이 가장 적절하다.

핵심 어휘

- engagement : 참여, 관계
- respective : 각자의, 각각의
- keystroke : 키 누름
- enthusiast : 열정적인 팬, 열렬한 지지자
- stitch : 꿰매다, 봉합하다
- immersive : 몰입형의, 실감형의
- radically : 급진적으로, 근본적으로
- alter : 바꾸다, 변경하다
- for starter : 우선, 먼저
- mass phenomenon : 대중 현상
- rate : 평가하다, 여기다

해석

이 두 아이디어 즉, HDTV와 온라인 동영상 공유 플랫폼이 각 미디어 플랫폼의 기본적인 참여 규칙을 변경한 방식을 비교해 보라.

(B) 아날로그 텔레비전에서 HDTV로의 이동은 정도의 변화이지, 종류의 변화가 아니다. 즉, 픽셀들이 더 많을수록 소리는 더 실감나고 색상은 더욱 선명하다. 그러나 소비자들은 구식의 아날로그 TV를 보는 것과 똑같이 HDTV를 본다. 그들은 채널을 선택하고, 가만히 앉아서 본다.

(C) 반면, 이 온라인 동영상 공유 플랫폼은 미디어의 기본적인 규칙들을 근본적으로 변화시켰다. 우선, 이 플랫폼은 웹상에서 동영상을 시청하는 것을 대중 현상으로 만들었다. 그러나 이 온라인 동영상 공유 플랫폼 덕택에 앉아서 TV와 같은 쇼를 보는 것에 국한되지 않고, 자신의 동영상 클립을 업로드하거나, 다른 동영상 클립을 추천 또는 평가하며, 그것들에 관한 대화도 나눌 수 있었다.

(A) 몇 번의 쉬운 키 누르기만으로, 다른 사람의 사이트에서 동영상 클립을 실행시킬 수 있고, 자기 사이트에 복사할 수도 있다. 그 기술은 일반적인 열광자들이 자신만의 개인 방송 네트워크를 효과적으로 프로그램하고, 지구 전역의 동영상 클립을 수집하도록 했다.

21 글의 배열순서 정하기

정답 ⑤

정치적 측면으로의 동물권 확장

✏️ **정답 해설**

주어진 문장에서 현재 인간의 법적, 정치적, 문화적 관행에 따라 동물은 사물로 간주되고 있음을 밝히고 있고, (C)에서 이에 이의를 제기한 동물권(animal rights)에 대해 소개하고 있다. 그리고 (B)에서 윤리적 측면 외에 정치적 측면으로의 동물권 확장에 대해 서술하고 있고, 마지막으로 (A)에서 윤리적 고려에서 정치적 참여 움직임으로 인한 동물 문제에 대한 새로운 고찰을 서술하고 있다. 그러므로 주어진 글 다음에 (C)-(B)-(A) 순으로 배열되어야 글의 흐름상 가장 적절하다.

핵심 어휘

- perspective : 관점, 시각

- **ethical** : 윤리적인, 도덕적인
- **consideration** : 고려, 숙고
- **drawing on** : ~에 근거하여, ~에 기초하여
- **inclusion** : 함유, 포용, 포괄
- **interspecies** : 종(種)간의, 이종간의
- **sentient** : 지각(력)이 있는, 감각이 있는
- **relevant** : 관련 있는, 적절한

해석

> 인간이 아닌 동물들은 자신만의 삶의 관점을 가진 개체로서, 인간 및 인간이 아닌 다른 동물들과 관계를 형성한다. 현재 인간의 법적, 정치적 체계에서, 그리고 많은 문화적 관행에서 그들은 사물로 간주되고 이용된다.

(C) 동물권 이론가들은 1970년대부터 인간이 아닌 동물들이 도덕과 관련된 측면에서 인간과 비슷하고 따라서 우리의 도덕적 공동체의 일부로 간주되어야 하는 지각 있는 존재라고 주장하며 이에 이의를 제기해 왔다.

(B) 이러한 견해와 민주적 포용에 초점을 맞춘 사회 정의 운동이 제공하는 통찰력에 근거하여, 정치 철학의 최근 연구는 인간이 아닌 동물을 정치 집단으로, 그리고 이들 중 일부를 공유된 종간 공동체의 구성원으로 볼 것을 제안한다.

(A) 윤리적 고려에서 정치적 참여로의 이러한 움직임은 인간이 아닌 동물에 대한 문제들을 그들이 어떻게 취급되어야만 하는지부터 그들이 살아가고 싶은 방식에 대해 어떻게 더 많은 통찰력을 얻을 수 있는지, 그들이 서로 간에 그리고 인간과 어떤 형태의 관계를 원하는지, 그리고 우리 모두가 살고 있는 지구를 어떻게 공유할 수 있고 공유해야 하는지로 이동시킨다.

22 주어진 문장의 위치 찾기

 정답 ③

사례를 통한 초보자와 전문가의 유사성 적용 비교

✏️ **정답 해설**

제시문에서 초보자들은 표면 특징 유사성에 근거하여 물리학 문제들을 분류하였고, 전문가들은 심층 특징 유사성에 근거하여 물리학 문제들을 분류하였다. 주어진 문장이 'on the other hand(반면에)'를 사용하여 전문가들의 분류 방법에 대해 서술하고 있으므로, 초보자들의 분류 방법에 대한 설명이 끝나고 전문가들의 분류 방법에 대한 설명이 시작되는 ③에 들어가는 것이 가장 적절하다.

핵심 어휘

- **similarity** : 유사성, 닮음
- **expertise** : 전문성, 전문 지식
- **influential** : 영향력 있는, 유력한
- **novices** : 선무당, 초심자
- **configuration** : 배열, 배치, 조합
- **schemata** : 선험적 도식
- **solution-oriented** : 해결 지향의, 해결 중심의

해석

> 반면에 전문가들은 각 문제의 해결을 좌우하는 주요 물리학 원리와 관련된 심층 특징 유사성에 근거하여 그들의 문제를 분류했다.

유사성이 문제 해결에서 중요한 역할을 수행하는 가장 좋은 사례 중 하나는

물리학에서 유사성과 전문성의 역할과 관계된 것이다. 영향력 있는 논문에서, 연구자들은 물리학 박사과정 학생들(전문가들)과 학부생들(초보자들)에게 24개의 물리학 문제를 그룹으로 분류한 후 그렇게 그룹으로 나눈 이유를 설명하라고 요청했다. (①) 초보자들은 일반적으로 표면 특징 유사성을 기준으로 문제를 분류했다. (②) 즉, 그들은 문제에서 언급된 문자 그대로의 물리학 용어와 문제에서 설명된 물리적 조합에 따라 문제를 분류했다. (③) 이것은 전문가들이 기존의 도식에 접근하였고 해결 중심의 분류를 만들기 위해 물리학에 관한 지식을 사용했음을 시사한다. (④) 문제들이 이 범주에 따라 분류되었기 때문에, 어떤 문제를 해결하는 방법을 결정할 때 이 범주에 접근할 가능성이 높다는 것도 시사한다. (⑤) 즉, 전문가들은 문제들 간의 유사성에 의존하여 문제를 빠르고 효율적으로 해결할 수 있도록 도울 가능성이 높다.

23 주어진 문장의 위치 찾기

 정답 ⑤

자신의 감정적 경험을 타인에게 밝히는 동기에 대한 고찰

✏️ **정답 해설**

⑤의 앞 문장에서 그들의 기대가 방해받을(are disrupted) 때 감정을 경험한다고 하였고, ⑤의 다음 문장에서 그러한 개인은(Such a person)은 다른 사람들과 상호작용하도록 동기부여가 되어야만 한다고 서술되어 있다. 즉, 주어진 문장에서 '그 방해(the disruption)'는 ⑤의 앞 문장에서 언급하고 있고, '한 개인(a person)'은 ⑤의 다음 문장에서 언급하고 있으므로, 주어진 문장은 ⑤에 들어가는 것이 가장 적절하다.

핵심 어휘

- **disruption** : 분열, 방해, 지장
- **intense** : 강렬한, 치열한
- **assumption** : 추정, 가정
- **stem from** : ~에서 유래하다, ~에서 비롯되다
- **cognitive-motor** : 인지 운동적
- **encode** : 암호로 바꾸다, 표현하다
- **retain** : 유지하다, 지탱하다
- **nonverbal** : 말을 사용하지 않는, 비언어적인
- **affect-related** : 정서와 관련된
- **visceral** : 뱃속으로부터의, 내장의
- **assimilate** : 동화시키다, 완전히 이해하다
- **put into words** : 말로 표현하다, 말로 형용하다
- **anticipation** : 예상, 기대
- **disrupt** : 방해하다, 지장을 주다
- **disconfirm** : 확인하지 않다, 거절하다

해석

> 그 방해가 매우 심하다면, 그것은 자아와 세계에 대한 한 개인의 기본적인 가정에 도전할 지도 모른다.

사람들이 자신의 감정적인 경험을 다른 사람들에게 드러내는 다른 동기들을 설명하는 것을 넘어, 연구자들은 왜 사람들이 이렇게 하는지에 대해 더 깊은 설명을 제시했다. (①) 한 가지 설명은 인지 운동적 표현 관점에서 비롯된다. (②) 이 관점에 따르면, 한 사람의 경험의 중요한 부분들은 정신적인 이미지, 신체적인 움직임, 그리고 (배가 뒤틀리거나 심장이 뛰는 것과 같은) 정서와 관련된 뱃속으로부터의 변화의 형태로 암호화되거나 비언어적인 수준으로 유

지된다. (③) 이러한 비언어적인 형태들은 그것들이 동화되고 말로 표현될 수 있을 때까지, 특히 그 경험들이 정서적으로 더 강렬할 때, 관심의 대상으로 남아 있다. (④) 또 다른 생각은 사람들이 세상이 어떻게 작동되어야 하는지에 대한 그들의 기대가 방해받을 때, 감정을 경험한다는 것이다. (⑤) 그러한 개인은 자신에 대한 믿음을 확인하거나 확인하지 못하게 돕고 세상에 대한 가정을 재구성하는 수단으로서 다른 사람들과 상호작용하도록 동기부여가 되어야만 한다.

24 한 문장으로 요약하기

정답 ①

핵심 주제 : 각 구성원의 완벽한 수행을 요하는 비행 환경

✏️ 정답 해설

(A) 제시문의 첫 문장에서 비행기를 날게 하는 것은 물리학에 반하는 끊임없는 도전이라고 하였으므로, 빈칸에 들어갈 말은 'challenges(도전하다)'이다.

(B) 제시문의 마지막 문장에서 한 개인이 그들의 직무를 망각하거나 혹은 부적절하게 수행하는 것조차 재앙적인 결과를 초래할 수 있다고 하였으므로, 빈칸에 들어갈 말은 'flawless(완벽한)'이다.

◆ 오답 해설

② 도전하다 …… 용감한
③ 재정립하다 …… 독특한
④ 재정립하다 …… 보수적인
⑤ 지원하다 …… 보수적인

핵심 어휘

- fail-safe : 안전장치가 되어 있는, 실패를 방지하는
- default : 불이행, 과실, 잘못
- crash : 추락하다, 부딪치다
- ingenuity : 독창성, 훌륭한 솜씨
- unforgiving : 용서가 안 되는, 관대하지 못한
- disastrous : 처참한, 재앙[재난]의
- bet-the-company : 회사를 걸다
- fraction : 부분, 일부
- aviation : 비행, 항공
- optimum : 최상의, 최적의
- unstable : 불안정한, 흔들리는
- improperly : 부적절하게, 부당하게
- catastrophic : 대참사의, 처참한, 비극적인
- high-stake : 고위험의, 위험 부담이 큰
- flawless : 무결점의, 완벽한
- redefine : 재정립하다, 재정의하다
- conservative : 보수적인, 바꾸지 않는
- responsive : 즉각 반응하는, 관심을 보이는

해석

비행기를 날게 하는 것은 물리학에 반하는 끊임없는 도전이다. 3만 피트에서 시속 600 마일로 이동하는 비행기는 저절로 일어나는 것이 아니다. 그것은 실패가 방비된 행위가 아니며, 과실이 의미하는 것은 추락이다. 추락을 막는 것은 훌륭한 솜씨와 의사 결정에 달려 있다. 그것은 조금도 용서가 안 되는 특수한 환경이다. 자동차의 동력 상실이 일반적으로 도로가에서 몇 시간이라는 결

과를 낳는 반면, 공중에서의 동력 상실은 대게 처참하다. 사업에서조차 회사를 담보한 결정은 드물며, 그런 결정에 직면했을 때 극히 일부의 직원들만이 그 결정에 참여한다. 하지만 항공은 단지 비행기를 계속 날게 하기 위해서 최적의 수준에서 일하는 모든 사람에게 의존한다. 그것은 심지어 한 개인이 그들의 직무를 망각하거나 혹은 부적절하게 수행하는 것조차 재앙적인 결과를 초래할 수 있는 불안정한 시스템이다.

↓

비행은 물리학 법칙에 (A) 도전하기 때문에, 안전을 보장하기 위해 각 구성원의 (B) 완벽한 수행이 요구되는 위험 부담이 큰 환경을 내포한다.

[25~26]

핵심 어휘

- plain wrong : 명백한 잘못
- stubbornly : 완고[완강]하게, 고집스럽게
- come up with : ~을 생산하다, 제시하다, 찾아내다
- prerequisite : 선행 조건, 전제 조건
- keep track of : ~을 기록하다, ~을 추적하다
- engage with : ~에 관여[참여]하다
- proactive : 사전 행동의, 주도적인, 선도적인
- on the spot : 즉각, 즉석에서
- stumble onto : ~를 우연히 만나다[관여하다]
- annoyance : 짜증, 골칫거리
- friction : 마찰, 충돌, 갈등
- multiply : 증식하다, 번식하다
- appreciate : 감상하다, 알아보다
- trigger : 방아쇠, 계기, 도화선
- behave oneself : 예의 바르게 행동하다
- mindful : 염두에 두는, 신경 쓰는
- reliant : 의존하는, 의지하는

해석

우리는 잘 작동하지 않는 제품들, 느린 서비스들, 그리고 명백하게 잘못된 설정들에 매일 둘러싸여 있다. 주차장에서 노트북과 연결하는 것을 완강히 거부하는 프로젝터에서 한두 번만 클릭하면 되는 것을 열 번의 클릭을 요구하는 웹사이트는 지불을 매우 어렵게 만든다. 무언가가 고장 났다는 것을 인지하는 것은 그것을 고칠 수 있는 창의적인 해결책을 찾아내기 위한 필수적 전제 조건이다. "버그 리스트"를 만드는 것은 창의성을 적용할 더 많은 기회들을 보도록 도와줄 수 있다. 주머니 속 종이를 이용하든 스마트폰에 아이디어를 기록하든, 개선의 기회들을 계속 추적하는 것은 더 주도적인 방식으로 주변 세계에 관여하도록 도울 수 있다. 실행 리스트는 씨름할 새로운 프로젝트를 찾을 때 유용한 아이디어의 원천이 될 수 있다. 혹은 즉석에서 버그 리스트를 만들 수 있다. 괴롭히는 것들을 적어라, 그러면 그것들을 더 신경 쓰기 시작할 것이다. 부정적인 것들에 집중하는 것처럼 보이지만, 요점은 일을 더 잘 처리하기 위한 더 많은 기회들을 인지하는 것이다. 그리고 버그 리스트의 많은 항목들은 고칠 수 없지만, 그것을 정기적으로 추가한다면, 영향을 줄 수 있는 문제들과 해결하는 데 도움을 줄 수 있는 문제들을 우연히 만날 것이다. 거의 모든 골칫거리, 모든 갈등은 창의적 기회를 숨기고 있다. 단지 불평하기 보다는 "내가 어떻게 이 상황을 개선할 수 있을까?"하고 스스로에게 물어보라.

25 글의 제목 파악하기

정답 ④

버그 리스트: 창의적인 해결책을 위한 방아쇠

정답 해설

제시문에서 버그 리스트를 만드는 것은 창의성을 적용할 더 많은 기회들을 보도록 도와줄 수 있으며, 더 주도적인 방식으로 주변 세계에 관여하도록 도울 수 있다고 하였다. 또한 실행 리스트는 씨름할 새로운 프로젝트를 찾을 때 유용한 아이디어의 원천이 될 수 있다고 하였다. 그러므로 ④의 '버그 리스트: 창의적인 해결책을 위한 방아쇠'가 제시문의 제목으로 가장 적절하다.

오답 해설

① 벌레를 무시하는 것이 벌레를 번식하게 하는가? → 잘못된 것을 그냥 방치하면 잘못이 더 커진다.

② 혁신적인 디자인: 실천보다 말이 쉽다 → 혁신은 말하기는 쉬워도 실행하기는 어렵다.

③ 깨진 것은 잊어버리고, 아름다운 것을 감상하라 → 부정적인 것은 버리고 긍정적인 것을 바라보라.

⑤ 자기 비판: 강력한 개선 도구 → 스스로 반성하는 것은 자기를 발전시키는 강력한 도구가 된다.

26 빈칸 추론하기

정답 ③

버그 리스트: 창의적인 해결책을 위한 방아쇠

정답 해설

제시문에서 일상생활에서 일어나는 버그들을 기록하면 그것들을 더 유념하고 신경 쓰게 되며, 그 문제들을 해결하는 데 도움을 줄 수 있는 문제들을 언젠가는 만나게 된다고 설명하고 있다. 그러므로 ③의 'being more mindful of them(그것들을 더 신경 쓰기)'이 빈칸에 들어갈 말로 가장 적절하다.

오답 해설

① 일상을 당연하게 여기기
② 공공장소에서 예의 바르게 행동하기
④ 기술에 덜 의존하기
⑤ 자신의 약점을 인정하기

[27~28]

핵심 어휘

• morality : 도덕, 도덕성
• arbitrary : 임의적인, 제멋대로인
• value framework : 가치 체계
• orientation : 방향, 지향
• time immemorial : 태고, 아득한 옛날
• consistent : 한결같은, 일관된
• norm : 표준, 규범
• organize : 체계를 세우다, 준비[조직]하다

• solidarity : 연대, 결속
• distribution : 분배, 배분
• denominator : 분모
• underlying : 근본적인, 밑에 있는
• unpredictable : 예측[예견]할 수 없는
• uncertainty : 불확실성, 반신반의
• disregard : 무시, 묵살
• moral code : 도덕률, 도덕 법규
• violation : 위반, 위배

해석

도덕성은 변화 가능하고 문화에 의존적이며 사회적으로 바람직한 행동을 표현한다. 그러나 도덕성이 변화 가능하더라도, 특히 변화 과정 자체가 비교적 ⓐ 오랜 시간(몇 주가 아닌 몇 년 이상)이 걸리기 때문에 결코 임의적이지 않다. 이것은 또한 사회적 가치 체계 즉, 도덕성이 중요한 지향 기능을 제공하기 때문이다. 먼 옛날부터 사람들은 도덕적 문제에 대해 생각하고 그것들을 다루어 왔다. 이것은 사람들이 사회 공동체에서 자신을 세울 때 ⓑ 일관된 가치, 규범, 그리고 도덕적 개념이 항상 주요한 역할을 한다는 것을 분명히 한다. 궁극적으로, 이것은 또한 상품과 자원의 분배뿐만 아니라 정의, 연대, 그리고 돌봄이란 질문의 대답이 된다.

여기서 도덕성은 특정 사회의 ⓒ 공통된 최저 분모로 작용한다. 그 ⓓ 이점은 도덕성의 근간이 되는 가치들이 사회적으로 수용된 기본 이해를 전달하고 구체적인 의사결정 상황에서 방향을 제공한다는 사실에 기초한다. 이는 도덕성이 사회 집단을 기능적이고 효율적으로 만든다. 즉, 공동체에 수용되기 위해서 개인은 이 공동체에 반하는 행동을 하지 않도록 노력할 것이다. 역으로 이것은 개인과 사회집단의 행동이 궁극적으로 ⓔ 예측할 수 없다는(→ 예측 가능하다는) 것을 의미한다. 결과적으로 행동에 대한 불확실성이 감소하고 신뢰가 구축된다.

27 글의 주제 파악하기

정답 ③

인간 사회에서 도덕성의 기본 역할

정답 해설

제시문에서 도덕성은 인간 사회에서 상품과 자원의 분배뿐만 아니라 정의, 연대, 돌봄의 역할을 하며, 도덕성이 사회 집단을 기능적이고 효율적으로 만든다고 설명하고 있다. 그러므로 '인간 사회에서 도덕성의 기본 역할'이 제시문의 주제로 가장 적절하다.

오답 해설

① 극한 상황에서 보이는 도덕성의 무시 → 극한 상황에 처했을 때 사람들이 도덕성을 무시하는 사례는 제시문에 나타나 있지 않음

② 도덕성의 기본 요소인 정의와 연대 → 정의와 연대는 도덕성의 역할을 포괄하는 개념이 아니라 하위 개념임

④ 문화 교류를 통한 도덕성의 발전 → 도덕성과 관련된 문화 교류의 사례는 제시문에 나타나 있지 않음

⑤ 사회 전반에 걸친 도덕 법규 위반에 대한 처벌 → 도덕 법규 위반에 대한 처벌 내용은 제시문에 나타나 있지 않음

28 문맥상 부적절한 낱말 고르기

정답 ⑤

unpredictable : 예측할 수 없는 ⇒ predictable : 예측 가능한

정답 해설

도덕성의 근간이 되는 가치들이 사회적으로 반영된 공동체에 수용되기 위해서 개인은 그 공동체에 반하는 행동을 하지 않도록 노력하기 때문에 개인의 행동에 대한 불확실성이 감소되고 신뢰가 구축된다. 이것은 역으로 개인과 사회집단의 행동이 궁극적으로 예측 가능하다는 것을 의미하므로 (e)의 'unpredictable(예측할 수 없는)'은 'predictable(예측 가능한)'로 고쳐 써야 옳다.

[29~30]

핵심 어휘

- **at the base of** : ~의 기슭에
- **huge** : 거대한, 엄청난
- **clay** : 점토, 찰흙
- **statue** : 조각상
- **broom** : 빗자루
- **glinting** : 반짝이는
- **head monk** : 주지 스님
- **precious** : 귀중한, 값진
- **nod** : 끄덕이다, 절[인사]하다
- **underneath** : ~의 밑에, 속으로
- **exterior** : 외부, 외피, 겉모습
- **peek** : 훔쳐보다, 엿보다
- **sure enough** : 과연, 아니나 다를까
- **chip** : (조금씩) 깎다[쪼다]
- **chisel** : 끌
- **reveal** : 드러내다, 밝히다

해석

(A)

오래 전 히말라야 산 기슭에 한 가난한 마을이 있었다. 그 마을의 중심에는 거대한 점토 불상이 있었다. 누가 그것을 만들었는지 아무도 몰랐다. 어느 날, 한 젊은 승려가 빗자루로 불상의 눈을 쓸고 있을 때, 점토에 작은 틈이 있는 것을 발견했다. 해가 떠오르자, 그는 내부 깊은 곳에서 무언가 반짝이는 것을 볼 수 있었다. (a) 그는 주지 스님에게 달려가, 불상이 부서졌고 빛나는 무언가가 그 안에 있다고 말했다.

(C)

주지 스님은 "그 불상은 수 세대 동안 여기에 있었지. 그것에는 많은 틈이 있단다. 그냥 내버려두렴. 나는 아주 바쁘단다."라고 말했다. 그 젊은 승려는 다시 돌아가 쓸었다. 그러나 (c) 그는 그 틈을 엿보는 것을 참을 수 없었다. 아니나 다를까, 그 안에는 빛나는 무언가가 있었다. 그는 아버지를 불렀고, 아버지는 아들이 발견한 것에 호기심이 있었다. 아버지는 반짝이는 것을 보고 놀랐다. (d) 그는 수년 동안 그 불상을 지나쳤지만 반짝이는 것을 결코 보지 못했다.

(D)

아버지는 달려가 (e) 그의 아들이 발견한 것을 마을 사람들에게 말했다. 곧, 마을의 모든 사람들이 그 불상 주위에 모였다. 주지 스님은 끌로 틈 주변을 조심스럽게 깎아 냈다. 반짝임이 강해졌다. 점토 외피 밑에 드러나길 기다리는 금상이 있다는 사실은 아무도 부인할 수 없었다. 마을 사람들은 밤늦게까지 논쟁을 벌였다. 그들이 점토 불상을 부수고 다시는 돈 걱정을 할 필요가 없거나 아니면 늘 있던 대로 놔둬야 할까?

(B)

주지 스님은 최종 발언을 해야 할 것으로 생각되었다. 그는 틈을 발견한 소년에게 돌아서 어떻게 생각하는지 물었다. 그에게 쏠린 마을 사람들의 시선에, (b) 그 소년은 말했다. "저는 이 불상을 만든 스님들은 무엇을 해야 할지 알고 있었을 것이라고 생각합니다. 아무도 평범한 점토 불상을 훔치거나 파괴하고 싶어하지는 않을 것입니다. 그러나 값비싼 금으로 만들어진 불상은 모든 사람의 욕망의 대상이 될 것입니다." 스님은 고개를 끄덕였고, "그 불상을 부수지 맙시다. 아마도 우리 모두는 평범한 겉모습 속에 금이 있다는 사실을 깨달았을 것입니다."라고 말했다.

29 글의 배열순서 정하기

정답 ③

평범한 겉모습 속에 감추어진 황금이 주는 교훈

정답 해설

(A)에서는 점토 불상의 갈라진 틈에서 반짝이는 무언가를 발견한 젊은 승려가 주지 스님에게 이 사실을 알리고 있고, (C)에서 이 사실을 전해들은 주지 스님은 무관심하게 받아들인다. 그러자 젊은 승려는 자신의 아버지에게 알린다. (D)에서 아버지는 그의 아들이 발견한 것을 마을 사람들에게 알리고, 마을 사람들은 그 점토 불상을 부숴야 할지 그대로 놔둬야 할지 논쟁을 벌인다. 마지막으로 (B)에서 주지 스님은 평범한 겉모습 속에 금이 있다는 교훈을 일깨우고 그 불상을 부수지 말자고 마을 사람들을 설득한다. 그러므로 글 (A) 다음에 (C)-(D)-(B) 순으로 배열하는 것이 글의 내용 흐름상 적절하다.

30 지칭 대상과 다른 것 고르기

정답 ④

평범한 겉모습 속에 감추어진 황금이 주는 교훈

정답 해설

(a), (b), (c), (e)는 모두 점토 불상에서 작은 틈을 발견한 젊은 승려를 가리키지만, (d)는 젊은 승려의 아버지를 가리킨다.

수학영역

01 로그

핵심주제: 로그의 계산

정답 ④

step1 주어진 식의 밑을 통일한다.

$$준식 = \log_2 \frac{8}{9} + \log_2 18$$

step2 로그의 성질을 이용하여 계산한다.

$$\log_2 \frac{8}{9} + \log_2 18 = \log_2 \left(\frac{8}{9} \times 18 \right) = \log_2 16 = \log_2 2^4 = 4$$

☑핵심노트

로그의 성질

$$\log_a A^n = \frac{n}{m} \log_a A$$

02 함수의 극한

핵심주제: 극한값의 계산

정답 ②

step1 주어진 식을 변형하여 $\dfrac{f(x)}{x}$ 꼴을 만든다.

$x \neq 0$이므로, 주어진 식의 분모, 분자를 x로 나누면

$$준식 = \lim_{x \to \infty} \frac{3 + \dfrac{1}{x}}{\dfrac{f(x)}{x} + 1}$$

step2 주어진 $\dfrac{f(x)}{x}$ 의 극한값을 대입하여 계산한다.

$\displaystyle\lim_{x \to \infty} \frac{f(x)}{x} = 2$이므로, 이를 대입하면

$$\lim_{x \to \infty} \frac{3 + \dfrac{1}{x}}{\dfrac{f(x)}{x} + 1} = \lim_{x \to \infty} \frac{3 + \dfrac{1}{x}}{2 + 1} = \frac{3}{3} = 1$$

03 등비수열

핵심주제: 등비수열의 합

정답 ⑤

step1 등비수열의 합 공식을 이용해 식을 세운다.

등비수열의 첫째항을 a_1, 공비를 r이라 하자.

등비수열의 합 $S_n = \dfrac{a_1 \times (r^n - 1)}{r - 1}$이므로,

$S_6 = 21 S_2$에서 $\dfrac{a_1 \times (r^6 - 1)}{r - 1} = 21 \times a_1 (1 + r)$이다.

step2 이를 계산하여 공비 r을 구한다.

$a_1 \neq 0$이고 $r \neq 1$이므로 양변을 a_1으로 나누고 양변에 $(r-1)$을 곱해주면 $r^6 - 1 = 21(r^2 - 1)$이다.

이때 $r^6 - 1 = (r^2 - 1)(r^4 + r^2 + 1)$이므로

$r^4 + r^2 + 1 = 21$, $r^4 + r^2 - 20 = 0$에서

$(r^2 + 5)(r^2 - 4) = 0$을 얻는다.

주어진 조건에서 공비 r은 양수이므로, $r = 2$

step3 주어진 식을 통해 a_2를 구하고, 위에서 구한 공비 r을 이용하여 a_3를 구한다.

주어진 식에서 $a_6 - a_2 = a_2 \times r^4 - a_2 = 15$이다.

공비 $r = 2$를 대입하면

$15a_2 = 15$에서 $a_2 = 1$이므로,

$$a_3 = a_2 \times r = 1 \times 2 = 2$$

☑핵심노트

등비수열의 합

첫째항이 a_1, 공비가 r인 등비수열 $\{a_n\}$의 첫째항부터 제 n항까지의 합을 S_n이라 하면,

$$S_n = \frac{a_1 \times (r^n - 1)}{r - 1}$$

04 도함수

핵심주제: 도함수의 정의

정답 ③

step1 극한의 성질을 이용하여 $f(1)$을 구한다.

주어진 식 $\displaystyle\lim_{h \to 0} \frac{f(1+h)}{h} = 5$에서 분모가 0에 수렴하지만 극한값이 존재하므로, 극한의 성질에 의해 분자도 0으로 수렴해야 한다.

$f(1) = 0$이므로 주어진 식 $f(x) = x^3 + ax + b$에 대입하면 $1 + a + b = 0$.

step2 주어진 식을 변형하여 $f'(1)$을 구하고 두 개의 식을 연립하여 ab를 구한다.

$f(1) = 0$이므로,

$$\lim_{h \to 0} \frac{f(1+h)}{h} = \lim_{h \to 0} \frac{f(1+h) - f(1)}{h} = 5, \quad f'(1) = 5$$이다.

$f'(x) = 3x^2 + a$에 대입하면 $3 + a = 5$.

즉, $a = 2$, $b = -3$이므로 $ab = -6$

☑핵심노트

극한의 성질

분수 형태의 극한에서 극한값이 존재할 때 분모가 0으로 수렴하면, 분자도 0으로 수렴한다.

$\displaystyle\lim_{x \to a} \frac{f(x)}{g(x)} = \beta$일 때, $\displaystyle\lim_{x \to a} g(x) = 0$이면

$\displaystyle\lim_{x \to a} f(x) = 0$이다.

05 삼각함수

핵심주제 삼각함수간 변형 **정답 ①**

step1 주어진 식을 변형하여 $\cos\theta$를 구한다.

주어진 식 $\sin\left(\theta-\dfrac{\pi}{2}\right)=-\dfrac{2}{5}$에서,

$\sin\left(\theta-\dfrac{\pi}{2}\right)=-\sin\left(\dfrac{\pi}{2}-\theta\right)=-\cos\theta$이므로

$-\cos\theta=-\dfrac{2}{5}$, $\cos\theta=\dfrac{2}{5}$.

step2 문제조건과 위에서 구한 $\cos\theta$를 이용하여 $\tan\theta$를 구한다.

$\cos\theta=\dfrac{2}{5}$이므로, 삼각비를 그림으로 그려보면 다음과 같다.

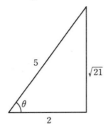

이때 문제조건에서 $\sin\theta<0$이므로

$\tan\theta=\dfrac{\sin\theta}{\cos\theta}<0$, $\tan\theta=-\dfrac{\sqrt{21}}{2}$

✅ **핵심노트**

사인 함수-코사인 함수 변환

사인 함수와 코사인 함수 사이의 변환은 다음과 같다.

$$-\sin\left(\dfrac{\pi}{2}+\theta\right)=\sin\left(\dfrac{\pi}{2}-\theta\right)=\cos\theta$$

$$\cos\left(\dfrac{\pi}{2}-\theta\right)=\cos\left(\dfrac{\pi}{2}+\theta\right)=\sin\theta$$

06 적분법

핵심주제 부정적분 **정답 ⑤**

step1 주어진 조건에서 $f'(t)$를 구한다.

$(t, f(t))$에서 접선의 기울기가 $-6t^2+2t$이므로,

$f'(t)=-6t^2+2t$.

step2 이를 부정적분하여 $f(t)$를 구하고, 주어진 점을 대입하여 $f(-1)$의 값을 구한다.

이를 부정적분하면 $f(t)=-2t^3+t^2+C$이고,

$f(t)$가 $(1, 1)$을 지나므로 대입하면

$f(1)=-2+1+C=1$, $C=2$.

$f(-1)=2+1+2=5$

07 수열

핵심주제 수열의 합 **정답 ④**

step1 주어진 조건에 대해, 수열의 합 형태로 나타낸다.

문제조건을 만족하는 모든 유리수들의 합을 나열하면,

$\left(\dfrac{1}{7}+\dfrac{3}{7}+\dfrac{5}{7}+\cdots+\dfrac{61}{7}\right)-\left(\dfrac{1}{7}+\dfrac{3}{7}+\dfrac{5}{7}+\dfrac{7}{7}\right)$

$-\left(\dfrac{21}{7}+\dfrac{35}{7}+\dfrac{49}{7}\right)$.

이를 수열 형태로 나타내면 아래와 같다.

$\dfrac{1}{7}\left(\displaystyle\sum_{k=1}^{31}(2k-1)-(1+3+5+7)-(21+35+49)\right)$

step2 수열의 홀수 합 공식을 이용해 이를 계산한다.

수열의 홀수 합 공식에서 $\displaystyle\sum_{k=1}^{n}(2k-1)=n^2$이므로,

$\dfrac{1}{7}\left(\displaystyle\sum_{k=1}^{31}(2k-1)-16-105\right)=\dfrac{1}{7}(31^2-121)$

$\qquad\qquad\qquad\qquad\quad =\dfrac{1}{7}\times840=120$

✅ **핵심노트**

수열의 홀수 합

$\displaystyle\sum_{k=1}^{n}(k)=\dfrac{n(n+1)}{2}$, $\displaystyle\sum_{k=1}^{n}(1)=n$이므로

$\displaystyle\sum_{k=1}^{n}(2k-1)=2\sum_{k=1}^{n}(k)-\sum_{k=1}^{n}(1)=n(n+1)-n=n^2$

08 적분법

핵심주제 정적분의 계산 **정답 ③**

step1 주어진 두 함수가 만나는 교점의 x좌표를 구한다.

먼저 $x<1$인 경우, $-5x-4=-x^2-2x$에서

$x^2-3x-4=(x-4)(x+1)=0$이므로

두 함수는 $x=-1$에서 만난다.

또한 $x\geq1$인 경우, $x^2-2x-8=-x^2-2x$에서

$2x^2=8$, $x^2=4$이므로

두 함수는 $x=2$에서 만난다.

step2 $f(x)$가 다른 두 구간에 대하여 각각 정적분을 계산한다.

이때 두 곡선으로 둘러싸인 부분의 넓이는

$\displaystyle\int_{-1}^{1}g(x)-f(x)dx+\int_{1}^{2}g(x)-f(x)dx$

$=\displaystyle\int_{-1}^{2}g(x)dx-\int_{-1}^{1}(-5x-4)dx-\int_{1}^{2}(x^2-2x-8)dx$

$=\left[-\dfrac{x^3}{3}-x^2\right]_{-1}^{2}+\left[\dfrac{5}{2}x^2+4x\right]_{-1}^{1}-\left[\dfrac{x^3}{3}-x^2-8x\right]_{1}^{2}$

$=-6+8+\dfrac{26}{3}=\dfrac{32}{3}$

09 평면기하

정답 ②

제2 코사인법칙

step1 주어진 조건에서 △BHC에 대해, $\overline{BH}$와 $\overline{BC}$를 구한다.

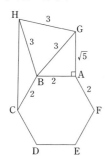

△GBA에서 $\overline{AB}=2$, $\overline{AG}=\sqrt{5}$이므로
$\overline{BG}=3$이고 △HBG가 정삼각형이므로, $\overline{BH}=3$.
또한 문제조건에서 $\overline{BC}=2$.

step2 $\angle HBC=\theta$로 놓고 $\cos\theta$를 구한다.

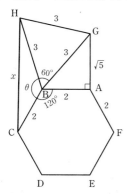

$\angle HBC=\theta$라 하자.
$\angle HBG=60^\circ$, $\angle ABC=120^\circ$이므로
$\angle GBA=\pi-\theta$이다. 그러면
△GBA에서 $\cos(\pi-\theta)=-\cos\theta=\dfrac{2}{3}$이므로
$\cos\theta=-\dfrac{2}{3}$.

step3 제2 코사인법칙을 활용하여 $\overline{CH}$를 구한다.
△BHC에서, $\overline{CH}=x$라 하면 제2 코사인법칙에 의해
$x^2=3^2+2^2-2\times3\times2\times\cos\theta=21$이므로
$\overline{CH}=\sqrt{21}$

✔ 핵심노트

제2 코사인법칙

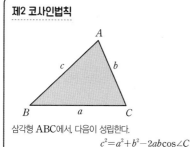

삼각형 ABC에서, 다음이 성립한다.
$$c^2=a^2+b^2-2ab\cos\angle C$$

10 적분법

정답 ①

정적분으로 정의된 함수의 미분

step1 주어진 식을 미분하여 $f'(x)$를 구하고, 주어진 극값을 이용하여 b를 구한다.
주어진 식의 양변을 미분하면
$f'(x)=3x^2+bx-5$를 얻는다. 이때 $x=-1$에서 극값을
가지므로 $f'(-1)=0$이고,
이를 대입하면 $-b-2=0$에서 $b=-2$

step2 정적분을 계산하여 $f(x)$를 구하고, 주어진 극값을 이용하여 a
를 구한다.
$f(x)=[t^3-t^2-5t]_a^x=x^3-x^2-5x-a^3+a^2+5a$
이때 $f(-1)=0$이므로, 이를 대입하면
$a^3-a^2-5a-3=0$, $(a+1)^2(a-3)=0$이고
$a>0$이므로 $a=3$.
그러므로 $a+b=3-2=1$

11 지수함수

정답 ②

구간이 나누어진 지수함수

step1 구간에 따라 $f(x)$가 달라지므로, 먼저 주어진 조건으로 $f(x)$
의 형태를 유추한다.
$x\geq a$인 경우 $f(x)=-2^{x-a}+a$이고,
$x<a$인 경우 $f(x)=-2^{-x+a}+a$이므로
$f(x)$는 $(a, a-1)$을 기준으로 좌우대칭이며 x축과 두 점
에서 만난다.

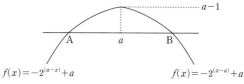

$$f(x)=-2^{(a-x)}+a \qquad f(x)=-2^{(x-a)}+a$$

즉, $f(x)$는 이와 같은 형태가 된다.

step2 A와 B의 좌표를 a로 나타내고, 이를 대입하여 a를 구한다.
이때 $\overline{AB}=6$이므로 A$=(a-3, 0)$, B$=(a+3, 0)$이다.
이를 대입하면 $f(a+3)=-2^3+a=0$이므로 $a=8$.

step3 구한 $f(x)$에 대하여 p와 q를 구한다.
앞서 구한 $f(x)$의 형태에서, $f(x)$는 $x=a$에서 최댓값
$a-1$을 가지므로, $p+q=2a-1=15$

12 미분법

정답 ④

함수의 연속과 미분가능성

step1 주어진 조건에서 $g(x)$의 연속인 성질을 이용하여 $f(x)$를 미
정계수 형태로 나타낸다.

조건 (가)에서,

$$\lim_{x \to 0} \frac{g(x) - g(0)}{x} = \lim_{x \to 0} \frac{g(x) - g(0)}{x - 0} = g'(0) = -4$$

이므로

$g(x)$는 $x=0$에서 연속이고 미분가능하다.

$g(x)$가 $x=0$에서 연속이므로,

$f(0) = a - f(0)$, $f(0) = \dfrac{a}{2}$이고 상수 b에 대하여

$f(x) = -x^2 + bx + \dfrac{a}{2}$이다.

step2 $g'(0)$을 대입하여 $f(x)$를 구하고, 이를 이용하여 $g(x)$의 형태를 나타낸다.

$g'(0) = f'(0) = b = -4$이므로 $b = -4$이다. 즉,

$x < 0$인 경우 $g(x) = -x^2 - 4x + \dfrac{a}{2}$이고,

$x \geq 0$인 경우 $g(x) = x^2 - 4x + \dfrac{a}{2}$이므로

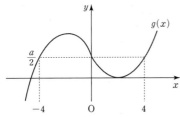

$g(x)$의 형태는 이와 같이 나타난다.

step3 주어진 조건과 $g(x)$를 이용하여 a를 구하고, $g(-a)$를 구한다.

조건 (나)에서 $g(x)$의 극솟값이 0이므로,

$g(2) = 4 - 8 + \dfrac{a}{2} = 0$에서 $a = 8$. 그러므로

$g(-a) = g(-8) = -64 + 32 + 4 = -28$

13 수열

핵심주제 | 여러 가지 수열의 규칙성 | 정답 ⑤

step1 주어진 식에 수를 대입하여 미지수가 포함된 형태의 수열을 구한다.

주어진 식을 풀어보면

$a_1 + a_2 + \cdots + a_n = a_{n-1}$, $a_1 + a_2 + \cdots a_{n-2} + a_n = 0$

즉, $-(a_1 + a_2 + \cdots + a_{n-2}) = a_n$가 된다.

$a_2 = x$라 하면, 수열 $\{a_n\}$은 아래와 같이 나타난다.

$\{a_n\} = \{-3, x, 3, 3-x, -x, -3, x-3, x, 3, \cdots\}$

step2 구한 수열에서 반복항을 찾고, 문제 조건을 이용하여 미지수를 구한다.

이때 $\{a_2, a_3, a_4, a_5, a_6, a_7\}$이 반복되므로

문제 조건에서 $a_{20} = a_2 = 1$이고, $x = 1$.

이때 $a_2 + a_3 + a_4 + a_5 + a_6 + a_7 = 0$이므로,

$$\sum_{n=1}^{50} a_n = a_1 + (a_2 + a_3 + a_4 + a_5 + a_6 + a_7) + \cdots$$
$$+ (a_{44} + a_{45} + a_{46} + a_{47} + a_{48} + a_{49}) + a_{50}$$
$$= a_1 + a_{50} = -3 + x = -3 + 1 = -2$$

14 미분법

핵심주제 | 구간이 나누어진 함수의 연속성 | 정답 ①

step1 (ㄱ) a값에 따른 $g(x)$의 $x=0$에서의 연속성을 확인한다.

먼저 $0 < a$거나 $0 > a$인 경우, $f(x)$는 연속함수이므로 $g(x)$는 $x=0$에서 연속이다.

또한 $a < 0 < a+1$인 경우, $-f(x)$는 연속함수이므로 $g(x)$는 $x=0$에서 연속이다.

마지막으로 $a = 0$이거나 $a + 1 = 0$인 경우,

$f(0) = -f(0) = 0$이므로 $g(x)$는 $x=0$에서 연속이다.

그러므로 (ㄱ)은 참이다.

step2 (ㄴ) 주어진 k값에 대하여, $g(x)$의 형태를 구하고 문제조건에 맞는 a의 개수를 구한다.

$k = 4$일 때, $f(x) = x^3 - 4x$이므로

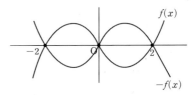

$f(x)$와 $-f(x)$를 그려보면 이와 같다.

이때 $x = a$와 $x = a+1$을 기준으로 $f(x)$와 $-f(x)$가 교차하게 되는데, $g(x)$의 불연속점이 하나이려면 a와 $a+1$ 중 하나는 $f(x)$와 $-f(x)$의 교점의 x좌표여야 한다.

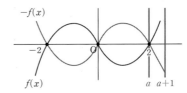

예를 들어, $a = 2$인 경우 $g(x)$는 $x=a$에선 연속이지만 $x=a+1$에선 불연속이므로, 1개의 불연속점을 갖는다. 또한 $a+1 = 2$인 경우에도 1개의 불연속점을 갖는다.

이와 같은 원리로 $a=0$, $a+1=0$, $a=-2$, $a+1=-2$인 경우 $g(x)$는 1개의 불연속점을 갖는다.

즉, $g(x)$가 1개의 불연속점을 갖도록 하는 실수 a의 개수는 6이므로, (ㄴ)은 거짓이다.

step3 (ㄷ) $g(x)$가 실수 전체의 집합에서 연속이 되는 경우의 수를 구하고 이를 만족시키는 순서쌍 (k, a)의 개수를 구한다.

$f(x) = x^3 - kx = x(x^2 - k)$이므로

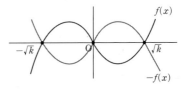

$f(x)$와 $-f(x)$를 그려보면 위와 같다.

이때 $g(x)$가 실수 전체에서 연속이 되기 위한 경우의 수는 다음과 같다.

1) $a = -\sqrt{k}$, $a + 1 = 0$인 경우

　이 경우 $a = -1$이고, $k = 1$이므로 가능하다.

2) $a=0$, $a+1=\sqrt{k}$인 경우

이 경우 $a=0$이고, $k=1$이므로 가능하다.

3) $a=-\sqrt{k}$, $a+1=\sqrt{k}$인 경우

두 식을 더하면 $2a+1=0$에서 $a=-\dfrac{1}{2}$이고,

$k=\dfrac{1}{4}$이므로 가능하다.

즉, $g(x)$가 실수 전체의 집합에서 연속이 되게 하는 순서

쌍 (k, a)는 $(1, -1)$, $(1, 0)$, $\left(\dfrac{1}{4}, -\dfrac{1}{2}\right)$의 3개이다.

그러므로 (ㄷ)은 거짓이다.

15 로그함수

로그함수와 지수방정식　　　정답 ⑤

step1 $y=a$와 $f(x)$의 교점을 a에 대하여 나타내고, 문제조건을 이용하여 a를 구한다.

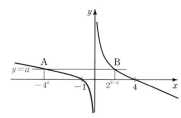

$y=a$와 $f(x)$의 교점 A, B에 대해

$x_1=-4^a$, $x_2=2^{2-a}$이고 문제조건에서 $\left|\dfrac{x_2}{x_1}\right|=\dfrac{1}{2}$이므로

$\left|\dfrac{2^{2-a}}{-2^{2a}}\right|=2^{2-3a}=2^{-1}$, $a=1$.

step2 $y=b$와 $f(x)$의 교점을 b에 대하여 나타내고, 문제조건을 이용하여 2^b를 구한다.

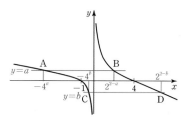

또한 $y=b$와 $f(x)$의 교점 C, D에 대해

$x_3=-4^b$, $x_4=2^{2-b}$인데, $\overline{AC}$와 $\overline{BD}$가 평행하므로

$\dfrac{-b+1}{4^b-4}=\dfrac{b-1}{2^{2-b}-2}$이다. $b\neq1$이므로 양변을 $b-1$로 나

누고 정리하면 $4^b+2^{2-b}-6=0$이고,

양변에 2^b를 곱하면 $(2^b)^3-6\times2^b+4=0$이다.

$2^b=k$라 하면 $(k-2)(k^2+2k-2)=0$.

$k\neq2$이고 $k>0$이므로 $k=2^b=-1+\sqrt{3}$.

그러므로

$\left|\dfrac{x_4}{x_3}\right|=\left|\dfrac{2^{2-b}}{4^b}\right|=|2^{2-3b}|=\left|\dfrac{4}{(2^b)^3}\right|=\left|\dfrac{4}{(\sqrt{3}-1)^3}\right|$

$=5+3\sqrt{3}$

16 지수

지수의 계산　　　정답 62

step1 주어진 식을 변형하여 a^2와 a^{-2}가 있는 형태로 만든다.

주어진 식의 양변을 a^2로 나누면,

$a^2+a^{-2}=8$이다.

step2 이를 제곱하여 구하는 값을 계산한다.

이 식의 양변을 제곱하면,

$a^4+2+a^{-4}=64$.

그러므로 $a^4+a^{-4}=62$

17 미분법

곱의 미분　　　정답 16

step1 주어진 값을 이용하여, $g(2)$와 $g'(2)$를 계산한다.

먼저 $g(2)=4f(2)=-12$이고,

$g'(x)=(3x^2-2)f(x)+(x^3-2x)f'(x)$에서

$g'(2)=10\times(-3)+4\times4=-14$이다.

step2 이를 이용하여 $(2, g(2))$에서의 접선의 방정식을 구한다.

점 $(2, g(2))$에서의 접선의 방정식은 기울기가 -14이고

$(2, -12)$를 지나므로

$y=-14(x-2)-12$이고, 이를 정리하면

$y=-14x+16$이다.

그러므로 이 접선의 y절편은 16이다.

> **✔핵심노트**
>
> **곱의 미분**
>
> $h(x)=f(x)g(x)$일 때,
>
> $h'(x)=f'(x)g(x)+f(x)g'(x)$이다.

18 수열

수열의 합　　　정답 184

step1 주어진 식을 통해 $\displaystyle\sum_{k=1}^{7}a_k$를 얻는다

$\displaystyle\sum_{k=1}^{7}(a_k+k)=\sum_{k=1}^{7}a_k+\dfrac{8\times7}{2}=\sum_{k=1}^{7}a_k+28=50$이므로

$\displaystyle\sum_{k=1}^{7}a_k=22$이다.

step2 이를 다른 식에 대입하여 $\displaystyle\sum_{k=1}^{7}a_k{}^2$를 구한다.

$\displaystyle\sum_{k=1}^{7}(a_k+2)^2=\sum_{k=1}^{7}a_k{}^2+4\sum_{k=1}^{7}a_k+28=\sum_{k=1}^{7}a_k{}^2+116=300$

$\displaystyle\sum_{k=1}^{7}a_k{}^2=300-116=184$

19 다항함수

다항함수의 방정식과 실근의 개수

step1 주어진 식을 통해 다항함수의 그래프를 그린다.

$x^3 - \dfrac{3n}{2}x^2 = -7$, $x^2\left(x - \dfrac{3n}{2}\right) = -7$이므로

좌변항을 $f(x)$라 할 때, $f(x)$를 그려보면 다음과 같다.

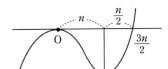

$f(x) = x^2\left(x - \dfrac{3n}{2}\right) = 0$은 $x = 0$에서 중근을 갖고,

$x = \dfrac{3n}{2}$에서 실근을 가지며 삼차함수의 성질에 의해

$x = n$에서 극값을 갖는다.

step2 이를 통해 주어진 조건을 만족하는 모든 자연수 n을 구한다.

이때 우변항 $y = -7$이 이 그래프와 만나는 교점의 x좌표가 1보다 큰 점이 두 개여야 하므로,

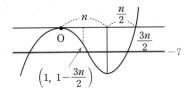

$f(n) < -7 < f(1)$이 성립한다.

오른쪽 부등호를 먼저 풀면 $-7 < 1 - \dfrac{3n}{2}$에서

$n < \dfrac{16}{3}$이므로 가능한 n은 1, 2, 3, 4, 5.

왼쪽 부등호를 풀면 $-\dfrac{1}{2}n^3 < -7$에서

$n^3 > 14$이므로 가능한 n은 3, 4, 5.

그러므로 가능한 모든 자연수 n의 합은 12.

☑ **핵심노트**

삼차함수의 성질

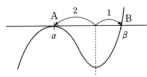

삼차함수가 x축에 접할 때, 다른 극점의 x좌표는 삼차함수의 서로 다른 두 근을 2:1로 내분한다.

20 도함수

도함수의 활용

step1 주어진 조건을 이용하여 $v(t)$와 a를 구한다.

$t = 1$과 $t = a$에서 P가 정지하므로, $v(1) = v(a) = 0$.

$v(t) = \displaystyle\int a(t) = t^3 - 4t^2 + 3t + C$이고, $v(1) = 0$이므로

$v(t) = t^3 - 4t^2 + 3t = t(t-1)(t-3)$, $a = 3$.

step2 $v(t)$를 적분하여 이동거리를 구한다.

$t = 1$에서 $t = 3$까지 P가 이동한 거리는

$\left| \displaystyle\int_1^3 v(t)\,dt \right| = \left| \left[\dfrac{t^4}{4} - \dfrac{3}{4}t^3 + \dfrac{3}{2}t^2 \right]_1^3 \right| = \dfrac{8}{3}$.

그러므로 $p + q = 3 + 8 = 11$

21 삼각함수

삼각함수의 그래프

step1 주어진 식을 이용하여 세 점 A_1, A_2, A_3의 x좌표를 b로 나타낸다.

먼저 두 그래프가 만나는 점을 보면,

$3a\tan bx = 2a\cos bx$에서 $a > 0$이므로

$3\tan bx = 2\cos bx$, $3\dfrac{\sin bx}{\cos bx} = 2\cos bx$

$3\sin bx = 2\cos^2 bx$, $3\sin bx = 2(1 - \sin^2 bx)$이다.

$\sin bx = k$라 하면,

$2k^2 + 3k - 2 = (2k-1)(k+2) = 0$에서

$-1 < k < 1$이므로 $k = \sin bx = \dfrac{1}{2}$.

이때 문제조건에서 $0 < x < \dfrac{5}{2b}\pi$이므로

$0 < bx < \dfrac{5}{2}\pi$이다. 즉, $bx = \dfrac{\pi}{6}$, $\dfrac{5\pi}{6}$, $\dfrac{13\pi}{6}$이므로

점 A_1, A_2, A_3의 x좌표는 $\dfrac{\pi}{6b}$, $\dfrac{5\pi}{6b}$, $\dfrac{13\pi}{6b}$.

step2 주어진 삼각함수의 그래프를 그리고 주어진 조건을 활용하여 b를 구한다.

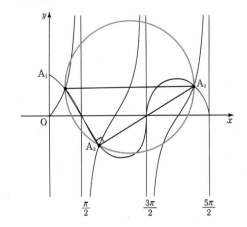

주어진 두 삼각함수의 그래프는 위와 같다.

이때 $\overline{A_1A_3}$가 원의 지름이고, 원의 넓이가 π이므로 원의 반지름은 1, 지름은 2이다. 그러므로

$\dfrac{13\pi}{6b}-\dfrac{\pi}{6b}=2$에서 $b=\pi$.

step3 이를 대입하여 세 점 A_1, A_2, A_3의 좌표를 a로 나타내고 주어진 조건을 활용하여 이를 계산한다.

$b=\pi$를 주어진 함수에 대입하여
세 점 A_1, A_2, A_3의 좌표를 계산하면,

$A_1\left(\dfrac{1}{6},\ \sqrt{3}a\right)$, $A_2\left(\dfrac{5}{6},\ -\sqrt{3}a\right)$, $A_3\left(\dfrac{13}{6},\ \sqrt{3}a\right)$를 얻는다.

이때 $\Delta A_1A_2A_3$가 직각삼각형이므로,
$\overline{A_1A_2}\perp\overline{A_2A_3}$이다.

즉, $\dfrac{-\sqrt{3}a-\sqrt{3}a}{\dfrac{5}{6}-\dfrac{1}{6}}\times\dfrac{\sqrt{3}a-(-\sqrt{3}a)}{\dfrac{13}{6}-\dfrac{5}{6}}=-1$에서,

$27a^2=2$이므로 $a^2=\dfrac{2}{27}$이다.

$\left(\dfrac{a}{b}\pi\right)^2=a^2=\dfrac{2}{27}$이므로, $p+q=27+2=29$

22 미분계수

	정답 54
미분계수의 정의와 다항함수	

step1 주어진 조건에서 가능한 $f(x)$의 형태를 찾는다.

조건 (가)에서, $\displaystyle\lim_{h\to 0+}\left\{\dfrac{g(t+h)}{h}\times\dfrac{g(t-h)}{h}\right\}>0$,

$\displaystyle\lim_{h\to 0+}\left\{\dfrac{g(t+h)-g(t)}{h}\times\dfrac{-(g(t-h)-g(t))}{-h}\right\}<0$이

므로 $\displaystyle\lim_{h\to t+}g'(h)\times\lim_{h\to t-}g'(h)<0$이다. 이를 만족하는 실수 t가 1개이므로, $g(x)$의 $x=t$에서의 좌미분계수와 우미분계수가 다른 지점, 즉 미분불가능한 점이 1개가 된다.
또한 $f(x)$가 중근이나 허근을 가질 경우,
$g(x)=x|f(x)|>0$이므로 $g(x)$는 미분불가능점을 갖지 않는다.
따라서 $f(x)$는 서로 다른 두 실근을 갖는다.
이때 두 실근을 α, β라 하면($\alpha<\beta$),
$x<\alpha, x>\beta$에서 $g(x)=xf(x)$이고
$\alpha<x<\beta$에서 $g(x)=-xf(x)$이므로
가능한 $f(x)$의 형태는 다음과 같다.

1) $\alpha=0$인 경우

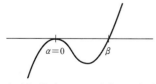

이 경우 $f(x)$는 $x=\alpha$에서 중근을 갖는데,

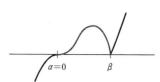

$g(x)$는 $\alpha<x<\beta$에서 그래프가 뒤집어지므로 이와 같이 그려진다.

2) $\beta=0$인 경우

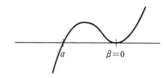

이 경우 $f(x)$는 $x=\beta$에서 중근을 갖는다.

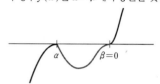

마찬가지로 $g(x)$는 $\alpha<x<\beta$에서 그래프가 뒤집어지므로 위와 같이 그려진다.

step2 주어진 방정식을 만족하는 $f(x)$를 구한다.

이때 조건 (나)에서 $g(x)=0, -4$를 만족하는 서로 다른 실근이 4개 존재해야 하는데,
1)의 경우에는 $g(x)=-4$가 1개의 근을 가지기 때문에 불가능하다.

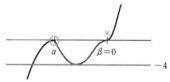

2)의 경우 다음과 같이 $g(x)$가 $y=-4$와 접하는 경우 조건을 만족한다.

삼차함수의 성질에 의해 극점의 x좌표는 $\dfrac{2\alpha}{3}$이므로,

$g\left(\dfrac{2\alpha}{3}\right)=-\dfrac{2\alpha}{3}\times f\left(\dfrac{2\alpha}{3}\right)=-4$가 성립한다.

$f(x)=x(x-\alpha)$이므로 대입하여 계산하면 $\alpha=-3$.
$f(x)=x(x+3)$이므로 $g(3)=3|f(3)|=54$

확률과 통계

23 이산확률분포

정답 ③

이산확률분포의 성질

step1 이산확률분포의 성질과, 주어진 기대값을 이용하여 식을 세운다.

$\sum \mathrm{P}(X=x)=1$이므로, $2a+b=1$이다.

또한 문제조건에서 $\mathrm{E}(X)=5$이므로, $6a+6b=5$이다.

step2 이를 연립하여 a와 b를 구한다.

두 식을 연립하면 $a=\dfrac{1}{6}$, $b=\dfrac{4}{6}$를 얻는다.

그러므로 $b-a=\dfrac{4}{6}-\dfrac{1}{6}=\dfrac{1}{2}$

☑ **핵심노트**

이산확률분포의 성질

X	x_1	x_2	x_3	$\cdots$	x_n	계
$P(X=x)$	P_1	P_2	P_3	$\cdots$	P_n	1

이와 같은 이산확률분포표에서, 다음이 성립한다.

1. $0 \le p_i \le 1$
2. $\sum\limits_{i=1}^{n} p_i = 1$
3. $E(X) = \sum\limits_{i=1}^{n} x_i p_i$

24 확률

정답 ①

확률의 합

step1 동전의 앞면이 나오는 횟수가 5인 모든 경우에 대하여 확률을 계산한다.

동전의 앞면이 5번 나오는 경우는 다음과 같다.

1) 주사위가 5가 나오고, 모두 앞면인 경우

이 경우의 확률은 $\dfrac{1}{6} \times \left(\dfrac{1}{2}\right)^5$

2) 주사위가 6이 나오고, 앞면이 5번, 뒷면이 1번인 경우

이 경우의 확률은 $\dfrac{1}{6} \times {}_6\mathrm{C}_5 \times \left(\dfrac{1}{2}\right)^5 \times \left(\dfrac{1}{2}\right)$.

두 경우의 확률의 합은

$\dfrac{1}{6} \times \left(\dfrac{1}{2}\right)^5 + \dfrac{1}{6} \times {}_6\mathrm{C}_5 \times \left(\dfrac{1}{2}\right)^5 \times \left(\dfrac{1}{2}\right) = \dfrac{1}{48}$

25 이항정리

정답 ②

이항정리의 성질

step1 이항정리의 성질을 이용하여 주어진 조건에 따라 식을 세우고

a^2를 구한다.

x^5의 계수와 x^3의 계수가 같으므로,

${}_7\mathrm{C}_2 a^5 = {}_7\mathrm{C}_3 a^3$에서 $a^2 = \dfrac{5}{3}$.

step2 이를 이용하여 x^2의 계수를 구한다.

x^2의 계수는 ${}_7\mathrm{C}_2 a^5 = 35$.

☑ **핵심노트**

이항정리의 성질

$(a+b)^n = {}_n\mathrm{C}_0 + {}_n\mathrm{C}_1 \cdot a^{n-1} + {}_n\mathrm{C}_2 a^{n-1}b^2$
$\qquad + {}_n\mathrm{C}_n a^0 b^n = \sum\limits_{i=0}^{n} {}_n\mathrm{C}_i a^{n-i} b^i$

26 순열

정답 ④

같은 것을 포함하는 순열

step1 문제조건을 만족하는 경우를 구한다.

양 끝에 서로 다른 사관학교의 모자가 놓이는 경우는 다음과 같다.

1) 육군, 해군 사관학교 모자가 끝으로 가는 경우
2) 해군, 공군 사관학교 모자가 끝으로 가는 경우
3) 육군, 공군 사관학교 모자가 끝으로 가는 경우

step2 각 경우에 대해, 같은 것을 포함하는 순열로 경우의 수를 계산한다.

1)의 경우, 경우의 수는 $2 \times \dfrac{6!}{2! \times 3!} = 120$

2)의 경우, 경우의 수는 $2 \times \dfrac{6!}{2! \times 2! \times 2!} = 180$

3)의 경우, 경우의 수는 $2 \times \dfrac{6!}{3! \times 2!} = 120$

그러므로 모든 경우의 수는 420

☑ **핵심노트**

같은 것을 포함하는 순열

n개 중 같은 것이 각각
p개, q개, $\cdots$, r개 있을 때$(p+q+\cdots+r=n)$,
n개를 일렬로 배열하는 경우의 수는

$$\dfrac{n!}{p! \times q! \times \cdots \times r!}$$

27 조합

정답 ⑤

중복조합

step1 문제조건을 만족하는 a, b, c의 관계를 찾는다.

조건 (가)에서 a와 b가 이웃하므로, 둘을 하나로 간주한다.
이때 두 가지 경우로 나누는데,

1) ab로 간주하는 경우

이 경우 a와 c가 이웃하지 않으므로 c가 ab 바로 왼쪽에

올 수 없다.

2) ba로 간주하는 경우

이 경우에는 c가 ba 바로 왼쪽에 오더라도 a와 c가 이웃하지 않으므로 c가 ba 바로 왼쪽에 올 수 있다.

step2 각 경우에 따라 a, b, c를 집어넣는 경우의 수를 구한다.

먼저 나머지 문자 d, e, f, g를 배열하는 경우의 수는 $4!$이며 그 다음 빈칸에 a, b, c를 집어넣는다.

1)의 경우 ab와 c가 같은 칸에 들어갈 수 없으므로 빈칸 5칸 중 중복하지 않게 2칸을 고르면 된다.

이때의 경우의 수는 $4! \, _5C_2$.

2)의 경우 ab와 c가 같은 칸에 들어갈 수 있으므로 빈칸 5칸 중 중복을 허용하면서 2칸을 고르면 된다.

이때의 경우의 수는 $4! \, _5H_2$.

그러므로 조건을 만족시킬 확률은

$$\frac{4!(_5C_2 + _5H_2)}{7!} = \frac{5}{42}$$

 핵심노트

중복조합

서로 다른 n개 중에서 중복을 허용하면서 r개를 뽑는 경우의 수는
$$_nH_r = _{n+r-1}C_r = _{n+r-1}C_{n-1}$$

28 순열

 핵심주제 원순열 정답 ④

step1 문제조건에 따라 마주보는 카드에 적힌 수의 차가 같은 경우를 구한다.

서로 마주보는 두 카드의 수의 차가 같은 경우는 다음과 같다.

1) 차가 1인 경우

이 경우 $(1, 2)$, $(3, 4)$, $(5, 6)$, $(7, 8)$이 서로 마주보게 된다.

2) 차가 2인 경우

이 경우 $(1, 3)$, $(2, 4)$, $(5, 7)$, $(6, 8)$이 서로 마주보게 된다.

3) 차가 4인 경우

이 경우 $(1, 5)$, $(2, 6)$, $(3, 7)$, $(4, 8)$이 서로 마주보게 된다.

step2 각각의 경우에 대하여, 1과 2가 적힌 카드가 이웃할 조건부확률을 구한다.

1)의 경우, 카드를 나열하는 경우의 수는 1이 적힌 카드를 중심으로 잡고, 나머지 카드들을 집어넣는다고 생각하면 $3! \times 2^3$이다.

나머지 경우에도 카드를 나열하는 경우의 수는 동일하므로 전체 경우의 수는 $3 \times 3! \times 2^3$.

이제 1이 적힌 카드와 2가 적힌 카드가 이웃하는 경우의 수를 보면,

1)의 경우 두 카드가 마주보고 있으므로 불가능하고, 2)의 경우 마찬가지로 1이 적힌 카드를 중심으로 잡고, 나머지 카드들을 집어넣는다고 생각하면 $2 \times 2! \times 2^2$이다. 3)의 경

우에도 동일하므로 전체 경우의 수는

$2 \times 2 \times 2! \times 2^2$.

그러므로 조건부확률은 $\dfrac{2 \times 2 \times 2! \times 2^2}{3 \times 3! \times 2^3} = \dfrac{2}{9}$

 핵심노트

원순열

서로 다른 n개를 원형으로 배열하는 경우의 수는 n개를 일렬로 배열한 뒤 원형으로 중복되는 n개로 나눠준 것과 같다.

즉, 서로 다른 n개를 원형으로 배열하는 경우의 수는 $(n-1)!$이 된다.

29 정규분포

핵심주제 표본평균의 분포 정답 8

step1 문제조건에서 표본평균의 분포를 이용해 주어진 확률을 나타낸다.

과자 1개의 무게를 X라 하면

X는 정규분포 $N(150, 9^2)$를 따르고, 이 중에서 임의로 n개를 택한 것의 평균을 $\overline{X}$라 하면

$\overline{X}$는 정규분포 $N\left(150, \dfrac{9^2}{n}\right)$을 따른다.

세트 상품이 불량품일 확률은 $P(\overline{X} \leq 145)$이므로,

n이 $P(\overline{X} \leq 145) \leq 0.07$을 만족시키면 된다.

step2 이를 정규화하여 자연수 n의 최소값을 구한다.

$P(\overline{X} \leq 145) \leq 0.07$를 정규화하면

$P\left(Z \leq -5 \times \dfrac{\sqrt{n}}{9}\right) \leq 0.07$이므로

$-\dfrac{5}{9}\sqrt{n} \leq -1.5$, $\sqrt{n} \geq 2.7$, $n \geq 2.7^2 = 7.29$에서

자연수 n의 최소값은 8

 핵심노트

표본평균의 분포

정규분포 $N(m, \sigma^2)$를 따르는 모집단 X에 대하여, n개의 표본을 임의추출한 것의 평균 $\overline{X}$는,

정규분포 $N\left(m, \dfrac{\sigma^2}{n}\right)$를 따른다.

30 조합

핵심주제 중복조합 정답 166

step1 문제 조건에 따라 연필을 나누어 주는 경우를 찾는다.

조건 (가)에서, A가 연필을 4개 이상 받아야 하므로 연필을 나누어 주는 경우는 다음과 같다.

1) A가 연필 5개를 모두 받는 경우

2) A가 연필을 4개만 받고, 나머지는 다른 사람이 받는 경우

step2 각각의 경우에 공책을 나누어 주는 경우의 수를 계산한다.

1)의 경우, 조건 (나)에 해당하는 사람은 반드시 A여야 한

다. 즉, A는 공책을 5개 이하로 받아야 하며, 이때 경우의 수는 4명에게 공책 5권을 중복을 허용하면서 나누어 주는 경우의 수에서 A가 공책을 5개 받는 경우의 수를 빼주면 된다.

그러므로 이 경우는 $_4H_5-1=55$가지이다.

2)의 경우, 조건 (나)에 해당하는 사람이 A인 경우와 아닌 경우로 나눌 수 있다.

조건 (나)에 해당하는 사람이 A인 경우, A를 제외한 사람 중 한 명이 연필 1개와, 공책 1개 이상을 받아야 하므로 이를 받을 사람을 먼저 정하고, 남은 공책 4권을 중복을 허용하면서 4명에게 주면 되는데, 이때 A가 공책을 4권 받는 경우를 빼주면 된다.

이 경우는 $3 \times (_4H_4-1)=102$가지이다.

조건 (나)에 해당하는 사람이 A가 아닌 경우, A를 제외한 사람 중 한 명이 연필 1개만을 받고, A가 공책 4권 이상을 가져가야 하므로 이를 받을 사람을 먼저 정하고 A가 공책 4권을 가져간 뒤, 남은 1권을 조건 (나)에 해당하는 사람을 제외한 세 명중 한 명이 받으면 된다.

이 경우는 $3 \times 3=9$가지이다.

그러므로 모든 경우의 수는 $55+102+9=166$가지이다.

미적분

23 수열

정답 ⑤

수열합을 이용한 수열의 일반항 계산

step1 주어진 수열합을 이용하여 수열의 일반항을 찾는다.

$S_n-S_{n-1}=a_n$이므로$(n \geq 2)$ 대입하면

$a_n=4^{n+1}-3n-\{4^n-3(n-1)\}=3 \times 4^n-3.$

step2 이를 이용하여 극한값을 계산한다.

이를 대입하면 $\lim\limits_{n \to \infty} \dfrac{a_n}{4^{n-1}}=\lim\limits_{n \to \infty}\dfrac{3 \times 4^n-3}{4^{n-1}}$인데,

$4^n>0$이므로

$$\lim_{n \to \infty}\frac{3 \times 4^n-3}{4^{n-1}}=\lim_{n \to \infty}\frac{3-\dfrac{3}{4^n}}{\dfrac{1}{4}}=\frac{3}{\dfrac{1}{4}}=12$$

24 적분법

정답 ②

무한급수와 정적분

step1 주어진 무한급수 식을 정적분으로 변형한다.

$$\lim_{n \to \infty}\frac{1}{n}\sum_{k=1}^{n} f\left(\frac{n+k}{n}\right)=\int_0^1 f(1+x)dx=\int_1^2 f(x)dx,$$

step2 주어진 함수를 이용해 이를 계산한다.

$$\int_1^2 f(x)dx=\left[\ln x-\frac{1}{x}\right]_1^2=\ln 2+\frac{1}{2}$$

✅ 핵심노트

무한급수

$\lim\limits_{n \to \infty}\dfrac{p}{n}\sum\limits_{k=1}^{n} f\left(a+\dfrac{p}{n}k\right)=\int_a^b f(x)dx$이다.

(단, $p=b-a$)

25 삼각함수

정답 ③

삼각함수의 접선의 기울기

step1 문제조건을 이용하여 점 A의 좌표를 구한다.

x축과 만나는 점이므로 $y=0$을 대입하면

$\pi \times \cos 0+0=3x$에서 $x=\dfrac{\pi}{3}$, 즉 $A\left(\dfrac{\pi}{3},0\right)$이다.

step2 주어진 함수를 미분하여 점 A에서의 접선의 기울기를 구한다.

주어진 식을 x에 대하여 미분하면

$\pi(-\sin y)y'+y'\sin x+y\cos x=3$

여기에 $\left(\dfrac{\pi}{3},0\right)$를 대입하면 $y'=2\sqrt{3}$

26 무한등비급수

핵심주제 무한등비급수의 계산　정답 ①

step1 문제조건을 이용하여 무한등비급수의 첫째항 S_1을 구한다.

$$\triangle OB_1D_1 = \frac{1}{2} \times 1 \times 1 \times \sin 30° = \frac{1}{4} \text{인데,}$$
$$S_1 = OB_1D_1C_1A_1 - \triangle OB_1A_1$$
$$= 3\triangle OB_1D_1 - \triangle OB_1A_1$$
$$= 3 \times \frac{1}{4} - \frac{1}{2} = \frac{1}{4}$$

step2 공비를 구하고 무한등비급수의 합 공식을 이용하여 계산한다.

$\overline{OB_2} = \frac{1}{\sqrt{2}}$이므로, S_n의 공비 r은 길이의 공비의 제곱인 $\frac{1}{2}$이다.

그러므로 $\lim\limits_{n \to \infty} S_n = \frac{S_1}{1-r} = \frac{1}{2}$

✓ 핵심노트

무한등비급수

첫째항이 S_1, 공비가 r인 무한등비급수에서 무한등비급수의 합은

$$\lim_{n \to \infty} S_n = \lim_{n \to \infty} \frac{S_1(1-r^n)}{1-r} = \frac{S_1}{1-r} \ (r < 1)$$

27 정적분

핵심주제 정적분의 활용　정답 ④

step1 주어진 도형의 부피를 x에 대한 정적분 형태로 나타내어 계산한다.

주어진 도형의 부피는

$$\int_{\frac{\pi}{3}}^{\frac{\pi}{2}} y^2 dx = \int_{\frac{\pi}{3}}^{\frac{\pi}{2}} (1 + \cos x)^2 \sin x \, dx$$
$$= \int_{\frac{\pi}{3}}^{\frac{\pi}{2}} \sin x + 2\sin x \cos x + \sin x \cos^2 x \, dx$$
$$= \left[-\cos x + \sin^2 x - \frac{1}{3} \cos^3 x \right]_{\frac{\pi}{3}}^{\frac{\pi}{2}} = \frac{19}{24}$$

28 미분법

핵심주제 지수함수의 미분　정답 ③

step1 주어진 조건을 이용하여 $f(t)$와 $g(t)$를 구한다.

주어진 곡선이 직선 $y = tx$와 점 (t, t^2)에서 접하므로, 다음이 성립한다.

$$\begin{cases} (at+b)e^{t-k} = t^2 \\ (at+a+b)e^{t-k} = t \end{cases}$$

이때 아래 식에서 위 식을 빼면, $ae^{t-k} = t - t^2$이므로

$a = f(t) = (t - t^2)e^{k-t}$이다.

이를 위 식에 대입하면, $b = g(t) = t^3 e^{k-t}$이다.

step2 k를 구하고 이를 대입하여 $g'(k)$를 구한다.

$f(k) = -6$이므로, $f(k) = k - k^2 = -6$,

$(k-3)(k+2) = 0$에서 $k = 3$이다. 그러므로

$$g'(k) = (-k^3 + 3k^2)e^0 = -27 + 27 = 0$$

29 삼각함수

핵심주제 삼각함수의 극한　정답 20

step1 원의 성질을 이용하여 $S(t)$를 변형한다.

사인함수는 원점에 대하여 대칭이므로, 주어진 사인함수와 $\overline{PQ}$가 교차하면서 생기는 두 영역의 크기는 같다.

그러므로, $S(t)$는 $\triangle PQR$의 넓이와 같다.

step2 배각 공식을 활용하여 $S(t)$를 t에 대한 식으로 나타낸다.

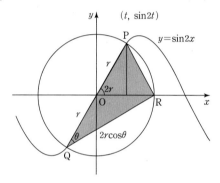

이때 원의 반지름을 r, $\angle PQR = \theta$라 하면

$$\triangle PQR = \frac{1}{2} \times 2r \times 2r\cos\theta \times \sin\theta = r^2(2\sin\theta\cos\theta)$$
$$= r^2 \sin 2\theta = r^2 \times \frac{\sin 2t}{r} = r\sin 2t \text{이다.}$$

$r = \sqrt{t^2 + \sin^2 2t}$이므로, 이를 대입하면

$$\lim_{t \to 0+} \frac{S(t)}{t^2} = \lim_{t \to 0+} \frac{\sqrt{t^2 + \sin^2 2t} \times \sin 2t}{t^2}$$
$$= \lim_{t \to 0+} \frac{\sqrt{t^2 + \sin^2 2t}}{t} \times \lim_{t \to 0+} \frac{\sin 2t}{t} = \sqrt{5} \times 2 = 2\sqrt{5}$$

$k = 2\sqrt{5}$이므로, $k^2 = 20$

✓ 핵심노트

사인함수의 배각공식

$$\sin 2\theta = \sin(\theta + \theta) = \sin\theta\cos\theta + \cos\theta\sin\theta$$
$$= 2\sin\theta\cos\theta \text{이다. 역도 성립한다.}$$

30 적분법

핵심주제 치환적분　정답 13

step1 주어진 조건을 이용하여 $f(x)$와 k값을 구한다.

$f'(x)$를 적분하면 $f(x) = \frac{1}{2}(\ln x)^2 - k\ln x + C$인데,

$f(x)$가 $(1, 0)$을 지나므로 이를 대입하면

$f(x)=\dfrac{1}{2}(\ln x)^2-k\ln x$이다.

또한 $f(x)$가 $\left(\dfrac{1}{e^2}, 0\right)$을 지나므로 이를 대입하면

$f(x)=\dfrac{1}{2}(\ln x)^2+\ln x$이다.

step2 $f(x)$와 $y=t$를 연립하여 $g(t)$를 구한다.

$f(x)=t$, $\dfrac{1}{2}(\ln x)^2+\ln x=t$,

$(\ln x)^2+2\ln x-2t=0$, $(\ln x+1)^2=1+2t$,

$\ln x+1=\pm\sqrt{1+2t}$인데,

더 작은 x좌표를 구해야 하므로

$\ln x=-1-\sqrt{1+2t}$에서 $g(t)=e^{-1-\sqrt{1+2t}}$.

step3 이를 이용하여 주어진 넓이를 적분하여 계산한다.

$-1-\sqrt{1+2t}=X$라 하면,

$$\int_0^{\frac{3}{2}}e^{-1-\sqrt{1+2t}}dt=\int_{-2}^{-3}(X+1)e^X dX=[Xe^X]_{-2}^{-3}$$

$$=-3e^{-3}+2e^{-2}=\dfrac{2e-3}{e^3}\text{이다.}$$

$a=2$, $b=-3$이므로 $a^2+b^2=4+9=13$

치환적분

$\displaystyle\int f(g(x))g'(x)dx=\int f(t)dt$, $(g(x)=t)$

기하

23 공간좌표

정답 ④

공간좌표에서 두 점 사이의 거리

step1 문제조건을 이용하여 두 점 사이의 거리 식을 세운다.

점 P가 x축 위에 있으므로 $\mathrm{P}(a, 0, 0)$이라 하면

$\overline{\mathrm{AP}}^2=\overline{\mathrm{BP}}^2$, $(a-4)^2+4+9=(a+2)^2+9+1$,

$12a=15$, $a=\dfrac{5}{4}$.

그러므로 점 P의 x좌표는 $\dfrac{5}{4}$.

24 이차곡선

정답 ⑤

쌍곡선의 기본형과 점근선

step1 두 쌍곡선의 방정식을 기본형으로 변형하여 중심을 찾는다.

두 쌍곡선의 방정식을 기본형으로 변형하면

$$\dfrac{(x-1)^2}{1}-\dfrac{(y+1)^2}{\frac{1}{9}}=1, \quad \dfrac{(x-1)^2}{1}-\dfrac{(y+1)^2}{\frac{1}{9}}=-1$$

을 얻는다.

즉, 중심이 $(1, -1)$로 같고, 점근선의 기울기가 $\pm\dfrac{1}{3}$인 두 쌍곡선이다.

step2 쌍곡선의 점근선을 활용하여 두 쌍곡선과 만나지 않는 직선을 찾는다.

이 경우 두 쌍곡선의 중심과 점근선이 같으므로, 두 쌍곡선과 만나지 않는 두 개의 직선은 두 개의 점근선이다. 기울기가 $\pm\dfrac{1}{3}$이고, 중심 $(1,-1)$을 지나는 두 직선의 방정식은

$$y=\dfrac{1}{3}x-\dfrac{4}{3}, \quad y=-\dfrac{1}{3}x-\dfrac{2}{3}\text{이므로}$$

$$ac+bd=-\dfrac{1}{9}+\dfrac{8}{9}=\dfrac{7}{9}$$

쌍곡선

$c>0$일 때, 초점이 $\mathrm{F}(c, 0)$, $\mathrm{F}'(-c, 0)$인 쌍곡선의 기본형의 방정식은

$\dfrac{x^2}{a^2}-\dfrac{y^2}{b^2}=1$이고,

이때 $c=\sqrt{a^2+b^2}$이다.

이때의 쌍곡선의 점근선은 $y=\pm\dfrac{b}{a}x$이다.

25 평면벡터

정답 ①

평면벡터의 연산

step1 평면좌표에서 각 점의 좌표를 구하고 주어진 벡터를 계산한다.

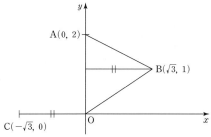

$\triangle AOB$가 정삼각형이므로, $B(\sqrt{3}, 1)$이고
$\overrightarrow{OA} = (0, 2)$, $\overrightarrow{BC} = \overrightarrow{OC} - \overrightarrow{OB} = (-\sqrt{3}, 0) - (\sqrt{3}, 1)$
$\qquad\qquad = (-2\sqrt{3}, -1)$이다.
그러므로 $|\overrightarrow{OA} + \overrightarrow{BC}| = |(0, 2) + (-2\sqrt{3}, -1)|$
$\qquad\qquad\qquad = |(-2\sqrt{3}, 1)| = \sqrt{13}$

26 정사영

정답 ②

공간에서의 정사영

step1 $\triangle BID$를 평면 EFGH에 정사영하여 나오는 면적으로 식을 세운다.

$\triangle BID$를 평면 EFGH에 정사영하면 $\triangle FGH$가 되는데,
이때 $\triangle BID \times \cos\theta = \triangle FGH = 1$이므로
$\cos\theta = \dfrac{1}{\triangle BID}$이다.

step2 $\triangle BID$의 넓이를 계산하여 $\cos\theta$를 구한다.

$\triangle ABD$에서 $\overline{BD}$는 빗변이므로 $\overline{BD} = \sqrt{5}$,
마찬가지로 $\overline{BI}$와 $\overline{ID}$도 빗변이므로
$\overline{BI} = 2\sqrt{2}$, $\overline{ID} = \sqrt{5}$.

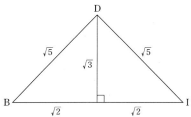

이때 $\triangle BID$는 이등변삼각형이므로
$\triangle BID = \dfrac{1}{2} \times 2\sqrt{2} \times \sqrt{3} = \sqrt{6}$이다.
그러므로 $\cos\theta = \dfrac{1}{\sqrt{6}} = \dfrac{\sqrt{6}}{6}$

공간에서의 정사영

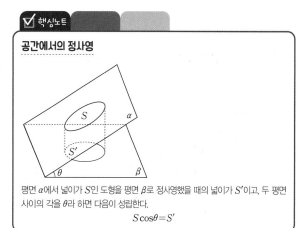

평면 α에서 넓이가 S인 도형을 평면 β로 정사영했을 때의 넓이가 S'이고, 두 평면 사이의 각을 θ라 하면 다음이 성립한다.
$$S\cos\theta = S'$$

27 이차곡선

정답 ③

타원과 포물선

step1 문제조건을 이용하여 타원과 포물선의 방정식을 구한다.

타원이 y축과 만나는 점 중 y좌표가 양수인 점을 B라고 하자. 타원의 장축의 길이가 12이므로 $\overline{BF} = 6$,
$\overline{OB} = \sqrt{36-4} = \sqrt{32}$이고, 이때 타원의 방정식은
$\dfrac{x^2}{36} + \dfrac{y^2}{32} = 1$이다.
또한 포물선의 경우 초점이 $F(2, 0)$이므로, 포물선의 방정식은 $y^2 = 8x$이다.

step2 두 방정식을 연립하여 A의 좌표를 구한다.

$\dfrac{x^2}{36} + \dfrac{y^2}{32} = 1$에 $y^2 = 8x$을 대입하여 풀면, $A(3, 2\sqrt{6})$을 얻는다.

step3 $\triangle APF$의 넓이를 최대로 하는 점 P를 찾는다.

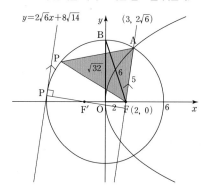

$\overrightarrow{\mathrm{FA}}$의 기울기가 $2\sqrt{6}$이므로, 이것과 평행하면서 타원에 접하는 직선 중 위에 있는 직선과 타원의 교점이 P가 된다.

접선의 기울기가 $2\sqrt{6}$이고 타원 $\dfrac{x^2}{36}+\dfrac{y^2}{32}=1$에 접하는 직선의 방정식은

$y=2\sqrt{6}x+\sqrt{36\times 24+32}=2\sqrt{6}x+8\sqrt{14}$이다.

이 직선과 $F(2,0)$사이의 거리를 구해보면

$\dfrac{4\sqrt{6}+8\sqrt{14}}{\sqrt{(2\sqrt{6})^2+1^2}}=\dfrac{4\sqrt{6}+8\sqrt{14}}{5}$이므로,

$\begin{aligned}\Delta \mathrm{APF}&=\dfrac{1}{2}\times \overline{\mathrm{AF}}\times \dfrac{4\sqrt{6}+8\sqrt{14}}{5}\\&=\dfrac{1}{2}\times 5\times \dfrac{4\sqrt{6}+8\sqrt{14}}{5}\\&=2\sqrt{6}+4\sqrt{14}\end{aligned}$

☑핵심노트

타원의 접선방정식 - 기울기를 아는 경우

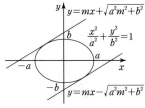

타원 $\dfrac{x^2}{a^2}+\dfrac{y^2}{b^2}=1$에 대하여, 기울기가 m인 접선의 방정식은

$y=mx\pm\sqrt{a^2m^2+b^2}$이다.

28 평면벡터

 평면벡터의 내적

정답 ⑤

step1 주어진 조건을 이용하여 $\Delta \mathrm{ABC}$의 각 변의 비를 찾고 a로 나타낸다.

조건 (가)에서

$\overrightarrow{\mathrm{AB}}\cdot \overrightarrow{\mathrm{AC}}=\dfrac{1}{3}|\overrightarrow{\mathrm{AB}}|^2=|\overrightarrow{\mathrm{AB}}|\times \dfrac{1}{3}\overrightarrow{\mathrm{AB}}|$이므로,

$\overrightarrow{\mathrm{AC}}$를 $\overrightarrow{\mathrm{AB}}$ 위로 정사영하면 $\dfrac{1}{3}\overrightarrow{\mathrm{AB}}$가 된다.

즉, C에서 $\overrightarrow{\mathrm{AB}}$에 내린 수선의 발은 $\overrightarrow{\mathrm{AB}}$를 1:2로 내분한다.

또한 조건 (나)에서

$\overrightarrow{\mathrm{AB}}\cdot \overrightarrow{\mathrm{CB}}=\dfrac{2}{3}|\overrightarrow{\mathrm{AB}}|^2=\dfrac{2}{5}|\overrightarrow{\mathrm{AC}}|^2$이므로,

$|\overrightarrow{\mathrm{AC}}|=\dfrac{\sqrt{15}}{3}|\overrightarrow{\mathrm{AB}}|$이다. 이제 $\Delta \mathrm{ABC}$를 그려 보면,

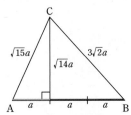

$\overline{\mathrm{AB}}=3a$라 할 때 $\Delta \mathrm{ABC}$는 위와 같이 된다.

step2 문제조건을 이용하여 a를 구하고 $\Delta \mathrm{ABC}$의 넓이를 구한다.

$\overrightarrow{\mathrm{AB}}$에 수직인 직선과 $\overrightarrow{\mathrm{AC}}$가 만나는 점이 D이므로, 이를 그려보면 다음과 같다.

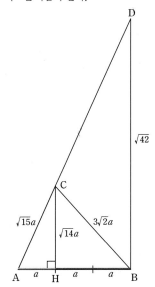

이때 C에서 $\overline{\mathrm{AB}}$에 내린 수선의 발을 H라 하면,
$\Delta \mathrm{AHC}$와 $\Delta \mathrm{ABD}$는 1:3닮음이므로

$3\times \sqrt{14}a=\sqrt{42}$, $a=\dfrac{\sqrt{3}}{3}$이다.

그러므로,

$\Delta \mathrm{ABC}=\dfrac{1}{2}\times 3a\times \sqrt{14}a=\dfrac{3}{2}\sqrt{14}a^2=\dfrac{\sqrt{14}}{2}$

☑핵심노트

평면벡터의 내적

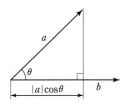

평면벡터 a와 평면벡터 b의 내적은 벡터 a를 벡터 b에 정사영한 벡터와, 벡터 b를 곱한 값과 같다.

즉, $\vec{a}\cdot\vec{b}=|a|\cos\theta\times|b|$

29 이차곡선

 포물선의 정의

정답 23

step1 문제조건을 활용하여 A와 B의 좌표를 p^2을 이용하여 나타낸다.

$\overline{\mathrm{FA}}:\overline{\mathrm{FB}}=1:3$이므로, $A\left(\dfrac{a^2}{4p},a\right)$, $B\left(\dfrac{b^2}{4p},b\right)$라 하면

$3\left(\dfrac{a^2}{4p}+p\right)=\dfrac{b^2}{4p}+p$, $2p=\dfrac{b^2-3a^2}{4p}$, $8p^2=b^2-3a^2$.

또한 $F'(-p,0)$, A, B가 한 직선 위에 있으므로
$\overrightarrow{\mathrm{F'A}}$와 $\overrightarrow{\mathrm{F'B}}$의 기울기가 같다.

즉, $\dfrac{a}{\dfrac{a^2}{4p}+p}=\dfrac{b}{\dfrac{b^2}{4p}+p}$이고, 정리하면

$\dfrac{ab}{4p}(b-a)=p(b-a)$, $ab=4p^2$이다.

$8p^2=b^2-3a^2$이므로 $2ab=b^2-3a^2$에서

$b=3a$, $a=\dfrac{1}{3}b$를 얻는다.

이를 $ab=4p^2$에 대입하면 $b^2=12p^2$.

step2 주어진 삼각형의 넓이를 이용하여 p^2의 값을 구한다.

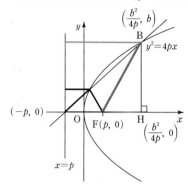

$\Delta \mathrm{BFH}=\dfrac{1}{2}\times\left(\dfrac{b^2}{4p}-p\right)\times p=2\sqrt{3}p^2=46\sqrt{3}$이므로,

$p^2=23$.

30 공간좌표

 공간좌표상의 구　　　　**정답** 17

step1 구 하나를 대칭이동시켜, 구 간 최단거리를 구한다.

C_1과 C_2 모두 $x>0$, $y>0$, $z>0$인 공간에 있으므로 이 둘을 연결한 최단거리는 C_2를 x축, y축에 대하여 대칭이동시킨 구를 C_2'이라 할 때 $\overline{\mathrm{C}_1\mathrm{C}_2'}$가 된다.

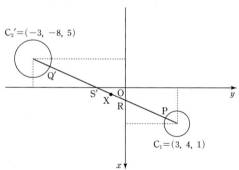

이를 z축 위에서 내려다보면 이와 같이 되며, 이때 C_1과 C_2'의 중심 사이의 거리는
$\sqrt{36+144+16}=14$이다.

step2 문제조건을 이용하여 X의 좌표를 구한다.

$\overline{\mathrm{PR}}+\overline{\mathrm{RX}}=\overline{\mathrm{XS}}+\overline{\mathrm{SQ'}}$이므로, X는 $\overline{\mathrm{PQ'}}$을 $1:1$로 내분하는 점이 된다.

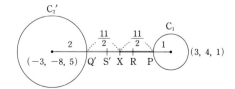

이때 C_1과 C_2'의 반지름이 1, 2이므로

X는 C_1과 C_2'를 $13:15$로 내분하는 점이 된다.

그러면 X의 x좌표는 $\dfrac{15\times 3-3+13}{28}=\dfrac{3}{14}$이므로,

$p+q=14+3=17$.

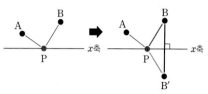

대칭과 최단거리

B의 x축 대칭점

공간 상의 점 A와 B에 대해, 축(여기서는 x축) 위의 점 P에 대하여 $\overline{\mathrm{AP}}+\overline{\mathrm{BP}}$의 최소값을 구한다고 하자.

B를 축에 대하여 대칭이동 시킨 점을 B$'$이라 할 때, $\overline{\mathrm{AP}}+\overline{\mathrm{BP}}$의 최소값은 $\overline{\mathrm{AB}'}$과 같다.

2023 정답 및 해설

국어영역

01 독서 – 인문

정답 ④

핵심주제 글의 내용 파악하기

정답 해설

제시문은 특정한 시간과 공간에서 독자가 문학 작품에 대해 갖게 되는 해석과 평가의 준거인 '기대지평'이라는 개념을 중심으로 독자 반응 비평을 설명하고 있다. 또한 독자 반응 비평이 전통적인 문학 비평에서 간과되어 왔던 독자의 중요성에 주목하여, 독자의 역할을 재정립하고 독자와 작품 사이의 상호 작용을 탐구하도록 했다는 의의를 제시하고 있다.

오답 해설

① 주요 개념 → '기대지평'
'기대지평'이라는 주요 개념을 활용하여 독자 반응 비평을 설명하고 있으나, 인접 분야의 개념을 활용하여 독자 반응 비평을 설명하고 있지는 않다.

② 독자 반응 비평의 실효성(X) → 독자 반응 비평의 의의와 평가(O)
'기대지평, 미적 긴장, 지평전환' 등의 개념을 활용하여 독자 반응 비평의 의의와 평가에 대해 설명하고 있으나, 다양한 사례를 통해 독자 반응 비평의 실효성을 강조한 측면은 보이지 않는다.

③ 독자 반응 비평의 변화 과정 → 분석(X)
첫 번째 문단에서 '기대지평'의 복합적 구성 요소에 대해 열거하고 있을 뿐, 독자 반응 비평의 변화 과정에 대한 분석과 그 복합성에 대한 설명은 제시되어 있지 않다.

⑤ 독자 반응 비평 → 긍정적 입장
세 번째 문단에서 독자 반응 비평에 대한 비판이 아니라 전통적 문학 비평에 대해 비판하고 있으며, 독자 반응 비평이 독자의 중요성과 역할에 미친 긍정적 입장을 서술하고 있다.

02 독서 – 인문

정답 ①

핵심주제 글의 세부 내용 이해하기

정답 해설

윗글의 서두에서 독자 반응 비평 이론가인 야우스는 '기대지평'이라는 개념을 제시하여 독자가 문학 작품과 상호 작용하는 과정을 설명하였다고 서술되어 있다. 또한 마지막 문단에서 독자와 작품 사이의 상호 작용을 탐구함으로써 문학 작품은 예술적으로 완성된다고 설명

하고 있다. 그러므로 윗글을 통해 문학 비평의 임무는 ①의 작품과 독자 사이에 일어나는 상호 작용을 검토하는 것임을 알 수 있다.

오답 해설

② · ③ 작품의 언어적 특성 연구 및 보편성 전달 → 전통적 문학 비평
세 번째 문단에서 전통적 문학 비평이 작품의 언어적 특성과 문학적 기법에만 집중했다고 비판하고 있다. 그러므로 작품의 언어적 특성을 연구하여 예술적 가치를 밝히는 것이나 시공간을 초월하는 작품의 보편성을 독자에게 전달하는 것은 독자 반응 비평이 지향하는 문학 비평의 임무는 아니다.

④ · ⑤ 작가의 의도, 시대적 배경 → 전통적 문학 비평
세 번째 문단에서 작가의 의도, 시대적 배경, 윤리적 준거 등이 작품에 끼치는 영향에만 치중했다고 전통적 문학 비평을 비판하고 있다. 그러므로 독자가 작가의 의도를 중심으로 작품을 파악하는 데 기여하는 것이나 작품이 창작된 시대 배경을 조사하여 작품에 역사적 의미를 부여하는 것은 독자 반응 비평이 지향하는 문학 비평의 임무는 아니다.

03 독서 – 인문

정답 ③

핵심주제 글의 세부 내용 이해하기

정답 해설

두 번째 문단에서 작품의 기대지평과 독자의 기대지평 간에 거리가 존재하는 경우 독자는 작품에 대한 부정, 거부감, 혼란, 낯섦 등을 느낄 수 있는데, 이를 작품 수용의 과정에서 나타나는 '미적 긴장'이라고 하였다. 그러므로 도덕적 일탈을 옹호하는 주인공을 다룬 A가 발표되자 조직적인 거부의 움직임을 드러낸 독자층의 모습은 사회의 통념이나 관습에 반하는 '미적 긴장'을 가져온 것이지, 경험의 부재가 미적 긴장 상태의 발생 원인은 아니다. 또한 독자의 기대지평은 지평전환을 통해 새로운 기대지평이 형성될 수 있으므로 무조건적인 부정으로 이어지는 것도 아니다.

오답 해설

① 사회의 관습, 통념 → 독자의 기대지평에 영향
첫 번째 문단에서 독자의 기대지평은 사회의 통념, 관습 등에 의해 구성된다고 하였으므로, A가 도덕적 일탈을 옹호하는 주인공을 내세워 비난을 받은 것은 사회의 관습이나 통념이 독자의 기대지평 형성에 영향을 미쳤다고 볼 수 있다.

② 새로운 의미 탐색 → 새로운 기대지평 형성
두 번째 문단에서 미적 긴장에도 불구하고 방법을 탐색하며 적극적으로 이해를 시도하는 독자는 기존의 기대지평을 현저히 변화시킬 수 있다고 하였으므로, A를 반복적으로 읽으면서 B가 새로운 의미를 탐색하는 것은 기대지평이 새로 형성될 수 있음을 보여준다.

④ 기대지평 → 집단적 차원에서도 형성 가능

첫 번째 문단에서 기대지평은 집단적 차원에서도 형성되어 개인의 기대지평과 서로 영향을 주고받으며 기대지평의 창출과 변화에 기여한다고 하였다. 그러므로 A가 발표 당시 독자층에게 비난받았던 것과 달리 오랜 시간이 지난 후 큰 호응을 받는 것은, 기대지평의 형성과 변화가 집단적 차원에서 이루어질 수 있음을 보여 준다.

⑤ 기대지평의 전환 → 지평전환

두 번째 문단에서 미적 긴장에도 불구하고 독자가 작품의 기대지평에 부응하고자 노력하는 과정을 거쳐 형성된 기대지평의 변화를 '지평전환'이라고 하였다. 그러므로 A가 발표 시점으로부터 오랜 시간이 지난 후 시대에 저항한 작가의 작품으로 소개된 것은, 발표 당시 독자의 기대지평이 전환을 거쳐 작품의 기대지평에 부응하게 된 결과라고 할 수 있다.

04 독서 - 사회

글의 내용 파악하기

정답 ①

정답 해설

첫 번째 문단에서 인구 변천 모델을 '유럽의 인구 현상을 관찰한 결과를 기초로 하여 인구 변화를 설명한 모델'이라고 정의하고 있다. 즉, 인구 변천 모델의 개념에 대한 정의는 나타나 있으나, 그 이론적 배경에 대한 설명은 제시문에 나타나 있지 않다.

오답 해설

② 인구 변천 모델의 기본적 전제 → 두 번째 문단

두 번째 문단에서 근대화와 출생률의 감소에는 인과적 관계가 있다고 인구 변천 모델을 설명하기 위한 기본적 전제를 제시하고 있다.

③ 인구 발전 모델에 활용된 변수의 산출 방법 → 세 번째 문단

세 번째 문단에서 타바라(Tabbarah)는 인구 발전 모델을 제시하고 있는데, 이에 활용된 변수들로 '부부가 이상적으로 원하는 자녀의 수(C_d)'와 '부부의 부양 능력에 맞는 최대 자녀의 수(C_m)'라는 변수들의 산출 방법이 소개되어 있다.

④ 인구 발전 모델을 통해 파악할 수 있는 인구 현상과 의의 → 네 번째 문단 이후

네 번째 문단에서 인구 발전 모델을 네 단계로 나누어 설명하고 있으며, 다섯 번째 문단에서는 그에 따른 자녀 수의 변화 그리고 마지막 문장에서 "이와 같은 타바라의 모델은 시간의 경과에 따른 출산 양상의 변화를 이해하는 데 도움을 주며, 특히 이상적으로 원하는 자녀의 수에 주목했다는 점에서 의의가 있다"고 서술되어 있다.

⑤ 인구 변천 모델의 각 단계별 출생률과 사망률 변화 추세 → 두 번째 문단

두 번째 문단에서 인구 변천 모델을 고위 정지 단계, 초기 확장 단계, 후기 확장 단계, 저위 정지 단계의 4단계로 나누고, 각 단계에서 나타나는 출생률과 사망률의 변화 추세에 대해 밝히고 있다.

05 독서 - 사회

글의 세부 내용 이해하기

정답 ③

정답 해설

인구 변천 모델의 단계 중 사망률은 급격히 낮아지는 반면 출생률은 그대로 높은 수준을 유지하고 있어서 인구가 급증하는 인구 폭발 현상이 나타나는 단계는 두 번째 단계인 초기 확장 단계이다. 후기 확장 단계는 인구 변천 모델의 세 번째 단계로, 출생률의 감소 속도가 사망률의 감소 속도보다 훨씬 빠르게 나타나서 인구의 증가 속도가 상당히 둔화되는 단계이다.

오답 해설

① 인구 변천 모델 → 근대화와 출생률의 감소 : 인과적 관계

두 번째 문단에 인구 변천 모델의 기본적 전제는 근대화와 출생률의 감소에는 인과적 관계가 있다는 것이라고 서술되어 있다.

② 인구 변천 모델 → 인구 성장률의 자발적 수정

두 번째 문단에 인구 변천 모델은 근대화 과정에서 인구 성장률이 자발적인 수정 과정을 거치다가 저출생률과 저사망률의 상태에 이르고 안정적인 균형을 유지한다고 서술되어 있다.

④ 인구 발전 모델 → C_d와 C_m의 불일치

세 번째 문단에서 타바라는 '부부가 이상적으로 원하는 자녀의 수(C_d)'와 '부부의 부양 능력에 맞는 최대 자녀의 수(C_m)'라는 변수를 제시하였고, 네 번째 문단에서 각 단계에 따라 이 두 변수가 일치하는 경우도 있고 그렇지 않은 경우도 있다고 설명하였다. 따라서 인구 발전 모델에 따르면 부부가 원하는 출산 수준이 부양 능력을 고려했을 때의 출산 수준에 부합하지 않을 수 있다.

⑤ 인구 발전 모델 → 출생률 감소의 원인과 발생 시점

세 번째 문단에서 타바라는 인구 발전 모델을 제시하며 "부부가 원하는 이상적인 가구 규모에 기반하여 출생률 감소가 왜 나타나는지, 어느 시점에서 출생률 감소가 나타나는지를 설명하고자 하였다"고 서술되어 있다.

06 독서 - 사회

글의 세부 내용 이해하기

정답 ②

정답 해설

〈그림〉에 나타난 것처럼 t_1에서 t_0으로 진행되는 동안 B_d는 감소하고 B_m은 증가함으로써 그 차이는 점차 줄어들지만, t_0 시점까지 B_d의 값은 B_m보다 크다. 그리고 다섯 번째 문단에서 B_d가 B_m보다 클 경우 출산력이 증가하여 출산 곡선은 B_m 곡선의 방향을 따르게 된다고 설명하고 있다. 그러므로 t_1에서 t_0으로 진행되는 동안 출산력은 B_d와 B_m 값의 차이에 비례하는 것이 아니라 반비례한다.

오답 해설

① B_m - C_m → t_1 시점에서의 생잔율 반영

B_{m1}에서 C_{m1}을 뺀 숫자는 t_1 시점에서의 사망자수에 해당하므로 t_1 시점에서의 생잔율이 반영된 것이다.

③ 실제 출산 곡선 → C_m-O'-C_d

마지막 문단에서 부부들의 출산 곡선은 B_m-O-B_d의 곡선을 따르게 되며, 실제 출산 곡선은 생잔율을 적용하여 C_m-O'-C_d의 형태로 나타난다.

④ C_d → '시간의 흐름 / 경제 발전'에 따라 점점 줄어듦

부부가 이상적으로 원하는 자녀의 수는 C_d이며, t_1에서 t_0으로 진

2023학년도

행되는 동안 부부가 이상적으로 원하는 자녀의 수는 〈그림〉에서 알 수 있듯이 '시간의 흐름 / 경제 발전'에 따라 점점 줄어든다.

⑤ B_d와 C_m이 만난 지점 이후 → 부양 능력을 고려함이 없이 원하는 수만큼의 자녀 가짐

부부가 이상적으로 원하는 자녀의 수를 갖추기 위해 실제 출산해야 하는 자녀의 수(B_d)는 점차 감소하고, 부부의 부양 능력에 맞는 최대 자녀의 수(C_m)는 점차 증가하므로, 두 변수가 B_d와 C_m이 만난 지점 이후로는 부부가 부양 능력을 고려하지 않아도 원하는 수만큼의 자녀를 가질 수 있다.

07 독서 - 사회

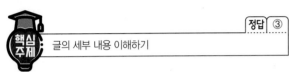

정답 ③

핵심주제 : 글의 세부 내용 이해하기

✏️정답 해설

인구 변천 모델은 결국 마지막 단계인 저위 정지 단계에서 저출생률과 저사망률 상태에 들어서면 인구 변화가 거의 없는 안정적 상태를 유지할 것으로 내다봤다. 그러나 〈보기〉의 설명처럼 20세기 후반 이후 출산력을 감소시키는 여러 요인으로 인해 인구 변천 모델에서 예측했던 인구 안정화 상태는 깨지고 말았다. 따라서 인구 변천 모델은 인구 변화가 정체된 상태 이후에 나타난 출산력 감소를 설명할 수 없었기 때문에 이러한 인구 현상을 설명할 제2차 인구 변천 이론이 등장한 것이다.

🖋️오답 해설

① 인구 변천 모델 → 결혼 연령 변화가 출산력에 미칠 영향 고려

인구 변천 모델도 세 번째 단계인 후기 확장 단계에서 여성의 사회·경제적 지위 향상으로 인한 결혼 연령의 상승을 출생률 감소 요인 중의 하나로 보고 있다. 즉, 인구 변천 모델은 결혼 연령의 변화가 출산력에 미칠 영향을 고려하고 있다.

② 인구 변천 모델 → 인구 안정화 상태 유지

인구 변천 모델은 마지막 단계인 저위 정지 단계에서 출생률과 사망률이 감소하는 저출생률과 저사망률 상태에 들어서면 인구 변화가 거의 없는 안정적 상태를 유지할 것으로 판단했다.

④ 인구 발전 모델 → 비혼주의나 결혼 제도의 파괴(X)

비혼주의나 결혼 제도의 파괴 등은 20세기 후반 이후에 나타난 출산력 감소 요인으로, 새롭게 등장한 제2차 인구 변천 이론의 판단 근거이며 인구 발전 모델에서는 그 근거를 찾을 수 없다.

⑤ 인구 발전 모델 → 이상적인 가족 규모와 실제 가족 규모 간의 차이 판단

인구 발전 모델은 '부부가 이상적으로 원하는 자녀의 수(C_d)'와 '부부의 부양 능력에 맞는 최대 자녀의 수(C_m)'라는 두 변수를 통해 이상적인 가족 규모와 실제 가족 규모 간의 차이로 인해 출산력의 변화를 판단할 수 있다.

08 독서 - 과학

정답 ③

핵심주제 : 글의 내용 파악하기

✏️정답 해설

세 번째 문단에 따르면 카테네인은 금속의 산화-환원과 같은 화학적

자극에 따라 회전 운동을 하는 분자 기계로 작동하며, 로탁세인도 산과 염기의 화학적 자극에 따라 직선 운동을 하는 분자 기계로 작동한다. 빛과 열의 반응과 같은 물리적 자극에 따라 회전 운동을 하는 분자 기계는 네 번째 문단에서 설명한 분자 모터이다.

🖋️오답 해설

① 카테네인 → 공유 결합 + 기계적 결합

두 번째 문단에 분자 집합체 중 일부는 기계적 결합을 통해 만들어지며, 이 기계적 결합을 끊기 위해서는 개별 공유 결합을 해체해야 한다고 서술되어 있다. 그리고 그 예로 카테네인과 로탁세인을 들고 있다. 그러므로 카테네인에는 공유 결합과 기계적 결합이 존재한다고 할 수 있다.

② 로탁세인 → 분자 셔틀의 기본 구조

세 번째 문단에 로탁세인은 사각형 고리가 축의 특정한 자리에서 결합하면서 좌우로 직선 운동을 하는 분자 기계인 분자 셔틀의 기본 구조를 이룬다고 서술되어 있다.

④ 로탁세인 → 분자 엘리베이터, 인공 근육

세 번째 문단에 분자 부품을 원위치로부터 0.7nm만큼 들어올리는 데 성공한 분자 엘리베이터나, 근육의 수축과 이완 현상을 모사하는 인공 근육의 작동도 로탁세인을 이용한 것이라고 서술되어 있다. 즉, 로탁세인은 좌우로 직선 운동을 하는 분자 기계이므로, 로탁세인을 이용한 분자 엘리베이터와 인공 근육의 작동은 분자의 위치 이동을 통해 가능해진다고 볼 수 있다.

⑤ 카테네인, 로탁세인 → 위상학적 상관관계 이용

두 번째 문단에 분자들이 모여 이루어진 분자 집합체 중 일부는 분자 간의 위치나 연결 방식의 특성으로 인해 발생하는 위상학적 상관관계를 이용한 기계적 결합을 통해 만들어진다고 서술되어 있다. 그러므로 분자 집합체인 카테네인과 로탁세인은 모두 위상학적 상관관계를 이용하여 결합을 유지한다고 할 수 있다.

09 독서 - 과학

정답 ⑤

핵심주제 : 글의 내용 추론하기

✏️정답 해설

첫 번째 문단에서 결합을 해체하는데 필요한 에너지는 결합에 필요한 결합 에너지와 같으므로, 결합 에너지가 다시 가해지지 않는 한 분자는 최소 단위로서의 독립성을 유지할 수 있다고 하였다. 또한 두 번째 문단에서 기계적 결합을 통해 만들어진 분자 집합체의 결합을 끊기 위해서는 개별 분자의 공유 결합을 해체해야 한다고 설명하고 있다. 즉, 분자 집합체는 개별 분자 간의 결합을 끊는 데에 공유 결합을 끊는 만큼의 에너지가 필요하므로, 분자 수준의 독립성을 지녔다고 볼 수 있다.

10 독서 - 과학

정답 ④

핵심주제 : 글의 세부 내용 이해하기

✏️정답 해설

세 번째 문단에 따르면 외부에서 브뢴스테드-로우리 산을 넣어 결합

자리 I을 양성자화하면 결합 자리 I과 고리 사이에 정전기적 반발력이 생긴다고 하였다. 즉, 고리와 결합 자리 I 사이에 정전기적 반발력이 생기면 양성자의 이동이 발생하는 것이 아니라, 양성자의 이동이 발생하면 고리와 결합 자리 I 사이에 정전기적 반발력이 생겨 고리가 결합 자리 II로 이동하는 것이다.

오답 해설

① ⓐ(결합 자리 I) – ⓑ(결합 자리 II) → '짝산–짝염기' 관계

〈보기〉의 설명에서 양성자가 이동하고 난 후의 물질 간의 관계를 '짝산–짝염기' 관계라고 하였으므로, 브뢴스테드–로우리 산을 넣어 결합 자리 I을 양성자화하면 양성자의 이동에 따라 〈그림 2〉의 ⓐ(결합 자리 I)와 ⓑ(결합 자리 II)는 '짝산–짝염기' 관계가 된다.

② 양성자화 → 수소 이온을 얻음

〈보기〉에서 산은 양성자인 수소 이온(H^+)을 주는 물질이며 염기는 양성자를 받는 물질이라고 하였으므로, 브뢴스테드–로우리 산을 넣은 결합 자리 I이 양성자화된다는 것은 수소 이온을 얻게 된다는 의미이다.

③ 염기 첨가 → ⓑ(결합 자리 II)에서 ⓐ(결합 자리 I)로 이동

세 번째 문단에서 염기를 넣어 중화하면 고리는 다시 결합 자리 I로 되돌아간다고 하였으므로, 〈그림 2〉에서 양성자를 받은 ⓑ(결합 자리 II)는 염기를 넣으면 다시 ⓐ(결합 자리 I)로 되돌아간다.

⑤ 양성자 유입 → 결합 자리 I에서 결합 자리 II로 이동

브뢴스테드–로우리 산을 결합 자리 I에 넣으면 양성자가 유입됨으로써 로탁세인의 고리 분자가 결합 자리 I에서 결합 자리 II로 이동한다.

11 독서 – 과학

 핵심주제 글의 세부 내용 이해하기 **정답 ②**

정답 해설

네 번째 문단에서 분자 모터는 특정 자외선 파장에 노출되면 분자 하나가 180° 회전하게 되며, 작용기와 메틸기의 배열 순서가 달라지면서 회전하던 분자의 진로에 장애가 발생한다고 하였다. 또한 적절한 열 에너지가 제공되면 작용기의 겹친 부분이 교차되어 이 장애가 해소된다고 하였다. 그러므로 ㉯로 바뀌어 발생한 장애는 자외선을 받음으로써 해소되는 것이 아니라 열 에너지에 의해 해소되는 것이다.

오답 해설

① 자외선 → 메틸기끼리, 작용기끼리 배열

네 번째 문단에서 분자 모터가 특정 자외선 파장에 노출되어 분자 하나가 180° 회전하게 되면 메틸기가 결합하지 않은 부분, 즉 작용기 끼리 겹치게 된다고 하였다. 그러므로 ㉮의 작용기가 특정 자외선 파장에 노출되어 180° 회전하면 메틸기는 메틸기끼리, 작용기는 작용기끼리 마주하도록 배열된다.

③ 열 에너지 → 작용기 교차

네 번째 문단에서 적절한 열 에너지가 제공되면 작용기의 겹친 부분이 교차되어 장애가 해소된다고 하였으므로, ㉯와 ㉰ 사이에서 작용기가 교차하지 않는다면 분자 기계는 한 방향으로 회전할 수 없다.

④ 자외선 → 분자 180° 회전

분자 모터의 작동 원리는 자외선에 노출된 분자가 180° 회전하면

이로 인해 겹쳐진 작용기를 열 에너지로 교차시킨 후 다시 자외선에 노출시켜 분자를 회전시키는 것이다. 그러므로 ㉮를 ㉯로 바뀌게 하는 자극과 ㉰를 ㉱로 바뀌게 하는 자극은 자외선 노출로 동일하다.

⑤ 열 에너지 → 메탈기, 작용기의 교차

네 번째 문단에서 회전하던 분자의 작용기와 메틸기 모두 다른 분자의 메틸기, 작용기와 각각 겹쳐 회전 진로에 장애가 발생하면 이는 열 에너지에 의해 다시 해소된다고 하였다. 그러므로 ㉱가 다시 ㉮로 돌아오기 위해서는 열 에너지를 필요로 한다.

12 문학 – 예술

 핵심주제 글의 내용 파악하기 **정답 ①**

정답 해설

세 번째 문단에 따르면 능침 공간의 가장 높은 단인 상계의 봉분 앞에는 상(床)의 형태로 만들어진 혼유석이 놓여 있고, 그 좌우에는 촛대 모양의 망주석이 있다고 하였다. 그러나 능침 공간의 중계에는 장명등, 문석인, 석마(石馬)가 배치되어 있다고 설명하고 있을 뿐 망주석의 배치에 대한 언급은 없다.

오답 해설

② 국가 차원의 체계적 제작 → 첫 번째 문단

첫 번째 문단에 조선 왕릉의 석물은 조선 왕조가 지속되는 동안 「국조오례의」에 제시된 엄격한 예법에 따라 국가 차원에서 체계적으로 제작되었다고 서술되어 있다.

③ 다양한 크기와 조형미 → 첫 번째 문단

첫 번째 문단에 거대한 잔디 언덕에 있는 왕의 무덤인 봉분 주변에 집중적으로 배치된 조선 왕릉의 석물은 크기에 따라 적절히 안배되어 설치 조각으로서 조형적 아름다움을 드러낸다고 서술되어 있다.

④ 내구성 강한 화강암 제작 → 두 번째 문단

두 번째 문단에 조선 왕릉의 석물은 화강암으로 만들어졌으며, 풍화 작용에 의한 마멸에 매우 강해 거의 영구적으로 보존될 수 있는 내구성을 지녔다고 서술되어 있다.

⑤ 병풍석과 난간석 배치 → 세 번째 문단

세 번째 문단에 능침 공간의 가장 높은 단인 상계에 있는 봉분의 둘레에는 병풍석을 둘러서 봉분을 보호하고 장식했으며, 그 바깥으로 봉분의 울타리 역할을 하는 난간석이 놓였다고 서술되어 있다.

13 문학 – 예술

 핵심주제 글의 세부 내용 이해하기 **정답 ④**

정답 해설

〈보기〉에서 중국 왕릉의 모든 석수들이 능의 입구에 배치되어 봉분 쪽을 향해 일렬로 도열해 있는 반면, 조선 왕릉의 석수는 제시문의 세 번째 문단에 설명되어 있는 것처럼 수행하는 역할에 따라 상계, 중계, 하계의 단 차로 나뉜 세 구역에 배치되었다. 그러나 상계에는

석양(石羊)과 석호(石虎) 두 종류의 석수가 배치되었으므로, 한 구역에 하나의 종류씩 배치된 것은 아니다.

오답해설

① 중국 석수 : 봉분 쪽 ↔ 조선 석수 : 능 바깥 쪽

〈보기〉에서 의전 수행의 역할을 담당한 중국 왕릉의 석수는 봉분 쪽을 향하여 왕의 권력을 과시하고자 하였다고 서술되어 있다. 반면에 조선 왕릉의 석수는 봉분을 등지고 머리를 밖으로 향하였는데, 이는 사악한 기운을 물리치는 벽사(辟邪)의 상징적 의미가 있다고 세 번째 문단에 설명되어 있다.

② 중국 석수 : 능 입구 ↔ 조선 석수 : 봉분 주위

〈보기〉에서 중국 왕릉의 석수들은 석양, 석호, 석마를 포함한 모든 석수들이 능의 입구에 배치되어 있다고 서술되어 있다. 반면에 조선 왕릉의 석수는 석양과 석호가 봉분을 둘러싸듯이 배치되어 능을 수호하는 의미를 드러내었다고 세 번째 문단에 서술되어 있다.

③ 중국 석수 : 일렬 도열 ↔ 조선 석수 : 좌우 대칭

〈보기〉에서 중국 왕릉은 석수들이 봉분 쪽을 향해 일렬로 도열해 있다고 서술되어 있다. 반면에 조선 왕릉은 석양과 석호가 좌우 대칭으로 각 두 쌍씩 번갈아 배치되어 음양의 조화를 꾀하였다고 세 번째 문단에 서술되어 있다.

⑤ 중국 석마 : 왕의 소유 ↔ 조선 석마 : 신하 소유

〈보기〉에서 중국 왕릉의 석마는 왕의 영혼을 태우고 승천하는 천마(天馬)로서의 상징적 의미를 드러낸다고 서술되어 있으므로, 석마가 왕의 소유물임을 알 수 있다. 반면에 조선 왕릉의 석마는 중계에서 문석인 한 쌍이 그리고 하계에는 무석인 한 쌍이 각각의 이동 수단인 석마(石馬)를 대동하고 서로 마주보게 배치되었다고 세 번째 문단에 서술되어 있으므로, 석마가 신하의 소유임을 알 수 있다.

14 문학 - 예술

  글의 세부 내용 이해하기   정답 ④

정답해설

A는 16세기에 만들어진 문석인이므로 2기에 해당하고, B는 18세기 후반에 만들어진 문석인이므로 4기에 해당한다. 네 번째 문단에 따르면 4기의 문석인은 조각 기법의 발전으로 재료의 특성으로 인한 제약이 극복되어 세부 표현이 한층 정교해졌다고 서술되어 있다. 그러나 이것이 경직된 자세에서 벗어난 문석인의 모습을 보여주고 있는 것은 아니다. 즉, 4기의 문석인도 1기의 문석인과 마찬가지로 손에 홀을 들고 서 있는 전형적인 문석인의 모습을 하고 있다.

오답해설

① 2기 문석인 → 과장된 신체 비례

네 번째 문단에 2기의 문석인은 특히 머리의 크기가 두드러지는 3등신에 가까운 신체 비례로 현실과 다른 초월적 느낌을 주며, 탁 트인 야외에서도 위축되지 않는 존재감으로 왕실의 위용을 드러낸다고 서술되어 있다.

② 2기 문석인 → 3m가 넘는 거대한 덩어리

네 번째 문단에서 제2기의 문석인은 그 크기가 3m 내외로 가장 거대해진 시기이며, 사실적인 입체감을 드러내기보다는 전체적으

로 단순하고 부피감 있게 조각되어 거대한 덩어리처럼 보이는 독특한 인물상이 되었다고 서술되어 있다.

③ 4기 문석인 → 금관을 쓴 문석인

네 번째 문단에 조각 기법의 발전으로 재료의 특성으로 인한 제약이 극복되어 세부 표현이 한층 정교해졌고, 복두를 쓴 이전 시기의 문석인과는 달리 금관을 쓴 문석인이 등장했다고 서술되어 있다.

⑤ 2기 문석인 이후 → 홀을 쥔 문석인의 손이 드러남

네 번째 문단에 따르면, 1기 문석인은 두 손 위로 소매가 겹쳐져 있어 홀을 잡은 손이 감춰져 있는 것이 특징이며, 2기 문석인 때부터 홀을 쥔 문석인의 손이 드러나며 공복의 소매가 양옆으로 완전히 벌어진 형태를 띠게 되었다고 서술되어 있다. 그러므로 2기의 문석인인 A와 4기의 문석인인 B 모두 이에 해당된다.

15 문학 - 예술

  문맥상 유사한 의미 고르기   정답 ⑤

정답해설

본문 ⓔ의 '가까운'과 문항 ⓔ의 '가까운' 모두 '어떤 수치에 근접하다'는 의미로 사용되어 그 의미가 가장 유사하다.

핵심노트

〈가깝다〉의 사전적 의미

• 어느 한 곳에서 다른 곳까지의 거리가 짧다.
　예 우리 집은 학교에서 가깝다.
• 서로의 사이가 다정하고 친하다.
　예 나는 그와 친형제처럼 가깝다.
• 어떤 수치에 근접하다.
　예 일어나 보니 정오에 가까운 시간이었다.
• 성질이나 특성이 기준이 되는 것과 비슷하다.
　예 다 큰 녀석이 하는 짓은 어린애에 가깝다.
• 시간적으로 오래지 않다.
　예 둘은 가까운 장래에 결혼할 사이다.
• 촌수가 멀지 않다.
　예 나는 가까운 친척이라곤 이모 한 분이 계실 뿐이다.

오답해설

① 본문 ⓐ → 일정한 성질이나 모양을 가진 존재가 되게 하다 / 문항 ⓐ → 뜻한 대로 되게 하다

본문 ⓐ의 '이룬다'는 '몇 가지 부분이나 요소들을 모아 일정한 성질이나 모양을 가진 존재가 되게 하다'의 의미이지만, 문항 ⓐ의 '이루지'는 '뜻한 대로 되게 하다'의 의미이다.

② 본문 ⓑ → 하기가 까다로워 힘에 겹다 / 문항 ⓑ → 상대가 조심스럽고 거북하다

본문 ⓑ의 '어렵다'는 '하기가 까다로워 힘에 겹다'의 의미이지만, 문항 ⓑ의 '어려워서는' '상대가 되는 사람이 거리감이 있어 행동하기가 조심스럽고 거북하다'는 의미이다.

③ 본문 ⓒ → 특징 따위를 그대로 유지하다 / 문항 ⓒ → 약해진 불 따위를 다시 타게 하다

본문 ⓒ의 '살린'은 '본래 가지고 있던 색깔이나 특징 따위를 그대로 유지하게 하거나 뚜렷이 나타나게 하다'의 의미이지만, 문항 ⓒ의 '살리기'는 '약해진 불 따위를 다시 타게 하거나 비치게 하다'의 의미이다.

④ 본문 ⓐ → 어떤 일이 생기다 / 문항 ⓐ → 어떤 마음이 생기다

본문 ⓐ의 '일어났다'는 '어떤 일이 생기다'의 의미이지만, 문항 ⓐ의 '일어나서'는 '어떤 마음이 생기다'의 의미이다.

16 현대 시

 작품 간의 공통점 찾기   정답 ⑤

정답 해설

(가)에서는 '타는', '쪼인다' 등의 현재형 어미를 활용하여 물건들이 모닥불에 타는 모양과 그것을 쬐는 사람들의 장면을 현장감 있게 묘사하고 있다. 또한 (나)에서도 '않다', '취한다', '들린다' 등의 현재형 어미를 활용하여 귀성열차 안 사람들의 정감어린 풍경을 생생하게 전달하고 있다.

오답 해설

① 명사로 끝맺는 시행의 반복 → (나)

(나)는 '물사마귀', '풀냄새', '늙은 아낙', '귀성열차' 등의 명사로 끝맺은 시행을 반복하여 시적 여운을 자아내고 있는 반면, (가)는 1연의 '모닥불'만 명사로 끝날 뿐 그 외의 연에서 명사로 끝맺은 시행을 반복하고 있지 않다.

② 지시어의 연속적 배치 → (나)

(나)에서는 '그 저수지', '이 하루'에서 지시어를 연속적으로 배치하여 상황에 대한 집중을 유도하고 있으나, (가)에서는 지시어의 사용이 보이지 않는다.

③ 대화와 진술의 교차 → (나)

(나)에서는 '아저씨 위대까지 가신대유'부터 '너무 똑같아 실례했슈'에 이르기까지 열차 안 사람들의 대화와 화자의 진술이 교차하여 귀성열차 안 상황을 다채롭게 묘사하고 있다. 그러나 (가)에서는 장면에 대한 묘사와 진술만 있을 뿐 대화가 나타나 있지 않다.

④ 도치의 방식 → (나)

(나)는 마지막 행에 '귀성열차'라는 명사를 배치함으로써 도치의 방식으로 시상을 마무리하여 '귀성열차 안 고향 풍경'이라는 주제 의식을 드러내고 있다. 그러나 (가)에서는 마지막 행이 일반적인 평서문의 형태로 끝났다.

17 현대 시

 작품 내용 이해하기   정답 ④

정답 해설

(나)의 '한강'은 초면끼리 맥주 한 잔 할 수 있는 이질감의 벽을 넘어서는 심리적 경계이지, 시골 늙은 아낙이 준비한 '선물 보따리'의 종착역으로 인식되기 위해 넘어서야 하는 경계를 의미하지는 않는다.

오답 해설

① 모닥불에 타는 각양각색의 사물 → 합일성

(가)는 1연에서 하나의 범주로 묶이기 어려운 각양각색의 사물들이 타는 과정을 통해 그 경계를 허물고 하나의 모닥불로 합치하는 합일의 이미지를 보여준다.

② 모두 모닥불을 쬠 → 동질성

(가)는 2연에서 '재당'과 '초시'로부터 '큰개'와 '강아지'에 이르기까지 모두가 모닥불을 쬠으로써 서로를 구분하는 경계가 무화되어 동질성의 차원에서 조화와 평등의 이미지를 보여준다.

③ 귀성열차 → 동질화의 공간

(나)의 귀성열차는 모두가 초면인 모르는 사람들이지만 고향의 이야기를 나누며 이질감의 경계를 허물고 한 데 어울리는 동질화의 공간이다.

⑤ 토속어 → 이질성과 심리적 거리 제거

(나)에서 '그 저수지에서 불거지 참 많이 잡혔지유', '아직 대목장이 제법 크게 슨대면서유'와 같은 토속어의 사용은 사람들 사이의 이질성과 심리적 거리를 제거하여 일체감을 극대화 시킨다.

18 현대 시

 작품의 세부 내용 이해하기   정답 ①

정답 해설

㉠에서 화자는 모닥불을 통해 과거 부모님을 잃고 어미아비 없는 불쌍한 고아로 전락한 할아버지의 슬픈 역사를 투영하고 있고, ㉡에서 화자는 귀성열차를 타고 고향으로 내려가는 이 하루의 행복에 타지에서 고생하며 흘린 땀과 눈물의 애환을 투영하고 있다.

☑ 핵심노트

(가) 백석, 「모닥불」
- 갈래 : 자유시, 서정시
- 성격 : 토속적, 산문적, 감각적
- 제재 : 모닥불
- 주제 : 공동체적인 삶의 모습과 우리 민족의 슬픈 역사
- 특징
  - 토속어의 사용으로 향토적 정서를 불러일으킴
  - 현재와 모습과 과거의 사건을 산문적으로 풀어냄
  - 열거를 통해 운율을 형성함

(나) 신경림, 「귀성열차」
- 갈래 : 자유시, 서정시
- 성격 : 일상적, 묘사적
- 제재 : 귀성열차
- 주제 : 귀성열차 안의 정감어린 고향 풍경
- 특징
  - 현재형 어미를 활용하여 현장감을 부여함
  - 토속적인 어휘의 사용으로 심리적 거리를 좁힘
  - 열차라는 공간을 친근하고 생생하게 묘사함

19 현대 소설

 작품 내용 이해하기   정답 ②

정답 해설

위 작품은 버스 안 시골 사람들과의 갈등과 대립을 통해 일어나는 내면의 감정을 자기 고백적 서술을 통해 진술하고 있다.

오답 해설

① 빈번한 장면 전환 → X

빈번한 장면 전환은 나타나지 않고 사건 전개의 중심이 버스 내부에 고정되어 있으며, 등장인물 간의 대화를 통해 긴박한 분위기를 조성하고 있다.

③ 감각적인 배경 묘사 → X

버스 내부에서 벌어지는 사건 장면을 주로 묘사하고 있을 뿐 감각적인 배경 묘사는 나타나고 있지 않다.

④ 전해 들은 이야기 전달 → X

전해 들은 과거 사건의 이야기를 전달하는 방식이 아니라, '나'가 버스 안에서 겪은 현재의 상황을 직접적으로 전달하고 있다.

⑤ 삽화 형식의 인물 경험 → X

인물의 경험을 삽화 형식으로 제시하는 것이 아니라, 내면의 감정을 묘사하는 자기 고백적 서술 방식을 택하고 있다.

20 현대 소설

 핵심주제 작품의 세부 내용 파악하기

정답 ⑤

 정답 해설

ⓜ은 서술의 초점이 엿장수 아낙의 발화에서 다른 사람들의 동정을 살피는 것으로 옮겨가고 있음을 보여주고 있다. 그러나 이것은 엿장수 아낙의 말을 계속 듣고 있어야 하는 '나'의 난처함을 표현한 것이지 사건의 정황을 다각도로 전달하고 있는 것은 아니다.

 오답 해설

① ㉠ → 다음의 반전 상황에 대한 주목 유도

㉠은 '나'가 엿장수 아낙에게 악박지른 후 눈을 감고 자리를 고쳐 앉은 '그때'라는 특정 시점을 강조하여 '그런데'라는 접속 부사를 사용함으로써 다음의 반전 상황에 대한 주목을 유도하고 있다.

② ㉡ → 하나의 발화를 다룬 문장의 연속적 제시

㉡은 "사람 값이라, 사람 값. 그게 참 좋은 말이제……."라고 말한 엿장수 아낙의 발화를 다룬 '누군지 혼자소리처럼 중얼거리는 소리', '좀 전에 내가 아낙네에게 쏘아댄 말을 두고 하는 소리' 등의 문장을 연속적으로 제시하여 '나'에 대한 빈정거림을 부가적으로 드러내고 있다.

③ ㉢ → 서로 다른 발화의 종합적 제시

㉢은 '나'의 등 뒤쪽에서 버스 안 사람들이 내 뱉는 발화들 모두가 '나'에 대한 비방과 빈정거림이라는 공통적인 성격을 띠고 있음을 드러내고 있다.

④ ㉣ → 질문의 형식으로 행동의 이유를 탐색

㉣은 엿장수 아낙이 등 뒤쪽 남자에게 엿을 팔지 않는 뜻밖의 이유를 '나' 스스로에게 물어보는 질문의 형식으로 표현하고 있다.

21 현대 소설

 핵심주제 작품의 세부 내용 파악하기

정답 ④

 정답 해설

'나'의 공박에도 불구하고 자신이 엿을 사주겠다며 다시 엿판을 벌이려고 하는 '등 뒤쪽 남자'의 행동을 저지하는 엿장수 아낙네의 뜻밖의 행동은 '나'로 하여금 고향 사람들에 대한 이해의 토대를 이끄는 것이지 고향 사람들의 목소리가 더욱 다변화되는 것은 아니다.

22 현대 소설

 핵심주제 작품의 내용 이해하기

정답 ③

 정답 해설

이 작품은 '늪'이라는 상징적 소재를 통해 외부와 단절된 버스라는 공간에서 '나'의 침묵과 고향 사람들의 목소리가 대비되는 회피할 수 없는 상황을 나타내고 있다. [B]에서 '나'가 '늪의 숨결과 인력에 빨려들어' '형체조차 느끼'지 못하게 된 것은 '나'가 고향 사람들을 이해할 수 없다는 심리적 무력감을 보여주는 것이 아니라, 고향 사람들의 목소리와 삶의 애환을 통해 '나'의 내면에 있던 그들에 대한 거부감에서 벗어나 '살아있는 늪'의 마지막 밑바닥인 이해의 국면에 도달하게 되는 과정을 나타내고 있다.

 오답 해설

① 깊이 감싸고 들기 시작하는 거대한 늪 → 회피할 수 없는 당면한 상황

[A]에서 '거대한 늪'이 '나'를 '깊이 감싸고 들기 시작'한다는 것은 외부와 단절된 버스라는 공간에서 '나'에 대한 비방과 빈정거리는 고향 사람들의 목소리를 '나'가 회피할 수 없음을 보여준다.

② 갈수록 거대한 힘으로 무섭게 빨아들이는 깊은 늪 → 부담감의 강화

[A]에서 '깊은 늪'은 '갈수록 거대한 힘'으로 '더욱더' '나'를 '무섭게 빨아들'이는 것은 무슨 말로 맞서봐야 먹혀들 것 같지 않는 고향 사람들의 목소리에 그저 물먹은 솜처럼 그 부담감이 점점 강화되고 있음을 나타낸다.

④ 밑바닥이 발밑에 닿아옴을 느끼는 살아 있는 늪 → 고향 사람들에 대한 이해의 국면

[B]에서 '나'가 '어느 순간' '살아 있는 늪'의 '밑바닥이 발밑에 닿아옴'을 느끼는 것은 고향 사람들에 대한 거부감에서 벗어나 그들의 삶을 이해하는 국면에 도달하게 되었음을 나타낸다.

⑤ 살아 있는 늪에서 질기디질긴 삶의 숨결을 느낌 → 감내하며 살아가는 고향 사람들의 삶을 이해

[B]에서 '나'가 '살아 있는 늪'에서 '조용히 파도쳐 오르'는 '질기디질긴 삶의 숨결'을 느낀 것은 고향 사람들의 목소리를 통해 '나'가 현 상황을 불평 없이 감내하며 살아가는 삶을 점차 이해하게 되었음을 나타낸다.

> ✔ **핵심노트**
>
> • 갈래 : 현대 소설, 중편 소설
> • 성격 : 회고적, 상징적, 심리적
> • 시점 : 1인칭 주인공 시점
> • 주제 : 고향 사람들에 대한 갈등과 화해
> • 특징
>   – '늪'이라는 상징적 소재를 통해 '나'의 회피할 수 없는 상황을 묘사함
>   – 상징과 비유 등의 표현을 통해 인물 내면의 심리적 갈등을 다룸

23 고전시가

 작품의 내용 이해하기 정답 ②

정답 해설

1장에서는 서산에서 고사리를 캐기 위해 구럭과 망태를 거두라 하고, 2장에서는 낚시를 하기 위해 도롱이와 삿갓을 챙기라 하고, 3장에서는 밭을 갈기 위해 죽조반을 달라 하고, 4장에서는 술을 마시러 타고 갈 소에게 여물을 먹여 내어오라고 '아희'에게 지시를 내리고 그 지시를 내리게 된 계기를 함께 설명하고 있다.

오답 해설

① '아희' → 수동적 인물

'아희'는 실제로 존재하지 않는 가상의 인물이며, 정적인 장면에 역동성을 부여하는 인물이 아니라 화자의 지시를 받는 수동적 인물로 묘사되고 있다.

③ '아희야' → 화자의 감흥 고조

각 장에서 '아희야'를 반복적으로 표현함으로써 리듬감을 부여하고 화자의 감흥을 고조시킨다.

④ '아희야' → 화자의 즐거움을 고조

각 장을 '아희야'로 시작한 것은 청자에게 교훈을 전하려는 의도가 아니라, 자연에 묻혀 사는 화자의 즐거움을 운율적으로 고조시키기 위한 것이다.

⑤ '아희' → 화자의 지시를 받는 대상

'아희'는 화자의 지시를 따르는 수동적 대상이지 화자와 흥취를 공유하는 주체로써의 역할은 보이지 않는다.

24 고전시가

 작품의 세부 내용 이해하기 정답 ①

정답 해설

㉠에서 '~뇨'는 의문형 어미로 "서투른 솜씨로 따비를 누구와 맞잡고 갈 것인가?" 즉, 따비를 마주 잡을 사람도 없이 혼자 농사짓는 현실을 설의법을 사용하여 표현한 것이다. 그러나 이는 다음 문장에서 태평한 시대에 몸소 밭 갈고 살아가는 것도 또한 임금의 은혜라고 하였으므로, 자신의 처지에 대한 회의를 부각하고 있는 것은 아니다.

오답 해설

② ㉡ → 자신의 상태를 부각

㉡에서 화자는 한가하고 편안히 숨어 살았던 옛 중국 고사의 '희황상인'을 언급하며 안빈낙도하는 자신의 삶에 만족감을 부각하고 있다.

③ ㉢ → 유사한 구조의 대응

㉢은 '온 산에 꽃 다 지고'와 '나무에 새잎 나니'의 유사한 두 개의 문장 구조를 대응시켜 가을에 낙엽과 꽃이 지고 봄에 새잎이 돋는 자연의 변화를 표현하고 있다.

④ ㉣ → 감각적 심상의 연동

㉣은 '기러기 한 소리'와 같은 청각적 심상과 '맑은 서리 물들이고', '산빛' 등과 같은 시각적 심상을 연결하여 주변 경관의 변화하는

모습을 집약적으로 제시하고 있다.

⑤ ㉤ → 상호 교감의 관계 표현

㉤에서는 울창한 소나무와 화자가 서로의 마음을 알고 교감하는 관계에 있으며, 지조와 절개를 지키고자 하는 화자의 태도를 강조하고 있다.

25 고전시가

 작품의 세부 내용 이해하기 정답 ③

정답 해설

(가)의 4장에서 '달빛'에 주목하는 행위와 (나)에서 '밝은 달'을 완상, 즉 즐겨 구경하는 행위는 모두 자연의 아름다움을 벗 삼아 살아가는 시적 화자의 정신적 지향점을 의미한다. 그러므로 '군은', 즉 임금의 은혜에 내포된 사회적 질서와 유교적 가치관을 구체화하고 있는 것은 아니다.

오답 해설

① (가) 사방위 → 공간적 질서 / (나) 사계절 → 시간적 질서

(가)에 제시된 동서남북의 사방위는 자연의 공간적 질서를, (나)에 제시된 춘하추동의 사계절은 자연의 순리에 따라 흐르는 시간적 질서를 표상하는 것으로 구조화되어 있다.

② (가), (나)의 고사리 캐기 → 안분지족

(가)의 1장의 고사리 캐기와 (나)의 '고사리 손수 꺾어'에서 나타난 행위는 모두 자연과 더불어 사는 삶에 안분지족하는 시적 주체의 정신적 지향을 드러내고 있다.

④ (가) 사방위 → 행위의 시공간적 배경

(가)에서 시적 주체가 거주하는 공간을 중심으로 1장의 '서쪽 해', 2장의 '동쪽 시내', 3장의 '남쪽 밭', 4장의 '북쪽 마을'은 시적 주체가 수행하는 행위의 시공간적 배경으로 기능하고 있다.

⑤ (나) 지수정 → 사계절의 경치를 볼 수 있는 공간

(나)의 '이 정자' 즉, 지수정(止水亭)이 작지만 다 갖춘 것으로 평가되는 것은 춘하추동의 사계절의 흐름에 따라 변하는 자연의 경치를 바라볼 수 있는 공간이기 때문이다.

26 고전시가

 작품의 세부 내용 이해하기 정답 ⑤

정답 해설

[A]의 '져 고기'는 화자가 낚시로 잡고 싶어 하는 물고기가 아니라 갈고리 없는 낚시 바늘로 그저 흥을 느끼기 위해 드리운 낚시이다.
[B] '그곳의 노는 고기'는 문인화의 소재로 자주 이용되는 '대숲', '연잎' 등과 어울려 자연에 대한 예찬과 군자의 성품을 담은 유교적 이념을 내포하고 있다.

핵심노트

(가) 조존성, 「호아곡(呼兒曲)」

· 갈래 : 평시조, 연시조
· 성격 : 전원적, 목가적, 풍류적
· 주제 : 전원에서 누리는 안빈낙도
· 특징
 – 감각적 이미지를 활용하여 분위기 조성
 – 중국의 고사를 활용하여 화자의 만족감을 보여줌
 – 초야에 묻혀 사는 선비의 생활을 동서남북의 방향성을 활용해 시상 전개

(나) 김득연, 「지수정가(止水亭歌)」

· 갈래 : 평시조, 연시조
· 성격 : 전원적, 풍류적
· 제재 : 지수정
· 주제 : 자연 속에 사는 삶에 대한 즐거움과 만족감
· 특징
 – 대구적 표현을 사용하여 리듬감을 강조함
 – 설의적 표현을 통해 화자의 가치관을 강조함
 – 의지적 어조를 통해 시간을 초월한 자연과의 동화를 표출함

---

27 고전 소설

 핵심주제 : 작품의 내용 이해하기

정답 ④

✏️정답해설

위 작품은 전지적 작가 시점으로 작품 밖의 서술자가 작품에 개입하여 등장인물의 행동과 태도뿐만 아니라 심리적인 상태까지 해석하여 서술 당시의 상황을 전달하고 있다.

✏️오답해설

① **역순적 전개 → X**
현재에서 과거의 순서로 사건을 전개하고 있지 않으며, 사건을 시간의 흐름에 따라 순서대로 전개하고 있다.

② **우의적 설정 → X**
다른 사물에 빗대어 비유적인 뜻을 나타내거나 풍자하는 우의적 설정은 보이지 않으며, 등장인물의 행동과 심리를 사실 그대로 서술하고 있다.

③ **해학적 표현 → X**
웃음과 익살을 유발하는 해학적 표현이 사용된 곳은 없으며, 사건과 내면의 심리에 대한 정형적인 서술만 있다.

⑤ **초월적 인물의 등장 → X**
전지전능한 초월적 능력을 지닌 가공의 인물이 아니라, 실존적인 역사적 인물이 등장하여 사건을 전개하고 있다.

---

28 고전 소설

핵심주제 : 작품의 세부 내용 이해하기

정답 ⑤

✏️정답해설

ⓜ은 홍립이 실패의 원인을 스스로에게서 찾으며 반성하는 태도를 보이는 것이 아니라, 누르하치의 반대로 멸족 당한 일가족의 복수를 위해 조선 정벌의 뜻을 펼치지 못함을 분하고 억울해하고 있는 것이다.

246

✏️오답해설

① ㉠ → **결심의 촉구**
㉠은 조선 정벌에 대한 홍립의 결심을 촉구하기 위해 한윤이 그를 자극하고 있다.

② ㉡ → **역사적 사례**
㉡은 홍립이 조선 침략 후 조선의 인재등용과 관련된 설명을 뒷받침하기 위해 '백리해', '배구'와 같은 역사적 인물들의 사례를 들고 있다.

③ ㉢ → **상대방에 대한 설득**
㉢은 홍립이 지금 군사를 일으켜 조선을 정벌하자는 자신의 요구를 들어주면 10만 군대를 갖출 수 있다고 누루하치를 설득하고 있다.

④ ㉣ → **다른 방법의 시도**
㉣은 조선 정벌에 관해 누르하치를 설득하는 데 실패한 홍립이 자신의 뜻을 관철하기 위해 상소를 올리는 다른 방법을 시도하고 있다.

---

29 고전 소설

 핵심주제 : 작품의 세부 내용 이해하기

정답 ⑤

✏️정답해설

[A]에서는 조선을 공격하기 위해 군사를 나누면 힘이 작아져 조선 공략이 쉽지 않다는 문제점을 언급하고 있으나, 이것은 현재의 병력 운용의 문제점이 아니라 조선 공략으로 인해 드러날 향후 문제점에 대해 언급한 것이다. [B]에서는 현재의 병력 운용의 문제점이 드러나 있지 않다. 그러므로 [A]와 [B] 모두 현재의 병력 운용의 문제점에 대해 언급하고 있지 않다.

✏️오답해설

① [A], [B] → **중원 공략 목표**
[A]에서는 누루하치가 조선을 공격할 경우 중원을 공략하기가 어렵다며 홍립의 조선 정벌을 거부하였고, [B]에서는 홍타이지가 조선의 침공이 중원 공략에 힘이 된다고 홍립의 조선 정벌을 허락하였다. 그러므로 [A]와 [B] 모두 중원을 공략하려는 목표를 밝히고 있다.

② [A], [B] → **조선과의 화친 의도**
[A]에서는 누루하치가 조선을 공격하는 대신 동쪽으로 조선과 화의를 맺고 남쪽으로 명나라와 싸움을 벌이는 것이 최선의 방책이라고 하였고, [B]에서는 홍타이지가 조선과 우호 관계를 맺으면 동쪽에 대한 근심을 덜고 남쪽으로 명을 치는 데 전념할 수 있다고 하였다. 그러므로 [A]와 [B] 모두 조선과 화친을 맺고자 하는 의도를 밝히고 있다.

③ [A], [B] → **방책에 대한 언급**
[A]에서는 조선과 화의를 맺고 남쪽으로 명나라와 싸움을 벌여 연경을 점령하는 것이 최선의 방책이라고 하였고, [B]에서는 조선을 정벌한 후 동쪽에 대한 근심을 덜고 명을 치는 데 전념하는 것이 무궁한 이익을 얻는 방책이라고 하였다. 그러므로 [A]와 [B] 모두 이익을 얻을 수 있는 방책에 대해 언급하고 있다.

④ [A] → **조선 침공 거부** / [B] → **조선 침공 수용**
[A]에서는 누루하치가 명나라와의 싸움이 먼저라며 조선 침공에

대한 홍립의 제안을 거부한 것과 달리, [B]에서는 홍타이지가 조선을 침공하자는 홍립의 제안을 수용하고 있다.

30 고전 소설

 작품의 세부 내용 이해하기 　정답 ②

✏️정답 해설

홍타이지가 즉위하자 홍립은 '조선의 군신(君臣)이 입술과 이처럼 명나라와 찰싹 붙어 있다'고 조선과 명의 관계를 거론하며 단기간 내에 조선과의 화의가 어려울 것이라고 말하였다. 이 말은 조선과 명나라의 관계가 숭명배호의 가치관으로 연결되어 있어 조선이 명나라를 버리고 자신들과 화친하기가 쉽지 않다는 것이다. 그러므로 강홍립의 말이 숭명배호의 가치관이 실현되기 어렵다는 인식을 드러낸 것이라고 볼 수 없다.

🖊️오답 해설

① '강로전' → 숭명배호의 정치적 이념 근거

〈보기〉에서 「강로전」은 '강로' 즉 '강씨 오랑캐'로 규정된 강홍립을 부정적 인물로 내세우고 있으므로, '강로전'이라는 작품의 제목이 강홍립의 이야기를 숭명배호의 정치적 이념에 근거하여 서술하겠다는 의도로 볼 수 있다.

③ 권칙 → 인재 등용에 대한 비판

인재를 등용할 때 실력과 능력이 아니라 세력과 이익을 보아 인재를 쓰는 것은 불공정한 인재 등용에 대한 작가 권칙의 비판적 목소리가 담겨 있다고 볼 수 있다.

④ 강홍립 → 숭명배호의 이념에 어긋난 인물

명나라를 도와 오랑캐를 토벌하기 위해 출정했던 강홍립이 누르하치를 주군으로 섬기는 것은 명나라를 숭상하고 오랑캐를 배격한다는 숭명배호의 이념에 어긋나는 인물임을 직접적으로 보여준다.

⑤ 강홍립 → 부정적 인물

'죽음에 이르더라도 감히 자신이 군주로 섬기던 이를 노예로 만드는 일은 도모하지' 않는다는 누르하치의 말은 자신이 섬기던 군주를 배신한 강홍립의 부정적 인물상을 보여주고 있다.

✅핵심노트

- 갈래 : 고전 소설, 군담 소설
- 시점 : 전지적 작가 시점
- 주제 : 나라를 위해 장렬하게 싸우다 전사한 김응하의 기개
- 특징
  - 사건 전개와 인물의 심리를 명확하게 전달
  - 선인과 악인의 대립을 통한 교훈적 목적 부각
  - 시간의 흐름에 따라 단일 사건의 전개를 순서대로 서술

영어영역

01 어법상 틀린 것 고르기

 관계대명사 ⇒ 불완전한 문장 / 관계부사 ⇒ 완전한 문장
관계부사 where = 전치사(in / at / to) + 관계대명사 which 　정답 ④

✏️정답 해설

④의 'which'가 관계대명사라면 종속절은 주어나 목적어가 없는 불완전한 문장이 와야 한다. 그러나 해당 문장의 종속절은 완전한 문장이므로, 앞의 'the Moluccas'를 선행사로 하는 장소를 나타내는 관계부사 'where'나 전치사+관계대명사인 'in which'를 사용해야 옳다.

핵심 어휘

- crew : 선원, 승무원, 뱃사람
- mislead : 오인하다, 호도하다
- straits : 해협
- prevailing : 우세한, 탁월한
- trade winds : 무역풍
- be rumored to be : 소문에 들리다
- spice : 양념, 향신료
- pilot chart : 항해도, 항공도

해석

마젤란과 그의 선원들은 날씨에 운이 좋았다. 약 12,000마일의 먼 바다를 항해하던 3개월 하고도 20일의 기간 내내, 단 한 번의 폭풍우도 없었다. 이 한 번의 경험을 오인하여, 그들은 그곳을 태평양이라고 명명했다. 마젤란이 바람의 달인이 아니었다면, 그는 결코 태평양을 횡단할 수 없었을 것이다. 해협을 출발한 그는 자신이 원하는 스파이스 아일랜드에 도달하기 위해 북서쪽으로 곧장 가지 않고, 남아메리카의 서쪽 해안을 따라 북쪽으로 먼저 항해하였다. 그의 목적은 포르투갈인들이 장악하고 있다고 소문난 몰루카 섬이 아니라, 스페인 사람들에게 여전히 개방되어 있는 다른 향신료 섬들로 그를 운반해 줄 북동부 우세 무역풍을 잡으려는 것임에 틀림없었다. 그 당시 그의 동기가 무엇이든 간에, 그가 선택한 코스는 여전히 그 계절에 케이프 혼에서 호놀룰루까지 항해하는데 미국 정부의 항해도로 추천된 코스이다.

02 어법상 맞는 것 고르기

 (A) 조동사가 있는 수동태 ⇒ 조동사 + be + 과거분사
(B) 일반동사의 대용 ⇒ 대동사 do
(C) A and B 구문 ⇒ A와 B는 동일 형태 　정답 ④

✏️정답 해설

(A) 'choosing'이 무생물로써 문장 전체의 주어이고 내용상 수동태가 되어야 한다. 조동사 'can'이 있으므로, 수동태 형태인 'be seen(be + 과거분사)'을 조동사 'can' 다음에 써야 한다.

(B) 내용상 앞에서 사용한 동사 'sacrifice(희생하다)'를 대용하기 위해 대동사 'do'를 사용해야 한다. 'much as~' 이하에서 'those'가 주어에 해당하므로 3인칭 복수 현재 시제의 형태인 'do'를 그대로 사용하면 된다.

(C) 등위 접속사 'and'에 의해 연결된 'A and B'의 구문으로, A와 B는 동일 형태가 되어야 한다. 앞의 A는 조동사 'should' 다음의 'look'이므로 B에 해당하는 'investigate'의 형태는 동사원형인 'investigate'가 되어야 한다.

핵심 어휘

- **analogous to** : ~와 비슷한[유사한]
- **run for** : ~에 입후보하다, 출마하다
- **knowingly** : 다 알고도, 고의로, 일부러
- **anonymity** : 익명성
- **opt in** : ~에 참여하기로 하다
- **varying degrees** : 다양한 수준[정도]
- **election** : 선거, 선출, 당선
- **tacit** : 무언의, 암묵적인
- **feed** : 피드(웹 콘텐츠를 배포하는 데 사용되는 기술)
- **legal** : 합법적인, 법률과 관련된
- **feed** : 공급하다, 제공하다
- **safeguard** : 보호하다, 옹호하다
- **craft** : 정교하게[세밀하게] 만들다
- **investigate** : 조사하다, 연구하다, 살피다

해석

우리는 사회에 참여하기 위해, 예를 들어 은행 계좌와 의료 기록에 접속하기 위해 인터넷을 사용할 필요성이 증가하고 있다는 이유만으로 권리를 포기해서는 안 된다. 우리는 이러한 서비스에 대한 사생활 보호를 요구해야 한다. 그러나 소셜 미디어와 같은 것에 참여하기로 결정한 것은 공직에 출마하기로 결정한 사람과 비슷하다고 볼 수 있다. 활동을 하기로 결심했을 때 인스타그램, 트위터 또는 페이스북의 게시글 올리기에 참여한 사람들 만큼이나 익명성과 일부 사생활을 알면서도 희생한다. 우리 모두는 소셜 미디어 피드에 출마 중이며, 그것은 플랫폼이 우리의 정보를 분석하고 그들의 비즈니스 모델을 지원하기 위해 광고를 제공할 거라는 암묵적인 수용(그리고 작은 인쇄물에서는 합법적 수용)을 수반한다. 우리의 권리를 옹호하고 우리의 동료 사이버 시민들을 위해로부터 보호하기 위해 가능한 모든 것을 해야 하지만, 아마도 우리는 개인과 기업이 우리의 정보를 수집하고 거래할 수 있도록 새로운 규칙을 만드는 것을 넘어 데이터 수집 과학 자체를 더 면밀히 조사해야 할 것이다.

03 문맥상 부적절한 낱말 고르기

정답 ⑤

reduce : 감소시키다 ⇔ increase : 증가시키다

정답 해설

제시문은 생산과 관련된 혁신을 꾀할 때 소프트웨어적인 문화보다 하드웨어적인 기술 변화에 치중하는 것에 대한 문제점을 지적하고 있다. 즉, 기술적인 수정을 선호하는 것은 제품 전반에 미치는 실질적인 영향을 소홀히 하고, 소프트웨어적인 변화의 중요성을 간과하며, 선택과 행동에 대한 책임을 회피하려는 경향을 증가시킨다. 그러므로 ⑤의 'reduce(감소시키다)'는 'increase(증가시키다)'로 바꿔 써야 옳다.

핵심 어휘

- **sustainability** : 지속[유지] 가능성
- **prevalence** : 만연, 팽배

- **improvement** : 향상, 개선, 호전
- **ameliorate** : 개선하다, 개량하다
- **favour** : 선호하다, 편들다
- **behavioural** : 행동의, 행동적인
- **inevitable** : 불가피한, 필연적인
- **textile** : 직물, 옷감, 섬유
- **neglect** : 방치하다, 소홀히 하다
- **substantial** : 중요한, 본질적인, 실질적인
- **significant** : 중요한, 의미가 있는
- **sideline** : 열외시키다, 제외시키다
- **contribution** : 기여, 공헌
- **subtle** : 미묘한, 교묘한, 예민한
- **insidious** : 서서히 퍼지는, 암암리에 퍼지는
- **reduce** : 줄이다, 감축하다
- **accountability** : 해명, 책임

해석

생산과 관련된 지속가능성 혁신의 한 가지 특징은 '소프트웨어' 문화 변화보다 '하드웨어' 기술 기반 개선이 만연하다는 것이다. 많은 제조업체에게 혁신적이라는 것은 특히 기존 기술의 부정적인 영향을 개선하려고 할 때, 어떤 문제에 기술을 '추가'하는 것을 의미한다. 더 소프트웨어적이고, 행동적이며, 문화적인 것들보다 기술적인 수정을 선호하는 것은 아마도 18세기 산업혁명 이후 기술을 개선함으로써 원료를 더 빠르고 저렴하게 가공해 온 섬유와 같은 산업에서 불가피할 것이다. 그러나 그 결과는 행동이 제품의 전반적인 환경 영향을 결정하는 데 미치는 매우 실질적인 영향을 소홀히 하는 경향이 있다. 그것은 또한 지속가능성 개선을 하는 데 있어 소프트웨어적인 변화의 중요한 역할을 간과하고 디자이너와 소비자와 같은 비기술자의 기여를 제외시킨다. 모든 문제를 '수정'하기 위해 기술에 의존하는 것은 또한 선택과 행동에 대한 책임을 회피하려는 경향을 감소시키는(→ 증가시키는) 더 교묘하고 암암리에 퍼지는 영향을 미칠 수 있다.

04 문맥에 맞는 낱말 고르기

정답 ③

(A) abundance ⇒ 많음
(B) willingness ⇒ 기꺼이 하기
(C) encourage ⇒ 장려하다

정답 해설

(A) 제1차 세계 대전 이후 새로운 용도로 재활용되어야 할 군수용 물품들이 창고에 많이 쌓여 있다는 의미이므로, 빈칸 (A)에는 'abundance(많음, 풍부함)'가 들어갈 말로 적절하다.
(B) 전쟁 중에 절약과 재사용의 문화가 불필요한 것을 버리고 새로운 물건에 기꺼이 돈을 쓰는 소비 문화로 바뀌어야 한다는 의미이므로, 빈칸 (B)에는 'willingness(기꺼이 하기)'가 들어갈 말로 적절하다.
(C) 전쟁기간 동안에는 낭비하지 말라는 포스터를 제작한 반면에 전쟁 이후에는 소비를 장려하기 위해 현명하지 못한 절약에 주의하라는 표지판을 제공했다는 내용이므로, 빈칸 (C)에는 'encourage(장려하다)'가 들어갈 말로 적절하다.

핵심 어휘

- **manufacturer** : 제조업자, 생산자
- **abundance** : 풍부, 많은, 다량

- pile : 쌓다, 포개다
- warehouse : 창고
- absorbent : 잘 빨아들이는, 흡수력 있는
- celluloid : 셀룰로이드
- military bandage : 군사용 붕대
- disposable : 사용 후 버리는, 일회용의
- sanitary napkin : 생리대
- figure out : 생각해 내다, 이해하다
- ethic : 윤리, 도덕
- darn : 깁다, 꿰매다
- odd : 외짝의, 한 짝만 있는, 짝이 안 맞는
- sew : 바느질하다, 깁다
- rag : 해진 천[누더기]
- rug : 깔개, 무릎덮개
- embrace : 포용하다, 받아들이다
- hesitation : 주저, 망설임
- stuff : 것, 물건
- declare : 단언하다, 선언하다
- beware of : ~에 주의하다
- restrain : 제한하다, 억제하다
- repetitive : 반복적인, 되풀이하는

 해석

제조업체의 경우, 사용 후 버려지는 제품은 고객에게 계속해서 더 많이 돌려 달라고 강요하며 끝없는 이익 가능성을 창출한다. 그것은 제1차 세계 대전 이후 창고에 높이 쌓여 있는 (A) 많은 군수용 물품들에 대한 새로운 용도를 찾아야할 필요성이 컸던 때인 지난 몇 년 간 처음 발견된 가능성이다. 예를 들어, 군용 붕대와 방독면 필터에 사용되었던 셀룰로이드로 만들어진 흡수성 물질은 후에 일회용 코텍스 생리대라는 새로운 용도로 사용되었다. 제조업자들은 또한 절약과 재사용, 즉 양말을 깁고, 짝이 안 맞는 끈을 보관하고, 찻잎을 사용하여 카펫을 청소하고, 누더기 천을 꿰매 깔개를 만드는 전시 윤리를 어떻게 "버리기 습관"과 새로운 "물건"에 (B) 기꺼이 돈을 쓰는 것을 포용하는 문화로 변화시킬지 생각해 내야 했다. 전쟁 기간 동안 미국 정부는 "낭비하지 않으면 부족함이 없다"고 선언한 포스터를 제작했다. 1917년 말에, 정부는 지속적인 소비를 (C) 장려하기 위해 전국의 상점들 창문에 전시할 "검소와 현명하지 못한 절약에 주의하라"라는 표지판을 제공했다.

05 전체 흐름과 관계 없는 문장 고르기

 인공 생명체에 대한 이야기 | 정답 ④

정답 해설

주어진 제시문은 그리스 신화와 중세의 연금술 그리고 무슬림 화학자와 유대교 학자에 이르기까지 인공 생명체를 창조하는 것에 대해 언급하고 있다. 그러므로 종교적인 관점에서 이슬람교와 유대교의 유사점에 대해 설명한 ④의 내용은 윗글의 전체적인 흐름과 관계가 없다.

핵심 어휘

- humanity : 인류, 인간성
- millennia : 천년, 새로운 천년이 시작되는 시기
- reference : 말하기, 언급

- craftsman : 공예가, 수공업자
- artisan : 장인, 기능인
- sculptor : 조각가
- alchemical : 연금술의
- synthetic : 합성한, 인조 물질의
- similarity : 유사성, 닮음
- perspective : 관점, 시각
- inanimate : 무생물의, 생기 없는, 죽은 것 같은
- clay : 점토, 찰흙
- folklore : 민속 신앙, 신화

해석

스마트 기계는 수천 년 동안 인류의 환상이었다. ①기계적이고 인공적인 존재에 대한 초기 언급은 그리스 신화에 등장하는데, 황금 로봇을 만든 대장장이, 목수, 공예가, 기능인 그리고 조각가들의 신인 헤파이스토스에서 시작한다. ②중세에는 인공적인 형태의 생명을 창조하는 신비한 연금술의 수단이 계속되었다. ③무슬림 화학자 자비르 이븐 하이얀이 언급한 목표는 탁원으로, 실험실에서 인간의 생명을 포함한 그 이상의 인조 생명체를 창조하는 것을 말한다. ④한때 유대인들과 무슬림교인들은 함께 살았고, 함께 일했고, 함께 공부했으며, 오늘날에도 이슬람교와 유대교를 종교적인 관점에서 관찰할 때 비슷한 점이 많다. ⑤프라하의 마하랄로 유대교 학자들에게 널리 알려진 랍비 유다 로우는 이제는 민속 신앙이 되어버린 골렘 즉, 전부 무생물(대개 찰흙이나 진흙)로 만들어진 존재에 대한 이야기를 했다.

06 글의 요지 파악하기

 유용한 생각을 얻기 위한 다각적인 접근법 | 정답 ④

정답 해설

위의 제시문은 어떤 문제에 대한 한 가지 접근법은 어느 한 쪽으로 시각이 편향될 수 있으므로, 서로 다른 접근 방식을 반복적으로 추구함으로써 새롭고 유용한 생각을 얻을 수 있다고 설명하고 있다. 그러므로 "문제에 다각적으로 접근하면 새롭고 유용한 생각에 이를 수 있다."는 ④의 설명이 윗글의 요지로 가장 적절하다.

핵심 어휘

- have in common with : ~와 공통점을 지니다
- variation : 변이, 변화, 다양성
- generate : 발생시키다, 만들어 내다
- exemplify : 예를 들다, 귀감이 되다
- restructure : 재구성하다, 재구축하다
- biased : 편향된, 선입견이 있는
- perspective : 관점, 시각
- essence : 본질, 정수
- once in a while : 때로는, 가끔

해석

미칼코는 창의적 사고가 자연 선택에 의한 진화와 많은 공통점이 있다고 말한다. 진화의 기본은 다양성인데, 왜냐하면 다양성이 없으면 선택할 수 있는 것이 없기 때문이다. 마찬가지로 창의적인 사람들은 처리할 문제를 선택하기에 앞서 어떤 문제에 대한 매우 다양한 아이디어를 만들어내는 데 능숙하다. 이러한 사고방식의 귀감이 되는 레오나르도 다빈치는 그의 문제들을 다른 각

도에서 보기 위해 반복적으로 재구성하는 것으로 유명하다. 그는 첫 번째 접근법이 평소 자신의 시각에 너무 치우쳐 있다고 생각했다. 각각의 새로운 관점에서 그는 그 문제에 대한 이해를 깊게 하고 그것의 본질을 보기 시작할 것이다. 그는 이 방법을 슈퍼 비데어 즉, '보는 방법을 아는 것'이라고 불렀다. 언뜻 보기에 이러한 사고방식은 대부분의 아이디어가 결코 직접적으로 사용되지 않기 때문에 낭비적인 것처럼 보일 수 있다. 요점이 즉, 서로 다른 접근 방식을 반복적으로 추구함으로써, 일반적인 사고방식에서 점차 새로운 사고방식으로 이동한다는 것이다. 때때로 이 과정은 모든 노력을 가치 있게 만드는 진정 새롭고 유용한 아이디어로 귀결될 것이다.

07 밑줄 친 문장의 의미 파악하기

문학 예술을 만드는 기준 – 비익숙화 　　　　정답 ②

✏️ 정답 해설

Victor Shklovsky가 제시한 문학 예술을 만드는 기준인 '비익숙화'는 생소하고 낯선 단어와 구문을 사용함으로써 예술을 처음 보았던 것처럼 만드는 것이다. 그러므로 밑줄 친 make 'a stone a stone again'(돌을 다시 돌로 만드는)이 의미하는 바는 ②의 'make ordinary things unordinary(평범한 것을 비범하게 만들다)'가 가장 적절하다.

핵심 어휘

- criterion : 표준, 기준
- strangeness : 이상함, 진기함
- valid : 유효한, 타당한
- novelty : 새로움, 참신함, 신기함
- article : 글, 기사
- assert : 단언하다, 주장하다
- defamiliarization : 낯설음, 비익숙화
- economize : 절약하다, 아끼다
- cliches : 상투적인 문구
- prolong : 미루다, 연기하다
- deautomatize : 비자동화하다
- perception : 지각, 인지, 깨달음
- deviate from : ~에서 일탈하다, 벗어나다
- rhymeless : 리듬이 없는, 운율이 없는
- unordinary : 보통이 아닌, 비범한
- precisely : 꼭, 바로, 정확하게

🧽 오답 해설

① replace symbols with ordinary words(기호를 평범한 말로 바꾸다) → 평범한 말로 바꾸는 것은 오히려 친숙한 것이며 비익숙화와 반대 됨
③ turn a word into an image(단어를 이미지로 바꾸다) → 단어를 이미지로 바꾸는 것은 시각화임
④ define a thing more precisely(사물을 보다 정확하게 정의하다) → 사물에 대한 보다 정확한 정의는 비익숙화가 아닌 명료성의 문제임
⑤ make readers read between the lines(독자들에게 행간을 읽게 하다) → 행간을 읽는 것은 숨은 뜻을 파악하는 것으로 비익숙화가 아니라 문맥의 문제임

해석

이상함의 기준은 유효하다면 새로움의 기준에 속할 것이다. 장치 예술에 관

한 유명한 글에서, Victor Shklovsky는 비익숙화가 문학 예술을 만드는 기준이라고 단언한다. 일상생활에서 우리는 사물을 실제로 인지하지 않은 채 당연하게 여기는 경향이 있고, 일상어로 그것에 대해 이야기할 때, 청자가 즉시 이해하는 상투적인 문구와 같은 잘 알려진 단어와 말을 사용하여 표현을 아끼는 경향이 있다. 생소하고 낯선 단어와 구문을 사용함으로써, 예술은 '돌을 다시 돌로 만드는 즉, 마치 그것을 처음 보았던 것처럼 만들기 위해 인식의 과정을 연장하고 비자동화하려고 한다. 비익숙화는 독자의 주의를 그가 간과하기 쉬운 현실의 측면에 집중시킨다. Shklovsky는 의사소통 과정의 다른 수준을 구별하지 않고 글, 정신적 모델 그리고 행동에서 비익숙화의 사례를 제시한다. 비익숙화는 일상적인 것에서 벗어난 어떤 것이든 될 수 있다. 예를 들어, 운율이 흔한 시기에는 운율이 없는 시가 이상하며, 그 반대도 마찬가지이다. 메시지의 수준에서, 비익숙화는 그 행동이 독자들이 다르게 생각하도록 어떻게든 강요할 것이라는 것을 의미할 것이다.

08 글의 제목 유추하기

 인류의 조상: 끈질긴 사냥꾼 　　　　정답 ①

✏️ 정답 해설

제시문에 인류의 조상은 결코 경쟁적인 포식자나 먹잇감 보다 빨리 달리거나 힘이 세지 않았지만, 한낮의 더위도 견딜 수 있는 엄청난 지구력 덕분에 먹잇감을 사냥을 할 수 있었다고 서술되어 있다. 그러므로 ①의 'Hominids: A Persistent Hunter(인류의 조상: 끈질긴 사냥꾼)'가 윗글의 제목으로 가장 적절하다.

핵심 어휘

- dominant : 우세한, 우성의, 지배적인
- predatory : 포식성의, 포식 동물 같은
- trait : 특성, 특징
- physiologist : 생리학자
- dub : 별명을 붙이다, 더빙하다
- super-endurance : 초내구성
- emergence : 출현, 나타남
- interrelated : 상호 관련된, 밀접한 관계인
- attribute : 속성, 특성
- diverge from : ~에서 나뉘다
- apelike : 유인원 같은
- hominid : 인류, 인류의 조상
- outrun : 보다 빨리 달리다, 넘어서다
- outmuscle : 힘으로 압도하다[이기다]
- seek over : ~을 찾아내다[구해내다], 색출하다
- enormous : 거대한, 엄청난
- amble : 느긋하게 걷다, 느릿느릿 걷다
- trot : 빨리 걷다, 속보로 가다
- trek : 트레킹, 오지 여행
- midday : 정오, 한낮
- pack : (사냥개, 늑대 따위의) 한 떼[무리]
- intense : 강한, 극심한, 강력한
- vulture : 독수리, 콘도르
- flee from : ~에서 달아나다, 도망치다
- carcass : 사체, 죽은 동물
- persistent : 끈질긴, 집요한

• intensity : 강렬함, 강인함

 오답 해설

② Intensity Comes Before Endurance(지구력보다 우선인 강인함)
→ 인류의 조상이 지배적인 포식자가 된 것은 강인함 때문이 아니라 지구력 때문임

③ Hunting in the Heat: Mission Impossible(더위 속 사냥: 미션 임파서블) → 인류의 조상은 한낮의 더위 속에서도 사냥을 할 수 있는 엄청난 지구력을 지님 – 미션 파서블

④ Hunters Need Speed and Power(속도와 힘을 필요로 하는 사냥꾼) → 인류의 조상이 끈질긴 사냥꾼이 된 것은 속도와 힘보다는 한낮의 더위에도 버틸 수 있는 지구력 때문임

⑤ Show Respect to Your Prey(먹이에 경의를 표하라) → 엄청난 지구력 때문에 끈질긴 사냥꾼이 된 인류의 조상에 경의를 표함

해석

경쟁적인 환경에서 우리 조상들은 생리학자 Bernd Heinrich가 그들을 "초내구적 포식자"라고 불렀던 것처럼 신체적, 정신적, 사회적 특징들의 결합을 통해 결국 지배적인 포식동물이 되었다. 이러한 포식자들의 출현을 위한 신체적 토대는 우리 조상들이 다른 유인원 같은 종들에서 나뉘었을 때인 약 600만년 전에 발달하기 시작한 상호 연관된 특성들에 의해 제공되었다. 인류의 조상은 결코 경쟁하는 포식자나 짧은 거리에서 찾아낸 먹잇감 보다 빨리 달리거나 힘으로 압도하도록 진화하지 않았다. 대신에 인류의 조상은 지구력을 위한 엄청난 능력을 발달시켰다. 그들은 먼 거리를 달리거나 혹은 걸어가거나, 조깅하거나, 느리게 걷거나, 행진하거나, 빨리 걷거나, 하이킹을 할 수 있으며, 먹잇감을 쫓기 위해 몇 시간 동안 심지어 며칠 동안 이동할 수 있다. 그들은 거대한 고양이와 개 무리들과 같은 경쟁적인 포식동물들이 강렬한 아프리카의 태양으로부터 숨을 때, 한낮의 더위는 물론, 모든 종류의 날씨에서 언제든지 이러한 트레킹을 할 수 있었다. 하이에나와 독수리조차 가장 뜨거운 낮에 태양으로부터 도망쳤고, 따라서 더위를 견딜 수 있는 인류의 조상들에게 사체에 접근하는데 중요한 이점을 제공했다.

09 글의 제목 유추하기

 핵심주제 실행 전 루틴(PPRs): 더 나은 경기를 위한 선수들의 의식   **정답** ③

정답 해설

윗글에서는 농구에서 자유투, 골프에서 퍼팅 혹은 미식축구나 럭비에서 플레이스킥을 실행하기에 앞서 나타나는 '실행 전 루틴(PPRs)'에 대해 설명하고 있다. 이러한 루틴은 집중력과 경쟁적 성과를 향상시키기 위한 정신적 준비의 한 형태로 운동선수들이 널리 이용하고 있으며 코치와 심리학자들도 추천하고 있다고 서술되어 있다. 그러므로 ③의 'Pre-performance Routines: Athletes' Ritual for Better Play(실행 전 루틴: 더 나은 경기를 위한 선수들의 의식)'가 윗글의 제목으로 가장 적절하다.

핵심 어휘

• ritualised : 의례적인, 의식화된
• waggle : 흔들다, 움직이다
• preferred : 우선의, 선호하는
• task-relevant : 업무[직무]와 관련된
• evident : 분명히 나타난, 눈에 띄는
• execution : 실행, 수행

• closed skill : 폐쇄 기술(환경이 변하지 않는 안정된 상태에서 수행하는 운동 기술)
• interference : 간섭, 방해
• place-kick : (공을 땅에 놓고) 차다
• extensively : 널리, 광범위하게
• enhance : 높이다, 강화하다, 향상시키다
• optimal : 최적의, 적기의
• competitive spirit : 경쟁심
• ritual : 의례, 의식
• superstitious : 미신의, 미신적인

오답 해설

① Team Play: One for All, All for One(팀 플레이: 모두를 위한 하나, 하나를 위한 모두)

② Competitive Spirits Enable You to Surpass Your Limits(경쟁심을 통해 한계를 뛰어넘을 수 있다)

④ Habitual Body Movements Interfere with Successful Performance(습관적인 몸 동작이 성공적인 수행을 방해한다)

⑤ Pre-performance Routines as Superstitious Behaviour Among Athletes(운동선수들 사이의 미신적 행동, 실행 전 루틴)

해석

경쟁적인 스포츠는 종종 매우 의식화된 활동이다. 예를 들어 테니스 선수들은 서브하기 전에 정해진 횟수만큼 공을 튀기는 것을 좋아하는 반면, 골퍼들은 공을 치기 전에 일정한 횟수만큼 클럽을 '흔들기'하는 성향이 있다. 이러한 선호되는 일련의 행동은 '실행 전 루틴'(PPRs)이라고 하며 특정 스포츠 기술의 실행에 앞서 선수들이 체계적으로 참여하는 직무 관련 사고와 행동을 포함한다. 보통 PPRs는 농구에서 자유투, 골프에서 퍼팅 혹은 미식축구나 럭비에서 플레이스킥과 같은 폐쇄 기술과 자기 페이스대로 하는 행동(즉, 주로 자신의 속도대로 다른 사람의 간섭 없이 실행되는 것)을 실행하기 전에 분명히 나타난다. 이러한 루틴은 집중력을 요하는 기술을 개선하거나 경쟁적 성과를 향상시키기 위해 정신적인 준비의 한 형태로 운동선수들에 의해 광범위하게 이용되며 코치와 심리학자들에 의해 추천된다. 요컨대, PPR의 목적은 실행 직전에 자신을 최적의 상태로 두는 것이며, 실행 중에 그 상태를 유지하는 것이다.

10 글의 주제 파악하기

핵심주제 볏 달린 쟁기로 인한 북유럽의 사회 경제적 변화   **정답** ①

정답 해설

제시문에 따르면 북유럽 사람들은 볏 달린 쟁기를 개발하기 전까지 농사 조건이 좋지 않았지만, 길고 좁은 땅에서 많은 동물들을 필요로 하는 볏 달린 쟁기의 특성으로 인해 농사가 지역 공동체의 일이 되었고, 따라서 북유럽에 도시들이 생겨나고 번영하기 시작했다고 서술되어 있다. 그러므로 ①의 'socio-economic changes in Northern Europe caused by the moldboard plow(볏 달린 쟁기로 인한 북유럽의 사회 경제적 변화)'가 윗글의 주제로 가장 적절하다.

핵심 어휘

• moldboard plow : 볏 달린 쟁기
• endowment : 기부(금)

• **fertile** : 비옥한, 기름진
• **plow-based** : 쟁기 기반의
• **prosperity** : 번영, 번성, 번창
• **flourish** : 번창하다, 번영하다
• **dry-soil** : 건식
• **crisscross** : 열십자의, 십자형의
• **plowing** : 밭 갈기, 경작
• **individualistic** : 개인주의의, 개인주의적인
• **wet-clay** : 습식
• **efficient** : 능률적인, 효율적인
• **strip** : 길고 좁은 땅
• **draft** : 뽑다, 선발하다
• **appropriate** : 적당한, 타당한
• **barren land** : 불모지

🖋️ 오답 해설

② difficulties of finding an appropriate farming method for barren land(불모지에 적합한 농사 방법을 찾기 어려움) → 농사 조건이 좋지 못했던 북유럽 사람들이 볏 달린 쟁기를 개발하여 이를 극복함

③ various reasons farming was difficult for Northern Europeans(북유럽 사람들에게 농사가 어려웠던 다양한 이유) → 북유럽의 농사 조건이 어려웠다는 사실만 기술되어 있을 뿐 다양한 이유는 서술되어 있지 않음

④ social support required to invent the moldboard plow(볏 달린 쟁기를 발명하는 데 필요한 사회적 지원) → 볏 달린 쟁기를 발명하는 데 필요한 사회적 지원과 관련된 내용은 서술되어 있지 않음

⑤ potential problems of using animals to plow a field(밭을 갈기 위해 동물을 이용하는 잠재적인 문제점) → 쟁기의 유형에 따라 필요한 동물의 수는 언급되어 있으나, 동물 이용에 대한 문제점은 서술되어 있지 않음

해석

볏 달린 쟁기의 개발은 유럽의 비옥한 토지에 대한 자연의 기부를 뒤집었다. 북유럽에 살던 사람들은 오랫동안 어려운 농사 조건을 견뎌왔지만, 지금은 가장 좋은 생산적인 땅이 남쪽이 아닌 북쪽이 되었다. 약 천 년 전에 시작된 이 새로운 쟁기로 인한 번영 덕분에, 북유럽의 도시들이 생겨나고 번영하기 시작했다. 그리고 그 도시들은 지중해 주변의 도시들과는 다른 사회 구조로 번창했다. 건식 스크래치 쟁기는 그것을 끌기 위해 두 마리 동물만 필요했고, 단순히 네모난 밭의 십자형 밭 갈기에 가장 적합했다. 이 모든 것이 농사를 개인주의적인 일로 만들었다. 농부는 쟁기, 소, 땅이 있으면 혼자 살 수 있었다. 하지만 습식의 볏 달린 쟁기는 여덟 마리가 한 팀인 황소, 아니 더 낫게는 말이 필요했으니 누가 그렇게 부자였겠는가? 그것은 종종 다른 사람의 길고 좁은 땅에서 한두 걸음 떨어져 있는 길고 좁은 땅에서 가장 효율적이었다. 결과적으로 농사는 더욱 지역 공동체의 일이 되었다. 즉, 사람들은 쟁기를 공유하고 동물을 선발하고 의견 차이를 해결해야 했다. 그들은 마을에서 함께 모였다.

11 필자의 주장 이해하기

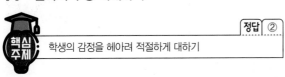
정답 ②
학생의 감정을 헤아려 적절하게 대하기

🖋️ 정답 해설

제시문은 학생들이 화가 나고 마음 상하고 좌절하는 등 그 원인이 무

엇이든 간에 학생들의 감정을 무시하지 말고 끝까지 보살피라고 서술되어 있다. 그러므로 "학생의 감정을 헤아려 적절하게 대하라."는 ②의 설명이 필자의 주장으로 가장 적절하다.

핵심 어휘

• **knowingly** : 다 알고도, 고의로
• **upset** : 속상하게 하다, 마음 상하게 하다
• **frustration** : 불만, 좌절감
• **stem from** : ~에 기인[유래]하다, ~에서 비롯되다
• **fatigue** : 피로, 피곤
• **annoyance** : 짜증, 골칫거리
• **well up** : 고이다, 샘솟다
• **overreact** : 과잉[과민] 반응을 보이다
• **sympathetic** : 동정적인, 공감하는
• **misinterpret** : 잘못 이해하다, 오해하다
• **probe** : 캐묻다, 조사하다
• **appreciate** : 감사하다, 고마워하다
• **follow through with** : ~을 이행[완수]하다

해석

"절대 화가 나서 잠자리에 들지 말라"는 부부들의 오랜 조언처럼, 학생들을 일부러 화나게 하거나 마음 상하게 해서 수업을 그만두게 하지 마라. 학생들의 좌절은 어려운 내용이나 기술, 개인적인 문제, 피로, 그리고 때로는 선생님에 대한 짜증에서 비롯될 수 있다. 그 원인이 무엇이든 간에, 그들의 감정을 무시하지 마라. 만약 눈물이 고이기 시작하는 것을 본다면, 모든 것을 멈추고 이야기하라. 과민반응과 그들의 좌절감을 개인적으로 받아들이는 것을 피하라. 어느 정도의 좌절감은 새로운 기술을 배우는 데 정상적인 부분이다. 그들이 낙담해 보일 때, 그들에게 물 한 잔, 공감하는 귀, 그리고 휴지를 건네라. 만약 그들이 당신을 오해했거나 개념을 이해하지 못했다면, 가장 원초적인 것까지 벗겨내라. 만약 본능적으로 무언가가 학생을 괴롭히고 있다고 느끼면, 알아보는 것을 조금도 두려워하지 마라. 대부분의 학생들은 "전 괜찮아요"라고 말하겠지만, 그렇게 말할 때조차도 그들은 거의 항상 당신의 보살핌에 고마워한다. 만약 걱정이 된다면 부모님께 전화를 걸어 끝까지 챙겨라.

12 글이 시사하는 바 찾기

정답 ①
옳은 일에 앞장서라

🖋️ 정답 해설

제시문은 세심한 주의를 기울이지 않으면 문화는 곧 타락하므로 폭정에 맞서 침묵하지 말고 깨어나 앞장서라고 설명하고 있다. 그러므로 윗글이 시사하는 바는 ①의 'Stay alert and stand up against what is wrong.(정신을 바짝 차리고 옳지 못한 일에 맞서라.)'이다.

핵심 어휘

• **manifest** : 나타내다, 드러내 보이다
• **tilt** : 기울다, 젖히다
• **corruption** : 부패, 타락, 오염
• **tyranny** : 폭정, 학정
• **comparatively** : 비교적, 어지간히, 꽤
• **tiny** : 아주 작은, 조그마한
• **retreat** : 후퇴하다, 물러나다

- **betrayal** : 배신, 배반
- **rationalization** : 합리화, 정당화
- **resentment** : 분함, 분개, 울분
- **restrictive** : 제한하는, 구속하는
- **delight** : 기쁨, 즐거움
- **vanish** : 사라지다, 없어지다
- **alert** : 방심하지 않는, 경계하는, 주의 깊은
- **attitude** : 자세, 태도
- **aptitude** : 적성, 소질

오답 해설

② Sometimes retreat is a wise choice.(때로는 후퇴하는 것이 현명한 선택이다.) → 각각의 후퇴는 다음 후퇴의 가능성을 높인다고 서술됨

③ Silence is golden, speech is silver.(침묵은 금이고, 연설은 은이다.) → 침묵의 행동 하나하나가 저항을 약화시킨다고 서술됨

④ Expectation is the root of all heartache.(기대감은 모든 심적 고통의 근원이다.) → 본문에 기대감에 대한 언급은 없음

⑤ Success depends more on attitude than aptitude.(성공은 적성보다도 태도에 달려 있다.) → 성공과 실패의 문제가 아니라 선과 악에 대한 문제임

해석

비록 작아 보일지라도, 나는 사람들이 행하는 선이 그들이 생각하는 것보다 세상에 널리 나타나는 선과 더 관련이 있다고 믿으며, 악에 대해서도 똑같다고 믿는다. 우리 모두 우리가 생각하는 것보다 세계 정세에 더 많은 책임이 있으며, 또한 그렇게 믿는 것이 편할 것이다. 세심한 주의를 기울이지 않으면, 문화는 바로 타락으로 기운다. 폭정은 느리게 성장하고, 우리에게 아주 조금씩 후퇴하라고 요구한다. 그러나 각각의 후퇴는 다음 후퇴의 가능성을 높인다. 양심의 배신 하나하나가, 침묵의 행동 하나하나가(침묵 할 때 느끼는 울분에도 불구하고), 그리고 합리화 하나하나가 저항을 약화시키고 다음의 제한적인 전진 가능성을 높인다. 이것은 그들이 지금 획득한 권력에 대한 기쁨을 만끽하는 경우 특히 그러하며 그리고 그러한 사람들은 항상 발견된다. 비용이 상대적으로 저렴할 때, 그리고 아마도 잠재적인 보상이 아직 사라지지 않았을 때, 깬 채로 앞장 서는 것이 더 낫다.

13 글의 목적 파악하기

정답 ⑤
DIY 프로젝트를 수행하는 설명과 시범 제안

정답 해설

본문에서 "가장 인기 있는 DIY 프로젝트를 수행하는 설명과 시범을 Home Station에서 할 수 있는 날을 제안하고 싶다"고 서술되어 있다. 그러므로 ⑤의 '고객이 직접 작업하는 방법을 알려주는 강좌 개설을 제안하려고'가 윗글의 목적으로 가장 적절하다.

핵심 어휘

- **sales associate** : 영업 사원, 판매 사원
- **tackle** : 부딪치다, 대처하다
- **expert** : 전문가, 숙련가
- **take A through B** : A가 B를 익히도록 하다
- **install** : 설치하다, 설비하다
- **seal** : 밀봉하다, 봉쇄하다

- **driveway** : 차도, 진입로
- **faucet** : 수도 꼭지

해석

Smalltown Home Station Hardware 상점에서 내 고객들은 더 큰 집수리 및 개선 작업을 어떻게 해야 하는지에 대한 조언을 끊임없이 요청하고 있다. 여기 있는 모든 판매 사원들은 고객이 직접 작업을 결정하도록 돕기 위해 가능한 한 많은 노력을 하지만, 또한 DIY(손수 만드는 상품)를 다룰 자신이 없는 사람들에게 꽤 많은 판매량을 놓치고 있다. 가장 인기 있는 DIY 프로젝트를 수행하는 설명과 시범을 Home Station에서 할 수 있는 날을 제안하고 싶다. 우리는 전문가들로 하여금 사람들이 차고 문 개폐기 설치, 진입로 봉쇄, 수도 꼭지 설치, 그리고 다른 평범한 작업들을 익히도록 할 수 있다. 많은 공급업체가 자체 기술자를 파견하여 수업을 운영하고 하드웨어 및 자재 판매를 지원할 수 있다.

14 내용과 불일치 문장 고르기

정답 ④

South Carolina 주 최초의 아프리카계 미국인 여성 약사, Ruth Gardena Birnie

정답 해설

윗글에 따르면 남편인 Charles W. Birnie와 양어머니인 Martha Savage는 Ruth가 약학을 직업으로 삼도록 장려했다. 그러므로 "남편과 키워준 어머니의 반대를 무릅쓰고 약사가 되려고 했다."는 ④의 설명은 윗글의 내용과 일치하지 않는다.

핵심 어휘

- **rear** : 기르다, 양육하다
- **physician** : 의사, 내과 의사
- **foster mother** : 양어머니
- **pharmacy** : 약국, 약학
- **degree** : 학위

해석

1884년 8월 15일, Ruth Gardena Birnie는 South Carolina의 Sumter에서 Moses와 Louise Harrison 사이에서 태어났다. 그녀의 부모님이 그녀가 매우 어릴 때 돌아가셨기 때문에, Birnie는 Martha A. Savage 선생님에 의해 양육되었다. Birnie는 Sumter에 있는 초기 아프리카계 미국인 학교인 Lincoln School을 졸업했다. 후에 그녀는 그곳에서 짧은 기간 동안 가르쳤다. 1902년, 그녀가 18살이 되었을 때, 그녀는 최초의 아프리카계 미국인 의사로서 Sumter에 온 Charles Wainwright Birnie와 결혼했다. 결혼 16년 후, Birnie 부부는 딸 Anna를 낳았다. Charles W. Birnie의 일이 커지자, 그와 Ruth Birnie의 양어머니인 Martha Savage는 Ruth가 약학을 직업으로 삼도록 장려했다. 그녀는 Benedict College에 입학한 후, Temple University에 진학하여 약학 학위를 받았다. South Carolina로 돌아온 Birnie는 그 주에서 가장 최초의 아프리카계 미국인 여성 약사가 되었다.

15 빈칸 추론하기

정답 ③
불안감에 대한 신체적 반응

정답 해설

어떤 일련의 상황이 정형화를 거부하거나 이치에 맞지 않아 통제 불능 상태가 될 때, 우리의 신체는 교감신경계에서 코르티솔과 아드레날린과 같은 스트레스 호르몬을 분비하여 심리적으로 마음이 통제될 때까지 경계 반응을 활성화시키고 신경을 곤두서게 한다. 그러므로 빈칸에 들어갈 말은 ③의 'regained control(통제권을 되찾았다)'이다.

핵심 어휘

- pervasive : 만연하는, 스며드는, 퍼지는
- be relevant to : ~와 관련이 있다, ~와 연관되다
- psychiatrist : 정신과의사
- stimuli : 고무, 격려, 자극(stimulus의 복수 형태)
- defy : 반항하다, 거부하다
- patterning : 정형화
- dysphoria : 불쾌감
- recognizable : 인식할 수 있는, 알 수 있는
- make sense : 앞뒤가 맞다, 이치에 맞다
- rustle : 바스락거리다, 사각거리다
- betrayal : 배신, 배반
- out-of-control : 통제불능의
- eliminate : 없애다, 제거하다
- neuroendocrine system : 신경내분비계
- be geared toward : ~에 맞춰지다, ~에 적합되다
- sympathetic nervous system : 교감신경계
- secrete : 분비하다
- cortisol : 코티솔
- adrenalin : 아드레날린
- activate : 작동시키다, 활성화시키다
- alertness : 경계심, 경각심
- put ~ on edge : 신경을 곤두서게 하다, 과민하게 만들다
- regain : 되찾다, 되돌아오다
- perfectionism : 완벽주의, 완전주의

오답 해설

① shared values(가치를 공유했다) → 가치 공유와 경계 반응과는 관련 없음
② received praise(칭찬을 받았다) → 칭찬을 못 받아서 스트레스 호르몬이 분비되는 것은 아님
④ removed inequality(불평등을 제거했다) → 불평등으로 인해 경계 반응을 보이는 것은 아님
⑤ overcome perfectionism(완벽주의를 극복했다) → 정형화가 거부되거나 이치에 맞지 않는 통제 불능 상태에서 스트레스 호르몬이 분비됨

해석

몇몇 심리학자들은 안다는 느낌을 "옳다는 느낌"이라고 말하는데, 우리와 관련된 것을 알지 못하는 것을 싫어하기 때문에 그것은 강하고 만연된 느낌이다. 정신과 의사 Irvin Yalom이 말했듯이, "어떤 상황이나 일련의 자극이 정형화를 거부할 때, 우리는 그 상황을 인식할 수 있는 패턴에 맞출 때까지 지속되는 불쾌감(높은 수준의 불안)을 경험한다." 우리는 불편함이 덤불 속의 수상한 바스락 소리인지, 친구의 혼란스러운 배신인지, 혹은 우리가 하지 못한 승진이든지 간에, 무언가를 이해하도록 동기를 부여하기 때문에 어떤 것이 이치에 맞지 않을 때 매우 불편하게 느끼도록 설계되었다. 무지는 우리가 심리적으로 제거하려고 동기가 부여된 "통제 불능" 상태이다. 신경내분비계는 바로 이 목표에 맞춰져 있다. 즉, 교감신경계는 경계 반응을 활성화시키는 코티솔과 아드레날린과 같은 스트레스 호르몬을 분비하여, 통제권을 되찾았다

고 느낄 때까지 신경을 곤두서게 한다.

16 빈칸 추론하기

 핵심주제 : 순환적 정의를 피하는 방법 정답 ⑤

 정답 해설

개념 속에 있는 단어의 반복이나 동의어의 사용으로 인한 순환적 정의를 피하는 방법으로, 빈칸 다음에 대조의 예시들을 열거하고 있다. 그러므로 ⑤의 'What contrast is the concept intended to draw(그 개념이 그리려고 하는 것은 어떤 대조인가?)'가 윗글의 빈칸에 들어갈 말로 가장 적절하다.

핵심 어휘

- ownership : 소유(권)
- definition : 정의, 뜻풀이
- in terms of : ~면에서, ~에 관하여
- synonym : 동의어, 유의어
- circular : 원형의, 순환적인
- attribute : 속성, 특성
- folly : 어리석음, 어리석은 행동[생각]
- circularity : 환형, 순환, 환상성
- supporting evidence : 증거물, 입증 자료

오답 해설

① When do you need to define key concepts(언제 주요 개념을 정의할 필요가 있는가?) → 개념을 정의하는 시기의 문제는 아님
② Why then do you suggest such a definition(왜 그 때 그러한 정의를 제안하는가?) → 빈칸 다음의 문장이 대조와 관련된 예시임
③ Where can you find the supporting evidence(증거물을 어디서 찾을 수 있는가?) → 증거물과는 관련이 없음
④ How do you convince people that you're right(네가 옳다는 것을 사람들에게 어떻게 납득시킬 수 있는가?) → 설득의 문제가 아님

해석

소유권을 사람과 그들이 소유한 물건 사이의 법적 관계로 정의해 보자. 이 정의는 "소유"라는 단어를 사용하기 때문에 소유권이라는 개념을 그 자체로 정의한다. 무언가를 소유한다는 것이 무슨 의미인지 설명하는 대신, 그것은 우리가 이미 이것을 알고 있다고 가정한다. 그것은 그 개념이 그 자체와 어떻게 관련되는지 알려주지만, 다른 개념이나 현실과 어떻게 관련되는지는 알려주지 않는다. 이 정의는 어디도 가지 않고 단지 원을 그리며 움직인다. 만약 정의에 동의어를 사용한다면 똑같은 문제가 발생한다. 소유권을 사람과 그들이 소유한 물건 사이의 법적 관계로 정의해 보자. "own"과 "possess"는 같은 개념을 표현하는 다른 단어인 동의어이다. 따라서 개념 면에서 그 정의는 여전히 순환적이다. 즉, 소유권이라는 개념은 여전히 스스로를 정의하는 데 사용되고 있다. 만약 '사람'을 '인간 동물'로, '크다'는 것을 '큰' 무언가가 가진 속성으로, 또는 '어리석음'을 '어리석은' 행동으로 정의한다면, 그 반대도 똑같이 적용될 것이다. 각각의 경우에 이탤릭체로 된 단어들은 동의어이다. 이러한 순환을 피하려면 다음과 같이 묻는 것이 효과적이다. 그 개념이 그리려고 하는 것은 어떤 대조인가? 예를 들어, 드레스를 소유하는 것과 빌리는 것 또는 가게에서 입어보는 것의 차이점은 무엇인가? 인간은 다른 동물들과 어떻게 다른가? 현명한 행동과 반대되는 어리석은 행동은 무엇인가?

17 빈칸 추론하기

정답 ①

신경 과학으로 살펴본 리더들의 사회성 부족 이유

정답 해설

사회적 능력과 비사회적 능력을 관장하는 뇌의 부위는 서로 다르며, 두 신경망은 역 상관관계에 있다. 즉, 한 쪽이 활성화되면 다른 쪽이 비활성화되는데, 인지 작업을 관장하는 뇌의 부위가 활성화되면 다른 쪽이 많이 사용되지 않아 비활성화 된다. 그러므로 ①의 'that circuitry doesn't get used much(그 회로는 많이 사용되지 않는다)'가 윗글의 빈칸에 들어갈 말로 가장 적절하다.

핵심 어휘

- **urgently** : 급히, 시급히
- **neuroscience** : 신경 과학
- **cognitive** : 인식의, 인지의
- **lateral** : 옆의, 측면의
- **portion** : 부분, 일부
- **region** : 부위, 영역
- **self-awarness** : 자아 인식
- **empathy** : 감정이입, 공감
- **inversely** : 역으로, 거꾸로
- **correlated** : 상관된, 연관성이 있는
- **deactivate** : 정지시키다, 비활성화시키다
- **circuitry** : 전기 회로
- **trigger** : 촉발하다, 유발하다

오답 해설

② the outer brain regions become inactive(뇌의 바깥쪽 부위가 비활동적이게 된다) → 사람들과 공감하는 사회적 능력과 관련된 뇌의 부위는 중간 부분임

③ the brain is built to concentrate on survival(뇌는 생존에 집중하도록 만들어졌다) → 지성과 관련된 뇌의 부위와 사회성과 관련된 뇌의 부위에 역 상관관계에 대한 설명임

④ the brain's short-term memory function is affected(뇌의 단기 기억 기능이 영향을 받는다) → 인지 작업에 많은 시간을 보낸다고 뇌의 단기 기억 기능이 영향을 받는 것은 아님

⑤ some chemicals trigger the growth of new brain cells(어떤 화학 물질은 새로운 뇌세포의 성장을 촉발시킨다) → 뇌세포의 성장을 촉발시키는 화학 물질에 대한 언급은 없음

해석

변화는 어렵고, 우리는 세계에 긍정적인 변화를 만드는 데 시급히 더 나아져야 한다. 불행하게도, 리더 자리에 오르는 많은 사람들은 매우 발달된 지성을 가지고 있지만, 사회적 측면에서는 부족하다. 신경 과학도 이 현상을 탐구하기 시작했다. "정보 보유, 계획, 작업 기억, 인지 문제 해결과 관련된 뇌 신경망은 뇌의 측면 또는 바깥 부분에 있습니다"라고 Matthew Lieberman은 그의 연구실에서 인터뷰를 하는 동안 설명했다. "자아 인식, 사회적 인식, 공감과 관련되어 중간선이나 중간 영역에 더 많이 포함된 부위가 있습니다. 우리는 이 두 신경망이 역 상관관계에 있다는 것을 알고 있습니다. 즉, 한 쪽이 활성화되면 다른 쪽이 비활성화됩니다. 그것은 사회적 능력과 비사회적 능력에 관해 역 상관관계에 있는 무언가가 있을 수 있다는 가능성을 암시합니다." 이

것은 여러분이 주목하는 신경망이 성장하는 신경망이라고 이해할 때 타당하다. 만약 인지 작업에 많은 시간을 보낸다면, 그 회로가 많이 사용되지 않는다는 이유만으로 사람들과 공감하는 능력이 감소한다.

18 빈칸 추론하기

정답 ①

Karl Popper가 주장하는 과학적 발견의 논리

정답 해설

기존의 실험 데이터와 경험을 아무리 많이 축적하더라도 아직 실행되지 않은 실험의 수가 무한하므로, 기존의 과학 이론은 필연적으로 한계가 있고 이를 넘어선 새로운 과학 이론이 출현한다. 이것이 진보이다. 그러므로 ①의 'finding the limitations of existing scientific theories and pushing beyond them(기존 과학 이론의 한계를 찾고 이를 넘어서는)'이 윗글의 빈칸에 들어갈 말로 가장 적절하다.

핵심 어휘

- **experimental** : 실험의, 실험적인
- **inductive method** : 귀납법
- **inference** : 추론, 추리
- **probable** : 있을[사실일] 것 같은, 가능성 있는
- **sensation** : 느낌, 기분, 감각
- **interpretation** : 해석, 이해, 설명
- **take into account** : ~을 고려하다, 참작하다
- **be down to** : ~의 책임이다, ~에 달려 있다
- **presupposition** : 전제, 추정
- **finite** : 한정된, 유한한
- **certainty** : 확실성, 확실한 것
- **deductive** : 추론적인, 연역적인
- **favour** : 좋아하다, 선호하다
- **alternative** : 선택적인, 양자택일의
- **confirming evidence** : 확실한 증거, 확증
- **conflicting evidence** : 상충 증거, 상반되는 증거
- **sustainable** : 지속 가능한, 유지 가능한
- **reputable** : 평판이 좋은, 덕망이 있는
- **proven** : 입증된, 증명된

오답 해설

② creating sustainable partnerships between scientists and decision-makers(과학자와 의사결정자 간의 지속적인 파트너십을 창출하는) → 파트너십의 문제와는 관련 없는 내용임

③ publishing research findings in the most reputable academic journals(가장 평판이 좋은 학술지에 연구 결과를 발표하는) → 학술지에 연구 결과를 발표하는 것은 결과의 문제임

④ conducting scientific research generally through a proven process(일반적으로 입증된 과정을 통해 과학적 연구를 수행하는) → 진보의 과정은 일반적으로 입증된 과정뿐만 아니라 새롭게 상반되는 과정도 포함됨

⑤ encouraging innovation through funding from the government(정부로부터 조달된 자금을 통해 혁신을 장려하는) → 정부의 보조금과는 무관한 내용임

해석

Karl Popper 주장의 핵심적 특징은 과학 법칙이 항상 기존의 실험 데이터와 경험을 넘어선다는 것이다. 귀납법은 데이터 본체를 구축함으로써 추론이 가능하기보다는 확실한 법칙으로 간주될 수 있다는 것을 보여주려고 했다. Popper는 모든 감각은 어떤 종류의 해석을 수반하며, 어떤 일련의 실험에서도 변수가 있을 것이며, 그러한 변수가 고려되는지의 여부는 그것을 수행하는 사람의 전제에 달려 있다는 근거로 이에 이의를 제기한다. 또한, 물론 실행된 실험의 수는 항상 유한한 반면, 아직 실행되지 않은 실험의 수는 무한하기 때문에 귀납적 논쟁은 결코 연역적 논리의 한 가지 절대적인 확실성도 얻을 수 없다. 동시에 과학자들은 원래의 확인된 증거와 새롭고 상반되는 증거 모두를 설명할 수 있는 어떤 양자택일의 이론도 좋아할 것 같다. 바꾸어 말하면, 진보는 <u>기존 과학 이론의 한계를 찾고 이를 넘어서는</u> 방식으로 온다.

19 빈칸 추론하기

정답 ②

핵심주제 쥐들의 인지 능력을 평가하는 지속시간 식별 시험

정답 해설

지속시간 식별 시험에서 쥐들은 어려운 시험을 통과하여 큰 보상을 받기 보다는 작은 보상을 받더라도 시험을 포기하는 쪽을 선택한다는 사실이 밝혀졌다. 즉, 쥐들은 시험이 어려운지 쉬운지를 인지한다는 것이다. 그러므로 ②의 'assess their own cognitive states(자신의 인지 상태를 평가한다)'가 빈칸에 들어갈 말로 적절하다.

핵심 어휘

- duration : 지속, (지속되는) 기간
- discrimination : 차별, 식별
- discern : 알아차리다, 식별하다
- apparently : 명백히, 분명히
- abandon : 버리다, 포기하다
- stick : 박다, 찌르다
- register : 등록하다, 기입하다
- decline : 줄어들다, 감소하다, 거절[사양]하다
- assess : 재다, 평가하다
- cognitive : 인식의, 인지의
- cheat : 속이다, 기만하다
- auditory sense : 청각
- pain : 아픔, 고통

오답 해설

① cheat other rats to get food(먹이를 얻기 위해 다른 쥐들을 속인다) → 지속시간 식별 시험이 쥐들 간의 경쟁적 요소를 필요로 하는 것은 아님

③ apply their auditory sense to find objects(청각으로 사물을 찾는다) → 쥐들이 청각으로 사물을 찾는 것은 시험의 기본 전제일 뿐, 실험을 통해 발견한 새로운 사실은 아님

④ make certain communication sounds(특정한 의사소통의 소리를 낸다) → 지속시간 식별 시험이 쥐들의 의사소통을 확인하기 위한 시험은 아님

⑤ act as if they don't mind pain(고통을 마다하지 않는 것처럼 행동한다) → 쥐들의 선택에 보상의 차이가 있을 뿐 고통을 수반하는 것은 아님

해석

쥐들은 자신의 정신 작용을 반영할 수 있으며, 지속시간 식별 시험을 잘 수행할 수 있는지(또는 그렇지 않은지) 알 수 있다. 쥐들이 최근에 들은 소리가 긴지 짧은지를 결정하는 요구를 받았다. 짧은 음은 2초에서 3.6초, 긴 음은 4초에서 8초까지 지속되었다. (2초와 8초를 구별하는 것보다 3.6초와 4.4초를 구별하는 것이 더 어렵다는 점에 주목하라. 쥐들은 분명 이것을 알아차린다.) 소리를 들은 쥐들은 두 가지 선택권이 있었는데, 한 구멍에 코를 찔러서 시험을 포기하고 작은 보상을 받을 수도 있고, 다른 구멍에 코를 찔러 올바른 선택을 하면 큰 보상을 받음으로써 지속시간 차이에 대한 시험을 치를 수도 있다(레버를 눌러 기록한다). 잘못된 선택은 아무런 보상도 없었다. 쥐들은 시험이 어려울수록, 즉 두 소리의 지속시간이 더 비슷할수록 그 시험을 거절할 가능성이 더 높았다(그리고 더 적은 보상을 받는다). 바꾸어 말하면, 쥐들은 <u>자신의 인지 상태를 평가할</u> 수 있다.

20 글의 배열순서 정하기

정답 ③

핵심주제 전염병 감염을 억제하기 위한 모기에 관한 연구

정답 해설

윗글은 볼바키아 바이러스에 감염된 모기가 질병을 일으키는 다른 바이러스를 전염시킬 수 없다는 특성을 이용하여 전염병 감염을 억제하는 연구에 대한 설명이다. 주어진 글 다음에 볼바키아에 감염된 모기가 질병을 일으키는 다른 바이러스를 전염시킬 수 없다는 사실을 밝힌 글 (B)가 와야 한다. 다음으로 방사시킨 모기가 짝짓기를 통해 볼바키아 바이러스를 다음 세대에 전달시킨다는 글 (C)가 와야 한다. 마지막으로 볼바키아에 감염된 다음 세대의 모기가 전염을 억제한다는 내용인 글 (A)가 와야 한다.

핵심 어휘

- mosquito : 모기
- transmit : 옮기다, 전염시키다
- disease-causing : 질병을 일으키는[유발하는]
- microbe : 세균, 미생물
- microbiota : (특정 장소에 사는) 미생물 군집
- exploit : 이용하다, 착취하다
- thwart : 좌절시키다, 방해하다, 억제하다
- infection : 감염, 전염병
- dengue : 뎅기열
- chikungunya : 치쿤구니야 바이러스 병
- Zika : 지카 바이러스
- intentionally : 고의로, 일부러, 의도적으로
- release : 놓아 주다, 방사[방류]하다
- mate with : ~와 교미하다, 짝짓기하다
- via : 경유하여, 통하여
- presence : 있음, 존재
- inhibit : 억제하다, 못하게 하다
- interrupt : 방해하다, 중단시키다, 차단하다
- underway : 진행중인, 여행중인

해석

모기는 질병을 일으키는 많은 미생물을 사람에게 옮기거나 전염시킬 수 있다. 모기는 또한 미생물 군집도 가지고 있다. 다시금 이 지식은 모기가 인간에게 전염병을 옮기는 능력을 억제하기 위해 이용되었다. 많은 곤충들이 보통 볼바키아 박테리아를 옮긴다.

(B) 자연에서 뎅기열, 치쿤구니야, 지카 등의 바이러스를 옮기는 에데스아집티 모기는 보통 볼바키아에 감염되지 않지만, 볼바키아에 감염되더라도 살 수 있다. 그러나 볼바키아에 감염되면 뎅기열이나 치쿤구니야와 같은 특정 바이러스와 질병을 일으키는 다른 바이러스를 전염시킬 수 없는 것으로 밝혀졌다.

(C) 연구원들은 현재 전염을 막기 위해 이 정보를 사용할 수 있는지 연구하고 있다. 그들은 모기를 기르고, 의도적으로 수컷 모기를 볼바키아에 감염시켜 야생에 방사하고 있다. 수컷 모기는 피를 먹지 않고 전염병을 옮기지 않는다. 방사된 수컷 모기는 현지 암컷 모기와 짝짓기를 하고 볼바키아는 알을 통해 다음 세대로 전해진다.

(A) 다음 세대의 모기에 볼바키아 감염이 있으면 뎅기열과 같은 바이러스가 억제된다. 호주의 한 지역에서 이 기술을 사용한 것은 뎅기열의 전염을 차단하는 데 매우 효과적이었다. 다른 분야에서도 시험이 진행 중이다.

21 글의 배열순서 정하기

핵심주제 | 정답 ⑤

생존과 번식 가능성을 높이는 안정화 도태

정답 해설

윗글은 양극단보다는 평균값을 지닌 모집단이 생존과 번식 가능성이 높다는 안정화 도태에 대해 설명하고 있다. 출생 시 몸무게를 안정화 도태의 사례로 들겠다고 전제한 글 (C)가 주어진 글 다음에 와야 하고, 그 사례를 구체적으로 설명한 글 (B)가 그 다음에 온다. 마지막으로 아주 작은 신생아와 아주 큰 신생아의 도태를 비교하여 설명한 글 (A)가 와야 한다.

핵심 어휘

- stabilizing selection : 안정화 도태
- extreme : 극단, 극도
- trait : 특성, 특징
- range : 범위, 다양성
- reproduce : 복사[복제]하다, 번식하다
- population : 인구[동물들], 모집단
- genetic : 유전의, 유전적인
- component : 요소, 성분, 인자
- be prone to : ~하기 쉽다, ~에 치우치다
- complication : 합병증
- select against : 도태시키다, 가려내다

해석

안정화 도태란 특성 값의 범위 양극단에 반(反)하는 선택을 말한다. 특성이 극단적으로 높거나 낮은 값을 가진 사람들은 생존하고 번식할 가능성이 낮고, 평균에 가까운 값을 가진 사람들은 생존하고 번식할 가능성이 더 높다.

(C) 안정화 도태의 효과는 시간이 지남에 따라 모집단을 동일한 평균값으로

유지하는 것이다. 극값이 각 세대에 반해 선택되지만, 모집단의 평균값은 변경되지 않는다. 인간의 출생 시 몸무게는 안정화 도태의 좋은 예이다.

(B) 신생아의 몸무게는 다른 많은 요인들 중 산모의 나이와 몸무게와 같은 몇 가지 환경적 요인의 결과이다. 출생 시 몸무게는 유전적 요인도 있다. 아주 작은 신생아(2.5kg 미만)는 더 무거운 신생아보다 생존 가능성이 낮다.

(A) 아주 작은 신생아는 질병에 더 걸리기 쉽고 신체 조직이 약해서 생존이 더 어렵다. 아주 큰 아이는 출산 중에 합병증이 발병할 수 있고 산모와 아이 모두 죽을 수 있기 때문에 너무 큰 신생아 또한 도태될 가능성이 높다. 그러므로 작고 큰 양극단 모두에 반대되는 선택이 있다.

22 주어진 문장의 위치 찾기

핵심주제 | 정답 ⑤

산업혁명으로 인한 숙련공들의 위기

정답 해설

산업혁명 당시 직조 기계는 일반적인 생각과 달리 비숙련공을 대체한 것이 아니라 숙련공들을 대체하였다. 그것은 전문적 훈련을 못 받은 덜 숙련된 사람들도 새로운 직조 기계를 이용하여 Ned와 그의 동료들과 같은 숙련공들을 필요로 했던 고품질의 제품을 더 쉽게 생산할 수 있게 되었기 때문이다. 그러므로 주어진 문장은 ⑤에 들어가는 것이 가장 적절하다.

핵심 어휘

- loom : 직기, 직조기, 베틀
- displace : 대신하다, 쫓아내다
- comrade : 동료, 동무
- depict : 그리다, 묘사하다
- spin thread : 실을 잣다
- bare hands : 맨손
- apocryphal : 출처가 불분명한, 사실이 아닐 듯한, 가상의, 허구의
- uprising : 봉기, 반란, 폭동
- card-carrying member : 정식 회원
- clothworker : 직물 직공, 의류 노동자
- prestigious : 명망 있는, 일류의
- de-skilling : 단순화, 비숙련화

해석

그리고 Ned와 그의 동료들을 대체한 직조 기계는 Ned의 전문적인 훈련 없이 덜 숙련된 사람이 그의 자리를 대신할 수 있다는 것을 의미했다.

산업혁명에 관한 인기작은 그들의 역할에서 많은 수의 저숙련 노동자들, 즉 맨손으로 실을 잣고 천을 짜며 생계를 유지하는 사람들과 할 일 없이 나뒹구는 기본 도구들을 대체하는 기계들의 물결을 묘사한다. (①) 그러나 이것은 일어난 일이 아니다. (②) 위협을 받고 있던 사람들은 바로 당시의 고숙련 노동자들이었다. (③) 자동화에 반대하는 Luddite 봉기의 가상의 지도자 Ned Ludd는 비숙련 노동자가 아니라 그 시대의 숙련된 노동자였다. (④) 만약 그가 실제로 존재했다면, 그는 아마도 그런 부류의 전문가들 즉, 상인들의 명망 있는 클럽인 고명한 의류 직공 협회의 정식 회원이었을 것이다. (⑤) 이러한 새로운 기계들은 "비숙련화" 되어, 덜 숙련된 사람들이 과거에 숙련된 노동자를 필요로 했던 고품질의 제품을 더 쉽게 생산할 수 있게 되었다.

23 주어진 문장의 위치 찾기

정답 ④

핵심주제 진화론적 관점에서의 세대 갈등과 교체

정답 해설

글의 시작에서 도덕은 시대와 세대에 걸쳐 변한다고 전제하였다. 그리고 명시된 규칙과 금지 및 암묵적인 행동에 자극받는 아이들이 이전의 가치 체계에 도전하는 것은 결국 도덕적 개념이 세대에 따라 달라지기 때문이다. 그러므로 주어진 문장은 ④에 들어가는 것이 가장 적절하다.

핵심 어휘

- developmental phase : 발달 단계
- puberty : 사춘기, 성숙기
- solidary : 공동의, 연대의, 합동의
- generational conflict : 세대 갈등
- explicit : 명시된, 명백한
- prohibition : 금지
- implicitly : 암암리에, 암묵적으로
- provoke : 불러일으키다, 유발하다, 자극하다
- generation transition : 세대 교체[전이]
- adjustment : 수정, 적응, 조정
- indication : 지시, 표시, 암시
- moral decline : 도덕적 쇠퇴[타락]

해석

그럼에도 불구하고, 발달 단계에 있는 아동들(예: 사춘기를 거치는 9세 또는 10세부터 연대 성장기까지)은 이전의 가치 체계에 도전한다.

도덕은 시대와 세대에 걸쳐 변화한다. 그러므로 세대 갈등은 바로 진화에 기인한다. (①) 많은 사회에서 오늘날의 세대가 기회라고 여기는 것을 이전 세대에서는 종종 받아들일 수 없었다. (②) 아이들은 특히 부모를 통해, 가정과 학교에서 사회화 된다(따라서 선과 악을 배우고, 옳고 그름을 배운다). (③) 명시된 규칙과 금지를 통해서뿐만 아니라 암묵적으로 행동을 통해서, 아이들은 바람직하다고 생각되는 방식으로 행동하도록 자극받는다. (④) 세대 교체의 갈등은 결국 도덕적 개념의 조정으로 이어진다. (⑤) 이것은 사회 진화의 명확한 표시로 이해되어야 하며, ("도덕적 쇠퇴"의) 위험뿐만 아니라 진보의 기회를 절약한다.

24 한 문장으로 요약하기

정답 ①

핵심주제 저렴한 비용의 교육 기술 – 개인 맞춤형 학습 시스템

정답 해설

(A) 제시문에 전통적인 교수법은 모든 학생들의 특정한 요구에 선생님들이 자료를 맞출 수 없기 때문에 불만족스럽다고 서술되어 있다. 그러므로 빈칸 (A)에 들어갈 말은 'customized(맞춤형의)'이다.

(B) 제시문에서 집중 교육 시스템이 매우 효과적인 것으로 검증되었지만 엄청나게 비싸기 때문에 개인 맞춤형 학습 시스템과 같은 기술이 보다 저렴한 비용으로 이를 해결할 수 있다고 하였다. 그러므로 빈칸 (B)에 들어갈 말은 'cost-effectively(비용 효율적으로)'이다.

핵심 어휘

- alternative : 대체, 대안
- unavoidably : 마지못해, 불가피하게
- tailor : 맞추다, 조정하다
- one size fits all : 범용의, 널리[두루] 적용되는
- frustrate : 좌절시키다, 불만스럽게 만들다
- tuition : 수업, 교습
- outperform : 능가하다, 뛰어나다
- sigma : 시그마
- standard deviation : 표준 편차
- mathematical notation : 수학적 표기[표시]
- intensive tutoring : 집중 교육[과외]
- prohibitively : 엄청나게, 터무니 없이
- adaptive : 조정의, 적응할 수 있는
- customized : 맞춤형의, 주문 제작된

해석

오늘날의 기술은 교육에서 전통적인 접근 방식에 대한 대안을 제공한다. 전통적인 접근 방식의 한 가지 특징을 살펴보면, 교실에서 가르치는 것은 불가피하게 "모든 사람에게 맞는 한 가지 크기"라는 사실이다. 선생님들이 모든 학생들의 특정한 요구에 그들의 자료를 맞출 수는 없기 때문에, 사실 제공되는 교육은 "한 가지 크기로는 아무도 맞지 않는" 경향이 있다. 맞춤형 수업이 매우 효과적인 것으로 알려져 있기 때문에 이것은 특히 불만스럽다. 즉, 일대일 교습을 받는 평균의 학생들은 전통적인 교실에서 일반 학생들의 98%를 능가할 것이다. 교육 연구에서, 이것은 "두 시그마 문제"로 알려져 있는데, "두 시그마"는 평균적인 학생이 현재 성취도에서 일반 학생보다 거의 두 가지 표준 편차(수학 표기, 2σ)에 앞서 있고, 이와 같은 집중 교육 시스템이 인상적인 결과를 얻을 수 있지만, 엄청나게 비싸기 때문에 "문제"이다. "보정된" 또는 "개인 맞춤형" 학습 시스템이 이 문제를 해결할 것으로 보이며, 인간의 대안보다 훨씬 더 저렴한 비용으로 개별 학생들에게 가르치는 것을 맞춤화한다.

↓

전통적인 교수법은 학생들에게 (A) 맞춤형 학습 경험을 제공할 수 없지만, 기술은 이러한 경험을 인간의 대안보다 더 (B) 비용 효율적으로 제공하는 데 도움을 줄 수 있다.

[25~26]

핵심 어휘

- distinctive : 독특한, 차별화된
- persuasion : 설득, 신념
- illiterate : 글을 모르는, 문맹의
- literacy : 글을 읽고 쓸 줄 아는 능력
- verbal : 언어의, 말로 된
- Gospel : 복음, 신조
- ritual : 의식, 의례
- ambassador : 대사
- magnificent : 장엄한, 웅장한
- awe-inspiring : 경외심을 불러일으키는, 장엄한
- integral : 필수적인, 완전한

- **polemics** : 논쟁, 논증법
- **monarch** : 군주, 제왕
- **splendor** : 훌륭함, 화려함, 영예, 영광
- **amplify** : 확대[확장]하다, 증폭시키다
- **fabrics** : 섬유, 직물, 옷감
- **vibrant** : 활기찬, 강렬한
- **adornment** : 장식, 치장
- **drape** : 걸치다, 드리우다, 씌우다
- **finery** : 화려한 옷, 아름다운 장식품
- **tailored** : 맞춤의, 잘 맞도록 만든
- **facilitate** : 가능하게[용이하게] 하다, 촉진하다
- **sustainability** : 지속 가능성
- **agenda** : 의제, 안건
- **foster** : 기르다, 양육하다
- **hygienic** : 위생적인, 청결한
- **barrier** : 장벽, 보호막

해석

패션은 그것만으로도 신체 자체를 정치적 설득의 형태로 변화시킬 수 있기 때문에 차별화된 기회를 제공했다. 중세 후기의 대부분의 유럽인들은 문맹이었고, 글을 읽고 쓰는 능력은 르네상스 시대 동안 천천히 퍼져나갔다. 예를 들어 역사학자들은 1500년에 영국 인구의 90% 이상이 문맹이었으며, 대다수는 19세기까지 여전히 그러했다고 추정한다. 결과적으로 이들 사회는 후대 사회가 문자 언어를 통해 전달했던 메시지를 전달하기 위해 언어적 의사소통과 이미지에 의존했다. 교회는 성화, 그림, 의식 그리고 행사를 통해 복음을 전파했다. 반면에 국가는 명예와 존경을 위한 장엄한 축하, 웅장한 궁전, 열병식, 경외감을 불러일으키는 기념물로 시민들과 외세의 대사들에게 연설했다. 의복은 이러한 이미지 기반 논쟁의 필수적인 부분이었다. 군주는 다른 사람들에게 자신이 특별하고 통치할 운명이라는 것을 보여줄 수 있었다. 성직자는 그의 육체적인 존재로 천국의 영광와 신의 영광을 암시할 수 있었다. 패션의 새로운 발전은 이러한 유형의 시각적 설득을 증폭시켰다. 즉, 14세기에 널리 퍼진 재단사의 기교는 고급스러운 옷감, 선명한 색, 표면 장식뿐만 아니라 형태와 모양을 통해서도 옷으로 의사소통 할 수 있게 하였다. 단순히 몸을 화려한 옷으로 치장하기보다, 맞춤 의상은 육체를 다른 세상의 어떤 초인으로 바꿀 수 있었다.

25 글의 제목 유추하기

 패션: 시각적인 의사소통 수단 **정답** ②

정답 해설

제시문에 따르면 패션의 새로운 발전은 군주가 자신의 특별함과 통치의 정당성을 부여하기 위해 그리고 성직자가 천국과 신의 영광을 암시하기 위해 시각적 설득을 증폭시켰고, 14세기에 널리 퍼진 재단사의 기교는 고급스러운 옷감, 선명한 색, 표면 장식뿐만 아니라 형태와 모양을 통해서도 옷으로 의사소통 할 수 있게 하였다라고 서술되어 있다. 그러므로 ②의 'Fashion: A Visual Means of Communication(패션: 시각적인 의사소통 수단)'이 윗글의 제목으로 가장 적절하다.

오답 해설

① Written Words as a Replacement of Images(이미지를 대체하는 문어(文語))

③ What Made the Fashion Industry Prosperous(패션 산업을 번영시킨 것)
④ Luxury: Expanding Its Market to More Customers(고급화: 더 많은 고객을 위한 시장 확대)
⑤ Designers Need to Balance Creativity and Business(디자이너는 창의성과 일의 균형을 맞춰야 한다)

26 빈칸 추론하기

 패션: 시각적인 의사소통 수단 **정답** ②

정답 해설

제시문에 따르면 중세 후기의 대부분의 유럽인들은 문맹이었기 때문에, 군주와 성직자들은 패션을 시각적인 의사소통 수단으로 활용하여 그들의 메시지를 전달하였다. 즉, 의복을 통해 군주는 자신의 특별함과 통치의 정당성을 보여주었고, 성직자는 천국의 영예와 신의 영광을 보여주었다. 그러므로 ②의 'transform the body itself into a form of political persuasion(신체 자체를 정치적 설득의 형태로 변형시키다)'가 빈칸에 들어갈 말로 가장 적절하다.

오답 해설

① facilitate a sustainability agenda based on local production(지역 생산에 기반한 지속 가능한 의제를 촉진하다) → 의제는 시각적인 의사소통 수단인 패션임
③ foster a strong relationship between consumer and producer(소비자와 생산자 사이의 강력한 관계를 형성하다)
　→ 소비자와 생산자의 관계에서 패션을 파악한 것은 아님
④ generate the largest manufacturing business in human history(인류 역사상 최대의 제조업을 창출하다) → 제조업이 아닌 패션에 관련된 서술임
⑤ provide a hygienic barrier keeping the body safe from diseases(질병으로부터 몸을 지키는 위생 보호막을 제공하다)
　→ 질병으로부터 몸을 지키는 의복의 기능을 언급한 적은 없음

[27~28]

핵심 어휘

- **cognitive** : 인식의, 인지의
- **perceive** : 깨닫다, 감지[인지]하다
- **sensory** : 감각의, 지각의
- **faculty** : 능력, 기능
- **causality** : 인과[상호] 관계
- **impart** : 주다, 부여하다, 덧붙이다
- **properties** : 성질, 특성
- **apparatus** : 기구, 기관, 조직체
- **envision** : 마음속에 그리다[상상하다]
- **overlay** : 덧씌움
- **eliminate** : 없애다, 제거하다
- **contradiction** : 모순, 반박
- **antinomy** : 이율배반, 자가당착
- **pure reason** : 순수 이성

- appearance : 모습, 출현, 나타남
- preceding : 앞선, 이전의

해석

임마누엘 칸트는 외부 세계에 대한 우리의 경험은 독특한 인간 인지 구조에 의해 형성된다고 제안했다. 그의 관점에서, 우리는 감각과 정신적인 능력을 통해 외부 현실을 인식하는데, 그것은 세계를 구조화하고 질서화하기 위해 시간, 공간, 인과관계와 같은 특정한 형태를 이용한다. 따라서 우리는 우리가 경험하는 세계 즉, 우리가 그것에 부여하는 기능적 형태의 세계를 창조한다. 우리가 세상과 연관짓는 속성들은 "그 안에 내재된 것"이 아니라 우리 인지 기관의 특징들이다. 만약 태어날 때 분홍색 렌즈가 안구에 이식되었다면, 세상은 분홍색 그림자로 보일 것이고, 우리는 이 분홍색 덮개 없이는 현실을 상상할 수 없을 것이다. 마찬가지로 우리는 우리의 눈과 뇌가 사물을 보기 위해 어떻게 구성되어 있는지에 대한 영향 없이는 현실을 볼 수 없다.

칸트에 따르면, 인과관계, 공간, 시간과 같은 속성을 우리 경험 밖의 세계에 귀속시킬 때, 우리는 개념적 혼란에 부딪히고 모순을 제거하는데(→ 추가하는데), 이러한 특성들은 그 안에 내재된 구조가 아니라 개념적 구조이기 때문이다. 이러한 모순은 순수한 이성에 대한 칸트의 이율배반으로 알려져 있으며, 그것들은 우리 지식의 한계를 드러낸다. 우리는 우리에게 보이는 대로 사물에 제한되어 있다. 하지만 우리는 이러한 모습의 형태 없이 존재하는 그대로의 세계를 알 수 없다. 칸트는 우리 밖의 사물의 존재를 부정하지 않았다. 오히려 그는 우리가 인간의 뇌가 작동하는 방식에 의해 결정되는 형태로 그것들을 지각한다고 주장했다.

27 글의 주제 파악하기

정답 ⑤

핵심 주제 : 칸트의 인식론

정답 해설

칸트는 글의 서두에서 외부 세계에 대한 우리의 경험은 독특한 인간 인지 구조에 의해 형성된다고 하였고, 글의 말미에서 인간의 뇌가 작동하는 방식에 의해 결정되는 형태로 그것들을 지각한다고 주장하였다. 그러므로 ⑤의 'Kant's view of how humanity perceives the world(인류가 세상을 어떻게 인식하는지에 관한 칸트의 견해)'가 윗글의 주제로 가장 적절하다.

오답 해설

① differences between Kant and preceding philosophers(칸트와 이전 철학자들 사이의 차이점) → 칸트의 견해만을 다루고 있으며 다른 철학자들에 관한 내용은 서술되어 있지 않음

② Kant's contribution to making philosophy popular(철학을 대중화시킨 칸트의 공헌) → 칸트의 업적에 관한 내용이 아니라 사물 인식에 대한 칸트의 견해를 서술함

③ strengths and weaknesses of Kantian philosophy(칸트 철학의 장점과 단점) → 칸트의 인식론에 대한 구체적인 설명을 제시하고 있지만 칸트 철학의 장단점을 논하고 있지는 않음

④ Kantian political theory and its effects on politics(칸트의 정치 이론과 정치에 미친 영향) → 인식론에 관련된 내용이지 정치학에 관련된 내용이 아님

28 문맥상 부적절한 낱말 고르기

정답 ③

핵심 주제 : 칸트의 인식론

정답 해설

칸트에 따르면 우리는 감각과 정신적인 능력을 통해 외부 현실을 인식하기 위해 시간, 공간, 인과관계와 같은 속성을 이용하는데, 그 속성들이 우리의 경험 밖에 있게 되면 혼란에 부딪히고 모순이 생긴다는 것이다. 그러므로 (c)의 'eliminate(제거하다)'는 'add(추가하다)' 등으로 바꿔 써야 한다.

[29~30]

핵심 어휘

- school district : 학군
- enthusiastic : 열렬한, 열광적인
- immediate supervisor : 직속 상사, 직속 상관
- evident : 분명한, 눈에 띄는, 알기 쉬운
- fly off the handle : 버럭 화를 내다, 발끈하다
- implement : 시행하다, 이행하다
- department : 부서, 부처, 학과
- walk on eggshells around : ~의 눈치를 살피다
- inaction : 무활동, 활동하지 않음
- stalemate : 교착 상태, 파국, 난국
- assumption : 가정, 추측, 추정
- stagnation : 침체, 정체, 부진
- brainstorm : 구상하다, 쥐어짜내다, 머리를 모으다

해석

(A) Linda는 내 코칭 고객 중 한 명이었다. 그녀는 커다란 변화를 겪고 있는 큰 학군에서 일하던 중간 지도자였다. Linda는 많은 아이디어를 가지고 있었고 그것에 열정적이었다. 그녀의 직속상관인 Jean은 다가오는 변화에 대해 높은 수준의 가시적인 불안감을 가지고 있었다.

(D) 사실 Jean은 스트레스를 받으면 금방 눈에 띄는 성격이었다. Linda는 (d)그녀를 피해야 한다고 생각했다. Linda가 팀의 목표와 전략에 관해 논의하고 싶었을 때 Jean이 발끈할 거라고 생각했다. Linda는 어떻게 했을까? 아무 것도 하지 않았다. Linda는 Jean을 멀리해야 한다고 생각했다. 결과는? 아무 일도 없었다. 코칭 기간 동안, Linda는 Jean이 혼자서는 변하기 쉽지 않다는 사실을 깨달았다. Linda는 자신의 학과에서 몇 가지 새로운 프로그램을 시행하고 싶었고 마치 (e)그녀는 Jean 주변의 계란 껍데기 위를 걷는 것처럼 느꼈다. Linda는 활동을 중단하게 되었다.

(C) 그들은 교착 상태에 빠져 있었다. 결국, Linda는 그녀의 추측이 어떻게 그녀의 침체를 가져왔고 이어서 학과와 학교의 침체를 가져왔는지 깊이 살펴봐야 하는 사람은 바로 (b)자신이라는 사실을 깨달았다. 비록 Linda가 뭔가 조치를 취하기 전까지는 이런 식으로 계속될 거라는 사실을 깨닫는 데 시간이 걸렸지만, 일단 (c)그녀에게 시작된 변화를 깨닫고 나면, 그녀는 자신이 무엇을 할 수 있는지 검토하기 위해 마음을 열었다. Linda는 Jean과 대화하기로 결정했다.

(B) Linda는 Jean이 절대 말을 듣지 않을 것이라는 자신의 추측에 도전하여 과감한 행동을 취하기 시작했다. 그녀는 회의 일정을 잡기 위해 Jean에게 다가갔다. Linda와 나는 과거의 대화와는 다른 말을 쥐어짜냈고, 바라건대 차이를 만들어 발전시킬 것이다. 몇 주의 짧은 기간 내에 Linda는 일정을 잡아 Jean과 미팅을 했다. Jean은 Linda의 변화를 알아챘고, Linda가

놀랍게 (a)그녀의 생각을 경청할 마음이 있었다.

29 글의 배열순서 정하기

정답 ⑤

Jean과의 관계 개선을 위한 Linda의 용기 있는 도전

✏️ 정답 해설

주어진 글 (A) 다음에 Linda와 Jean의 불편한 관계에 대해 설명한 글 (D)가 와야 한다. 그리고 이를 개선하기 위해 Linda가 Jean과 대화하기로 결심한 글 (C)가 와야 한다. 마지막으로 글 (C) 다음에 Jean과의 관계 개선을 위한 Linda의 과감한 행동과 그로인한 Jean의 변화를 서술한 글 (B)가 와야 하다.

30 지칭 대상 고르기

정답 ④

Jean과의 관계 개선을 위한 Linda의 용기 있는 도전

✏️ 정답 해설

(a)의 'her', (b)의 'she', (c)의 'her', (e)이 'she'는 모두 Linda를 가리키나, (d)의 'her'는 Linda의 직속상관인 Jean을 가리킨다.

수학영역

01 지수

정답 ③

지수의 계산

step1 문제의 식을 정리한다.

준 식 $= \dfrac{4}{\dfrac{1}{3^2} + \dfrac{1}{3^3}}$ 이고,

step2 식을 변형하여 계산한다.

분자와 분모에 3^3을 곱하면

$\therefore$ 준 식 $= \dfrac{4 \times 3^3}{3+1} = \dfrac{4 \times 3^3}{4} = 3^3 = 27$

02 미분법

정답 ②

곱의 미분법법

step1 함수 $f(x)$를 미분한다.

주어진 함수 $f(x)$의 양변을 미분하면,

$f'(x) = (3x^2 - 4x)(ax+1) + (x^3 - 2x^2 + 3) \times a$이다.

step2 주어진 값을 대입한다.

$f'(0) = 3a = 15$이므로

$\therefore a = 5$

> ☑️ **핵심노트**
>
> **함수의 곱의 미분법**
> 미분가능한 두 함수 $f(x), g(x)$에 대하여
> $$\{f(x)g(x)\}' = f'(x)g(x) + f(x)g'(x)$$

03 수열

정답 ④

등비수열의 일반항

step1 주어진 조건을 통하여 첫째항과 공비의 관계를 파악한다.

첫째항을 a_1, 공비를 r이라 하면

$a_2 = a_1 r = 4$이고,

$\dfrac{(a_3)^2}{a_1 \times a_7} = \dfrac{(a_1 \times r^2)^2}{a_1 \times (a_1 \times r^6)} = \dfrac{(a_1)^2 \times r^4}{(a_1)^2 \times r^6} = \dfrac{1}{r^2} = 2$이므로

$r^2 = \dfrac{1}{2}$이다.

step2 첫째항과 공비를 통하여 a_4를 구한다.

$\therefore a_4 = a_1 \times r^3 = a_1 \times r \times r^2 = a_2 \times r^2 = 4 \times \dfrac{1}{2} = 2$

04 함수

핵심주제

정답 ④

극한값

step1 주어진 그래프를 보고 극한값을 구한다.

$1<x<2$에서 $f(x)=-x+3$이므로

$\lim_{x \to 1+}f(x)=\lim_{x \to 1+}-x+3=2$

$2<x<3$에서 $f(x)=(x-3)^2+2$이므로

$\lim_{x \to 3-}f(x)=\lim_{x \to 3-}(x-3)^2+2=2$

step2 구한 값을 이용해 계산한다.

$\therefore \lim_{x \to 1+}f(x)+\lim_{x \to 3-}f(x)=4$

05 함수

핵심주제

정답 ①

근과 계수의 관계

step1 근과 계수의 관계를 이용하여 식을 정리한다.

근과 계수의 관계에 의하여 $\sin\theta+\cos\theta=\dfrac{1}{5}$,

$\sin\theta \times \cos\theta=\dfrac{a}{5}$

$\sin^2\theta+\cos^2\theta=(\sin\theta+\cos\theta)^2-2\sin\theta\cos\theta$

$=\left(\dfrac{1}{5}\right)^2-\dfrac{2a}{5}=1$

이므로

step2 구한 값을 이용해 계산한다.

$\therefore -\dfrac{2a}{5}=1-\dfrac{1}{5^2}=\dfrac{24}{25}$, $a=\dfrac{24}{25}\times\left(-\dfrac{5}{2}\right)=-\dfrac{12}{5}$

06 함수

핵심주제

정답 ⑤

함수의 극소값과 극댓값

step1 경우를 나눠 극값을 갖는 경우를 찾는다.

$f'(x)=2x^3+2ax=2x(x^2+a)$에서

Ⅰ) $a\geq0$인 경우, $x^2+a\geq0$이므로 $f'(x)=2x(x^2+a)$는
$x=0$에서 극솟값을 갖지만, 극댓값을 갖지 않는다.

Ⅱ) 문제 조건에서 $f(x)$는 극댓값을 가지므로, $a\geq0$
이 아니다. $a<0$인 경우, $f'(x)=2x(x^2+a)$는
$x=\pm\sqrt{(-a)}$에서 극솟값을 가지며 $x=0$에서 극댓값
을 갖는다.

이때, $a<0$이므로 $a=-\sqrt{(-a)}$, $a^2=-a$, $a^2+a=0$,
$a(a+1)=0$에서 $a=-1$이다.

step2 구한 값을 이용하여 계산한다.

또한 $f(0)=b=a+8$에서 $b=7$이다.

$\therefore a+b=-1+7=6$

07 함수

핵심주제

정답 ③

두 함수의 교점 계산

step1 A, B의 좌표를 미지수를 이용하여 나타낸다.

A의 x좌표를 t라 하면 $\overline{AB}:\overline{AC}=2:1$이므로 $B(3t, 0)$
이다.

step2 이를 주어진 함수에 대입하여 값을 구한다.

B는 $y=mx+2$위의 점이므로 대입하면 $3mt+2=0$,

$mt=-\dfrac{2}{3}$

또한, $A\left(t, \dfrac{1}{3}\left(\dfrac{1}{2}\right)^{t-1}\right)$도 $y=mx+2$위의 점이므로

이를 대입하면 $mt+2=\dfrac{1}{3}\left(\dfrac{1}{2}\right)^{t-1}$,

$mt+2=\dfrac{4}{3}=\dfrac{1}{3}\left(\dfrac{1}{2}\right)^{t-1}$, $4=\left(\dfrac{1}{2}\right)^{-2}=\left(\dfrac{1}{2}\right)^{t-1}$이고,

$-2=t-1$이므로 $t=-1$이다. 이를 $mt=-\dfrac{2}{3}$에 대입하면

$\therefore m=-\dfrac{2}{3t}=\dfrac{2}{3}$

08 미분법

핵심주제

정답 ②

미분가능한 함수의 성질

step1 미분가능한 함수의 연속인 성질을 이용한다.

$f(x)$가 실수 전체 집합에서 연속이므로

$\lim_{x \to a-}f(x)=\lim_{x \to a+}f(x)$, $a^2-2a=2a+b$이고

step2 미분가능한 성질을 이용한다.

$f(x)$가 실수 전체 집합에서 미분가능하므로

$\lim_{x \to a-}f'(x)=\lim_{x \to a+}f'(x)$,

$2a-2=2$에서 $a=2$이고, $a^2-2a=2a+b$에 대입하면
$b=-4$이다.

$\therefore a+b=2-4=2$

09 로그

핵심주제

정답 ④

로그함수

step1 주어진 함수를 좌표평면 상에 그린다.

곡선 $y=|\log_2(-x)|$를 주어진 조건에 맞게 이동시키면,

$f(x)=|\log_2(x-k)|$이므로 $f(x)$와

$y=|\log_2(-x+8)|$을 그려보면 다음과 같다.

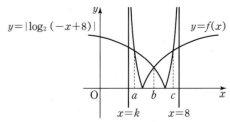

step2 로그함수의 성질을 이용하여 주어진 값을 계산한다.

이때, 세 교점의 x좌표를 작은 순서대로 a, b, c라 하면,
$f(x)$와 $y=|\log_2(-x+8)|$는 $x=b$를 기준으로 좌우대칭이므로 $\dfrac{a+c}{2}=b$이고,

$a+b+c=(a+c)+b=2b+b=3b=18$이므로
$b=6$이다.

따라서
$f(6)=|\log_2(6-k)|=|\log_2(-6+8)|=|\log_2 2|=1$
이고

$k<b=6$이므로, $|\log_2(6-k)|=1$에서
$\therefore k=4$

10 함수

정답 ②

미정계수의 추정

step1 주어진 조건에서 $f'(x)$의 형태를 유추한다.

조건 (나)에서 $1<x<3$에서 $xf'(x)>0$이므로
$f(x)$는 $x=0$, $x=1$, $x=3$에서 극값을 갖는다.
$f'(x)=ax(x-1)(x-3)$라 하면

step2 주어진 값을 대입하여 $f(x)$를 구한다.

$f'(4)=-24$이므로 $a=-2$,
따라서 $f'(x)=-2x(x-1)(x-3)=-2x^3+8x^2-6x$
이를 부정적분하면 $f(x)=-\dfrac{1}{2}x^4+\dfrac{8}{3}x^3-3x^2+C$
(단, C는 적분상수),
이때, $f(0)=2$이므로 $C=2$이고,
$\therefore f(2)=-8+\dfrac{64}{3}-12+2=\dfrac{10}{3}$

11 수열

정답 ⑤

수열의 합

step1 $\overline{Q_nR_n}\geq\dfrac{n}{2}$인 경우를 찾는다.

$\overline{Q_nR_n}\geq\dfrac{n}{2}$인 경우, $a_n=\overline{P_nQ_n}=n-\dfrac{1}{20}n\left(n+\dfrac{1}{3}\right)$이므로, 이 경우를 찾으면
$\overline{Q_nR_n}=\dfrac{1}{20}n\left(n+\dfrac{1}{3}\right)\geq\dfrac{n}{2}$에서, $3n^2-29n\geq0$을 만족하는 $n=10$으로 유일하다.

step2 위에서 구한 경우에 따라 수열의 합을 계산한다.

Ⅰ) $1\leq n\leq9$인 경우, $a=\overline{Q_nR_n}=\dfrac{1}{20}n\left(n+\dfrac{1}{3}\right)$이므로

$\displaystyle\sum_{n=1}^{9}a_n=\sum_{n=1}^{9}\dfrac{1}{20}n\left(n+\dfrac{1}{3}\right)=\dfrac{1}{20}\sum_{n=1}^{9}n^2+\dfrac{1}{60}\sum_{n=1}^{9}n$
$\qquad=\dfrac{17}{4}+\dfrac{3}{4}=15$

Ⅱ) $n=10$인 경우, $a=\overline{P_nQ_n}=n-\dfrac{1}{20}n\left(n+\dfrac{1}{3}\right)$이므로

$a_{10}=10-\dfrac{1}{20}\times10\times\left(10+\dfrac{1}{3}\right)=\dfrac{29}{6}$

$\therefore \displaystyle\sum_{n=1}^{10}a_n=\sum_{n=1}^{9}a_n+a_{10}=15+\dfrac{29}{6}=\dfrac{119}{6}$

12 함수의 연속

정답 ①

연속인 함수의 성질

step1 $f(a)+\displaystyle\lim_{x\to a+}f(x)=4$를 만족하는 경우를 찾는다.

$f(a)+\displaystyle\lim_{x\to a+}f(x)=4$를 만족하는 경우는 다음의 두 가지이다.

Ⅰ) $x\neq2$인 경우, 함수 $f(x)$는 연속이므로 $f(x)=2$일 때 만족한다.
이때, $x\leq2$에서는 ±1이 이를 만족하고, $x>2$에서는 함수 $f(x)=ax+b$ 즉, 일차함수이므로 한 점에서만 만족하는데 이 점을 $(t, 2)$라 하자.

Ⅱ) 위의 과정에서 $f(a)+\displaystyle\lim_{x\to a+}f(x)=4$를 만족하는 x가 세개 존재하였으므로 $x=2$인 경우에도 이를 만족한다.
$f(2)+\displaystyle\lim_{x\to2+}f(x)=2^2+1+\lim_{x\to2+}f(x)=4$이므로
$\displaystyle\lim_{x\to2+}f(x)=2a+b=-1$

$a=-1$, 1, 2, t이고 이때 합이 8이므로 $t=6$이다.

step2 위에서 구한 값을 연립하여 a, b의 값을 구한다.

따라서 $(6, 2)$가 $f(x)=ax+b$ 위에 있으므로 $6a+b=2$이다. 이를 $2a+b=-1$와 연립하면 $a=\dfrac{3}{4}$, $b=-\dfrac{5}{2}$

$\therefore a+b=-\dfrac{7}{4}$

13 삼각함수

정답 ④

사인법칙

step1 사인법칙을 이용하여 (가)를 구한다.

(가) 사인법칙에서 마주보는 변과 각의 사인값의 비는 외접원의 지름이므로 $\dfrac{\overline{BD}}{\sin A}=2r$

step2 두 원의 중심이 AB위에 있을 때를 생각하여 (나)와 (다)를 구한다.

(나)

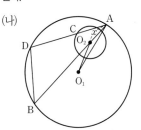

$\overline{AO_2}$의 길이를 x라 하자.
ΔO_1O_2A에서 $\overline{O_1O_2}+\overline{O_2A}\geq\overline{O_1A}$이므로 $x+2\geq r$
이고,
$x\geq r-2$이므로

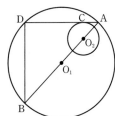

$\overrightarrow{AO_2}$의 최솟값은 직선 $\overrightarrow{AD}$가 점 C에서 원 C_2와 접할 때인 $r-2$이다.

(다) 직선 AD가 점 C에서 원 C_2와 접할 때 $\overline{O_1C}$의 길이를 y라 하자.

ΔO_1O_2C에서 $\overline{O_1O_2}=2$, $\overline{O_2C}=1$이고

$\cos\angle O_1O_2C=-\cos\angle AO_2C=-\dfrac{1}{r-2}$이므로,

$\overline{O_1C}^2=y^2=2^2+1^2-2\times2\times\left(-\dfrac{1}{r-2}\right)=5+\dfrac{4}{r-2}$

$\therefore f(4)\times g(5)\times h(6)=8\times3\times6=144$

사인법칙

삼각형 ABC의 각 A, B, C을 마주보는 변을 a, b, c라고 하자. 사인 법칙에 따르면 다음이 성립한다.

$\dfrac{a}{\sin A}=\dfrac{b}{\sin B}=\dfrac{c}{\sin C}=2R$

여기서 R은 삼각형 ABC의 외접원의 반지름이다.

14 미분법

정답 ②

미분계수의 정의

step1 연속함수의 성질을 이용한다.

ㄱ. $\lim\limits_{x\to1-}g(x)=f(1)=\lim\limits_{x\to1+}g(x)=2f(1)-f(1)=f(1)$ 이므로 참이다.

step2 미분가능함수의 성질을 이용한다.

ㄴ. $2\times g(-1)-6=0$이므로 $g(-1)=f(-1)=3$이고,

$\lim\limits_{h\to0+}\dfrac{g(-1+h)+g(-1-h)-6}{h}$

$=\lim\limits_{h\to0+}\dfrac{g(-1+h)-g(-1)}{h}$

$\qquad-\lim\limits_{h\to0+}\dfrac{g(-1-h)-g(-1)}{-h}$

$=f'(-1)-f'(-1)=0$이므로 $a=0$이다.

상수 m, n에 대하여 $f(x)=(x-1)^2+m(x-1)+n$라 하면

$g(1)=f(1)=1$이므로 $n=1$이고, $f(-1)=3$이므로 $m=1$이다.

$f(x)=(x-1)^2+(x-1)+1$에서 $f(0)=1$이고, $g(a)=g(0)=f(0)=1$이므로 참이다.

ㄷ. $2\times g(b)-6=0$이므로 $g(b)=3$이고

$\lim\limits_{h\to0+}\dfrac{g(b+h)+g(b-h)-6}{h}$

$=\lim\limits_{h\to0+}\dfrac{g(b+h)-g(b)}{h}-\lim\limits_{h\to0+}\dfrac{g(b-h)-g(b)}{-h}$

$=g'(b+)-g'(b-)=4$

(단, $g'(b+)$와 $g'(b-)$는 $x=b$에서의 우미분계수, 좌미분계수)에서

$g'(b+)\neq g'(b-)$이므로 $b=1$이고,

$g'(1+)-g'(1-)=4$이므로 $-f'(1)-f'(1)=4$이다.

상수 m, n에 대하여 $f(x)=(x-1)^2+m(x-1)+n$라 하면 $f(1)=3$, $f'(1)=-2$이므로 대입하면 $f(x)=(x-1)^2-2(x-1)+3$을 얻는다.

$g(4)=2f(1)-f(4)=2\times3-6=0$이므로 거짓이다.

15 삼각함수

정답 ⑤

삼각함수의 주기

step1 $(a-2)(b-2)$에 따라 경우를 나눈다.

조건 (가)에서 $f(x)$는 주기가 π인 주기함수이므로 다음의 두 가지 경우로 나눈다.

I) $(a-2)(b-2)=0$일 때, $f(x)$의 주기가 π이므로 절댓값을 제외한 안쪽의 함수의 주기는 2π가 된다.

$\cos\dfrac{b}{2}x$의 주기는 $\dfrac{4}{b}\pi$이므로 $\dfrac{4}{b}\pi=2\pi$에서 $b=2$이고 이때 $0<2a-1<2a$이므로 모든 a에 대하여 만족한다.

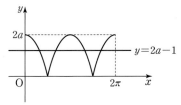

II) $(a-2)(b-2)\neq0$일 때, 절댓값을 제외한 안쪽의 함수의 주기가 π이다.

그러므로 $a\neq2$, $b\neq2$이고, $\dfrac{4}{b}\pi=\pi$에서 $b=4$를 얻는다.

step2 $(a-2)(b-2)$가 0이 아닌 경우 a에 따라 경우를 나눈다.

이때, 만약 $a=1$인 경우, $f(x)\geq0$이므로 그래프가 이와 같이 그려지며 만족한다.

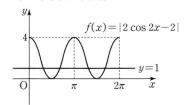

또한 $a\neq1$인 경우, 다음과 같이 그려지며 $4<2a-1<4a-4(a\geq3)$을 항상 만족하므로 $a=3$, 4, $\cdots$, 10이 이 경우를 만족한다.

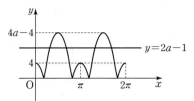

$\therefore$ 그러므로 모든 경우는 $10+1+8=19$가지이다.

16 로그

로그의 계산

정답 8

step1 로그의 성질을 이용하여 주어진 식을 변형한다.

$\dfrac{\log a}{\log 3} \times \dfrac{\log b}{\log 3} = 2$이므로 $\log a \times \log b = 2(\log 3)^2$이고

step2 변형한 식을 이용하여 값을 계산한다.

$\dfrac{\log 3}{\log a} + \dfrac{\log 3}{\log b} = \dfrac{\log 3 \times (\log a + \log b)}{\log a \times \log b}$

$= \dfrac{\log 3 \times (\log ab)}{2(\log 3)^2} = \dfrac{\log ab}{2 \times \log 3} = 4$이므로

$\log ab = 8 \times \log 3$이다.

$\therefore \log_3 ab = \dfrac{\log ab}{\log 3} = \dfrac{8 \times \log 3}{\log 3} = 8$

핵심노트

밑의 변환 공식

$a \neq 1, a > 0, b > 0$일 때

(1) $\log_a b = \dfrac{\log_c b}{\log_c a}$ (단, $c \neq 1, c > 0$)

(2) $\log_a b = \dfrac{1}{\log_b a}$ (단, $b \neq 1$)

17 함수

접선의 방정식

정답 6

step1 $f'(x)$를 이용하여 접선의 방정식을 만든다.

$f'(x) = 9x^2 - 1$이고, $f(1) = 2 + a$, $f'(1) = 8$이므로

$x = 1$에서의 접선은 $y = 8(x-1) + 2 + a$이다.

step2 접선의 방정식에 주어진 점을 대입하여 a를 구한다.

이때, 이 접선이 원점을 지나므로 $(0, 0)$을 대입하면

$0 = -8 + 2 + a$

$\therefore a = 6$

18 적분법

정적분

정답 10

step1 주어진 함수를 좌표평면에 그린 뒤 교점의 좌표를 구한다.

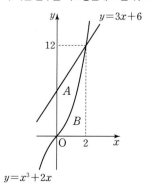

$y = x^3 + 2x$와 $y = 3x + 6$를 연립하여 교점 $(2, 12)$를 얻는다.

step2 정적분을 이용하여 각 영역의 넓이를 계산한다.

영역 A, 영역 B, 영역 $A + B$의 넓이를 S_A, S_B, S_T라 하면

$\therefore S_A = S_T - S_B = 18 - \displaystyle\int_0^2 (x^3 + 2x)\,dx = 18 - 8 = 10$

19 수열

수열의 성질

정답 64

step1 a_7을 구한다.

$a_7 = 3a_3 = 3 \times 3a_1 = 9$이고,

step2 주어진 조건에서 a_k를 계산하여 k를 구한다.

$a_k = 73 - 9 = 64 = 2^5 \times 2 = 2^5 a_2 = a_{64}$이므로

$\therefore k = 64$

20 적분법

속도와 위치, 거리의 관계

정답 14

step1 주어진 조건에 따라 $x(k)$와 $s(k)$를 그린다.

$v(t) = 0$을 만족하는 $t = t_0, t_1\ (t_0 < t_1)$라 하자. 이때, $[t_0, t_1]$에서 P가 이동한 거리를 S라고 하면 $x(k)$와 $s(k)$는 다음과 같이 그려진다.

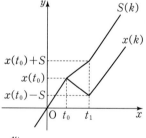

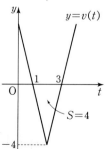

step2 속도의 적분은 변위이므로 이를 이용하여 변위를 구한다.

이때, 조건 (가)와 (나)에서 $t_1 = 3$을 유추할 수 있고, $2S = 8$이므로 $S = 4$이다.

또한, $y = v(t)$에서 $t = 0$아래에 있는 삼각형의 넓이가 4이므로 $t_0 = 1$을 알 수 있다.

$t = \dfrac{b}{a}$일 때 기울기가 음수에서 양수로 변화하므로

$\dfrac{b}{a}=\dfrac{t_0+t_1}{2}=2$, $b=2a$이고

$v(t)=|at-2a|-4$가 $(3, 0)$을 지나므로 대입하면 $a>0$
이므로 $a=4$를 얻는다.

$v(t)=|4t-8|-4$에서 $v(6)=12$이므로

$\therefore\ t=1$에서 $t=6$까지 P의 위치의 변화량은

$$\int_1^6 v(t)dt=14$$

21 수열

정답 35

등차수열의 대칭성

step1 등차수열의 대칭성을 이용해 공차를 얻는다.

조건 (나)에서 등차수열의 대칭성에 의해 $a_1+a_{13}=1$,
$a_2+a_{12}=1$, $a_3+a_{11}=1$, $a_4+a_{10}=1$

$a_5+a_9=1$, $a_6+a_8=1$임을 알 수 있다.

또한, 조건 (가)에서 $a_6+a_7=-\dfrac{1}{2}$이므로, 등차수열의 공

차 d는 $d=\dfrac{3}{2}$이다.

step2 S를 변형하여 등차수열의 합 꼴로 만든다.

$S=a_1+a_2+\cdots+a_{14}=14\times\dfrac{a_1+a_{14}}{2}=14\times\dfrac{a_7+a_8}{2}$

$=14\times\dfrac{(a_6+d)+(a_7+d)}{2}=14\times\dfrac{(a_6+a_7)+2d}{2}$

$=7\times\left\{\left(-\dfrac{1}{2}\right)+3\right\}=\dfrac{35}{2}$

$\therefore\ 2S=35$

22 함수

정답 11

함수의 형태 유추하기

step1 조건 (가)에 따라 최고차항의 부호에 따른 $f(x)$의 형태를 유추한다.

주어진 조건에서, $f(1)=1$, $f'(1)=0$이므로 $f(x)=1$은
$x=1$에서 중근을 갖는다.

조건 (가)에서, $f(x)=g(x)=f(x)+|f(x)-1|$의 모든
해의 x좌표의 합이 3이므로

$f(x)=1$은 $x=1$에서 중근, $x=2$에서 근을 갖는다.

따라서 $f(x)$의 최고차항의 계수를 a라 하면

$f(x)=a(x-1)^2(x-2)+1$

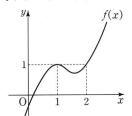

이때, $a>0$이면 $g(x)=1$ $(x<2)$인데, 이 경우 조건 (나)

에서 $n<\displaystyle\int_0^n g(x)dx$를 만족하지 못하므로 $a<0$이다.

step2 위에서 유추한 $f(x)$를 바탕으로 $f(x)$와 $g(x)$를 그린다.

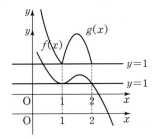

$f(x)$와 $g(x)$를 그려보면 이와 같은데,

step3 이때 조건 (나)를 고려하여 알맞은 a의 갯수를 찾는다.

조건 (나)에서 모든 자연수 n에 대하여 $n<\displaystyle\int_0^n g(x)dx$를
만족하며

$n=3$이후로는 적분값이 일정하게 증가하기 때문에

$\displaystyle\int_0^n g(x)dx<n+16$을 고려할 필요가 없다. 때문에

$\displaystyle\int_0^1 g(x)dx<17$와 $\displaystyle\int_0^2 g(x)dx<18$만 만족하면 되는데,

$g(x)=2f(x)-1$ $(x\le 2)$이므로 대입하면

$\displaystyle\int_0^1 f(x)dx<9$와 $\displaystyle\int_0^2 f(x)dx<10$을 만족해야 한다.

이를 풀어보면

$\displaystyle\int_0^1 f(x)dx=a\int_0^1(x-1)^2(x-2)dx$

$\qquad\qquad=a\displaystyle\int_{-1}^0 x^2(x-1)dx<9$

에서

$a>-\dfrac{96}{7}$을 얻고,

$\displaystyle\int_0^2 f(x)dx=a\int_0^2(x-1)^2(x-2)dx$

$\qquad\qquad=a\displaystyle\int_{-1}^1 x^2(x-1)dx<10$

에서 $a>-12$를 얻는다.

확률과 통계

23 순열과 조합

정답 ②

이항정리

step1 이항정리를 이용하여 구하고자 하는 x^4의 계수를 구한다.

x^4의 계수는 $(x+2)^6$에서 x를 4번, 2를 2번 고르는 경우의
수와 같으므로

$\therefore\ {}_6C_4\times 2^2=60$

☑핵심노트

이항정리

n이 자연수일 때, $(a+b)^n$의 전개식은 다음과 같고, 이것을 이항정리라 한다.

$(a+b)^n={}_nC_0 a^n+{}_nC_1 a^{n-1}b+\cdots+{}_nC_r a^{n-r}b^r+\cdots+{}_nC_n b^n$

$\qquad\quad=\displaystyle\sum_{r=0}^{n}{}_nC_r a^{n-r}b^r$

이때, 각 항의 계수 ${}_nC_0$, ${}_nC_1$, $\cdots$, ${}_nC_r$, $\cdots$, ${}_nC_n$을 이항계수라 한다.

24 통계

핵심 주제 이산확률분포 　　　정답 ③

step1 이산확률분포의 성질을 이용하여 a를 구한다.

$P(X=1)+P(X=2)+P(X=3)=1$이므로

$a+\dfrac{a}{2}+\dfrac{a}{3}=\dfrac{11}{6}a=1$, $a=\dfrac{6}{11}$이고

step2 기댓값 $E(X)$를 계산하여 답을 구한다.

$E(X)=\sum_{X=1}^{3}X\times P(X)=3a=\dfrac{18}{11}$이다.

$\therefore E(11X+2)=11\times E(X)+2=20$

25 통계

핵심 주제 표본평균과 표본표준편차 　　　정답 ④

step1 모평균을 이용하여 표본평균의 평균을 구한다.

표본평균의 평균은 모평균과 같으므로

$E(\overline{X})=E(X)=42$이다.

step2 모분산을 이용하여 표본표준편차를 구한다.

또한 표본평균의 분산은 모분산을 표본의 크기로 나눈 것이므로 $V(X)=\dfrac{V(X)}{n}=\dfrac{\sigma^2}{n}=\dfrac{16}{4}=4$이다.

step3 앞서 구한 표본평균과 표본표준편차를 이용하여 확률을 구한다.

이때, 표본평균의 표준 편차는

$\sigma(\overline{X})=\sqrt{V(\overline{X})}=\sqrt{4}=2$이므로

$\therefore P(\overline{X}\geq 43)=P\left(Z\geq\dfrac{43-E(\overline{X})}{\sigma(\overline{X})}\right)$

$=P(Z\geq 0.5)=0.3085$

26 순열

핵심 주제 원순열 　　　정답 ③

step1 C를 기준으로 먼저 A와 B가 앉는 자리의 경우의 수를 계산한다.

C를 기준으로 볼 때, A와 B가 앉을 수 있는 자리는 C의 양옆을 제외한 세 자리이므로 A와 B가 먼저 앉는 경우의 수는 $_3P_2$이다.

step2 나머지 학생이 앉는 경우의 수를 계산한다.

또한, A, B, C를 제외한 나머지 세 학생이 세 자리에 앉는 경우의 수는 $_3P_3$이므로

$\therefore$ 총 경우의 수는 $_3P_2\times_3P_3=36$

핵심노트

원순열

(1) 원순열의 뜻

서로 다른 것을 원형으로 나열하는 순열을 원순열이라고 한다.

참고: 원순열에서는 회전하여 일치하는 것은 모두 같은 것으로 본다.

(2) 원순열의 수

서로 다른 n개를 원형으로 나열하는 원순열의 수는

$\dfrac{n!}{n}=(n-1)!$

27 순열과 조합

핵심 주제 조건을 만족하는 쌍 찾기 　　　정답 ①

step1 해가 존재하려는 조건을 만족하는 (a, b)의 순서쌍을 찾는다.

$ax^2+2bx+a-3\leq 0$의 해가 존재하려면

$y=ax^2+2bx+a-3$의 판별식 $D\geq 0$이어야 하므로

$D=4b^2-4a(a-3)\geq 0$, $b^2\geq a(a-3)$에서 이를 만족하는 (b, a)의 쌍을 찾아보면

b	a
1	1, 2, 3
2	1, 2, 3, 4
3	1, 2, 3, 4
4	1, 2, 3, 4, 5
5	1, 2, 3, 4, 5, 6
6	1, 2, 3, 4, 5, 6

다음과 같이 28쌍이므로

$\therefore$ 해가 존재할 확률은 $\dfrac{28}{36}=\dfrac{7}{9}$

28 중복조합

핵심 주제 조건을 가진 중복조합 　　　정답 ④

step1 조건에 따라 중복조합을 계산한다.

$f(1)+f(2)+f(3)+f(4)=8$이므로, 8을 $f(1), f(2), f(3), f(4)$가 나누어 갖는다고 하면 $_4H_8=_{11}C_8=165$가지이다.

step2 문제 조건에서 제외해야 하는 경우의 수를 제외한다.

이때, 이 중에서

$(0, 0, 0, 8)$의 꼴 $_4P_1=4$가지와 $(0, 0, 1, 7)$의 꼴 $_4P_2=12$가지를 제외해야 하므로

$\therefore$ 전체 f의 개수는 $165-4-12=149$

핵심노트

중복조합

서로 다른 n개에서 중복을 허락하여 r개를 택하는 조합을 중복조합이라 한다.

$_nH_r=_{n+r-1}C_r$

29 통계

정답 25

핵심주제 확률밀도함수

step1 $f(x)$와 $g(x)$가 대칭이라는 것을 이용하여 이를 그래프로 나타낸다.

조건 (가)에서 $P(X \le 11) = P(Y \ge 11)$이므로 $f(x)$와 $g(x)$는 $x = 11$에 대하여 좌우대칭이다.

이때, 두 정규분포의 평균의 평균값이 대칭축과 같으므로 $\dfrac{a + (2b - a)}{2} = 11$, $b = 11$을 얻는다.

또한, 조건 (나)에서 $x = 11$까지의 거리가 가장 짧은 $g(10)$이 $f(17)$과 $f(15)$사이에 위치하므로, $x = 11$을 기준으로 오른쪽에 X가, 왼쪽에 Y가 있다는 것을 유추할 수 있으므로 이를 그래프로 나타내면 다음과 같다.

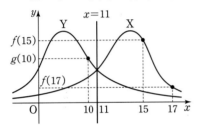

step2 $f(x)$와 $g(x)$의 표준편차가 같으므로 모양이 같다는 점을 이용하여 축으로부터의 거리를 비교한다.

이때 세 점 $(17, f(17))$, $(10, g(10))$, $(15, f(15))$를 A, B, C라 하고 A, B, C의 정규분포의 평균으로부터의 거리를 d_A, d_B, d_C라 하면 $d_A > d_B > d_C$이므로, 이를 식으로 표현하면

$17 - a > a - 12 > 15 - a$와 같다. 따라서 a값의 범위는

$\dfrac{27}{2} < a < \dfrac{29}{2}$

이때, a는 자연수이므로 $a = 14$

$\therefore a + b = 14 + 11 = 25$

30 확률

정답 27

핵심주제 조건부확률

step1 주어진 사건이 일어날 경우를 나누어 확률을 구한다.

4번째 시행의 결과 주머니 A에 들어 있는 공의 개수가 0일 사건을 X, 2번째 시행의 결과 주머니 A에 들어 있는 흰 공의 개수가 1이상일 사건을 Y라 하자.

$p = \dfrac{P(X \cap Y)}{P(X)}$이므로 $P(X)$를 먼저 구해보면,

4번의 시행에서 중간에 시행이 끝나지 않고 4번째 시행의 결과 A에 들어 있는 공의 개수가 0일 경우는 다음의 두 가지이다.

Ⅰ) (같은 색, 다른 색, 다른 색, 다른 색)으로 공을 뽑는 경우: $P(X_1) = \dfrac{1}{2} \times \dfrac{2}{3} \times \dfrac{1}{2} \times \dfrac{2}{3} = \dfrac{1}{9}$

Ⅱ) (다른 색, 같은 색, 다른 색, 다른 색)으로 공을 뽑는 경

우: $P(X_2) = \dfrac{1}{2} \times \dfrac{1}{3} \times 1 \times \dfrac{2}{3} = \dfrac{1}{9}$

그러므로 $P(X) = P(X_1) + P(X_2) = \dfrac{2}{9}$

이제 $P(X \cap Y)$를 구해보면,

Ⅰ) (같은 색, 다른 색, 다른 색, 다른 색)으로 공을 뽑는 경우: 이 경우는 어떤 색을 뽑더라도 2번째 시행 후 처음과 같은 상태가 되기 때문에, 흰 공의 개수가 이상인 것이 무조건 보장되어 앞선 경우의 확률과 같다. 즉,

$P((X \cap Y)_1) = P(X_1) = \dfrac{1}{9}$

Ⅱ) (다른 색, 같은 색, 다른 색, 다른 색)으로 공을 뽑는 경우: 이 경우 첫 번째에 A에서 흰 공을 뽑게 되면 두 번째 시행 이후 A는 (검은색, 검은색)이 되기 때문에, 첫 번째에 다른 색을 뽑되 A에서 흰 공을 뽑아야 만족한다.

즉, $P((X \cap Y)_2) = \dfrac{1}{4} \times \dfrac{1}{3} \times 1 \times \dfrac{2}{3} = \dfrac{1}{18}$

step2 조건부확률의 정의를 이용하여 구하고자 하는 확률을 구한다.

그러므로
$P(X \cap Y) = P((X \cap Y)_1) + P((X \cap Y)_2)$
$= \dfrac{1}{9} + \dfrac{1}{18} = \dfrac{1}{6}$

$\therefore p = \dfrac{P(X \cap Y)}{P(X)} = \dfrac{\frac{1}{6}}{\frac{2}{9}} = \dfrac{3}{4}$이므로

$36p = 36 \times \dfrac{3}{4} = 27$

핵심노트

조건부확률

사건 A가 주어졌을 때 사건 B의 조건부 확률
$$P(B|A) = \frac{P(A \cap B)}{P(A)}, \ P(A) > 0$$

미적분

23 극한값

정답 ②

핵심주제 극한값의 계산

step1 근호가 있는 극한값을 유리화한다.

$\displaystyle \lim_{n \to \infty} \dfrac{1}{\sqrt{an^2 + bn} - \sqrt{n^2 - 1}}$

$= \displaystyle \lim_{n \to \infty} \dfrac{\sqrt{an^2 + bn} + \sqrt{n^2 - 1}}{(a-1)n^2 + bn + 1}$

$= \displaystyle \lim_{n \to \infty} \dfrac{\sqrt{a + \dfrac{b}{n}} + \sqrt{1 - \dfrac{1}{n^2}}}{(a-1)n + b + \dfrac{1}{n}}$에서

step2 구하고자 하는 a와 b의 값을 구한다.

극한값이 0이 아니므로 $a - 1 = 0$에서 $a = 1$이다.

그러므로 $\displaystyle \lim_{n \to \infty} \dfrac{\sqrt{1 + \dfrac{b}{n}} + \sqrt{1 - \dfrac{1}{n^2}}}{b + \dfrac{1}{n}} = \lim_{n \to \infty} \dfrac{2}{b} = 4$에서 $b = \dfrac{1}{2}$

이다.

$$\therefore ab=1\times\frac{1}{2}=\frac{1}{2}$$

24 미분법

핵심주제 역함수의 미분

정답 ③

step1 $f(1)$을 이용하여 $g'(5)$를 구한다.

$f(1)=5$이므로 $g(5)=1$이고 $f'(1)=6$이므로

$g'(5)=\frac{1}{f'(1)}=\frac{1}{6}$이다.

step2 합성함수의 미분법을 사용하여 주어진 식을 계산한다.

따라서

$$\therefore (h\circ g)'(5)=h'(g(5))\times g'(5)=h'(1)\times\frac{1}{6}=\frac{e}{6}$$

☑ 핵심노트

역함수의 미분

$g'(x)=\frac{1}{f'(g(x))}$ (단, $f'(g(x))\neq0$)

25 급수

핵심주제 무한급수

정답 ①

step1 무한급수의 성질을 이용하여 주어진 식을 정적분 형태로 변형한다.

$$\lim_{n\to\infty}\sum_{k=1}^{n}\frac{2}{n+k}f\left(1+\frac{k}{n}\right)=\lim_{n\to\infty}\sum_{k=1}^{n}\frac{1}{n}\times\frac{2}{1+\frac{k}{n}}f\left(1+\frac{k}{n}\right)$$

$$=\int_{0}^{1}\frac{2}{1+x}f(1+x)dx$$

step2 정적분을 계산하여 구하고자 하는 값을 얻는다.

$$=\int_{1}^{2}\frac{2}{x}f(x)dx=\int_{1}^{2}2xe^{x^2-1}dx=e^3-1$$

26 적분법

핵심주제 부정적분

정답 ④

step1 $f'(x)$를 부정적분하여 $f(x)$를 얻는다.

$f'(x)=\frac{\ln x}{x^2}$이므로

$$f(x)=\int f'(x)dx=\ln x\times\left(-\frac{1}{x}\right)-\int\frac{1}{x}\times\left(-\frac{1}{x}\right)dx$$

$$=-\frac{\ln x}{x}-\frac{1}{x}+C$$

step2 $f'(1)$을 대입하여 적분상수 C를 구한다.

$f(1)=0$이므로 $C=1$이다.

$$\therefore f(e)=-\frac{1}{e}-\frac{1}{e}+1=\frac{e-2}{e}$$

27 급수

핵심주제 등비급수

정답 ⑤

step1 R_1에서 기하적 성질을 이용하여 S_1을 구한다.

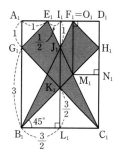

R_1에서 $\overline{A_1D_1}$의 중점을 I_1, $\overline{B_1C_1}$의 중점을 L_1이라 하고 이를 잇는 선분이 도형과 만나는 점을 J_1, K_1이라 하자.

그러면 $\overline{B_1L_1}=\frac{3}{2}$이고 $\angle K_1B_1L_1=45°$이므로

$$\Delta K_1B_1C_1=\frac{9}{4}$$

또한 $\Delta E_1I J_1$과 $\Delta E_1D_1C_1$은 $1:4$닮음이므로 $\overline{I J_1}=1$

그러므로 $\Delta A_1E_1G_1=\Delta E_1F_1J_1=\Delta F_1D_1H_1=\frac{1}{2}$

또한 $\overline{B_1H_1}$과 $\overline{E_1C_1}$의 교점을 M_1이라 하고 여기에서 $\overline{D_1C_1}$, $\overline{A_1D_1}$에 내린 수선의 발을 N_1, O_1이라 하자.

$\overline{M_1N_1}=t$라 하면 ΔE_1IJ_1과 $\Delta E_1O_1M_1$은 닮음이므로

$\overline{E_1O_1}:\overline{O_1M_1}=2-t:1+t$에서 $t=1$이므로 $F_1=O_1$이고

$$\Delta M_1H_1C_1=\frac{3}{2}$$

즉 $S_1=12-\frac{9}{4}-\left(\frac{1}{2}\times3\right)-\left(\frac{3}{2}\times2\right)=\frac{21}{4}$

step2 S_n의 공비를 구한다.

또한, 공비를 구하면, $\overline{B_1C_1}=\overline{A_2B_2}+\overline{A_2D_2}+\overline{D_2C_2}$에서

$\overline{A_2D_2}=\frac{3}{11}\times\overline{A_1D_1}$이므로

넓이의 공비 $r=\left(\frac{3}{11}\right)^2=\frac{9}{121}$

step3 S_n의 합을 무한등비급수의 합을 이용하여 구한다.

$$\therefore \lim_{n\to\infty}S_n=\frac{S_1}{1-r}=\frac{\frac{21}{4}}{1-\frac{9}{121}}=\frac{363}{64}$$

28 적분법

핵심주제 함수의 적분과 넓이

정답 ②

step1 두 함수가 만드는 영역의 넓이를 식으로 구한다.

두 함수의 교점의 x좌표를 t라 하면 $\sin t=a\tan t$이므로 $\cos t=a$이다.

그러므로

$$f(a) = \int_0^t \sin x - a\tan x \, dx = -\cos t + 1 + a\ln\cos t$$
$$= -a + 1 + a\ln a$$를 얻는다.

 step2 $f'(a)$를 이용하여 구하고자 하는 값을 구한다.

$f'(a) = \ln a$이므로

$\therefore f'\left(\dfrac{1}{e^2}\right) = \ln\dfrac{1}{e^2} = -2$

29 삼각함수의 극한

 | 정답 49 |

핵심주제 삼각함수의 극한값의 계산

step1 그림과 각의 길이를 θ로 나타내서 $f(\theta)$를 구한다.

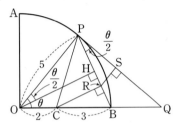

ΔOCP에서

$f(\theta) = \dfrac{1}{2} \times \overline{OP} \times \overline{OC} \times \sin\theta$

$= \dfrac{1}{2} \times 5 \times 2 \times \sin\theta = 5\sin\theta$

를 얻는다.

step2 사인비를 이용하여 $g(\theta)$를 구한다.

O에서 $\overline{PB}$에 내린 수선의 발을 H라 하면

$\angle POH = \dfrac{\theta}{2}$이므로 $\overline{PH} = 5\sin\dfrac{\theta}{2}$이고,

또한 $\overline{HR} : \overline{RH} = 2 : 3$이므로 $\overline{HR} = 2\sin\dfrac{\theta}{2}$이다.

ΔPRS에서 $\overline{PR} = 7\sin\dfrac{\theta}{2}$이고 $\angle RPS = \dfrac{\theta}{2}$이므로,

$\overline{PS} = 7\sin^2\dfrac{\theta}{2}\cos\dfrac{\theta}{2}$, $RS = 7\sin^2\dfrac{\theta}{2}$이고

$g(h) = \dfrac{49}{2}\sin^3\dfrac{\theta}{2}\cos\dfrac{\theta}{2}$이다.

step3 앞에서 구한 $f(\theta)$와 $g(\theta)$를 대입하여 삼각함수의 극한을 계산한다.

$\therefore 80 \times \lim_{\theta \to 0+} \dfrac{g(\theta)}{\theta^2 \times f(\theta)} = 80 \times \lim_{\theta \to 0+} \dfrac{\dfrac{49}{2}\sin^3\dfrac{\theta}{2}\cos\dfrac{\theta}{2}}{\theta^2 \times 5\sin(\theta)}$

$= 80 \times \lim_{\theta \to 0+} 80 \times \lim_{\theta \to 0+} \dfrac{\dfrac{49}{2} \times \dfrac{\theta^2}{2}}{\theta^2 \times 5\theta} = 80 \times \dfrac{49}{80} = 49$

30 미분법

| 정답 4 |

핵심주제 조건이 있는 함수의 미분법

step1 주어진 조건을 이용하여 $f(1)$을 구한다.

조건 (가)에서 $\lim_{x \to 0-}\dfrac{f(x+1)}{x} = 2$이므로 $f(1) = 0$이고,

$f(x)$는 최고차항의 계수가 2인 이차함수이므로 임의의 상수 t에 대하여 $f(x) = -2(x-1)(x-t)$

또한 $\lim_{x \to 0-}\dfrac{f(x+1)}{x} = \lim_{x \to 0-}\dfrac{-2x(x+1-t)}{x} = 2$이므로

$t = 2$

$f(x) = -2(x-1)(x-2)$이므로

$g(x) = -2(x-1)(x-2)e^{x-a} + b \ (x \geq 0)$이고,

이를 미분하면 $g'(x) = -2(x^2-x-1)e^{x-a} \ (x \leq 0)$

마찬가지로 조건 (가)에서 $g'(a) = -2$이므로 대입하면 $a > 0$이므로

$g'(a) = -2(a^2-a-1) = -2$에서 $a = 2$

 step2 함숫값과 조건을 통해 함수의 형태를 파악한다.

조건 (나)에서 $\dfrac{g(t)-g(s)}{t-s} \leq -2$이므로

$g(t) + 2t \leq g(s) + 2s$인데, $s < 0$이므로

$g(s) + 2s = \dfrac{f(s+1)}{s} + 2s = 2$이다.

그러므로 $g(t) + 2t \leq 2$

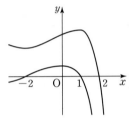

이때, $h(x) = g(x) + 2x$라 하자.

$h(x) = g(x) + 2x = -2(x-1)(x-2)e^{x-2} + 2x + b$에서 $h'(x)$와 $h''(x)$를 구해보면

$h'(x) = -2(x^2-x-1)e^{x-2} + 2$,

$h''(x) = -2(x+2)(x-1)e^{x-2}$를 얻는다.

$h'(x)$는 $x = -2$에서 극솟값을 갖고 $x = 1$에서 극댓값을 갖는데,

$h'(-2) = 2 - 10e^{-4} > 0$이므로 $h(x)$는 $x = 2$에서 극댓값을 갖는다.

step3 구하고자 하는 값을 구한다.

그러면 $h(x) \leq h(2) = b + 4 \leq 2 \ (x \geq 0)$이므로, $b \leq -2$를 얻는다.

$\therefore -b \geq 2$이므로 $a - b \geq 4$

기하

23 공간좌표

| 정답 ① |

핵심주제 대칭점

step1 대칭점을 구한 뒤 두 점 사이의 거리를 구한다.

$Q(2, -1, -3)$이므로

$\therefore \overline{PQ} = \sqrt{2^2 + 6^2} = 2\sqrt{10}$

24 삼수선의 정리

핵심주제 | 직각삼각형의 성질 | 정답 ⑤

step1 주어진 그림에 보조점과 보조선을 그린다.

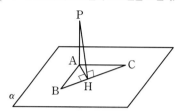

A에서 $\overline{BC}$에 내린 수선의 발을 H라 하자.

step2 나타낸 점을 통해 선분의 길이를 구한다.

$\overline{AH}=\overline{AC}\times\sin\angle ACB=\dfrac{\sqrt{3}}{2}$ 이고 삼수선의 정리에 의해

$\angle PHC=\dfrac{\pi}{2}$ 이므로

$\therefore \overline{PH}=\sqrt{\overline{PA}^2+\overline{AH}^2}=\sqrt{4+\dfrac{3}{4}}=\sqrt{\dfrac{19}{4}}=\dfrac{\sqrt{19}}{2}$

 핵심노트

삼수선의 정리

평면 α 위에 있지 않은 점 P, 평면 α 위의 점 O를 지나지 않는 α 위의 직선 l, 직선 l 위의 점 H에 대하여
① $\overline{PO}\perp\alpha$, $\overline{OH}\perp l$이면 $\overline{PH}\perp l$
② $\overline{PO}\alpha$, $\overline{PH}\perp l$이면 $\overline{OH}\perp l$
③ $\overline{PH}\perp l$, $\overline{OH}\perp l$, $\overline{PO}\perp\overline{OH}$이면 $\overline{PO}\perp\alpha$

25 포물선과 타원

핵심주제 | 타원의 방정식과 접선의 방정식 | 정답 ④

step1 주어진 타원을 그리고 조건에 맞는 접선을 찾는다.

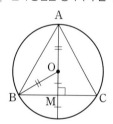

$\triangle ABP$의 넓이가 k가 되는 점 P가 3개 존재하므로, A와 B를 포함하는 직선 l과 평행한 직선 m과 n에 대하여 모든 직선의 간격이 같고 직선 n은 타원에 접하는 경우, 유일하게 $\triangle ABP$의 넓이가 k가 되는 점 P가 3개 존재한다.

step2 직선 AB의 기울기를 이용하여 접선의 방정식을 구한다.

직선 n은 기울기가 $\dfrac{3}{4}$인 타원의 접선이므로

$y=\dfrac{3}{4}x-3\sqrt{2}$를 얻는다.

step3 직선과 직선의 간격을 이용하여 k를 구한다.

이때 직선 l과 직선 n의 간격 d에 대하여

$d=(3\sqrt{2}-3)\times\sin\theta=(3\sqrt{2}-3)\times\dfrac{4}{5}$이므로

$\therefore k=\dfrac{1}{2}\times\overline{AB}\times d=\dfrac{1}{2}\times 5\times(3\sqrt{2}-3)\times\dfrac{4}{5}=6\sqrt{2}-6$

 핵심노트

타원의 접선의 방정식

타원 $\dfrac{x^2}{a^2}+\dfrac{y^2}{b^2}=1$에 접하고 기울기가 m인 직선의 방정식은
$\Rightarrow y=mx\pm\sqrt{a^2m^2+b^2}$

26 평면벡터

핵심주제 | 평면벡터의 계산 | 정답 ③

step1 원의 중심을 생각하여 변의 비를 구한다.

원의 중심 O에 대하여 $\overline{AO}:\overline{OM}:\overline{MD}=2:1:1$이므로

$m=n=\dfrac{2}{3}$

$\therefore m+n=\dfrac{4}{3}$

27 포물선과 타원

핵심주제 | 쌍곡선의 성질 | 정답 ②

step1 쌍곡선의 정의를 이용하여 직선 PF'를 구한다.

$x^2-\dfrac{4y^2}{a}=1$에서 쌍곡선의 정의에 의해 $\overline{QF'}=2$이므로

$\overline{PF'}=\sqrt{6}+1$

step2 이를 이용하여 a를 구한다.

$\triangle PFF'$에서

$\overline{FF'}^2=\left(2\sqrt{1+\dfrac{a}{4}}\right)^2=4\left(1+\dfrac{a}{4}\right)$

$=4\left(1+\dfrac{a}{4}\right)=\overline{PF}^2+\overline{PF'}-2\overline{PF}\times\overline{PF'}\times\cos\dfrac{\pi}{3}=9$

$\therefore 1+\dfrac{a}{4}=\dfrac{9}{4}$이므로 $a=5$

28 포물선과 타원

핵심주제 포물선의 성질

정답 ⑤

step1 포물선의 정의를 이용하여 선분 AJ의 길이를 구한다.

$\overline{BI}=t$라 하면, $\overline{BJ}=\dfrac{2\sqrt{15}}{3}\overline{BI}=\dfrac{2\sqrt{15}}{3}t$이고,

포물선의 정의에 의하여 $\overline{AJ}=8\sqrt{5}-2t$이다.

step2 이를 이용하여 t를 구한다.

$\triangle AJB$에서 $\overline{AB}^2=\overline{AJ}^2+\overline{BJ}^2$이므로

$(8\sqrt{5})^2=(8\sqrt{5}-2t)^2+\left(\dfrac{2\sqrt{15}}{3}t\right)^2$

따라서 $t=3\sqrt{5}$

$\therefore \overline{HC}=\overline{AH}\times\dfrac{\overline{BJ}}{\overline{AJ}}=5\sqrt{5}\times\dfrac{10\sqrt{3}}{2\sqrt{5}}=25\sqrt{3}$

29 공간좌표

핵심주제 구와 좌표공간

정답 261

step1 주어진 조건을 통하여 P의 위치를 유추한다.

원의 중심을 $H(4, 3, 2)$라 하자. $P(a, b, 7)$는
$(x-4)^2+(y-3)^2=4$, $z=7$ 위에 있는데,
이때, $\overrightarrow{OP}$와 xy평면이 이루는 각의 크기와 a와 xy평면이
이루는 각의 크기가 같으므로
P의 xy평면에 대한 정사영을 P', H의 xy평면에 대한 정
사영을 H'이라 하면
O, P', H'이 한 직선 위에 있음을 유추할 수 있다.

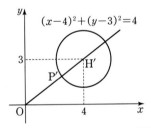

이때, $a^2+b^2<25$이므로 P'는 $\overline{OH'}$와
$(x-4)^2+(y-3)^2=4$의 두 교점 중 O에 가까운 점이 된다.

step2 이때 직각삼각형의 성질을 이용해 k를 구한다.

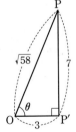

그러면 $\triangle OPP'$에서 평면 a와 xy평면이 이루는 각 θ에 대

하여 $\cos\theta=\dfrac{3}{\sqrt{58}}$이므로

원 C의 xy평면으로의 정사영의 넓이는

$r^2\pi\cos\theta=\left(\dfrac{\sqrt{58}}{2}\right)^2\pi\times\dfrac{3}{\sqrt{58}}=\dfrac{3\sqrt{58}}{4}\pi$

$\therefore k=\dfrac{3\sqrt{58}}{4}$이므로 $8k^2=8\times\left(\dfrac{3\sqrt{58}}{4}\right)^2=261$

30 평면벡터

핵심주제 평면벡터의 내적

정답 7

step1 조건을 이용하여 이를 만족하는 직선 OP의 방정식을 구한다.

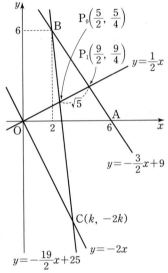

조건 (가)에서,

$5\overrightarrow{BA}\cdot\overrightarrow{OP}-\overrightarrow{OB}\cdot\overrightarrow{AP}$
$=5(\overrightarrow{OA}-\overrightarrow{OB})\cdot\overrightarrow{OP}-\overrightarrow{OB}\cdot(\overrightarrow{OP}-\overrightarrow{OA})$
$=(5\overrightarrow{OA}-6\overrightarrow{OB})\cdot(\overrightarrow{OP}+\overrightarrow{OA}\cdot\overrightarrow{OB}$이고
$(5\overrightarrow{OA}-6\overrightarrow{OB})\cdot\overrightarrow{OP}+\overrightarrow{OA}\cdot\overrightarrow{OB}=\overrightarrow{OA}\cdot\overrightarrow{OB}$,
$(5\overrightarrow{OA}-6\overrightarrow{OB})\cdot\overrightarrow{OP}=0$이므로
$(5\overrightarrow{OA}-6\overrightarrow{OB})\perp\overrightarrow{OP}$, $(18, -36)\overrightarrow{OP}$이다.

즉 $\overrightarrow{OP}$는 $y=\dfrac{1}{2}x$를 얻는다.

step2 이때의 P가 움직일 수 있는 좌우 임계점 P_0, P_1을 구한다.

이때 $\overrightarrow{OP}$와 $\overline{AB}$의 접점을 P_1이라 하면

$\overline{AB} : y=-\dfrac{3}{2}x+9$와 $y=\dfrac{1}{2}x$를 연립하여

$P_1\left(\dfrac{9}{2}, \dfrac{9}{4}\right)$를 얻는다.

또한 조건 (나)에서 P의 좌측 임계점 $P_0\left(\dfrac{5}{2}, \dfrac{5}{4}\right)$를 얻는다.

step3 이를 이용하여 내적값이 최대가 될 때의 P를 대입하여 구하고
자 하는 값을 얻는다.

다음으로 $\overline{BP_0} : y=-\dfrac{19}{2}x+25$와 $y=-2x$를 연립하여

$C\left(\dfrac{10}{3}, -\dfrac{20}{3}\right)$를 얻는다.

$\overrightarrow{OA}\cdot\overrightarrow{CP}$가 최대가 되려면 $\overrightarrow{CP}$의 $\overrightarrow{OA}$에 대한 정사영이 양
의 방향이며 길이가 최대일 때이므로 $P=P_1$에서 $\overrightarrow{OA}\cdot\overrightarrow{CP}$
가 최대가 된다.

$\therefore$ 이 경우 $\overrightarrow{OA}\cdot\overrightarrow{CP}=(6, 0)\cdot\left(\dfrac{7}{6}, \dfrac{107}{12}\right)=7$